北京开放大学科学教育丛书

运动与健康

主 编／马玉海　　副主编／苏佳灿　丁晋彪　孙德弢

清华大学出版社
北京

版权所有，侵权必究。举报：010-62782989，beiqinquan@tup.tsinghua.edu.cn。

图书在版编目(CIP)数据

运动与健康/马玉海主编.--北京：清华大学出版社，2015（2023.8 重印）
（北京开放大学科学教育丛书）
ISBN 978-7-302-40199-5

Ⅰ.①运… Ⅱ.①马… Ⅲ.①体育运动－关系－健康－开放大学－教材 Ⅳ.①G806

中国版本图书馆 CIP 数据核字（2015）第 101653 号

责任编辑：宋成斌　王　华
封面设计：于　芳
责任校对：王淑云
责任印制：杨　艳

出版发行：清华大学出版社
　　　　网　　址：http://www.tup.com.cn，http://www.wqbook.com
　　　　地　　址：北京清华大学学研大厦 A 座　　　邮　　编：100084
　　　　社 总 机：010-83470000　　　　　　　　　邮　　购：010-62786544
　　　　投稿与读者服务：010-62776969，c-service@tup.tsinghua.edu.cn
　　　　质量反馈：010-62772015，zhiliang@tup.tsinghua.edu.cn
印 装 者：三河市东方印刷有限公司
经　　销：全国新华书店
开　　本：165mm×235mm　　印　张：20.5　　字　数：330 千字
版　　次：2015 年 10 月第 1 版　　　　　　　印　次：2023 年 8 月第 10 次印刷
定　　价：65.00 元

产品编号：061699-02

"北京开放大学科学教育丛书"编委会

总主编（编委会主任）：张纪勇

执 行 主 编：王宁宁

顾　　　问：王渝生

编　委（按姓氏笔画排序）：

丁　照　马玉海　王　涛　王宁宁

王渝生　后晓荣　宋成斌　张纪勇

张恒志　胡晓松　曹煜波　戴吾三

丛书序

北京开放大学以培养有持续职业发展能力、有追求更高生活品质能力的现代公民为目标,积极致力于推进通识教育工程,提高广大学习者的整体文化素质,促进首都市民终身教育体系构建和学习型城市建设,努力实现"人文北京、科技北京、绿色北京"的发展战略。为此编撰出版《北京开放大学科学教育丛书》,旨在整合优质资源,发挥开放大学优势,把科学教育书籍送到百姓身边,引导学习者广泛阅读自然科学学科教育读本,把握科学本质,提高科学素养,让科学精神和人文精神在现代文明中交融贯通。

北京开放大学已走过 55 年的办学历程,2012 年教育部批复北京广播电视大学更名为北京开放大学,这是在我国高等教育改革发展的宏观背景下,教育部、北京市人民政府落实《国家中长期教育改革和发展规划纲要 2010—2020》"办好开放大学"、《北京市中长期教育改革和发展规划纲要 2010—2020》要求,以新的教育思想和机制建设的一所新型高等学校。当下北京开放大学在传承已有优势的基础上,涵养了"求真务实、开放包容、善于团结、勇争一流"新大学精神。

今年年初,在丛书编委研讨会上,张纪勇副校长向校外专家和各位编委介绍了学校的教育理念、办学沿革等,王宁宁教授说明了丛书建设与学校通识教育相结合的需求以及联合清华大学出版社共同策划出版这套丛书的目的和意义。之后编委会多次以不同形式进行研讨,积极组织各领域专家学者实施撰写与修改稿件工作。

这套丛书是以普通学习者为主要对象的科学教育读本,也是对读者很好的科普书,希望读者有机会在科学、创新和自我教育方面开拓眼界,更多地接触一些有科学内涵、新鲜向上、创新进取、有益身心健康的科学素质与科学教育读物。从选题的材料看,这次策划并列选的读物是 6 本,涵盖了对宏观世界和微观世界的认识、科学历史和技术创新、追求健康的通识教育这三方面的内容。

在认识微观世界方面,我们选取了一本译作《物质深处——粒子物理学的摄人之美》。原作(Deep Down Things:The Breathtaking Beauty of Particle Physics,Bruce A. Schumm,美国)在美国颇受好评。本书译者潘士先前曾翻译科普著作,反响较佳。这是一本粒子物理学的普及读物,内容丰富多彩。粒子物理学是一门深奥宏伟的科学。它描述我们迄今能够探测的最微细的物理世界。本书从头讲述粒子物理学标准模型发展的故事。这真是一个曲折费解、引人入胜,有时甚至惊心动魄的故事。本书的主要内容包括自然力,相对论量子场论,基本粒子,数学模式,内部对称空间,规范理论,标准模型和希格斯波色子。在写作本书时(2004),标准模型的正确性尚悬于希格斯波色子的发现。果然,2012年7月4日,CERN的LHC捕获了这个"上帝的粒子"。标准模型成为现今粒子物理学的尖端。本书最后带领读者进入一个奇妙的未知世界——对粒子物理学未来的一些猜测。最有趣的是把所有自然力统一起来的所谓"大一统问题"。这可是爱因斯坦终其一生没有解决的问题。一种叫做超对称的概念框架似乎是这方面最有希望的进展。让我们拭目以待吧。

在认识宏观世界方面,我们选取了《一个令人敬畏的星球——地球究竟是什么?》。作者丁照是一位给清华大学本科生开设科学文化教育的选修课教师,这门课程的名字是"理解自然",该课程迄今已经连续开设了九年。这次的这本原创科普读物的内容主要取自作者的这门课程内容。它是通过两个角色的对话,论述文明诞生与发展所需的各种自然条件的极端复杂性和敏感性,说明地球演化过程的不可重复性和唯一性。本书充满了探索和分析,通过对生命本质的探索和理解,说明地球演化与生命发育的共同点,从另一个角度提出了对地球文明演化的认识,以进一步激发人们对地球和自然的敬畏之心。作者还论述了人类的基本弱点和地球环境的未来趋势,说明人类必将战胜各种挑战,迎来光辉的未来。旨在促进人与自然的和谐相处,促进人类的自尊自爱,促进人们珍惜宇宙中唯一的文明星球。事实上,本书也恰好实践了人类通过对各种自然奥秘的无尽探索,一步一步地推动文明进步的过程。

关于科学与历史方面,后晓荣、王涛所著的《科学发现历史——科技考古的故事》也是一本原创的科学文化作品。后晓荣和王涛两位老师都是首都师范大学历史学院副教授,主要从事考古与博物馆学专业的教学和科研工作。两位老师的科普创作并非始于今日。很早两位老师就合作创作并出版过同名的著作,较早地进行公众考古教育工作。这本书将科学和历史结合,以考古案例的方式,讲述各种科技手段和方法在考古中的应用,以及所取得的成绩。例如物探考古、水下考古、沙漠考古、聚落考古、环境考古、遥感考古、数字考古、DNA分析考古、碳-14测年技术等考古知识。通过这些案例,准确、清晰地向读者传递科技考古的方法,以及科技考古改变我们对历史考古的认知。这样的科学与历史考古结合的案例对学生们认识科学、崇尚科学应该会有潜移默化的作用。

除了科学,技术创新也是我们这个时代发展的主旋律。国家把技术创新提到战略高度,企业是技术创新的主体。在这个背景下,需要我们的学习者尽可能早地了解技术创新究竟是什么,它是如何发生的,创新何以变得越来越重要,创新最终往往是在哪些方面产生的突破。

在这方面,我们挑选了戴吾三教授的《技术创新简史》。戴教授是清华大学主讲《中国科技史》、《自然辩证法》、《技术与产业史》等课程的老师,出版过《考工记图说》、《成语中的古代科技》、《影响世界的发明专利》、《历史上的科学名著》、《技术史》第3卷(合译)、《手艺中国》等。作为主编之一,由清华大学出版的《科学技术史二十一讲》2008年获清华大学精品教材、2009年获北京市优秀教材一等奖。这次,戴教授专门为本套丛书创作了一本原创普及类读物《技术创新简史》。这是一部以技术创新为主线的简明历史书,它以较为系统的形式梳理了人类的技术创新历程,呈现了18世纪以来工业革命的规律和重大领域的技术变革,突出因技术创新而改变世界的发明家和著名企业,总结技术创新的历史经验。本书的定位是本科学习者大学期间的辅助教材,因此对北京开放大学的通识教育课程来说非常契合。

此外,与北京开放大学通识教育课程结合,在教育方面,这套丛书中还选编了两本与健康有关的课程读本。目的是突出"以人为本",追求健康、自信、快乐,有助于学习者形成积极进取的人生观。

健康教育的两本书是张恒志教授、李进副院长和马玉海副教授等几位老师主编完成的,这两本书是北京开放大学健康教育通识课程的选修教材。一本是《常见慢性病的自我管理》,另一本是《运动与健康》。书的主编都是长期从事医学教育和科研工作的学者和主任医师,他们对常见慢性病的发生、发展和预防管理,对运动与健康的专题都有很深刻的认识。目前,人们生活节奏快,竞争激烈,整天忙于工作和学习,日常进行运动的机会越来越少,很多人由于缺少运动而导致身体处于亚健康状态,各种疾病日益显现出来。因此,人们对身体健康越来越重视,越来越主张多运动,运动正逐渐成为人们日常生活的一个有机组成部分,运动的作用是任何其他方法和药物都无法替代的。而运动在预防疾病和改善生活方式方面也起着重要的作用。这两本书的宗旨就是希望人们积极参与运动锻炼和做好慢性病的预防和自我管理,鼓励人们立刻行动起来,帮助人们分析运动项目以及为人们如何选择适合自己的运动项目提供专业的指导信息,还教会人们如何为自己设计一套运动方案,所以不仅对学习者,而且对广大读者都非常实用。

整套丛书的编辑撰写力求体现学术性、普及性、实用性相结合的特点,力争做到既有丰富科学教育内涵,又能联系社会实践和人民生活,还要深入浅出、简明好读。从科学教育领域上看,目前这套丛书还可以进一步拓展和深入挖掘,科学、创新和教育的主题还不够丰厚和全面,个别地方也有研究和撰写单薄之处,但我想说北京开放大学在为提高首都市民综合素质教育方面做出积极的努力是值得肯定的;这套丛书对于促进北京开放大学的文化内涵建设,保持与科学教育前沿的积极互动和交流学习,通过知名学者领衔编著丛书,带动学校教师和研究人员提高学术研究能力和普及科学教育能力,是有积极意义的;对通过科学丛书,帮助学习者和市民"在有限的时间里获取更有价值的知识",帮助读者打通知识壁垒,实现科学精神和人文精神的结合是可嘉的。北京开放大学的科学教育丛书只是一个新的起点,我衷心希望这套丛书可以做成开放式的,今后可以与时俱进,不断补充和组织开发更多具有时代需要和学习者需求的新图书。

　　我们期待着学习者、读者与同行们的反馈与指正,希望这套丛书能为开放大学的学习者打开科学之门,也希望广大读者喜欢。

国家教育咨询委员会委员
中国科学院理学博士、博导　　王渝生
中国科技馆研究员、原馆长
2015 年 8 月

前言

　　运动之于健康的重要性已经达成了世界性的共同认识。运动"以人为本"的观念形成，是现代化发展的必然结果。随着社会经济与科学技术的不断发展，社会文明程度不断提高，人们的生活观念也在不断转变。目前，人们生活节奏快，竞争激烈，整天忙于工作、学习，加上科技的进步，生活逐渐电子化，日常进行运动的机会越来越少，很多人由于缺少运动而导致身体处于亚健康状态，各种疾病日益显现出来。因此，人们对身体健康越来越重视，越来越主张多运动，运动对于人类健康也越来越重要，运动正逐渐成为人们日常生活的一个有机组成部分。

　　本书在介绍人体运动系统和分析身体运动能量来源的基础上，向读者阐释了"运动"与"健康"这两个相互作用、相互影响的概念。我们可以根据自身的条件，考虑自身的特殊性去选择适合自己的运动项目。本书将唤醒人们的运动意识，鼓励人们立刻行动起来，帮助人们分析运动项目，为人们如何选择适合自己的运动项目提供专业的指导信息，教会人们如何为自己设计一套运动方案，并且做到持之以恒，坚持运动。书中提到，运动的作用是任何方法和药物都无法替代的，运动在预防疾病和改善生活方式方面都起着重要的作用。社会调查表明，许多长寿老人的共同经验就是经常从事适时、适量、适度的健身运动和体力活动。适当的运动可以提升身体的抵抗力、反应，舒缓压力、增强体质。同时，对于现代"文明病"来说，运动可以抵御肥胖症、高血压、心脏病、失眠等疾病。本书的宗旨在于提倡人们在忙碌的生活中腾出点时间，进行运动锻炼。这不仅可以改善健康状况、提高工作效率、调节并改善人们不良的习惯，而且还能够改善体型及姿态、增强体质、预防疾病、促进身体的生长发育和新陈代谢、提高躯体的血液循环、增强人体的各器官系统的能力。与此同时，良好的健康状况能带来心理上的安逸，有助于提高人们的自信心，形成积极的人生观。

主　编

2015 年 5 月

目录

第一周　了解你的身体 …………………………………………………… 1

Ⅰ　人体的运动系统 ……………………………………………………… 2

　　骨的概述 …………………………………………………………… 2
　　骨的形态 …………………………………………………………… 3
　　骨的成分 …………………………………………………………… 4
　　骨的构造 …………………………………………………………… 6
　　骨的生理功能 ……………………………………………………… 7
　　骨与脏腑的关系 …………………………………………………… 8
　　骨与精、气、血、津、液的关系 ………………………………… 10
　　骨与经络的关系 …………………………………………………… 12
　　骨的生长发育 ……………………………………………………… 13
　　骨的病理 …………………………………………………………… 17
　　关节的概述 ………………………………………………………… 22
　　关节的类型 ………………………………………………………… 23
　　关节的结构 ………………………………………………………… 23
　　关节的几个名称及活动情况 ……………………………………… 24
　　关节运动及其支配肌肉 …………………………………………… 27
　　中轴骨的连接 ……………………………………………………… 31
　　关节基本病变 ……………………………………………………… 33
　　骨骼肌的概述 ……………………………………………………… 35
　　骨骼肌的构造和形态 ……………………………………………… 36
　　骨骼肌的分布规律和相互关系 …………………………………… 37
　　骨骼肌的物理特征和生理机能 …………………………………… 38
　　骨骼肌的收缩原理 ………………………………………………… 40
　　骨骼肌的运动机制 ………………………………………………… 40

Ⅱ　身体运动的能量来源 ………………………………………………… 43

　　人体内的营养物质 ………………………………………………… 43
　　身体运动的物质能量来源 ………………………………………… 50
　　人体能量的储存形式 ……………………………………………… 52

			运动时的能量消耗 ……………………………………	53
			运动能量消耗的个体差异 …………………………	54
			运动中的人体代谢变化 ……………………………	55
			运动中的激素变化 …………………………………	56
			能量代谢 ……………………………………………	58
			各项活动的能量消耗测量和计算 …………………	62
			能量平衡和健康促进 ………………………………	66
第二周	什么是健康 ……………………………………………………			69
	I	健康的含义 ……………………………………………		70
			健康新概念 …………………………………………	70
			对健康的自我分析 …………………………………	72
			健康上的漏洞出在哪里 ……………………………	76
			体质下降造成健康上的问题 ………………………	79
			加强体质锻炼的重要性 ……………………………	87
			运动不足综合征的危害 ……………………………	88
	II	各种亚健康状态 ………………………………………		90
			亚健康的病因、病机及发生机制 …………………	90
			亚健康状态人群的生活方式及特点 ………………	92
			亚健康的临床表现及分类 …………………………	93
			亚健康状态流行病学的特征研究 …………………	98
			亚健康的评估程序 …………………………………	98
			怎样面对亚健康 ……………………………………	100
			体育锻炼对亚健康的益处 …………………………	105
第三周	不同年龄段适合的运动 ……………………………………			107
	I	青少年阶段 ……………………………………………		108
			从小运动,受益一生:青少年的运动方法 ………	108
			快速增高的运动方案 ………………………………	110
			增长力量的运动方案 ………………………………	111
			提高耐力的运动方案 ………………………………	113

	发展速度的运动方案	115
	促进灵敏性的运动方案	116
	学生余暇体育运动	118
	体能训练相关运动	119
	早期专项锻炼的利与弊	119
	运动对于青少年的帮助和影响	121
Ⅱ	成人阶段	122
	成年人运动锻炼原则	122
	成年人运动保健可防病、治病	123
	全球流行的健步走运动	125
	脑力劳动者简易锻炼法	127
	办公室人群室内肢体锻炼法	128
	家务劳动的锻炼价值	130
	适合成年人的有氧运动	131
	适合成年人的无氧运动	132
	成年人应进行柔韧性运动	134
Ⅲ	老年阶段	136
	老年人的运动原则	136
	散步可预防心血管疾病	137
	慢跑可延长脑细胞存活时间	139
	按摩可舒筋活骨、消除疲劳	140
	爬山可延缓人体衰老	141
	养生锻炼：气功	142
	太极拳可协调全身内、外器官机能	143
	降压保健操	145
	清晨床上健身法	147
	简易防癌健身法	148
	韧带运动	150

第四周　怎样选择适合你的运动 … 153

Ⅰ 评价自己的运动能力——运动水平测试 … 154
- 运动强度测试 … 154
- 运动的自我监测 … 156
- 健身训练计划与营养饮食 … 158
- 运动损伤的预防和康复 … 160
- 运动中的危险信号 … 163
- 运动损伤的应急方法 … 165
- 运动性猝死及预防 … 166

Ⅱ 了解各种运动 … 168
- 安全简单的运动——竞走 … 168
- 燃烧脂肪的运动——游泳 … 170
- 抗衰老运动——跑步 … 172
- 健美运动——体操 … 175
- 防近视运动——乒乓球 … 177
- 灵活性运动——排球 … 179
- 都市时尚运动——网球 … 182
- 减压弹跳运动——篮球 … 184
- 增强腰腹力量运动——足球 … 186
- 于颈椎有益的运动——羽毛球 … 188
- 提高心肺功能的运动——骑单车 … 191
- 速度与力量运动——跆拳道 … 193
- 优雅的运动——瑜伽 … 195
- 飞檐走壁——攀岩运动 … 198

第五周　怎样选择运动装备 … 203

Ⅰ 每一种运动都有自己的装备 … 204
- 健身运动装备 … 204
- 户外装备及其作用 … 204
- 如何购买户外装备 … 205

目录

  户外休闲运动装备 …………………………………… 205
  户外运动风险管理 …………………………………… 206
 Ⅱ 如何选择适合自己的装备 ……………………………… 207
  选择装备的原则 ……………………………………… 207
  如何选择一双符合力学的好鞋子 …………………… 209
  选择户外服装应从材质、特性及功能、特点着手 …… 210
  普通运动袜与排汗袜的作用区别 …………………… 212
  选择登山包的作用与功能须知 ……………………… 212
  户外野营的装备介绍 ………………………………… 215

第六周 动起来吧 ………………………………………………… 221
 Ⅰ 简单易行的运动练习示范及动作标准 ………………… 222
  简易运动项目 ………………………………………… 222
  健身运动的基本原则 ………………………………… 222
  安全性原则 …………………………………………… 222
  针对性原则 …………………………………………… 223
  适宜量度原则 ………………………………………… 225
  及时恢复原则 ………………………………………… 225
  持久性原则 …………………………………………… 227
  全面发展原则 ………………………………………… 230
  局部与整体相结合原则 ……………………………… 231
 Ⅱ 为自己设计一套运动方案 ……………………………… 231
  人体生理标准 ………………………………………… 231
  搭建运动金字塔——你知道运动处方吗 …………… 233
  运动处方的特点 ……………………………………… 233
  运动处方对健康的作用 ……………………………… 234
  运动处方的内容 ……………………………………… 236
  运动处方的基本原则 ………………………………… 242
  运动处方的制定程序 ………………………………… 243
  标准运动处方实例 …………………………………… 250

昼夜作息中的运动时间选择 …………………………………… 251
选择适合自己的运动项目 ……………………………………… 252
制定适合自己的运动时间 ……………………………………… 253
确定运动强度至关重要 ………………………………………… 254
选择适合自己的运动环境 ……………………………………… 255
特殊环境气候中的运动防护措施 ……………………………… 257
复合运动健身效果更佳 ………………………………………… 262
交替运动效果好 ………………………………………………… 263
婴幼儿的科学运动 ……………………………………………… 265
肥胖者的运动健身和能量平衡 ………………………………… 272
月经期间女性运动 ……………………………………………… 275
适合孕妇的运动项目 …………………………………………… 276
产后恢复运动法 ………………………………………………… 279
更年期女性运动 ………………………………………………… 281
"三高"人群运动法 ……………………………………………… 285
适合亚健康人群的保健运动 …………………………………… 287
都市人群缓解疲劳运动法 ……………………………………… 290
残疾人安全简易运动法 ………………………………………… 293
家庭主妇健身操 ………………………………………………… 295
卧床患者康复运动 ……………………………………………… 297
轻松简便"等候操" ……………………………………………… 299
增强记忆运动操 ………………………………………………… 300
解决运动中的困难 ……………………………………………… 302
建立运动健身记录档案 ………………………………………… 306
循序渐进,坚持运动 …………………………………………… 307

参考文献 …………………………………………………………… 309

第一周
了解你的身体

Ⅰ 人体的运动系统

骨的概述

我们通常所说的"骨",在医学术语上叫做"骨骼",它是人或动物身体中最坚硬的组织部分,构成了人体的支架。骨主要由骨组织(包括骨细胞、胶原纤维和基质等)构成,婴儿刚出生的时候,有 305 块骨;等到长成儿童时,就变成了 213 块;等到身体完全长成,就只剩下 206 块骨了!为什么骨会越来越少呢?是不是像掉牙一样丢了?别担心,没有骨头会在成长过程中丢失,只是由于有些紧挨在一起的骨(如尾椎骨)会随着年龄的增长逐渐愈合成一块,因此成人骨数目比儿童和新生儿有少量的减少是十分正常的。骨是一种人体器官,它也有新陈代谢活动和生长发育的过程,更重要的是,骨在外伤折断或损伤后有缓慢的愈合能力,所以一般来讲,骨折是完全可以痊愈的。

骨,可以按所在体内的部位不同而分类。位于身体躯干部的,统称为躯干骨;构成头部的所有骨头,称为颅骨。这两者因为都位于身体中央,所以也统称为中轴骨。位于四肢的骨骼,称为四肢骨,包括上肢骨和下肢骨。

骨与骨之间的连接叫做骨连接,不能活动的骨连接(如颅骨和颅骨之间的连接)叫做直接连接,而能活动的骨连接叫做间接连接,也就是我们平时所称的"关节"。构成关节的两块或几块骨之间一般是由韧带、关节囊相连接。骨表面由血管和神经通过,组成关节的几块骨上还有骨骼肌相连,骨骼肌的收缩、骨骼的支架作用和关节的活动形成了人体的各种运动。

人体的骨骼主要起到支撑身体的作用,构成骨骼的每一块骨都有不同的形状和复杂的内在、外在结构,每一块骨都堪称是一件完美的工程力学作品,这使骨骼在最大限度减轻重量的同时能够保持足够的坚硬。骨骼的最主要成分之一是类似石头似的骨组织,在显微镜下,能够看见它是坚硬的蜂巢状结构;除了骨组织,一根完整的骨还有骨髓、骨膜、神经、血管和软骨等辅助结构。骨骼只是个支架,就像一辆汽车的外壳,是不具有让身体运动的能力的。所以,运动系统还包含了肌肉系统。有了肌肉系统的收缩和舒张,就像汽车装上了发动机,成了一个活力四射的整体。

骨组织的基本结构叫做"骨板",骨板每层为 4～12μm 厚,许多层骨板像洋葱一样叠加在一起。根据骨板的排列形状,骨可以分为皮质骨和松质骨:

(1) 皮质骨

骨板紧密,层层叠叠呈圆柱形,以中心的轴心管呈同心圆排列,每个圆柱叫做一个骨单位,许多个骨单位紧密连接就形成了坚硬、致密、牢固、较重的皮质骨。皮质骨最主要作用是形成硬质支架,对抗较大的力量。

(2) 松质骨

骨板为棒状、管状或板状,厚薄不等,长短不一,方向各异,纵横交错,联结构成网状,就形成了海绵状的、多孔、疏松、轻质、较软的松质骨。构成松质骨的骨板构架称为骨小梁,它们之间的间隙互相连通。松质骨最主要的作用是填充皮质骨的空间,容纳骨髓,也有一部分起辅助支撑的作用,但重活、累活主要还是由皮质骨承担。

骨的血液供应由两套动脉完成,一套是骨表面的骨膜动脉,一套是骨髓腔里的骨髓动脉。少数没有骨髓腔的骨就只能通过一套动脉来完成血液供应了。流入骨内的血液一般经过和动脉相伴而行的静脉流出骨头,逐级汇入更大的静脉,最后流回心脏。当然,还有少量的淋巴管也参与骨的循环,只不过它们收集的是淋巴液。此外,在骨膜上还有丰富的神经纤维,所以在骨折的时候往往都伴有剧烈的疼痛。

骨的形态

人体的骨形态各异、千奇百怪,最长的超过一尺,最短的比小米粒还小。可以这样说,成年人全身 206 块骨头没有任意两块是完全相同的。不过,根据骨的形态,可以把人体骨头大致分为五大类:长骨、短骨、扁骨、不规则骨和籽骨。

(1) 长骨

长骨顾名思义,就是长管状的骨,一般有一个体部和两端。体部像树干,所以又叫骨干,骨质最致密;骨干是圆筒形的,圆筒里面称为骨髓腔,但不是真空的,一般都含有骨髓。长骨的两端一般稍大,与其他骨相连的地方由软骨覆盖,叫做关节面。长骨分布于人体的四肢,在肢体运动中起杠杆作用。未成熟长骨的骨干与骨端之间夹有一层软骨,称骺软骨。骺软骨能不断增生,产生新骨,慢慢使骨的长度增长,人就越长越高。成年后骺软骨最终也骨化了,人体就停止生长。所以,拍X线片查看骺软骨的骨化情况就能够大致判断人体是否还能长高了。

（2）短骨

短骨一般呈矮立方体,多成群结对地连接在一起。短骨能承受较大的压力,常具有多个关节面从而与相邻的骨形成微动关节,并常辅以坚韧的韧带,构成适于支撑的弹性结构。短骨多位于既承受一定重量又要进行复杂运动的部位,如手掌靠近手腕部分的腕骨和脚掌靠近脚踝部分的跗骨等。

（3）扁骨

扁骨就是扁平形状的骨,由坚硬的内板、外板及板障构成,分布于头、胸等处。扁骨主要构成骨性腔的壁,对腔内器官具有保护作用,如头颅上的颅骨,胸部的胸骨、肋骨。扁骨还为肌肉附着提供宽阔的骨面,如肢带骨的肩胛骨和构成骨盆的髋骨等。

（4）不规则骨

没法归入上述几种的骨,就称做不规则骨。既然是不规则骨,当然其形态、大小都不规则,如椎骨。有些不规则骨里面是空的,内含空气,称做含气骨,如上颌骨、额骨等。

（5）籽骨

籽骨是在关节周围的肌腱处存在的一些圆形或扁圆形的游离骨骼。籽骨的存在是机体胚胎发育的结果,是人体正常的解剖结构,千万不要误认为是骨质增生现象。它具有吸收应力、减少摩擦、保护肌腱等重要功能。例如髌骨（俗称膝盖骨）,是人体最大的籽骨,位于膝关节的前方,起保护膝关节,传递股四头肌的力量,增加股四头肌的作用力矩,以及稳定膝关节的作用。

骨的成分

骨的成分包括骨基质和骨细胞,还有一些重要的微量成分（如骨形态发生蛋白）。

1. **骨基质**

骨基质为骨组织的基础，是骨组织钙化的细胞间质，其化学成分包括有机基质和无机成分（骨盐）两种。

（1）有机基质

有机基质包括胶原（骨胶纤维）和非胶原化合物（无定形基质），约占骨干质量的35%，是由骨细胞分泌形成的。

胶原约占有机基质的90%以上，主要由 I 型胶原蛋白组成，还有少量 V 型胶原蛋白。

无定形基质的含量只占5%，呈凝胶状，主要含中性和弱酸性的糖胺多糖，以及多种糖蛋白的复合物，糖胺多糖包括硫酸软骨素、硫酸角质素和透明质酸等。而蛋白质成分中有些具有特殊作用，如骨连接蛋白（osteonectin）可将骨的无机成分与骨胶原蛋白结合起来。骨连接蛋白是附着于胶原的一种糖蛋白，易与羟基磷灰石结合，可作为骨盐沉积的核心。而骨钙蛋白（osteocalcin）是与钙结合的蛋白质，其作用与骨的钙化及钙的运输有关。骨钙蛋白作为一种依赖维生素 K 的小分子酸性蛋白质，相对分子质量约为6000，其谷氨酸残基在 γ 位羧化为 γ-羧基谷氨酸，与羟磷灰石、Ca^{2+} 有很高的亲和力。有机基质使骨具有韧性。

（2）无机成分

无机成分主要为钙盐，又称骨盐，约占骨干质量的65%。骨盐约有60%以结晶的羟基磷灰石（hydroxyapatite）形式存在，其余40%为无定形的 $CaHPO_4$，据认为后者可以转变为前者。羟基磷灰石 $[Ca_{10}(PO_4)_6(OH)_2]$ 是微细的结晶，亦称骨晶（bonecrystal）。电镜下，结晶体为细针状，长10～20nm，它们紧密而有规律地沿着胶原纤维的长轴排列。骨盐一旦与有机基质结合后，骨基质则十分坚硬，以适应其支持功能。骨晶性质稳定，不易解离，但在其表层进行离子交换的速度较快。

骨中镁离子占体内镁离子总量的50%，骨中钠离子也占体内钠离子总量的35%，而且大部分钠易于交换。所以骨骼不仅是身体的支持组织，也是储存大量钙、磷、钠、镁的器官，在维持体液电解质浓度的稳定性上具有重要作用。此外，骨盐中的 Ca^{2+} 还可与体液中的 H^+ 交换，当体液中 $[H^+]$ 增多（酸中毒）时，由于 Ca^{2+} 和 H^+ 交换，可致骨盐溶解。

2. **骨细胞**

骨组织的细胞成分包括骨细胞、骨原细胞、成骨细胞和破骨细胞。其中，只有骨细胞存在于骨组织内,其他三种均位于骨组织的边缘。

(1)骨细胞

骨细胞为扁椭圆形多突起的细胞,骨细胞夹在相邻两层骨板间或分散排列于骨板内,相邻骨细胞的突起之间有缝隙连接。在骨基质中,骨细胞胞体所占据的椭圆形小腔称为骨陷窝,其突起所在的空间称骨小管。相邻的骨陷窝借骨小管彼此通连。骨陷窝和骨小管内均含有组织液,骨细胞从中获得养分。

(2)骨原细胞

骨原细胞是骨组织中的干细胞,细胞呈梭形,胞体小,核卵圆形,胞质少呈弱嗜碱性。骨原细胞存在于骨外膜、骨内膜的内层及中央管内,靠近骨基质面。在骨的生长发育时期或成年后骨的改建或骨组织修复过程中,它可分裂增殖并分化为成骨细胞。

(3)成骨细胞

成骨细胞由骨原细胞分化而来,比骨原细胞体积大,呈矮柱状或立方体,并带有小突起,当骨生长和再生时,成骨细胞于骨组织表面排列成规则的一层,并向周围分泌基质和纤维,将自身包埋,形成类骨质,有骨盐沉积后则变为骨组织,成骨细胞则成熟为骨细胞。

(4)破骨细胞

破骨细胞是一种多核的大细胞,直径可达 100μm,有 2～50 个核,其数量远比成骨细胞少,多位于骨组织被吸收部位所形成的陷窝内。破骨细胞可向其中释放多种蛋白酶、碳酸酐酶和乳酸等,溶解骨组织。

骨的构造

骨由骨膜、骨质和骨髓构成,此外还有丰富的血管和神经分布。

(1)骨膜

骨膜分骨外膜和骨内膜。骨外膜分两层。外层致密有许多胶原纤维束穿入骨质,使之固着于骨面。内层疏松有成骨细胞和破骨细胞,分别具有产生新骨质和破坏骨质的功能,幼年期功能非常活跃,直接参与骨的生成;成年时转为静止状态,但是,骨一旦发生损伤,如骨折时,骨膜又重新恢复功能,参与骨折端的修复愈合,所以骨膜剥离太多或损伤过大时,骨折愈合困难。衬在髓腔内面和松质间隙内的膜称为骨内膜,是菲薄的结缔组织,也含有成骨细胞和破骨细胞,有造骨和破骨的功能。

(2) 骨质

骨质是骨的主要成分,由骨组织构成,分骨密质和骨松质两种。骨密质分布在骨的表面,厚而致密,由紧密排列的骨板构成,抗压、抗扭力强。骨松质位于骨内部,由针状或片状的骨小梁组成,骨小梁按重力方向和肌肉牵引的张力方向排列。这两种排列方式,使得骨以最经济的材料达到最大的坚固性和轻便性。头骨内、外骨板之间的松质称为板障。

(3) 骨髓

骨髓位于长骨的骨髓腔和骨松质的间隙内,由造血细胞和网状结缔组织构成。分为红骨髓和黄骨髓两种。骨髓腔内的骨髓会随着人的年龄增长发生变化,幼年时期的骨髓均为红骨髓,其内含大量不同发育阶段的红细胞及其他幼稚型的血细胞,故呈红色,具有造血功能;在青春期,骨髓腔内既有红骨髓又有黄骨髓;成年后骨髓腔中的红骨髓逐渐发生脂肪沉积,呈黄色,转为黄骨髓失去造血能力。大量失血后,黄骨髓可以逆转为红骨髓,再次执行造血功能。骨松质中的红骨髓一直具有造血功能。

(4) 血管和神经

骨有丰富的血管和神经,主要分布在骨膜。骨表面有肉眼明显可见的小孔,分布于骨质的血管由此出入。分布于骨的神经主要是血管的运动神经和骨膜的感觉神经。

骨的生理功能

骨作为身体里的坚硬部分,保护功能和支撑功能是其最基本的功能。但在这两点之外,还有一些功能是大家很少知道的。下面让我们来详细了解一下骨的功能。

(1) 构造空间并保护其中的器官

如颅骨构造了颅腔,使大脑在其中免受外部压力冲击;胸腹肋骨和脊柱构造了胸腔和腹腔,其中包容的脏器都是人类重要的器官。盆骨构成了盆腔,包容了全部的内生殖系统和部分排泄系统及消化系统;骨骼本身多数也是中空的,形成的骨腔是容纳骨髓的容器。如果没有骨骼，人体的重要器官就无法得到有效的保护。

（2）支撑作用

人的形体主要由骨架来决定，一个骨骼粗的人任他减肥减得皮包骨头，也不会达到"纤纤柔骨"的境界。人能够直立靠的也是骨骼的作用，驼背就是骨骼弯曲变形的结果。至于关节的活动，倒是肌肉和肌腱在骨骼这个支架上收缩所起的作用。

（3）造血和免疫功能

人体的骨大部分都是中空或有大量孔洞的，在骨髓腔内和孔洞内的组织就叫做骨髓。成年以后，以脂肪为主要成分的黄色骨髓称为黄骨髓，除了填充之外，基本没有其他功能。而颜色鲜红的骨髓，称为红骨髓，这种骨髓就有强大的造血功能，能够制造全部的血细胞，包括运送氧气的红细胞、参与免疫系统防病治病的淋巴细胞、参与受伤后伤口止血的血小板等。

（4）一定的储存功能

在人体中，骨骼所占机体总重的比例是相当大的，所以骨骼可以储存大量的矿物质元素，供人体在极端环境下使用。长期缺钙的人会导致骨质疏松，即骨骼内的钙质大量流失。但流失的钙质其实并没有全部浪费，而是派了别的用途，如平衡血液钾、钠、钙平衡，维持肌肉的收缩和舒张等。

骨与脏腑的关系

流传了几千年的中华文化瑰宝——中医，是建立在无数前人经验和今人努力之上的严密的科学理论。在西医分科越来越细、越来越专的时候，中医已经把人体作为一个有机联系的整体来考虑。道家文化是中医学的根和魂，而道家的天人合一、阴阳相生相克的论述指导了中医学的发生、发展脉络。筋骨，在西医解剖学里属于运动系统的一部分，但在中医学范畴里，则与五脏六腑、奇经八脉、气血精津都有着千丝万缕的联系。

首先，与筋骨关系最密切的脏腑，是肾。肾主藏精、主水、主纳气。肾主骨、生髓。骨，即骨骼，为构成人体的支架，属于五体之一，是人体运动系统的主要组成成分。骨有腔，内容骨髓，故曰："骨者，髓之府"（《素问·脉要精微论》），"髓者，骨之充也"(《素问·解精微论》)。《素问·经脉》所说"骨为干",即是强调骨的支撑作用。

《素问·宣明五气》曰:"肾主骨",《素问·痿论》亦云:"肾主身之骨髓",骨的生长发育及其修复皆以肾精为基础:肾藏精,精能生髓,髓能充骨,促进骨骼的生长发育,并使之发挥正常的生理功能。故曰:"肾生骨髓"(《素问·阴阳应象大论》),肾精充足,骨髓化生充足,骨骼得养,则骨骼坚实、强壮有力,肢体活动灵活,作用强力。若肾精不足,骨髓化生乏源,骨失所养,则骨骼脆弱无力。在小儿,则见骨软无力,囟门迟闭,发育迟缓;在成人,则见腰膝酸软,肢软无力,或骨质脆弱,易于骨折等症。

牙齿在中医学里属人体骨骼之一,且为人体惟一外露的骨骼,故曰:"齿为骨之余"(叶天士《外感热病篇》),"齿者,髓之标,骨之本"(《杂病源流犀烛·口齿唇舌病源流》)。牙齿的营养亦源于肾精,故肾精充足,齿得所养,则齿坚有力,不易脱落;若肾精亏虚,齿失所养,则小儿牙齿生长迟缓,成人齿松易脱。正如清代程杏轩在《医参》中所述:"齿者,骨之聚也……肾主骨,齿落则肾衰矣。"

肾主骨的理论在临床上对于骨病的诊治具有重要的意义。如临床上,可以通过观察牙齿的生长、脱落及其润泽情况,推测肾精的盛衰、津液的荣枯。另外,亦可依据骨骼的坚脆、生长的速度,诊察肾精之盛衰。如见小儿生长发育迟缓,症见五迟五软,或见老人骨脆易折,难以愈合、不耐久立等,皆为肾精亏虚之证,以补肾填精之药治之,多获卓越效。

另一个与筋骨有密切联系的脏腑,就是肝。肝主筋、藏血,与肾同源,即所谓的"肝肾同源",两脏荣衰与共。若肝脏受累,藏血失司,则不能正常调剂血量。"心主血,肝藏之,人动则血运于诸经,人静则血归于肝脏。"若血液藏运不调,荣养不济,亦是造成缺血性股骨头坏死的重要因素。

第三个与筋骨有关的脏腑就是脾。脾为后天之本,万物生化之源,使脾健胃和,则水谷腐熟,化气生血,以行营卫。若脾胃失健运,生化气血无源,则筋骨肌肉皆无气以生。

第四个与筋骨有关的脏腑就是心。心主血,《素问·五脏生成篇》说:"诸血者,皆属于心。"心主血,指血在脉中依赖心脏的搏动运行布输全身,以发挥其滋养作用。血在血脉中流动,是通过心脏搏动传导于血脉到络脉、孙络而输送全身并循环不息的。心的搏动来源于气,心气充沛,才能维持正常的心率和心律。心气是动力,心是动力的器官,筋骨需要在血脉的濡养下才能强健、有活力。

第五个与筋骨有关的脏器是肺。肺主气,不仅是司呼吸之气,还主统协全身之气。呼吸之气,是肺所司。而水谷之气,即营气,也是经过肺的气化作用变化为血的。水谷精气与呼吸之气合为宗气,以司呼吸及运行血脉,经肺的作用和后天之气(宗气、营气)化生为真气(又称正气)。而在后天之气中,肺呼吸的大自然之气是人体内气的主要来源。全身之气皆由肺来调节。气在人体运动的中心枢纽在肺。筋骨生长强壮所需后天之气,需有肺的统领管辖。筋骨运动增加,肺所司呼吸之气也随之需求增加,肺的功能也就必须相应提升。

综上所述,五脏其实都与筋骨有着密切的联系,而六腑与五脏是相表里的关系。由此,我们知道,筋骨与脏腑其实是辩证统一的关系,是相互影响、相互制约、讲求平衡的和谐整体。筋骨的运动自如依赖于脏腑的正常运转;同时,筋骨的适量运动,也会反过来促进脏腑的功能提升。

骨与精、气、血、津、液的关系

精、气、血、津、液,都是人体的基本生命物质。在体内,精化气,气主动,血主濡,津和液既是气血之源,也主濡养。而这其中,对筋骨最主要的作用途径是通过津润肌、液注髓来实现的。

(1) 精化气

精是一切生命最基本的物质。有精,则有生命基础;通过生命活动,精可得到充实,并促使生命发育以及繁殖。《管子·内业篇》说:"精存自生,其外安荣,内藏以为泉源,浩然和平以为气渊,渊之不涸,四肢乃固,泉之不竭,九窍遂通。"在人体内肾是主藏精的,五脏六腑的精都藏于肾。《素问·上古天真论》说:"肾者主水,受五脏六腑之精而藏之。"

精来源于气,也可以化生气。《管子·内业篇》曰:"精也者,气之精者也。"《素问·阴阳应象大论》曰:"气归精,精归化"。有了精,就能化生气。人体精化气,首先是化生元气。元气是贮藏于肾的,是一切气的根本。所以《难经·八难》说:"所谓生气之原者,谓十二经之根本也,谓肾间动气也。"肾主藏精纳气,主骨生髓,精气足则肾强,肾强则骨健。精气旺盛,反映了筋骨的强健和生命力的强大。

(2) 气主动

有了精，就有生命的基本物质，有了气，才能有生命的活动。《庄子·知北游》说："人之生，气之聚也。聚则为生，散则为死。"气，一方面来源于精化生，另一方面来源于呼吸之气和饮食水谷吸收之营气。气，是人体生命活动的动力，是筋骨完成基本功能的能量来源。人体各脏腑、组织器官的生理活动，血的生成和布输，津液的生成、布输和排泄，都在气的推动作用下完成。气是人体热量的来源。人体的体温虽然靠血、津液等物质保证，但需靠气的带动才能布输全身，从而保证体温的恒定。气在人体内的运动规律称为"气机"，其运动形式为升、降、出、入。气机在体内必须维持平衡协调。如果气机的升、降、出、入失去了平衡协调，则谓之气机紊乱。

(3) 血主濡

血是来自食物经胃消化吸收而生成的水谷精微，其精华部分称为营气，水液部分为津液。营气与津液经肺气的气化作用，化为血液而布输全身，当然也包括布输筋骨。血是人体的营养、滋润物质。气的动力作用，必须有血为基础物质才能维持。因此说，血是人体生命的物质基础。《难经·二十二难》说"血主濡养"，亦即血对人体的滋养作用。筋骨的生长发育甚至损伤后的再生修复，无不需要血的濡养作用来实现。血，必须运行在血脉之中，其运行是依靠气的推动作用。但气需依赖血的濡养，因此，气虚固然血行不利；而血虚，气也弱，血也运行不畅。

人体各脏腑、组织、四肢都靠血来濡养，才能有正常的生理功能，才能精力充沛。人的生命活动表现，即神气，是靠气血旺盛以维持正常生理活动才能体现的。筋骨的正常生理功能是依靠气血滋养的，气血一旦衰弱或因局部郁滞，气血运行不到其所，筋骨都会产生病变。

筋和骨损伤后，需要气血供养才能再生，"便生血气，以接骨耳"（《理伤续断方》）。在筋骨的再生修复过程中，不仅需要全身的气血旺盛，局部的血脉也必须通畅，以保证气血损伤的局部有充足的气血供养。因此，在治疗上必须使局部的血脉流通，以祛除瘀血，所以有"瘀不去则骨不能接，瘀去新骨生"（《疡医大全》）之论。筋和骨生理上依靠气血濡养，病理上的改变也往往是气血的紊乱。因而，对筋和骨的创伤疾病的治疗，都是以调治气血为核心。

(4) 津润肌、液注髓

津液是人体吸收水谷营养中的液体部分。其精微部分，能随气血运行全身的称为津，不运行而注入骨髓、关节、脏腑、孔窍之中的为液，液的多余部分通过二阴排出体外。津随卫气运行于体表，主润泽肌肉、皮肤；液注于关节间、脑髓和脏器，起营养、润泽、补益作用。

津和液的布输也是靠气的推动。津在气化作用下，为防御外邪或适应天时环境而调节体温可变成汗；液在气化作用下，可转化为骨髓、脑髓、关节液以及脏腑、五官之液。前已述及，津液通过气化作用也可变成血液，液的废用部分也是通过气化作用而排出体外的。因此，津液对人体的滋养功能，依赖气的调节。如果气机紊乱，津液的调节也紊乱，故而血液失于化生，肌肤、骨髓、脑髓及脏腑失于濡养。津液失于布输，气的气化不足，可产生一系列病理变化。

骨与经络的关系

中医理论认为，经络是运行气血、联系脏腑和体表及全身各部位的通道，是人体功能的调控系统。经络学也是人体针灸和按摩的基础，是中医学的重要组成部分。经络学说是祖国医学基础理论的核心之一，源于远古，服务当今。在两千多年的医学长河中，一直为保障中华民族的健康发挥着重要的作用。

"经"的原意是"纵丝"，有路径的意思，简单说就是经络系统中的主要路径，存在于机体内部，贯穿上下，沟通内外；"络"的原意是"网络"，简单说就是主路分出的辅路，存在于机体的表面，纵横交错，遍布全身。《灵枢·脉度》说："经脉为里，支而横者为络，络之别者为孙。"这是将脉按大小、深浅的差异分别称为"经脉"、"络脉"和"孙脉"。经络的主要内容有：十二经脉、十二经别、奇经八脉、十五络脉、十二经筋、十二皮部等。其中属于经脉方面的，以十二经脉为主，属于络脉方面的，以十五络脉为主。它们纵横交贯，遍布全身，将人体内外、脏腑、肢节连成一个有机的整体。

经络与骨的联系，主要通过以下几个特点来表达。

1. 从经络的功能上看

（1）沟通表里上下，联系脏腑器官：人体由五脏六腑、五官九窍、皮肉筋骨等组成，它们各有其独特的生理功能，只有通过经络的联系作用，这些功能才能达到相互配合、相互协调，从而使人体形成一个有机的整体。也就是说，经络就是筋骨和脏腑联系的系统，是筋骨和脏腑相互作用的架构基础。

（2）通行气血，濡养筋骨组织：气血是人体生命活动的物质基础，必须通过经络才能输布周身，以温养濡润各肢体筋骨，维持机体的运动功能。

（3）感应传导：经络有感应刺激、传导信息的作用。当人体的某一部位受到刺激时，这个刺激就可沿着经脉传导走向传入人体内有关脏腑，使其发生相应的生理或病理变化，或者再通过经络反映于体表和筋骨，产生相应的运动。针刺中的"得气"就是经络感应、传导功能的具体体现。

（4）调节筋骨、脏腑的机能活动：经络能调节人体的筋骨和脏腑机能活动，使之保持协调、平衡。当人体的某一脏器功能异常或某一肢体存在问题时，可运用针刺等治疗方法来进一步激发经络的调节功能，从而使异常的脏腑、肢体恢复正常。

2. 从经络的命名和走行上看

十二正经的命名是手足阴阳各三条，十二正经均起始于筋骨之末——手足（含肢体）。手足以及其中连接的肢体，都是以筋骨为主要结构。没有肢体，经络就不再是完美。十二正经的走行，尤其是经络上的穴位，大多是以一系列骨性标志为标记的。骨的突出部和骨的间隙，都可以成为经络走行的标志性位置。奇经八脉中的督脉，纵贯了人体的中心支架——脊柱的全长，其上的穴位，多为椎骨的椎间隙位置。经络与筋骨，伴行而生，互相依附，又互相支持。以足太阳为例：足太阳经别从腘窝部分出，其中一条支脉在骶骨下五寸处别行进入肛门，沿脊柱两旁的肌肉到心脏后散布于心脏内；直行的一条支脉，从脊柱两旁的肌肉处继续上行，浅出项部，脉气仍注入足太阳本经。

骨的生长发育

骨来源于胚胎时期的间充质，其发生过程有两种方式，即膜内成骨和软骨内成骨。膜内成骨是在间充质分化成的原始结缔组织膜内发生，因而称为膜内成骨。软骨内成骨是由间充质先分化成软骨，再把软骨组织逐渐破坏，然后形成骨组织，故称为软骨内成骨。值得注意的是，骨发生虽有两种不同的方式，但其骨组织形成的基本过程是一样的，都是由成骨细胞生成的；再者，在骨的发育生长过程中，不仅有骨组织形成，同时也有骨组织的吸收与改造。下面我们先介绍骨组织的形成与吸收，然后再介绍骨发生的两种方式。

1. 骨组织的形成与吸收

骨组织由成骨细胞形成。骨发生开始时，成骨细胞由间充质细胞分裂分化而来，待骨膜形成后，则由骨膜的一些细胞分化而成。成骨细胞为矮柱状，在将要形成骨组织的地方，许多成骨细胞排成单层。成骨细胞的主要功能是生成骨组织的纤维和有机基质，在生成有机的细胞间质以后，本身被埋于其中，变成骨细胞。这时尚无骨盐，称为类骨质。随后，当大量骨盐沉着在有机的细胞间质中，即成为骨组织。

骨组织发生和生长过程中，不仅有骨组织的形成，同时也有骨组织的吸收。参与吸收过程的细胞是破骨细胞。破骨细胞贴附在骨组织吸收的部位，胞膜形成许多排列紧密的皱褶，称为皱褶缘。细胞从皱褶缘释放某些溶酶体酶，分解骨组织的有机成分，并能促使局部产生一些酸，溶解骨盐，于是骨组织被溶解和吸收，这一过程称为破骨细胞性溶骨作用。

在骨发生和生长过程中，骨组织不断形成、增多，使骨骼不断生长，同时，已形成的骨组织又不断地被吸收和改建，以致骨骼的外形和内部结构不断发生变化。

2. 骨的发生方式和生长过程

1）膜内成骨

颅骨的一些扁骨和面骨以膜内成骨方式发生。间充质分化成富有血管的胚胎性结缔组织膜，膜上开始成骨的部位称为骨化中心。该处间充质细胞分化出许多成骨细胞群，不久，成骨细胞开始分泌骨的有机的细胞间质，细胞本身被埋于其中，形成类骨质。随后，骨盐沉着于类骨质上，形成骨组织。这些骨质为针状或片状，称为骨针，互相连接成网，有许多腔隙，形成原始的骨松质。骨松质没有骨板，骨盐也少。成骨过程由骨化中心向四周扩展，形成的骨松质的面积也越来越大。其表面的间充质也分化为骨膜，骨膜内的成骨细胞又在原始骨松质的表面造骨，使骨逐渐增厚、增大。

2）软骨内成骨

人体上的长、短骨和某些不规则骨都是软骨内成骨。下面以长骨为例，说明软骨内成骨的过程。

(1) 软骨雏形形成

在将要形成长骨的部位,先由间充质分化成透明软骨,其形状与未来所成之骨相似,故称为软骨雏形。软骨雏形外面被覆以软骨膜。软骨雏形形成后继续生长。

(2) 骨领形成

软骨中段(即未来的骨干部分)的软骨膜开始以膜内成骨的方式生成骨组织,环绕软骨中段形如领圈,故名骨领。开始形成的骨领既薄又短,以后继续以膜内成骨的方式成骨而增厚、增长,成为原始的松质骨,代替软骨起支持作用。骨领形成后,其周围的软骨膜改称为骨外膜。

(3) 初级骨化中心出现

在骨领出现的同时,软骨中段的软骨细胞分裂繁殖并变得肥大,随后软骨基质有钙盐沉着。肥大的软骨细胞继之退化死亡,该区为软骨内首先成骨的区域,称为初级骨化中心。

(4) 血管的侵入

骨外膜的血管连同间充质细胞、成骨细胞、破骨细胞等穿过骨领,进入初级骨化中心,溶解钙化的软骨基质,形成许多不规则的腔隙,称为初级骨髓腔。成骨细胞紧贴着残留的钙化软骨基质的表面,先形成类骨质,而后钙化成骨质,构成原始的骨小梁。

(5) 骨髓腔形成

初级骨化中心形成的骨小梁相对短暂,相继被破骨细胞溶解消失,于是初级骨髓腔融合成大腔,称为骨髓腔。骨髓腔内有血管和红骨髓,周围被骨领环绕后,骨领外面不断以膜内成骨方式成骨,使骨干不断加粗;而骨领的内面又不断被破骨细胞破坏消失,于是骨髓腔不断增宽。此后骨干两端的软骨继续生长,次级骨化中心的成骨过程也从骨干向两端推移,而使长骨不断加长。

(6) 次级骨化中心出现

出生前后,在长骨两端的软骨内,出现新的骨化中心,称为次级骨化中心。在不同的长骨以及同一长骨的两端,出现次级骨化中心的年龄有所不同,但变化过程一致,皆与初级骨化中心的成骨过程基本相似。此后,成骨过程自次级骨化中心向四周扩展,以致骺端软骨大部分被原始的松质骨取代。原始松质骨不断地吸收与改建,形成板层骨构成的松质骨。在靠近关节面保留一层软骨,终生存在,称为关节软骨。在骨骺与骨干交界处,也保留一层软骨,称为骺板。

骺板的存在是长骨继续加长的基础。骺板的软骨细胞继续保持繁殖能力,不断生成新的软骨,并依照以上所述骨干两端软骨内成骨的过程成骨,因此骨干仍继续增加长度。到17～20岁,软骨失去增生能力,骺板完全被骨组织所代替,骨髓与骨干完全结合,称为骨髓闭合。长骨因骨髓闭合而停止加长。

3. 影响骨生长的某些因素

(1) 激素的影响

骨的生长与代谢受多种激素的调节与控制,主要的有甲状旁腺激素、降钙素和生长素。

甲状旁腺激素有调节与维持血钙正常水平的作用。当血钙含量低下时,它能促进破骨细胞的溶骨作用,动员血钙转入血液,以使血钙升到正常水平。

降钙素的作用与甲状旁腺激素相拮抗,有降血钙的作用。它使破骨细胞转入不活动状态,因而抑制骨的溶解破坏,并能促进成骨细胞形成新的骨组织,将钙贮存于骨中。

生长素能促进骺板软骨细胞分裂繁殖,促进软骨形成和成骨过程,从而加速长骨的生长。在成年之前,若生长激素分泌过剩,长骨生长加快,称为巨人症。反之,若儿童期生长激素分泌不足,成骨过程迟缓,以致肢体短小,称为矮小症。

(2) 维生素的影响

骨的生长与代谢也受多种维生素的影响,其中与维生素A、C、D的关系最为密切。

维生素C与成纤维细胞、成骨细胞和软骨细胞生成有机的细胞间质有关,但不影响软骨基质钙化及骨盐沉着。严重缺乏维生素C时,软骨、骨和骨膜的纤维和黏蛋白的形成受到障碍,可致骨的生长停滞,所成的骨质脆弱易折,而且骨折后的愈合缓慢。

维生素D与软骨基质钙化和骨组织的骨盐沉着有关,它能促进肠道对钙、磷的吸收,提高血钙和血磷的水平,从而利于钙化和骨盐沉着。当缺乏此种维生素时,成骨细胞虽然生成纤维和有机基质,但停留于类骨质阶段,因不能沉着骨盐而不能成为骨组织,此种情况在儿童期即为佝偻病。成年时期严重缺乏维生素D,新形成的类骨质也不能钙化,称为骨软化症。这些钙化不足的骨骼可因负重而变形。

维生素 A 对骨细胞和破骨细胞的功能状态具有协调作用,在骨的生长发育过程中,保护成骨和改建的正常进行。维生素 A 严重缺乏时,骨的生长与改建失调,导致骨骼畸形生长。

骨的病理

骨的病理状况大致有几种:骨的过度生长,比如骨质增生和骨化性肌炎;骨的破坏和坏死,比如骨折和骨坏死;骨的异常生长,如骨软骨瘤和畸形。

1. 骨质增生

骨质增生,又称增生性关节炎,中医称"骨痹"、"骨痛",是骨常见的慢性关节病。发生本病的原因有原发性和继发性两种。原发性又称特发性,以人体自然老化退变为主,随着人类寿命的延长,临床上不少见;而继发性则以后天慢性劳损及外伤为主,也较多见。中医认为外因多为跌打骨折整复不良或膝足畸形、脊柱侧弯等因素,内因是风寒湿邪、阻塞经络、肝肾亏虚、气滞血瘀所致。患此病者多为 50 岁以上的中老年,常为多关节发病,也有单关节发病者。受累关节可有持续性隐痛,活动增加时加重,休息后好转。疼痛常不严重,气压降低时加重,与气候变化有关。有时可有急性疼痛发作,同时有关节僵硬感,偶尔可发现关节内有摩擦音。久坐后关节僵硬加重,稍活动后好转,因此有人称之为"休息痛"。本病最重要且最基本的治疗方法是,减少关节的负重和过度的大幅度活动,爱惜患病关节,以延缓病变的进程。肥胖者应减轻体重,以减少关节的负荷,延缓病变的发展。下肢关节有病变时可用拐杖或手杖,以减轻关节的负担。可以做理疗及适当的锻炼,以保持关节的活动范围,必要时可使用夹板支具及手杖等,有助于控制急性期症状。消炎镇痛药物可减轻或控制症状,但不能改变病变的进展,只是在急性疼痛发作期间起治标作用。对晚期病例,在全身情况能耐受手术的条件下,行人工关节置换术是公认的消除疼痛、矫正畸形、改善功能的有效方法,可以提高患者的生活质量。民间也有一些治疗良方,但不应盲目迷信。

2. 骨坏死

许多人对什么是骨坏死都不是太了解,有些人只认为骨坏死就是股骨头坏死,其实不然,股骨头坏死只是其中一种类型,骨坏死是指人体骨骼活组织成分坏死。

祖国医学把骨坏死称为骨蚀症。人体很多部位（例如：腕骨、月骨、胫骨结节、跖骨、足舟骨、跟骨、股骨）都会出现骨坏死。仅就缺血性坏死已经发现 40 余处，而股骨头坏死发生率最高，影响也比较大，所以更被人们所关注。

股骨头坏死，又称股骨头缺血性坏死或股骨头无菌性坏死。它以髋关节疼痛、跛行为主要临床表现，但早期往往仅表现为膝关节、大腿前内侧疼痛而易被误诊。

造成股骨头坏死的原因大致有两类。一类是创伤性，多因髋部受伤后引起股骨头骨折、股骨颈骨折、髋关节脱位，以及没有骨折脱位的髋部软组织损伤。另一类是非创伤性的，包括长期大量使用糖皮质激素（有时因为某些疾病的治疗需要，也有的时候是误用激素）、酒精中毒、减压病等，这些因素有的可以造成血液黏稠度增加，也可以导致血管壁增厚、管腔狭窄等。不论是创伤性和非创伤性的因素，最终的结果一是造成动脉供血不足，二是造成静脉淤阻，而后者又可以引起骨内压升高，进一步加重动脉供血不足，最终导致股骨头缺血、缺氧、骨细胞变性、坏死。早期以去除病因、减少负重、适当功能锻炼为主，辅以活血化瘀、消炎镇痛治疗，严重者可能需要行人工髋关节置换治疗。

中医以疏通骨中脉络为疗法，选用一些透达骨络的中药内服、外敷，就可以从根本上改变股骨头的血运状态，再适当配合益肾中药就能在股骨头血运改善的基础上，刺激成骨细胞和破骨细胞的活跃，促使死骨吸收和新骨生长，从而较快消除股骨头坏死患者的疼痛、跛行等症状，改善其功能，促进早日康复。

3. 椎间盘突出症

严格来说椎间盘突出不是骨的病理变化，但椎间盘突出后脊柱骨会出现诸多异常改变，如骨刺形成、椎体滑脱、椎间融合、脊柱侧弯等，而且非常常见。所以此处也对它做一介绍。

椎间盘突出症是一个多发病、常见病，它是因椎间盘劳损变性、纤维环破裂或髓核脱出等刺激或压迫脊神经、脊髓等引起的一系列症状群。颈、腰椎间盘突出症是临床上较为常见的脊柱疾病之一，主要是因为颈、腰椎间盘各组成部分（髓核、纤维环、软骨板），尤其是髓核，发生不同程度的退行性病变后，在过度劳损、体位骤变、猛力动作或暴力撞击下，经过破裂的纤维环的裂隙向外突出。腰椎间盘突出会导致腰部胀痛、坐骨神经放射痛、下肢麻木胀痛、感觉减退或疼痛过敏、肌肉萎缩、患腿变细、行走困难等,严重时大小便功能障碍、下肢瘫痪、长期卧床不起,使病人生活质量下降、工作和劳动能力丧失。人体的老化是不可抗拒的自然规律,人体的各个器官系统几乎是同步老化的,人老化以后,各个器官系统可能出现一定程度的功能下降,甚至某些人还可能出现相应的老年疾病和相应症状。随着年龄的增长,骨关节由于运动磨损不可避免地会出现退行性改变,这是一种正常的老化表现。年龄增加意味着"磨损"的增加,这就像人老了脸上会长皱纹、头发会变白、眼睛会变老花一样,在腰椎的老化表现就是前面提到的椎间盘的退变,以及以后出现的各种症状。这是一种自然的生理性老化现象,符合人体正常的新陈代谢规律。

　　绝大部分60岁以上的人拍片时均可发现腰椎的骨刺形成、椎间隙狭窄等退变老化现象。60岁以上的人各个器官系统都有不同程度的退变老化,但并不是60岁以上的人都会有病。拍片发现有腰椎的骨刺、椎间隙狭窄等退变老化者,绝大部分人也并不一定会有相应的临床症状。因此不必谈骨刺色变,单纯的骨刺不一定引起临床症状,只要掌握它的规律,就可采取相应的措施,预防或减轻它带来的不良影响。另外还有一些病人害怕骨刺,非常关心自己的腰椎骨刺以及身体其他关节部位的骨刺是否在发展、发展的速度怎样等。其实,骨刺的发展是人体老化的自然表现,只要不在关键部位,不对重要的组织结构构成压迫,不出现相应的症状,大家就不必为人体的自然老化而过分担忧。另外,在谈癌色变的今天,人们害怕骨刺,也可能与害怕骨刺会癌变的心理状态有关,在门诊我们也常常可以碰到一些病人非常关切地向医生询问骨刺是否会癌变这样的问题。其实,骨刺等退变表现是不会癌变的,这一点病人应当充分放心。腰椎开始退变后,首先出现椎间盘的变性,使椎间盘容易被压缩而丧失其正常的高度,椎体间距离缩短、脊椎骨前后的韧带因此而变得松弛,造成椎体之间的不稳定,相互之间活动过度。椎体间活动度增大后,在椎体边缘易于出现微小的、反复的、积累性损伤,这可能导致微小的局部出血及渗出。经过一段时间以后,出血及渗出被吸收纤维化,以后可逐步形成钙化,从而在局部(也就是在该间隙的椎体上下缘)出现骨的增生性反应,这就是骨刺,有些书上叫做骨赘或者骨质增生,其实都是一样的意思。由于不断的刺激,反复的创伤,骨刺将不断增大。这就如同长期手握锄头、铁锹劳动一样,刚开始时可在手掌部损伤刺激形成血疱,血疱愈合后,可在手掌形成老茧。以后对手掌部的反复刺激可使在手掌部形成的老茧越长越厚;反之,停止体力劳动多年以后,手掌部的老茧会逐渐变薄以至消失。因此,如果腰椎长期受到反复劳损以及过度活动等不良因素的刺激,则有可能加速腰椎的退变,使椎间盘突出,骨刺形成并不断增大;反之,注意腰部的休息和保养,就可以减缓腰椎的退变速度和骨刺的进展。人们因劳作程度不同,手掌部的老茧厚薄可有不同;人们的腰椎因所受到的不良刺激不同,休息保养不同,其形成的骨刺等退变表现也因人而异。我们人是要活动的,无论怎样休息和保养,腰椎也会在运动中逐渐退变老化,只不过,通过正确的休息和保养措施,我们的腰椎可以延缓退变。

腰椎的退变过程,除随年龄变化以外,也与腰椎是否长期过度的屈伸活动及负重损伤等因素有关,这是腰椎退变及发病的外在因素。某些腰部负重过大以及腰部容易受到外伤的职业,腰椎退变的速度要快一些,出现腰椎疾病的可能性也要大一些。例如,重体力劳动者、经常肩扛背托重物者、某些运动员如举重、体操、摔跤及其他剧烈运动,都很容易损伤腰椎,加重腰椎的劳损及退变,这就不难理解,有不少专业运动员和体力劳动者,到了中老年以后,易于出现腰腿痛。据统计,在临床上大约有很多腰腿痛病人可以回忆起有过腰部的外伤史。青少年时代的腰椎外伤也是中年以后发生腰腿痛的重要外因。

大多数腰椎的骨刺并不导致腰痛和腰神经根压迫,也不必过分忧虑,只有少数情况下在特定部位的骨刺才会出现症状。腰椎椎体后缘的骨刺连同膨出的椎间盘的纤维环、后纵韧带和创伤反应所引起的水肿或者纤维化组织,在椎间盘的节段平面形成一个向后方或侧后方突出的混合物,结合后方肥厚的黄韧带,可以对局部的神经根形成直接的刺激压迫,这种情况下可能需要适当治疗了。

4. 骨折

骨的完整性和连续性发生中断,则谓之骨折。骨折的诱因可分为外伤性和病理性两大类。外伤性骨折多由直接暴力或间接暴力,使骨质的连续性中断而发生骨折。病理性骨折乃骨骼本身有病,如骨髓炎、骨肿瘤致骨质破坏,受轻微外力即发生骨折。

根据骨折处皮肤、黏膜的完整性分类:

(1) 闭合性骨折,即骨折处皮肤或黏膜完整,骨折端不与外界相通;

(2) 开放性骨折,即骨折处皮肤或黏膜破裂,骨折端与外界相通。骨折处的创口可由刀伤、枪伤由外向内形成,亦可由骨折端刺破皮肤或黏膜从内向外所致。

根据骨折的程度和形态分类:

(1) 不完全骨折,即骨的完整性和连续性部分中断,按其形态又可分为:①裂缝骨折,骨质发生裂隙,无移位,多见于颅骨、肩胛骨等;②青枝骨折,多见于儿童,骨质和骨膜部分断裂,可有成角畸形。有时成角畸形不明显,仅表现为骨皮质劈裂。

(2) 完全骨折,即骨的完整性和连续性全部中断,按骨折线的方向及其形态可分为:①横形骨折,骨折线与骨干纵轴接近垂直;②斜形骨折,骨折线与骨干纵轴呈一定角度;③螺旋形骨折,骨折线呈螺旋状;④粉碎性骨折,骨质碎裂成三块以上。骨折线呈T形或Y形者又称为T形或Y形骨折;嵌插骨折:骨折片相互嵌插,多见于干骺端骨折;压缩性骨折,骨质因压缩而变形,多见于松质骨;凹陷性骨折,骨折片局部下陷,多见于颅骨;骨骺分离,经过骨骺的骨折,骨骺的断面可带有数量不等的骨组织。

根据骨折端稳定程度分类:

(1) 稳定性骨折,即骨折端不易移位或复位后不易再发生移位者;

(2) 不稳定性骨折,即骨折端易移位或复位后易再移位者。

骨折可由创伤和骨骼疾病所致,以创伤性骨折最常见。其发生原因有:

(1) 直接暴力,暴力直接作用使受伤部位发生骨折,常伴有不同程度的软组织损伤;

(2) 间接暴力,暴力通过传导、杠杆、旋转和肌收缩使肢体远处发生骨折。

(3) 积累性劳损,长期、反复、轻微的直接或间接损伤可致使肢体某一特定部位骨折。

骨折发生后,骨折部位可产生疼痛、肿胀、瘀斑、功能障碍及畸形等症状。骨折后出血与组织的损伤性水肿即产生肿胀、血液渗到皮下形成瘀斑。在骨折的同时可伴有血管和神经损伤,可出现肢体远端感觉麻木、运动障碍等表现。骨折后可因剧烈疼痛、出血过多或并发头、胸、腹部脏器损伤而致休克。骨折因受害部位不同而产生不同的内脏组织损伤,颅骨骨折可伤及脑组织,肋骨骨折可刺破肺部而引起气胸、血胸,下肋部骨折可引起肝、脾、肠曲的破裂及腹膜刺激症状,骨盆骨折可出现血尿和排尿困难等表现。

5. 骨不连

骨折后新骨生成的过程大体上为:骨折端血肿形成,血肿转变为肉芽,纤维组织机化,再形成纤维软骨;纤维软骨首先要有矿物质沉着,血管进入,成骨细胞也随之而入,刺激成骨作用,同时需胶原纤维合成,最后形成新骨。也就是说,纤维软骨必须在矿物盐沉着后才能形成,此时也有软骨介入或骨化。

1) 骨不连的形成

骨不连的形成主要是纤维软骨未能矿物盐沉着化,这种情况最易发生在固定不够完善时,其机理尚不清楚,但只要骨折后早期立即改用完善的固定,钙盐沉着可以形成,骨折能够愈合;若此时不予纠正固定,骨不连即难避免,这也是为什么要改用合理的固定,如加压钉、钢板、髓内针及骨外穿针加压固定,可以减少或避免骨不连的发生。

2) 早期固定和肢体负重对骨不连的影响

纤维软骨矿物盐沉着化后,血管虽已长入,新骨形成,早期仍是网状骨,骨小梁还不坚实,此时固定十分重要,必须继续坚持,骨小梁间空隙再加以充实,最后才能变为较硬的密质骨。在后期出现破骨细胞,它可吸收骨质,吸收骨的速度每天可高达 $60\mu m$,而成骨细胞使骨折端的对合速度每天只有 $1.5\mu m$,此时骨折附近形成骨质疏松,纠正的方法是使肢体负重或取出钢板等内固定物。

3) 骨折端硬化和髓腔封闭是骨不连的先兆

因纤维软骨未钙化,骨折间缺乏成骨作用,逐渐形成间隙,此时骨膜虽可形成骨痂,骨折端可增粗,但因间隙逐渐加大,而骨折端髓腔的成骨作用仍存在,所以两骨端都逐渐硬化,封闭髓腔,这一现象的出现,显示了骨不连的先兆;髓腔边缘成骨,变成薄的连性平板,若继续发展,纤维组织覆盖住硬化骨端,如果此时不采取相应措施,骨不连即形成。骨折端硬化,并不说明骨折端已失去活力,相反,只要及时采取合理的措施(如电刺激或加压),硬化可逐渐消失。硬化骨在消失过程中可借助大量矿物盐参与骨折的修复;其实,硬化骨仍有一定的活力,切开复位时,最好不将硬化骨过多的咬除。

关节的概述

人体的骨骼是硬质的,以硬质的骨骼为支架,还能够做出优美的舞蹈动作和完成各种各样的运动,全都有赖于连接骨骼的结构——关节。关节其实就是骨与骨之间的连接,它是人体运动的枢纽。根据其连接的方式不同,可以分为直接连接和间接连接两种类型的关节。我们平常所说的关节大多数指的是间接连接的关节,医学上叫做滑膜关节。其特点是两个骨相对面之间具有间隙,即所谓的关节腔,仅依靠周围的结缔组织进行连接。直接连接关节的软骨或骨紧密地连接起来,相对的骨面之间没有关节腔,这种形式的关节基本上不活动或活动度很小,例如椎间盘、趾骨联合等。

关节的类型

人体的关节中能活动的叫"活动关节",几乎没有活动或不能活动的分别叫"少动关节"和"不动关节"。最多的关节是活动关节,也就是我们前面所讲的间接连接的关节,如四肢的肩、肘、指、髋、膝等关节。对于可动关节,大家不难理解,但对于不动关节和少动关节,可能就不太明白了。那么它们指的是什么呢?

骨与骨之间,有些是以少量纤维组织直接相连的,这种连接之间几乎没有运动,或者完全不运动,因此被称为少动关节和不动关节。少动关节多是由索状、膜状的韧带相连接,这些韧带附着在两块骨的表面,有相当的韧性和坚固性,这种少动关节又称为韧带联合,如前臂的骨间膜、趾骨联合。不动关节包括颅骨之间的缝和软骨联合,也就是两块骨之间以软骨组织连接起来。这种关节对于保护内脏(如脑、心、肺等重要器官)起着决定性的作用,同时又具有一定的缓冲震荡和稳定的作用。由于这些关节活动少或基本没有活动,所以较少患病,但有些关节疾病也可以累及这些关节。

关节的结构

关节的基本结构包括关节面(包括关节软骨)、关节囊及关节腔三部分。

关节面就是构成关节的两个骨端相互摩擦的部分。关节面上大多覆盖着关节软骨,用以减少摩擦力。

关节囊好比一个袋子,是由关节周围的致密结缔组织所形成的一个包囊,它附着在关节面周围的骨面并与骨膜融合,像一个袖筒把构成关节的各骨连接起来。关节囊的松紧度和厚薄并不相同,活动度大的关节,关节囊往往比较薄而且松弛。关节囊可分为两层,外层为纤维层,厚而坚韧,在某些部位特别增厚,成为韧带,以加强关节的稳固性；内层为滑膜层,薄而滑润,可分泌滑液,以减轻关节的摩擦,有利于灵活运动,并营养关节软骨。

关节腔就是关节囊的滑膜层和关节软骨共同围成的密闭的腔隙,腔内含有少量的滑液。

除了关节的基本结构外,有些关节还有一些辅助结构,来突出提升关节的某些特性,比如灵活性、柔韧性、牢固性。关节的辅助结构主要包括韧带、关节盘、关节唇。

关节的几个名称及活动情况

在大体了解了关节的结构之后,让我们来详细了解关于关节的几个重要问题。

1. 什么是关节软骨？

关节面其实就是构成关节的骨面。人体的每一个关节至少有两个或两个以上相对应的关节面,关节面的形状和关节的运动性质及其范围有关,它的上方都覆盖有一层光滑且富有弹性的关节软骨。人体结构中活动关节的软骨属于透明软骨,如大家熟悉的膝关节。

关节软骨没有神经支配,也没有血管,其营养成分必须从关节液中取得,而其代谢废物也必须排至关节液中。关节软骨的这种营养代谢必须通过关节运动,使关节软骨不断地受到压力刺激才行,所以关节运动对于维持关节软骨的正常结构起重要的作用。

关节软骨在关节的活动中发挥着重要作用,关节软骨主要的功能是传导载荷、缓冲压力,由于关节软骨有很好的弹性,所以在关节承受压力时,软骨被压缩,解除压力后又迅速恢复原状,类似于弹性垫的效果。此外,关节软骨还有润滑作用,使运动时的摩擦力和磨损减到最低限度。除此之外,关节软骨还有使骨的关节面更为相互嵌合的作用。

2. 哪些因素会导致关节软骨破坏？

关节软骨是组成滑膜关节的重要结构和功能单位。关节软骨任何成分的退变,都会导致关节软骨破坏的恶性循环。最常见的引起关节软骨破坏的因素是生物力学因素。正常软骨在不良的力学环境下,如关节脱位、关节发育不良、骨关节损伤后、关节正常对合关系的丧失等,就会受到破坏。另外,老年以及物理因素也会导致关节软骨退变。

3. 关节软骨能够再生吗?

人体的各种组织的再生能力是不同的,成年人的关节软骨缺乏血管,没有神经支配,组织的营养供应是从关节液中获取,也就是通过活动挤压关节软骨,使得营养物质扩散入软骨内,因此软骨的修复能力是有限的。如果关节软骨受损严重,软骨就由生长出来的纤维组织所替代,其功能远远不如正常的关节软骨。所以关节一旦破坏后,就难以完成正常恢复。

4. 什么是滑膜?它有什么功能?

滑膜位于关节腔的内壁,具有神经末梢,可分为两层:①内膜层,富含血管;②内膜下层,则血管较少,纤维组织多于细胞,与关节囊分界不清。滑膜不但覆盖关节内,而且覆盖没有软骨覆盖的骨质面和关节内韧带,在关节面的边缘与滑膜相过渡。滑膜就像关节的"卫士",一方面构成屏障,可以阻挡一些大分子物质进入关节腔,而关节内的代谢产物则经过滑液进入淋巴液或血液,当有异物或碎屑时,可以清除或将其固着在滑膜上;另一方面,滑膜也可以产生滑液进入关节腔,同时滑膜细胞也还可以分泌一种透明质酸进入滑液,以保持关节的滑润。

5. 关节液是怎么形成的?它能够更新吗?

关节液的来源有两个:第一是由滑膜毛细血管内的血浆滤过形成的液体;第二是由滑膜细胞所分泌的透明质酸、胶原蛋白、蛋白多糖而组成。

正常关节腔内的关节液量较少,它的功能是帮助关节润滑和营养关节软骨和关节内韧带,另外,它还能将代谢产物经由淋巴液或血液带走。关节液不断地进行更新,关节液通过血浆的滤过和滑膜细胞的分泌来生成,然后通过滑膜丰富的毛细血管或淋巴管回流至静脉。另外,滑膜细胞还有吞噬作用,以清除关节腔内碎屑或异物,例如关节积血中的红细胞和血红蛋白。

6. 关节的功能位是什么意思?

关节的功能位就是指关节在劳动时最常采用的和功能最大的位置。以下是人体四肢主要关节的功能位位置:

（1）髋关节为外展 10°～15°，前屈 15°～20°，旋转 0°；

（2）膝关节为屈曲 5°～20°；

（3）踝关节为保持 90°；

（4）肩关节为外展 60°～90°（儿童较成人外展角度为大），前屈 30°～45°，外旋 15°～20°；

（5）肘关节为屈曲 80°～90°，前臂中立位，平常我们"行军礼"的动作就是肩、肘关节和前臂的功能位；

（6）腕关节为背屈 30°，尺偏 5°～10°；

（7）拇指关节为对掌位；

（8）手指关节分别为掌指关节 140°，近指间关节 130°，远指肩关节 150°，也就是平常握茶杯的动作。

关节受伤或手术后常固定于功能位，这样即使关节出现关节活动的障碍，也能获得相对最大的功能。

7. 人是怎么指挥自己的关节运动的？

我们平常活动自如主要依靠关节的运动，那么我们是怎么指挥自己的关节运动的呢？

其实关节的运动就是组成关节的关节面的相对移动。关节运动时，首先是中枢神经系统产生神经冲动，然后信号传导至肌肉组织，肌肉收缩后产生了杠杆作用而导致关节的运动。在关节的周围通常都有两组作用不同的肌肉，通过肌腱或腱膜附着在关节组成的骨上，一组肌肉收缩，另一组则松弛，如屈肌收缩，则伸肌松弛，产生屈曲运动；反过来，伸肌收缩，屈肌松弛，则使关节伸直，产生伸展运动。

8. 自己如何判定关节是否有病？

我们大家都知道，只有早期发现疾病才能做到早诊断、早治疗，病人才能尽早地摆脱疾病的折磨。在日常生活中，能够最早发现疾病的往往是病人本人，因此，我们了解一些关节疾病的早期自我检查方法是很有必要的。

"一看、二摸、三活动"是我们检查关节疾病的常用方法。所谓"一看"，是指病人先观察自己走路的姿势是否正常，四肢是否有长短、粗细的不同，是否有畸形、包块、瘢痕等，皮肤的色泽、纹理是否正常。所谓"二摸"，是指自己按压关节，看看是否有压痛,以及压痛的部位、深度、范围、程度,关节是否有肿胀,关节部位的皮肤温度是否正常,是否有包块以及包块的大小、部位、硬度,是否有活动以及与邻近组织的关系。所谓"三活动",就是指观察在日常生活中行、走、坐、卧等活动中是否有疼痛,观察是否自己可以活动,活动范围是否正常等。

如果病人在检查中发现问题,就应该及时到医院就诊,以免延误治疗。

关节运动及其支配肌肉

关节的活动在本书中有着重要的地位,任何方式的肢体运动都伴随着关节的活动。在此,我们对关节运动(表1.1～表1.6)及其支配肌肉(表1.7)给大家提供了详细的表格和描述。这些表格和描述无需大家记住,只是在大家阅读到相关章节或内容涉及关节活动时,能够迅速查到。

表1.1 肩关节的运动

关节运动形式	运动轴	运动幅度	动作举例
屈伸	额状轴	110°～140°	前后摆臂动作
外展内收	矢状轴	90°～120°	直立飞鸟动作
内旋外旋	垂直轴	90°～120°	武术勾手亮掌动作
环转	—	—	武术轮臂动作
水平屈伸	—	约180°	扩胸动作

表1.2 肘关节的运动

关节运动	运动轴	运动幅度	动作举例
屈伸	额状轴	135°～140°	负重弯举
旋内旋外	垂直轴	140°～180°	乒乓球正、反手扣球

表1.3 桡腕关节的运动

关节运动	运动轴	运动幅度	动作举例
屈伸	额状轴	约150°	投篮动作
外展内收	矢状轴	约60°	武术挑掌
环转	混合轴	—	跳绳的摇绳动作

表 1.4　髋关节的运动

关节运动	运动轴	运动幅度	动作举例
屈	冠状轴	120°～135°	前摆腿
伸	冠状轴	10°～20°	后踢腿
外展	矢状轴	45°	侧摆腿
内收	矢状轴	30°	内摆腿
旋内	垂直轴	40°～45°	外脚背踢球
旋外	垂直轴	45°～50°	内侧足弓传球
环转	混合轴	—	体操托马斯全旋动作

表 1.5　膝关节的运动

关节运动	运动轴	运动幅度	动作举例
屈	冠状轴	135°～140°	高抬腿跑
伸	冠状轴	—	—
旋内	垂直轴	10°～30°	足外脚背踢球
旋外	垂直轴	10°～40°	足内脚背踢球

表 1.6　踝关节的运动

关节运动	运动轴	运动幅度	动作举例
屈(跖屈)	冠状轴	40°～50°	绷足运动
伸(背屈)	冠状轴	20°～28°	勾足踮球

主动肌是指与关节收缩运动方向相同的肌肉,其功能为肌肉收缩;拮抗肌是指与主动肌运动方向相反的肌肉,其功能为肌肉舒张。

表 1.7　支配关节运动的相关肌肉

1. 颈椎的屈曲/前屈：正常活动范围为 0°～60°	
主动肌	胸锁乳突肌、头长肌、颈长肌、颈前肌
拮抗肌	斜方肌上段纤维、头夹肌及颈夹肌、半棘肌及竖脊肌
2. 颈椎的伸展/后伸：正常活动范围为 0°～50°	
主动肌	同上拮抗肌
拮抗肌	胸锁乳突肌、头长肌及颈前肌
3. 颈椎的侧屈：正常活动范围为 0°～50°	
主动肌	斜角肌,斜方肌上段,同侧胸锁乳突肌和肩胛提肌
拮抗肌	主动肌对侧的肌肉群
4. 颈椎的旋转：正常活动范围为 0°～70°	

续表

主动肌	同侧的肩胛提肌及夹肌、半棘肌、多裂肌,对侧的胸锁乳突肌及斜方肌上段
拮抗肌	同侧的胸锁乳突肌及斜方肌上段,对侧的夹肌、半棘肌、多裂肌

5. 肩关节屈曲(伸直胳膊由前方举起,高过头顶,贴同侧耳朵):正常活动范围为 $0°\sim180°$

主动肌	三角肌前部、肱三头肌、喙肱肌、胸大肌
拮抗肌	肩关节的后方伸展肌群、背阔肌、肩胛下肌、大圆肌、三角肌后部

6. 肩关节的外展(伸直胳膊,由侧方举起):正常活动范围为 $0°\sim100°$

主动肌	三角肌中段、冈上肌
拮抗肌	肩关节的内收肌肉群

7. 肩关节的内旋:正常活动范围为 $0°\sim90°$

主动肌	背阔肌、胸大肌、三角肌前部

肩关节的外旋:正常活动范围为 $0°\sim90°$

主动肌	小圆肌、冈下肌

8. 肩关节的内收:正常活动范围为 $0°\sim45°$

主动肌	三角肌前段、胸大肌(锁骨部)、肱二头肌、喙肱肌
拮抗肌	三角肌后段、肱二头肌(长头)、背阔肌、大圆肌

肩关节的伸展(后伸或背伸):正常活动范围为 $0°\sim50°$

主动肌	同上拮抗肌
拮抗肌	同上主动肌

9. 躯干的屈曲/前屈(向前弯腰,胳膊自然下垂):正常活动范围为 $0°\sim45°$

主动肌	腹直肌、髂腰肌、腹内外斜肌
拮抗肌	臀大肌、竖脊肌、腰方肌、背阔肌

10. 躯干的伸展/后伸(双手举过头顶,向后仰面弯腰):正常活动范围为 $0°\sim30°$

主动肌	竖脊肌、腰方肌、髂腰肌
拮抗肌	腹直肌、腹内外斜肌

11. 躯干的旋转:正常活动范围为 $0°\sim40°$

主动肌	背阔肌、腹内外斜肌、一侧竖脊肌
拮抗肌	对侧的背阔肌、腹内外斜肌、对侧竖脊肌

12. 躯干的侧屈:正常活动范围为 $0°\sim50°$

主动肌	同侧的腰方肌、腹内外斜肌、腹直肌、髂腰肌、竖脊肌
拮抗肌	对侧的腰方肌、腹内外斜肌、腹直肌、髂腰肌、竖脊肌

13. 髋关节的屈曲:正常活动范围为 $0°\sim125°$

主动肌	髂腰肌、股直肌、耻骨肌、阔筋膜张肌、缝匠肌
拮抗肌	半腱肌、臀大肌、半膜肌、股二头肌

髋关节的伸展:正常活动范围为 $0°\sim5°$

主动肌	臀大肌、大收肌、半腱肌、半膜肌、股二头肌
拮抗肌	股四头肌、髂腰肌、耻骨肌、阔筋膜张肌、缝匠肌

续表

14. 髋关节的外展：正常活动范围为 0°～45°	
主动肌	臀中肌、臀小肌、阔筋膜张肌、梨状肌
拮抗肌	大收肌、短收肌、长收肌、缝匠肌、股薄肌、耻骨肌
髋关节的内收：正常活动范围为 0°～20°	
主动肌	与外展相反
15. 髋关节的外旋：正常活动范围为 0°～45°	
主动肌	梨状肌、臀大肌、髂腰肌、臀小肌、臀中肌（后段）、缝匠肌、股方肌、闭孔外肌
拮抗肌	半膜肌、半腱肌、阔筋膜张肌、耻骨肌、内收肌群
髋关节的内旋：正常活动范围为 0°～45°	
主动肌	半膜肌、半腱肌、耻骨肌、内收肌群、臀中肌及臀小肌的前部肌束
拮抗肌	梨状肌、臀中肌、臀中小肌后段、髂腰肌
16. 膝关节的屈曲：正常活动范围为 0°～130°	
主动肌	半膜肌、半腱肌、股二头肌、腓肠肌、腘肌、缝匠肌、股薄肌
拮抗肌	股四头肌
膝关节的伸展：正常活动范围为 0°	
主动肌	与屈曲相反
17. 肘关节的屈曲：正常活动范围为 0°～145°	
主动肌	肱二头肌、肱肌、肱桡肌
拮抗肌	肱三头肌
肘关节的伸展：正常活动范围为 0°	
主动肌	与屈曲相反
18. 肘关节的外旋（前臂旋后）：正常活动范围为 0°～90°	
主动肌	旋后肌、肱桡肌、肱二头肌
拮抗肌	旋前圆肌、旋前方肌
肘关节的内旋（前臂旋前）：与外旋相反	
注：外旋，中立，能看见手掌朝前，向外旋转，又称旋后；内旋，中立，能看见手背朝前，向里旋转，又称旋前	
19. 踝关节背屈：正常活动范围为 0°～20°	
主动肌	胫骨前肌、趾长伸肌、拇长伸肌、第三腓骨肌
拮抗肌	腓肠肌、比目鱼肌、腓骨长短肌、趾长屈肌、胫骨后肌
踝关节跖展：正常活动范围为 0°～45°	
主动肌	腓肠肌、比目鱼肌、趾长屈肌、拇长屈肌、腓骨长短肌、胫骨后肌
拮抗肌	胫骨前肌、趾长伸肌、拇长伸肌、第三腓骨肌
20. 足内翻：正常活动范围为 0°～30°	
主动肌	胫骨后肌、胫骨前肌、拇长屈肌、趾长屈肌
拮抗肌	腓骨长短肌、趾长伸肌、第三腓骨肌

续表

足外翻：正常活动范围为 $0°\sim20°$	
主动肌	腓骨长短肌、趾长伸肌、第三腓骨肌
拮抗肌	胫骨后肌、拇长屈肌、胫骨前肌
21. 足外展：正常活动范围为 $0°\sim10°$	
足内收：正常活动范围为 $0°\sim20°$	

中轴骨的连接

中轴骨包括躯干骨和颅骨。其中躯干骨共51块，包括24块椎骨、12对肋骨、1块胸骨、1块骶骨和1块尾骨。颅骨23块，后上部叫做脑颅骨，彼此连成颅腔，保护和支持容纳其中的脑；前下部分为面颅骨，构成人体面部的轮廓基础，对头部的感觉器、消化和呼吸系统起始部分有支撑保护作用。

1. 躯干骨的连接

躯干骨又包括脊柱和胸廓两个部分。脊柱是人体躯干的支柱，具有支持头部，支持和保护胸、腹、盆部器官，完成各种运动的功能。胸廓除支持保护胸部内脏外，还有完成呼吸运动的功能。

脊柱位于背部正中，上端接颅骨，下端达尾骨尖，分颈、胸、腰、骶及尾五段，由24块椎骨、1块骶骨和1块尾骨组成，它们借韧带、软骨和关节连成一个完整的脊柱。

一般椎骨都有1个椎体和1个椎弓，椎弓上有7个突。

椎体约呈短圆柱状，上、下椎体以软骨连成柱状，支持体重。椎弓在椎体后方，与椎体相连的部分叫椎弓根，椎体和椎弓共同围成椎孔，24个椎骨的椎孔连成贯穿脊柱的椎管以容纳、保护脊髓。椎弓上有7个突：向后方伸出的一个叫棘突，左右各伸出一个横突，椎弓上下各有一对突起，叫上、下关节突，相邻椎骨的上、下关节突相对，以关节面组成关节。

脊柱各骨之间的连接主要为以下三种形式。

（1）椎间盘

椎间盘是椎体与椎体之间的软骨连接。椎间盘中心为胶状的髓核，周围是多层纤维软骨组成的纤维环，它将相邻椎骨的椎体牢固地连接起来，并限制髓核向外膨出。椎间盘有一定的弹性,可缓冲震动、允许脊柱做弯曲和旋转运动。

(2) 椎间关节

椎间关节是关节突之间的连接,椎间关节为平面关节,可做微小的运动。椎间关节的运动和椎间盘的活动互相配合、互相制约,共同保证了脊柱的稳定和灵活。

(3) 韧带

相邻椎骨之间有很多种短韧带。在相邻椎骨的椎弓之间的短韧带叫椎弓间韧带,由弹性结缔组织构成,呈黄色,故又称黄韧带。

脊柱上跨越多个椎骨的长韧带主要有3条。在椎骨前面的是前纵韧带,上连枕骨大孔前缘,下达骶骨前面,紧贴椎体和椎间盘前面,厚实而坚韧,对脊柱稳定有重要作用。椎体后面的后纵韧带长度与前纵韧带相当,后纵韧带有限制脊柱过分前屈及防止椎间盘向后脱出的作用。在棘突尖上还有一条上下连续的棘上韧带,在胸、腰、骶部紧贴棘突末端,至颈部则呈板片状,将两侧肌肉分开,且由弹性结缔组织构成,特名之为项韧带。

另外,脊柱与颅骨的连接结构也是必须介绍的一个特殊关节——环枕枢关节,它是环枕关节和环枢关节两个关节的统称。环枕关节主要为环椎上关节凹与枕骨髁组成的关节,属椭圆关节型,可使头做屈伸(俯仰)及侧屈运动。环枢关节包括环枢外侧关节和环枢齿突关节。此关节有多种韧带加固,一般情况下此关节是比较稳固的,但过强的外力也可造成齿突脱位,危及脊髓。

胸廓是胸腔壁的骨性基础和支架。胸廓由12块胸椎,12对肋骨和1块胸骨借关节、软骨连接而组成。

肋骨有12对,左右对称,后端与胸椎相关节,前端仅第1～7肋借软骨与胸骨相连接,称为真肋;第8～12肋称为假肋,其中第8～10肋借肋软骨与上一肋的软骨相连,形成肋弓,第11、12肋前端游离,又称浮肋。

胸骨是位于胸前壁正中的扁骨,形似短剑,分柄、体、剑突。柄侧缘接第1肋软骨。下缘与胸骨体连接处微向前突,称胸骨角,从体表可以触及,因其两侧恰与第2肋软骨相关节,所以是确定肋骨序数的重要标志。胸骨体扁而长,两侧有第2～7肋软骨相连接的切迹。剑突形状多变,位居左右肋弓之间,有人终生保持软骨形式。

胸廓各骨的连接形式有以下几种:

(1) 肋椎关节：肋骨后端与胸椎之间的关节。

(2) 肋软骨与胸骨的连接：在第 1 肋软骨和胸骨柄之间为直接连接，第 2～7 肋软骨与胸骨之间则形成微动的胸肋关节，第 8～10 肋软骨不与胸骨相连，而分别与其上方和肋软骨形成软骨关节，在胸廓前下缘组成左、右肋弓。

2．颅骨的连接

脑颅共有骨 6 种 8 块，包括额骨 1 块、顶骨 2 块、枕骨 1 块、颞骨 2 块、蝶骨 1 块、筛骨 1 块。

面颅共 9 种 15 块骨，最大的是上颌骨和下颌骨，其余均较小，围绕大的骨块分布，包括颧骨 1 对、泪骨 1 对、鼻骨 1 对、下鼻甲 1 对、腭骨 1 对、犁骨 1 个、舌骨 1 个。

多数分块的颅骨以直接连接的形式结合，只有下颌骨与颞骨之间形成活动的颞下颌关节。

(1) 直接连接

主要是颅骨之间的缝，如颅顶各骨间的缝，呈锯齿状，叫齿状缝，包括冠状缝、矢状缝和人字缝；在颞骨鳞部和顶骨之间，则形成重叠的鳞片状缝，叫鳞状缝；在鼻骨和鼻骨之间，两侧腭骨水平板之间，缝较直，叫直缝。

(2) 颞下颌关节

颞下颌关节由下颌骨的头和颞骨的下颌窝组成，关节内有纤维软骨性的关节盘，关节盘周围附着于关节囊，将关节腔分为上、下两份。颞下颌关节的运动，两侧同时进行，所以属于联合关节。运动方式有上提和下降，前进和后退，还有侧方运动。张口（下降运动）达大时，下颌头和关节盘同时向前，有时越过关节结节而不能复原，造成下颌关节脱位。

关节基本病变

关节之于运动的重要性前文已经多次提及，在本节我们不再赘述。正是基于关节的重要作用，我们才有必要了解一下关节的各种伤病的表现，也就是本节的题目——关节病变。

关节病变主要有以下几种形式。

1. 关节肿胀

关节肿胀常由于关节积液或关节囊及其周围软组织充血、水肿、出血和炎症所致。常见于炎症、外伤和出血性疾病。

2. 关节破坏

关节破坏是关节软骨及其下方的骨性关节面骨质为病理组织所侵犯、代替所致。关节破坏是诊断关节疾病的重要依据,破坏的部位和进程因疾病而异。急性化脓性关节炎时,软骨破坏开始于关节持重面或从关节边缘侵及软骨下骨质,软骨与骨的破坏进展迅速,破坏范围可十分广泛。关节滑膜结核时,软骨破坏常开始于关节的边缘,进展缓慢逐渐累及骨质,表现为边缘部分的虫蚀状骨破坏。类风湿性关节炎到晚期才引起关节破坏,也是从边缘开始,多呈小囊状骨破坏。

3. 关节退行性变

关节退行性变早期改变开始于软骨,为缓慢发生软骨变性、坏死和溶解,骨板被吸收并逐渐为纤维组织或纤维软骨所代替;广泛软骨坏死可引起关节间隙狭窄,继而造成骨性关节面骨质增生硬化,并于骨缘形成骨赘,关节囊肥厚,韧带骨化。这种变化多见于老年,以承受体重的脊柱和髋、膝关节为明显,是组织衰退的表现。此外,也常见于运动员和搬运工人,由于慢性创伤和长期承重所致。不少职业病和地方病可引起继发性关节退行性变。关节退行性变的最终表现形式,就叫做"退行性骨关节病"。

退行性骨关节病也称骨性关节炎,又称骨性关节病、增生性关节炎,是以活动关节关节软骨退变、关节面和其边缘形成新骨为特征的一组非炎症性病变。45岁以上者中14%～30%患有此病。原发性者最多见,无明显原因,见于老年人,为随年龄增长关节软骨退行性变的结果,一般认为与衰老、多次轻微外伤、关节结构失稳、内分泌失调等因素有关。续发性者为任何原因引起的关节软骨破坏所致。

4. 关节强直

关节强直可分为骨性与纤维性两种。

骨性强直是关节明显破坏后,关节骨端由骨组织所连接。多见于急性化脓性关节炎愈合后。

纤维性强直也是关节破坏的后果。虽然关节活动消失,但X线上仍可见狭窄的关节间隙,且无骨小梁贯穿。常见于关节结核。诊断需结合临床,不能单凭X线确诊。

5. 关节脱位

关节脱位是组成关节骨骼的脱离、错位,有完全脱位和半脱位两种。关节脱位多为外伤性,也有先天性或病理性。任何关节疾病造成关节破坏后都能发生关节脱位。

关节脱位从病因上可分为外伤性、先天性和病理性三种。外伤性脱位有明显的外伤史并常伴有骨折;先天性者常见于婴幼儿,有一定的好发部位,如先天性髋关节脱位;继发于关节和邻近组织的疾病的脱位为病理性脱位,如化脓性、结核性和类风湿关节炎均可引起关节脱位。

6. 类风湿关节炎

类风湿关节炎是以多发性、非特异性慢性关节炎症为主,累及结缔组织的全身性疾病,以对称性侵犯手足小关节为特征。国人患病率约0.3%,男比女为1∶3,高发年龄为45～54岁。

类风湿关节炎病因不明。多认为是在遗传易患体质的基础上加上环境因素而致病。遗传因素可能与白细胞表面相关抗原——DR4有关;环境因素主要为病毒或细菌感染。

临床上发病隐匿,对称性地侵犯周围关节,以手(足)小关节为主,中轴骨受累少见。表现为手指关节梭形肿胀、疼痛,僵硬以晨起为重(晨僵),活动后好转。

晚期由于腕、指等关节的滑膜炎侵蚀骨质使韧带拉长和撕裂,表现为多关节畸形,如手指"尺侧偏移"、指间关节屈曲和过伸畸形,并常伴有肌肉萎缩。

骨骼肌的概述

骨骼肌是所有运动的动力机构,是运动系统两大组成部分之一,是运动健身的必需要件。人体强壮的最主要指标就是骨骼肌肌力的大小和收缩功能的完整。骨骼肌属于横纹肌,在人体内分布极为广泛,共有600多块骨骼肌,约占体重的40%。可根据其形状、大小、位置、起止点、纤维方向和作用等命名。每块肌都有一定的形态、结构、位置和辅助装置,执行一定的功能,有丰富的血管和淋巴管分布,并接受神经的支配,所以每块肌都可以视为一个器官。肌肉命名的方式多样,可依形态命名,如斜方肌、菱形肌、三角肌、梨状肌等;依位置命名,如肩胛下肌、冈上肌、冈下肌、肱肌等;依位置和大小综合命名,如胸大肌、胸小肌、臀大肌等;依起止点命名,如胸锁乳突肌、肩胛舌骨肌等;依纤维方向和部位综合命名,如腹外斜肌、肋间肌等;依作用命名,如旋后肌、咬肌等;依作用结合其他因素综合命名,如旋前圆肌、内收长肌、指浅屈肌等。

骨骼肌的构造和形态

1. 骨骼肌的结构

人体骨骼肌众多,但基本结构相似。完整的骨骼肌由肌束组成,肌束又由肌纤维组成。由于一条肌纤维就是一个多核的肌细胞,所以肌细胞一般称为肌纤维。肌纤维又由平行(并联)排列的肌原纤维组成,而肌原纤维又由一连串(串联)的肌小节组成。肌小节是骨骼肌的基本收缩单位,它们由相互穿插的肌原纤维粗肌丝和细肌丝组成。

肌肉的严密组织是由一些结缔组织膜来完成的。围绕完整肌肉的结缔组织叫肌外膜,肌束外的膜称肌束膜。肌纤维外的膜称基膜或肌内膜。基膜不是通常意义上的膜,而是一种松散的糖蛋白和胶原网的集合体,没有正常的脂质层结构,它允许蛋白质、溶质和其他代谢物自由通透。在基膜下有一层薄的弹性膜,称肌膜或浆膜。肌膜是实际上的肌细胞的边界。

(1) 肌腱接头

肌纤维的末端以肌腱接头的方式与腱连接,从而使肌纤维产生的力通过肌腱作用于骨而产生所期望的运动。肌腱接头有复杂的特殊的结构,肌腱接头的损伤比肌肉其他区域更多。

(2) 细胞的面积

单根肌原纤维的直径约 $1\mu m$,整块肌肉体积约 80% 由肌原纤维构成。生长期的肌纤维肥大与肌原纤维数量的变化有关,胎儿的每条肌纤维约有 50 根肌原纤维,未受训练的成人约有 2000 根。成年哺乳动物的肌肉肥大和萎缩分别与某种形式的训练和废用有关,也与每条肌纤维的肌原纤维的数量发生变化有关。训练和废用对哺乳动物肌纤维的数量的影响很小。

成年人一条肌纤维的横断面积为 2000~7500μm²,平均为 3000~4000μm²。人类肌纤维的长度和肌肉长度本身明显不同。例如,腓肠肌的长度约为 250mm,而肌纤维长为 35mm;缝匠肌长约 500mm,肌纤维长 450mm。肌纤维的数量范围从小肌肉的几百条到大肌肉(如屈髋肌和伸膝肌)的上百万条。

肌肉内还有大量的血管和微血管。

进行剧烈运动时,肌肉所需的血液可以是安静时的 100 倍或以上,环绕着每条肌纤维的微血管数目当然会影响到血液的供应。除此之外,人体还会作出一些其他改变,以满足剧烈运动时肌肉对血液供应的需求。这些改变包括:①活跃肌肉交替地收缩及放松,周期性地对血管进行挤压,加速血液回流心脏,也就加快了血液重新供应到肌肉的速度;②收缩供应血液到身体非活跃部位(如内脏、肾、皮肤)的血管,另一方面却扩张供应血液到运动肌肉的血管,以调节血液的流量。

与血管一起进入肌肉的还有神经元(即神经细胞),当中包括了运动神经元(亦称输出神经元)和感觉神经元(亦称输入神经元)。这些神经元在结缔组织内不断分支,接触到每条肌纤维之上。运动神经元收到来自中枢神经系统的刺激后便会引起肌肉收缩。

2. 肌原纤维的微细结构

在光学显微镜下观察,可见肌原纤维呈现深浅相间的横纹,骨骼肌之所以呈现深浅相间的横纹而被称为横纹肌,也是基于这个缘故。肌节中部呈黑色的区域叫 A 带,具有强烈的双折光性(各向异性);每个肌节的外端明亮的区域称 I 带,无双折光性(各向同性);A 带的中央是 H 区,M 线把 H 区一分为二。M 线是由蛋白质组成,当肌节拉长和缩短时,这些蛋白质使肌节定位于适当的空间。I 带和 H 区无肌原纤维细肌丝和肌原纤维粗肌丝交错,密度较小,因此在光学显微镜下,光的穿透性较大。每一肌节的两端是 Z 盘(也称 Z 线)。肌节的长度是相邻两个 Z 盘之间的距离。哺乳动物肌肉的最适宜肌节长度是 2.4~2.5μm。肌节是肌肉收缩的基本单位,最适宜的肌节长度对产生力的能力十分重要。

骨骼肌的分布规律和相互关系

人体肌肉中,除部分止于皮肤的皮肌和止于关节囊的关节肌外,绝大部分肌肉均起于一骨,止于另一骨,中间跨过一个或几个关节。它们的排列规律是以所跨越关节的运动轴为准,形成与该轴线相交叉的两群互相对抗的肌肉。一般来讲,几个轴性关节就具有与几个运动轴相对应的对抗肌群,但也有个别关节,有的运动轴没有相应肌肉配布。上述围绕某一个运动轴作用相反的两组肌肉叫做对抗肌,在进行某一运动时,一组肌肉收缩的同时,与其对抗的肌群则适度放松并维持一定的紧张度,二者对立统一,相反相成。另外,在完成一个运动时,除了主要的运动肌(原动肌)收缩外,尚需其他肌肉配合共同完成,这些配合原动肌的肌肉叫协力肌。当然,往往由于运动轴不同,肌肉之间的关系也是互相转化的,在沿此一轴线运动时的两个对抗肌,到沿彼一轴线运动时则转化为协力肌。此外,还有一些运动,在原动肌收缩时,必须另一些肌肉固定附近的关节。如握紧拳的动作,需要伸腕肌将腕关节固定在伸的位置上,屈指肌才能使手指充分屈曲将拳握紧。这种不直接参与该动作而为该动作提供先决条件的肌肉叫做共济肌。

骨骼肌的物理特征和生理功能

1. 骨骼肌的物理特征

骨骼肌具有展长性、弹性和黏滞性。当骨骼受到牵拉或其他外力作用时,可以被拉长,这种特性叫做展长性;当外力解除后,肌肉又能缓慢地恢复原状,这种特性称弹性;当肌肉变形时,由于分子内部摩擦很大,产生一定的阻力,变形缓慢而不完全,这种特性称黏滞性。肌肉的黏滞性是肌纤维之间、肌肉之间或肌群之间发生摩擦的外在表现,是原生质的普遍特性,是胶体物质造成的。

骨骼肌的展长性和弹性是保证肌肉收缩的必要条件。适当地提高肌肉的展长性和弹性,对肌肉工作很有利。因此,加强肌肉柔韧性训练和力量训练都是十分重要的。而黏滞性则使肌肉收缩或拉长时产生一定的阻力,导致收缩或拉长能力减弱,但却具有保护作用,能使肌肉耐受较大的外力牵引而不易断裂。肌肉的这种黏滞性大小与温度成反比,因此,体育锻炼时的准备活动也叫做热身运动,可以提高肌肉的温度,减少黏滞性,对提高成绩、减少损伤有着重要的意义。冬季气温低,肌肉容易拉伤,应特别注意做好准备活动。

一般来讲,展长性和弹性增大而黏滞性减小,则肌肉收缩迅速有力;反之,则收缩缓慢而无力(如疲劳、循环障碍等)。

骨骼肌与平滑肌的展长性、弹性、黏滞性的比较：

（1）骨骼肌的展长性和弹性比平滑肌小（由于平滑肌没有发现具有肌小节和类似 Z 线的结构，粗细肌丝可以进行大幅度的滑行），所以骨骼肌收缩时的长度变化比平滑肌小。

（2）骨骼肌的黏滞性也比平滑肌小，所以骨骼肌收缩的速度比平滑肌快。

2．生理功能

骨骼肌有兴奋性、传导性和收缩性等生理特性。兴奋性是一切活组织都具有的共性，传导性是肌肉组织和神经组织共有的性质，收缩性是肌肉组织独有的特性。三者是密切联系而又互不相同的三种基本生理特性。

1）兴奋性

兴奋性是肌肉对刺激发生兴奋的能力。骨骼肌的兴奋性显著高于心肌和平滑肌，其主要特点是：

（1）在正常情况下，它只接受躯体运动神经传来的神经冲动而兴奋。当支配它的每一个运动神经元走向肌肉的沿途中，神经末梢逐渐分出数十乃至数百余条分支，每一个支配一条骨骼肌纤维，因此有数十乃至数百条肌纤维共同接受一个运动神经元的支配。人们将一个运动神经元和其所支配的全部骨骼肌纤维叫做一个运动单位。如果一个运动单位的神经联系破坏后，则其所支配的全部肌纤维失去兴奋能力而陷于瘫痪。

（2）在不同状态下，骨骼肌的兴奋性会发生变化。如适当拉长肌肉使兴奋性增大；当疲劳时兴奋性下降；当肌肉每次兴奋后，会暂时失去兴奋的能力，出现不应期。但骨骼肌的不应期比心肌短得多（骨骼肌的动作电位绝对不应期为 0.5～2.0ms；心肌为 200～400ms）。

2）传导性

肌纤维的任何一点兴奋可向邻近部位传播，引起整个肌纤维的兴奋，这种性质叫做传导性。其特点是：

（1）兴奋传播的范围只能局限在同一条肌纤维内，不能传播到另一条肌纤维中去。这一特点是神经系统对骨骼肌收缩进行精细调节的重要条件。（心肌细胞则不同，由于心肌是一种机能合抱体，兴奋通过闰盘传递（电传递），单个心肌细胞的兴奋能够传播到相邻的细胞和心脏的其他部分中去，从而使功能相类似的细胞群产生同步性活动。)

(2) 兴奋在骨骼肌纤维上的传导速度比心肌和平滑肌上快。

3) 收缩性

骨骼肌兴奋以后,能够在外形上表现明显的缩短现象,这种特性叫做收缩性。这是骨骼肌独有的、最重要的生理特性。其特点是收缩的速度快、强度大,但不能持久。

骨骼肌的收缩原理

根据其形态学特点,可将肌肉组织分为横纹肌和平滑肌;根据其功能特性,又可将肌肉组织分为骨骼肌、心肌和平滑肌。骨骼肌由骨骼肌细胞组成,心肌由心肌细胞组成,平滑肌由平滑肌细胞组成。本节主要讨论骨骼肌细胞的收缩。

目前公认的肌肉收缩机制是 1954 年由 Huxley 提出的肌丝滑行理论,其主要内容为:骨骼肌的肌原纤维是由粗、细两组与其走向平行的蛋白丝构成,肌肉的缩短和伸长均通过粗、细肌丝在肌节内的相互滑动而发生,肌丝本身的长度不变。

肌肉收缩是在肌动蛋白与肌球蛋白的相互作用下将分解 ATP 释放的化学能转变为机械能的过程。

骨骼肌的运动机制

1. 肌肉可塑性的原则

肌肉可塑性是指骨骼肌适应变化的能力。

蛋白质约占骨骼肌成分的 20%。肌肉可塑性的原则不仅适用于结构的、收缩的和调节的蛋白质的改变,而且也适用于与脂肪、糖和氨基酸代谢有关酶蛋白的改变。骨骼肌对运动训练,以及对营养和内分泌因素的适应取决于肌肉可塑性原则。骨骼肌的适应包括耐力训练后长时间维持功率的能力提高和阻力训练后发展最大力量和功率的能力提高。当减少或停止适应性刺激时,产生和维持功率的能力下降,即适应发生逆向变化。

肌肉可塑性原则表明一些因素可影响骨骼肌纤维的微环境。

能量失衡,即能量的摄取不能满足需要,是影响肌肉可塑性的因素之一。营养状况也能影响某种内分泌(如胰岛素),后者也影响微环境。不受营养状况影响的全身性内分泌(如甲状腺激素)也是细胞微环境的强有力的调节因素。最后,由运动单位肌纤维的募集和肌纤维收缩所对抗的阻力引起运动单位发展的功率也影响细胞的微环境。功率的下降(不活动)、功率的维持(耐力训练)或高功率(阻力训练)导致细胞环境的急性改变。

2. 骨骼肌结构对耐力训练的适应

当明显提高运动单位募集的频率和适量提高运动单位收缩所对抗的负荷时,骨骼肌对耐力训练出现适应。刺激骨骼肌的身体活动包括快步或跑步、游泳、滑雪和自行车。

耐力训练对肌肉和肌纤维的横断面积的影响最小,但随着耐力训练,肌肉的代谢特征发生适应。适应主要表现在线粒体蛋白质和许多有氧氧化酶的活性提高,从而骨骼肌的有氧代谢能力提高。一定个体适应性反应的量,部分取决于他(她)训练前的水平,训练前水平低的人提高的量较大。训练的强度和持续时间对适应反应的量也有影响。

3. 骨骼肌结构对阻力训练的适应

阻力训练时,适度提高运动单位募集的频率和明显提高运动单位收缩所对抗的负荷,骨骼肌将对阻力训练发生适应。引致骨骼肌适应的典型身体活动刺激包括举自由重量或采用阻力器械。

(1) 细胞肥大和增生的机制

阻力训练所发生的主要适应是肌肉的横断面积增大,这称为肌肉肥大,肌肉肥大导致产生最大力的能力增大。肌肉在原有水平上发生肥大是因肌纤维的肥大,还是因肌细胞数量的增加,或是由于这些因素的共同影响,人们颇感兴趣。

整块肌肉的肥大主要是由于肌细胞横断面积的增大。肌纤维数量受阻力训练的影响最小。

形态学改变的功能意义主要是发展力量和功率的能力较大。有训练的肌肉能以大得多的缩短速度移动一定的亚极量负荷,这直接表现为提高功率的能力。

(2) 肌纤维类型的专门性适应

大阻力训练使Ⅰ型纤维和Ⅱ型纤维的横断面积都增大。

除了肌纤维的面积以外,羽状肌的肌纤维排列的角度也可能对训练产生适应。根据日本最近的研究指出,健美运动员与未训练者相比,前者的肌纤维排列的角度较大。随着大阻力训练,由于训练后细胞容积增大,线粒体容积密度和毛细血管密度实际下降。

(3) 伴随肌肉肥大的比肌力改变

在对人体的研究中,普遍发现阻力训练导致肌肉的肥大与肌力的增大不相匹配,肌力的增长远大于肌肉的肥大;也普遍发现,在开始训练计划时力量快速增长,特别是先前没有受过训练的人。这种增长归因于募集模式的最佳化,即所谓神经学训练。阻力训练后,大肌肉群做最大随意收缩时,能更有效地使用他(她)经常训练的肌肉群。

骨骼肌的最大力量可在实验研究中更精确地测量。比肌力的概念标准化为单位肌肉生理横断面积的最大力量。

(4) 肌肉结构对身体活动减少的适应

运动单位募集的频率和(或)运动单位收缩所抵抗的负荷明显减少时,身体活动减少。长时间卧床休息、太空飞行或用夹板固定肌肉等情况下,由于身体活动减少,所发生的主要适应是肌肉和肌纤维的横断面积减小,支持耐力运动的代谢蛋白质减少。

(5) 损伤和再生的肌肉适应

各种危害,包括移植手术、机械的和化学的损伤、局部缺血、暴露于炎热(寒冷)环境以及某些疾病等,引起广泛的骨骼肌纤维损伤后,肌纤维会发生变性和随后的再生。此外,骨骼肌变性—再生的病灶区也可能是由于过分的牵拉、特殊的运动形式和持续时间(特别是偏向于拉长收缩的那些运动),以及神经切除或适度加压所引起的。一群骨骼肌纤维的不断再生是积极生活方式的必然的正常结果。

当肌肉收缩产生的力超过其能力时,将发生损伤,特别是在拉长收缩时,其作用于肌肉的外部负荷超过激活时发展的张力。下坡运动(拉长收缩)造成的损伤明显大于其他形式的运动。这种损伤有两个时相:第一时相是即刻的、机械性的;第二时相是在几天后达到峰值,并以与钙和自由基有关的生物化学过程为中介。损伤造成明显的肌细胞的死亡,在变性后接着发生再生。

Ⅱ 身体运动的能量来源

人体内的营养物质

为了维持生命与健康,除了阳光与空气外,必须摄取食物。食物的成分主要有糖类、脂类、蛋白质、维生素、无机盐、水和纤维素 7 大类,通常被称为营养素或营养物质。它们和通过呼吸进入人体的氧气一起,经过新陈代谢过程,转化为构成人体的物质和维持生命活动的能量。所以,它们是维持人体的物质组成和生理机能不可缺少的要素,也是生命活动的物质基础。

1. 糖类

首先强调一点,这里提到的糖类决不仅仅局限于日常所吃的蔗糖,而是范围很广的一个群体。

糖的化学式大多是$(CH_2O)_n$。其中 C 就是碳,H_2O 是水的化学式,这也是它们被称为碳水化合物的原因所在。糖可以分为四大类:单糖、双糖、多糖以及糖化合物。单糖结构简单,最容易被人体吸收,其中对人体最重要的单糖是葡萄糖,其次是果糖和半乳糖。双糖包括蔗糖、麦芽糖和乳糖,经消化酶作用,分解为单糖之后才能被吸收;多糖包括淀粉和纤维素,味不甜,需要经淀粉酶分解为葡萄糖才能被人体吸收;糖化合物包括糖蛋白等。可以看到,糖类物质包括的不只有蔗糖,作为主食之一的淀粉(面粉、米饭的主要营养成分)也属于糖类。糖是人体最主要的热能来源,占人体总能量来源的 40%～50%。

许多人对糖类的营养存在误解,如多吃糖会得糖尿病等。无可否认,糖尿病患者因为体内代谢系统无法正常进行糖代谢,故此不宜吃高糖食品。但是糖尿病的病因却并非真的来自糖类,更多的还是因为遗传或者其他因素导致人体代谢系统的缺陷才导致无法正常代谢从而造成高血糖。

相反地,对于正常人来说,糖类是一种不可缺少的营养物质。肌肉组织的营养来源主要是糖类而不是脂肪物质。

糖类在人体中的比例为 1%～2%,人体每天每千克体重需要糖类 7.5g。糖类参与构成人体组织细胞、调节脂肪代谢、肝糖原有助肝脏的解毒功能、糖蛋白能增强人体的免疫力。糖类还可使身体更有效地利用蛋白质,并有助于保持体内适宜的酸碱平衡。所以,当人体糖类的摄入过少时,人会怕冷,易疲劳,机能衰退,体重减轻,严重时会产生低血糖症。但同时,如果人体糖摄入过多,就会产生高血糖。日常食品中,几乎所有的主食和部分副食,以及食品调味料都是人体糖类的来源,包括纯糖(红糖、白糖、蜜糖、麦芽糖)、谷类(大米、小米、面粉、玉米)、干豆类(黄豆、蚕豆)、根茎类(土豆、芋艿)、硬果(栗子、花生)等。糖与运动有着密切的关系,现代人喜欢吃单糖,较易吸收。为向肌肉供能,维持肌肉耐力,可适当提高糖的摄取量。而且单糖对于体弱的病患者来说则是最主要、最快捷的营养来源,这正是医院里为无法进食的病人输葡萄糖的原因。多吃糖容易肥胖,所以肥胖者应适当控制糖的摄入,但不必完全拒吃含糖物质或淀粉质。针对多糖吸收过程复杂的特性,适当进食淀粉类食物与进食纯糖类食物,比较不易造成肥胖。多糖食物能够向脉搏达到每分钟 120～150 次的中等运动强度的运动员提供直接的能量。

2. 脂肪

脂肪是人体的重要组成部分,又是含热量最高的营养物质。脂肪是由碳、氢、氧元素所组成的一种很重要的化合物,有的脂肪中还含有磷和氮元素,它们是机体细胞生成、转化和生长必不可少的物质。脂肪是储备人体能量的形式,脂类更多的营养价值在于它是机体代谢所需能量储存运输的主要方式,与糖类所提供营养的区别主要体现在被利用的快慢上。显而易见,没有人身上会有许多糖类物质作为能量储存,反而如果血糖浓度过高还是一种病态——糖尿病,而几乎所有人都会有多余的脂肪组织,在需要的时候,这些脂肪可以被利用来"燃烧",产生人体所需能量。中国成年男子体内平均脂肪含量约为 13.3%,女性稍高,肥胖的人比例相应增加,营养不良的人比例偏少。人体脂肪含量因营养和活动量而变动很大,饥饿时由于能量消耗可使体内脂肪减少。

人体脂肪的生理作用较多,它能够保护皮肤、内脏,保持体温,构成人体组织细胞,促脂溶性维生素溶解、吸收利用,影响组织功能。人体脂肪摄入不足,将不利于人体器官组织中的细胞构成,不利于溶脂性维生素的吸收等。但同时,脂肪摄取太多易引起动脉血管硬化等疾病。脂肪摄取过量,会引起血脂、胆固醇过高,还会影响耐力和蛋白质与铁的吸收。脂肪的食物来源多是纯油脂形式,如:豆油、花生油、猪油、牛油,少量为进食含脂丰富的食物,如各种肉类、花生瓜子类种子等。脂肪的主要成分是三酰甘油,分为饱和脂肪和不饱和脂肪。饱和脂肪在动物性脂肪(牛奶、猪油、牛油、鸡油)中含量较多,摄取太多容易引起动脉血管硬化或心脏方面的疾病。不饱和脂肪在植物性脂肪(大豆、花生、菜籽、芝麻、玉米)中含量较多,摄取太多也会引起肥胖等后遗症,但在对心血管疾病的致病性方面弱于饱和脂肪。

在人体能量物质中,脂肪单位供能最大,每克脂肪能产生载 9kcal 能量。一般食物中,脂肪占人体总能量来源的 20%～25%,不宜超过 30%,可按每天每千克体重 1～1.5g 来计算。西方人的饮食结构比较单一,多是高脂肪的食品(烤肉、汉堡、牛奶等),所以相对肥胖的人要比中国多得多,从而各种所谓"富贵病"的发病率也往往高于中国。一般来说,多食用植物油(如花生油)比多食用动物油对人体更有好处。

3. 蛋白质

蛋白质是一种对健康至关重要的营养物质,是生命的物质基础,我们的皮肤、肌肉、内脏、毛发、韧带、血液等都是以蛋白质为主要成分的形式存在的。蛋白质在人体中比例为 15%～18%,不同体型的人差别不大。一个人每天每千克体重需摄入 0.8～1.2g 蛋白质,但运动员、重体力劳动者等可能会需要多至 2.5g/kg 体重。食物中蛋白质的功用主要有两个方面:一是维持人体组织的生长、更新和修复,以实现其各种生理功能;二是供给能量。

氨基酸是构成蛋白质的基本单位,许多氨基酸手牵手排列成长链,再经过复杂的空间结构,变成蛋白质。食物中的蛋白质可分为完全蛋白质和不完全蛋白质。完全蛋白质含有人体所需的所有必需氨基酸,98% 可被人体吸收。这部分蛋白质大多是动物性蛋白。不完全蛋白质多为植物蛋白,一般有 80% 左右可被人体吸收。参与人体蛋白构成的有 20 种氨基酸,其中 12 种在人体内可以合成,被称为"非必需氨基酸",还有 8 种在人体内无法合成,只能通过食物来摄取,被称为必需氨基酸。蛋白质可以为机体提供能量,每克蛋白质大约能产生 4kcal 能量。但蛋白质不是能量的主要供应物质,一般只有在糖类储备和脂肪储备消耗殆尽之后才会大量消耗蛋白质。蛋白质的更主要的作用是生长发育和新陈代谢,蛋白质的生理作用是构成组织细胞、参与组织修复、调节人体生理功能、生长发育、影响神经中枢活动、控制遗传、增强人体抵抗力。

蛋白质摄入过少,会造成人体内分泌紊乱、消化吸收不良、体重减轻、抵抗力下降、易疲劳、贫血症等症状。蛋白质摄入过多,蛋白质不能充分吸收,会增加肾脏的负担。因此蛋白质的摄入要根据营养状况、生长发育要求,达到供求平衡。蛋白质广泛存在于动、植物性食物中,猪牛羊的精肉、鱼类、贝壳类、豆制品等都是蛋白质的食物来源。长时间运动时,尤其是长期大量的运动,应注意补充能量物质以防止大量的蛋白质流失。参与健身运动的人,尤其在进行力量性运动时,对蛋白质的消耗和需要都较高,肌肉的生长和强健都需要大量的蛋白质,所以要注意补充充足的蛋白质,尤其是运动初期。

4. 无机盐

无机盐是人类生命所必需的营养物质,但它不提供能量,它只是人体的必需组成部分。人体内的元素除碳、氢、氧、氮以有机形式存在外,其余的统称为无机盐。无机盐分为常量元素和微量元素,共有 20 多种,其中体内含有量较多者,称为常量元素,有钙、镁、钾、钠、磷、氯,共 6 种。无机盐占人体体重的 5%～6%。无机盐在人体中无法自我合成,必须由食物来提供。无机盐的主要生理功能:构成机体组织的重要组分,如骨骼、牙齿中的钙、磷、镁,蛋白质中的硫、磷等;细胞内外液的成分,如钾、钠、氯,它们与蛋白质一起,维持细胞内、外液适宜的渗透压,使组织能潴留一定量的水分;维持体内酸碱平衡,如钾、钠、氯离子和蛋白的缓冲作用;参与构成功能性物质,如血红蛋白中的铁、甲状腺素中的碘、超氧化物酶中的锌,谷胱甘肽中过氧化物酶中的硒等;维持神经和肌肉的正常和兴奋性及细胞的通透性。人体在激烈运动或长时间运动后,热能代谢水平较高,大量出汗,使体内钙、磷、钾、铁随汗液的排出量和代谢消耗量增加,无机盐容易一过性缺乏,所以运动锻炼时应适量补充矿物质,以维持人体正常的代谢机能和生理需要量。

5. 维生素

维生素,字面意思就是"维持生命的元素",港台地区根据英文译音叫做"维他命"。它们在人体内虽然只是微量,但却是维持动物体正常生长、生殖及健康必不可少的物质之一。维生素具有以下几个特点:大多数维生素不能在人体内自行合成,必须从食物中摄取;不是机体的构造成分,不提供能量;有的维生素的性质很不稳定,易在食物加工和烹调过程中破坏;摄取量要适当,少了,体内物质代谢会发生障碍,易出现维生素缺乏症及其疾病,过量,会造成体内代谢紊乱,引起维生素中毒。

维生素的种类很多,命名也比较复杂,但大体上可以分为脂溶性维生素和水溶性维生素两种。脂溶性维生素包括维生素 A、维生素 D、维生素 E、维生素 K。水溶性维生素包括维生素 C、维生素 B 群、PP、叶酸、生物素等。维生素对于生命的重要作用主要是参与体内的各种代谢过程和生化反应途径,参与和促进蛋白质、脂肪、糖的合成利用。许多维生素还是多种酶的辅酶重要成分,所谓的维生素缺乏症就是因为维生素缺乏时,酶的合成就会受阻,使人体的代谢过程发生紊乱,从而引起的身体疾病。维生素对人类生命的重要性是不容置疑的。维生素功能强大,生理作用广泛,它们能够促进生长繁殖、加强抵抗力、健全组织功能、促进食欲、维持健康、促使长寿、精神旺盛等。下面列举几种主要维生素的功能。

维生素 A:助骨骼、牙齿发育,保护视力、皮肤,增强人体抵抗和免疫力,防癌、抗癌。

维生素 B_1:构成辅酶、参与糖类代谢、护心、维护能量代谢、提高运动能力、预防过度疲劳、维持神经系统、增食欲。

维生素 B_2:维护体内物质代谢正常进行,有助肌肉发育,保护视力、皮肤及口舌。

维生素 B_3:使人乐观,治疗精神病,促进神经、消化系统,构成辅酶,参与蛋白质、糖类、脂肪代谢,防心血管疾病。

维生素 B_6:参与氨基酸的代谢、转化及合成,维持脑部正常功能,维持血液中镁、胆固醇的正常防止贫血、蛀牙、肾结石。

维生素 B_{12}:参与人体的造血功能,防止脂肪肝,维持胃肠道、神经系统、骨骼的正常功能。

维生素 C:维持新陈代谢,增免疫抵抗力,防过敏,防癌,解毒,助齿、骨发育,治贫血,愈伤口,护视力,养颜美容。

维生素 D:促进人体对钙、磷吸收利用,助骨骼、齿发育,松弛神经,缓解疼痛,助维生素 A 吸收,防止骨质疏松症、结膜炎。

维生素 E:延缓衰老、防动脉硬化、防心血管疾病、提高抵抗力、防癌、促新陈代谢、增耐力、提高体力、缓解疼痛、加强肝解毒功能。

维生素 K:促进血液凝固、制止出血、增加骨密度、促进骨化。

人体从事有氧运动(如健美操运动)的时候,代谢特点是热能与各种营养物质的消耗大,能量代谢以有氧氧化为主。因此,为使练习者的血红蛋白和呼吸酶处于较高水平、体内糖储备充足、提高机体运动能力,人体需要补充较多的维生素 C、B_1、B_2、E 等各类相关维生素。

6. 水

大家都知道,水是生命之源。但为什么这样说,恐怕能够说出充分理由的不多。其实,在人体组织成分中含量最多的组成成分,就是水。成年人的机体,水占人体体重的 50%～60%,如果是婴幼儿,则占 60%～70%甚至更高。水对人体有非常重要的作用,是维持人体正常生理活动的重要营养物质。水在人体中分布很广:肌肉重量的 65%～75%是水,脂肪重量的 25%是水。水主要储存在细胞内液和细胞外液中。水参与物质代谢过程,有助于物质的消化、吸收、生物氧化及排泄。水是人体内几乎所有生化过程的溶剂和载体,绝大多数生化反应都需要在水环境里进行。水还能调节体温,保持人体的正常温度;水也是器官、关节及肌肉的润滑剂;水还能保持腺体分泌,充实体液。人不吃饭,能够活 12 天甚至更长,但离开水,最多能活 5 天。

人对水的需要量与人的体重、热能消耗成正比。每消耗 1cal 热能,需要 1mL 的水分;一个人每天每千克体重需要 30～40mL 的水分,如 70kg 的人就需要 2100～2800mL 水。正常情况下,人体内水分的出入量是平衡的。一个健康的成年人每天需 2000～2700mL 水(包括饮水、食物中的水、代谢中产生的水)。若饮水过少,会使血液浓缩,黏稠度增高,不利于血液循环及营养的吸收。人体若丧失 20%的水分就会有生命危险。在炎热、高温、发烧和体力劳动量大的情况下,饮水量应相应增加。喝水是人体所需水分的直接来源,如喝白开水或茶水;但人体内能量物质氧化时也能产生水,而且人体需要的水还可从饮食中取得,如大米含水 15%、肉类含水 50%等。所以,一个没有较大运动量的健康人每日直接饮水量并不需要 2L。运动期间和前后,体重因流汗而减少 2%～3%时,血液总量下降,会明显影响人体的运动能力等,所以要及时饮水,并以少量、多次为原则。同时,我们建议饮接近血浆渗透压的淡盐水或功能饮料,以保持体内水盐的平衡。

7. 膳食纤维

膳食纤维是第七类营养素。膳食纤维一词在 1970 年以前的营养学中不曾出现,是一般不易被消化的食物营养素,主要来自植物的细胞壁,包含纤维素、半纤维素、树脂、果胶及木质素等。纤维可减缓消化速度和加快排泄胆固醇,所以可让血液中的血糖和胆固醇控制在最理想的水平。膳食纤维是一种不能被人体消化的糖类,以是否溶解于水可分为两种基本类型:水溶性纤维与非水溶性纤维。果胶和树胶等属于水溶性纤维,存在于自然界的非纤维性物质中;而纤维素、半纤维素和木质素是3种常见的非水溶性纤维,存在于植物细胞壁中。

常见的食物中的大麦、豆类、胡萝卜、柑橘、亚麻、燕麦和燕麦糠等食物都含有丰富的水溶性纤维,水溶性纤维可减缓消化速度和加快排泄胆固醇,有助于调节免疫系统功能,促进体内有毒重金属的排出。所以可让血液中的血糖和胆固醇控制在最理想的水准之上,还可以帮助糖尿病患者改善胰岛素和三酰甘油水平。

非水溶性纤维包括纤维素、木质素和一些半纤维,以及来自食物中的小麦糠、玉米糠、芹菜、果皮和根茎蔬菜。非水溶性纤维可降低罹患肠癌的风险,同时可经由吸收食物中有毒物质预防便秘和憩室炎,并且减低消化道中细菌排出的毒素。大多数植物都含有水溶性与非水溶性纤维,所以饮食均衡,摄取水溶性与非水溶性纤维才能获得不同的益处。

什么原因使它成了第七类营养素呢?吃糠咽菜、粗茶淡饭,是不会缺乏膳食纤维的。随着生活水平的提高,有些人又不注意合理营养,偏爱高蛋白、高脂肪的饮食,摄入膳食纤维过少,才出现了健康问题。纤维素等膳食纤维能够促进胃肠的蠕动和排空。所以,多吃一些富含膳食纤维的食物,还有利于降低人体内过高的血脂和血糖等,从而有利于维护心脑血管的健康,有利于预防糖尿病,有利于维持正常的体重。由于膳食纤维具有如此重要的保健作用,因此,一些科学家把它说成是人体的"第七类营养素"。

三大营养物质,即糖类、脂质、蛋白质在一定条件下可以相互转化。糖类(特指血糖)经过基团转化可以转化为氨基酸,经合成转化为蛋白质,同时血糖还可以转化为脂质。脂质通过分解作用再经一系列的转化可以形成糖类。蛋白质经分解形成氨基酸,经过脱氨基作用脱去氨基再经过转化可形成糖类和脂质。总结起来,糖类与脂质、糖类与蛋白质可以相互转化,但脂质与蛋白质只能单向转化,只由蛋白质转化为脂质。

身体运动的物质能量来源

肌肉活动时的能量供应有以下几个方面。

1. 高效能量传递者——三磷酸腺苷（adenosine triphosphate，ATP）

每一个细胞内都有能量转化的机制，因此，细胞需要有一种可从产能反应中接受能量输入的物质。同样重要的是，这种物质必须能产生能量去供给需要能量输入的反应。细胞内的呼吸是指食物的化学能转化为有用的化学形式。细胞做功是指可利用形式的化学能转化为其他形式的能。能量产生和能量利用反应的这一交联系统取决于有一种既能充当能量接受器又能充当能源或能量供体的物质。在大多数生物体的细胞内，三磷酸腺苷（ATP）就是这种物质。由于 ATP 在代谢中的中心作用，它常常被认为是"共同的化学中介物"或细胞能量传递者。

（1）ATP 的结构

ATP 是一组有机化合物，它由 1 分子氮基（腺嘌呤）、1 分子 5-碳糖（核糖）和 3 分子磷酸组成。去除末端磷酸就变成了二磷酸腺苷（adenosine diphosphate，ADP），ATP 分解生成 ADP 释放能量的反应必须有水参与。因此，这种反应叫水解。

ATP 水解的标准自由能（AGO）是 7.3kcal/mol。

（2）ATP 在生物能转移中的作用

水解 ATP 末端磷酸的化学位能是其他磷酸化的生物化合物水解的中介物。第一，ATP 在磷酸代谢变量中的中介水平意味着高能磷化物能促进 ADP 磷酸化为 ATP，这是储能反应；ATP 水解为 ADP 和磷酸（Pi）可把能量转移到其他化合物，或供细胞利用，这是产能反应；第二，许多生物能转移反应包括磷酸的交换。在磷酸能的交换中，ATP ⟶ ADP + Pi 系统起穿梭（shuttle）或能桥（energy bridge）的作用。

2. 肌肉活动的即刻能源——ATP、CP 和肌酸激酶

（1）ATP

ATP 由 ATP 酶（ATP ase）催化水解，ATP 水解的化学产物是 ADP 和 Pi。在肌肉收缩和舒张的循环过程中，ATP 不断地水解生成 ADP，以及 ADP 不断地磷酸化生成 ATP。

(2) 磷酸肌酸(CP)

CP 由 1 分子肌酸和 1 分子带高能键的磷酸组成,储存在肌细胞中。在安静肌肉中,这种高能磷化物的浓度比 ATP 大 5~6 倍。肌肉收缩消耗 ATP 时,CP 分解为 ATP 的再生成提供能量。CP 与 ADP 的反应由肌酸激酶催化。

因此,肌肉收缩时,ATP 水解生成的 ADP 由 CP 分解供能再磷酸化。由此可知,CP 在细胞内能量穿梭中是特别重要的。由于 ATP 与 CP 之间的相互作用,肌肉收缩时,水解的 ATP 很快地由肌酸激酶和磷酸肌酸的储备补偿,产生的肌酸通过线粒体的肌酸激酶的作用再磷酸化。

(3) 腺苷酸激酶

腺苷酸激酶能催化 2 分子 ADP 生成 1 分子 ATP 和 1 分子 AMP。

肌肉内的三种即刻能源都是水溶性的,因此,它们遍布于细胞的水溶液中,围绕在细胞的收缩成分(肌球蛋白和肌动蛋白)以及其他重要部分的周围。由于它们可直接供肌肉收缩利用,故称为直接能源。

从数量上看,ATP-CP 系统构成了应急所必需的、重要的能量储备。但是,现存的 ATP 的数量不能维持肌肉几秒以上的收缩,即使通过 CP 和腺苷酸激酶系统增加 ATP,维持 5~15s 以上的活动仍然需要其他能源的援助。

3. 无氧能源——肌肉中的无氧糖酵解

骨骼肌中的糖酵解过程十分活跃,因此,骨骼肌常被称为糖酵解组织。白肌中含有大量的糖酵解酶,因此,糖酵解是运动时白肌的主要能源。肌肉中的无氧能源是葡萄糖(单糖)和糖原(许多葡萄糖构成的糖类的储存形式)的分解,这些过程分别被称为葡萄糖酵解和糖原酵解。肌组织内密集地充满着葡萄糖酵解酶和糖原酵解酶。因此,肌肉在这些过程中具有特殊的作用,并能迅速地分解葡萄糖和糖原,同时生成乳酸。

4. 有氧能源

从数量上看,可供利用的无氧代谢的能量明显大于即刻能源。但是,即刻能源和无氧能源一起所能提供的能量与可供利用的有氧代谢能量相比,可供给的能量仍然是很少的。因此,没有有氧代谢参与,激烈的肌肉活动就不能持续 30s 以上。

肌肉中的有氧能源物质包括糖、脂肪和氨基酸。一名健康人的肌组织有足够的肌糖原储备。这种燃料可由血糖、肝糖原（可分解出葡萄糖，经血液循环到肌肉被摄取）、肌肉中以及身体其他部位的脂肪和氨基酸来补充。有氧机制中葡萄糖分子可释放更多的能量。

(1) 线粒体的结构和功能

细胞的氧化发生在线粒体内。丙酮酸以及脂类和氨基酸的代谢在线粒体内进行。几乎全部的氧气在线粒体内被消耗，并使 ADP 磷酸化为 ATP，因此，线粒体被称为"细胞的供能站"。

(2) 三羧酸循环

三羧酸循环是需氧生物体内普遍存在的代谢途径，分布在线粒体。因为在这个循环中几个主要的中间代谢物是含有 3 个羧基的柠檬酸，所以叫做三羧酸循环。

三羧酸循环是一个由一系列酶促反应构成的循环反应系统。首先由乙酰辅酶 A 与草酰乙酸缩合生成含有 3 个羧基的柠檬酸，经过 4 次脱氢，2 次脱羧，生成 4 分子还原当量和 2 分子 CO_2，重新生成草酰乙酸的这一循环反应过程称为三羧酸循环。

三羧酸循环是生物机体获取能量的主要方式。1 分子葡萄糖经无氧酵解净生成 2 分子 ATP，而有氧氧化可净生成 38 分子 ATP。糖的有氧氧化不但释能效率高，而且逐步释能，并逐步储存于 ATP 分子中，因此能的利用率也很高。同时，三羧酸循环是糖、脂肪和蛋白质 3 种主要有机物在体内彻底氧化的共同代谢途径。三羧酸循环的起始物乙酰-CoA，不但是糖氧化分解产物，它也可来自脂肪的甘油、脂肪酸和来自蛋白质的某些氨基酸代谢，因此，三羧酸循环实际上是 3 种主要有机物在体内氧化供能的共同通路。另外，三羧酸循环是体内 3 种主要有机物互变的联络机构。因此，三羧酸循环不仅是 3 种主要的有机物分解代谢的最终共同途径，而且也是它们互变的联络机构。

人体能量的储存形式

人体能量的储存形式分几种。

第一种是"即时储存"，是以 ATP 形式储存在各种细胞内，为各种生理活动提供能量。尤其作为肌肉的直接能量来源，ATP 能够提供不超过 3s 的能量供应。这种能量储存迅速起效，应急供应，但储备太少，也无法提供大量能量。

第二种是"临时储存",也就是细胞和体液中的葡萄糖。无论是有氧活动还是无氧活动,无论是三羧酸循环还是无氧酵解,葡萄糖都是当仁不让的最主要的能量来源。然而,细胞内的葡萄糖总量也极其有限,细胞内不可能储存过多葡萄糖,体液、血液中的葡萄糖是供应细胞内葡萄糖的途径,可以维持短时间的正常运动。但细胞内、外体液内的葡萄糖为了维持渗透压的基本稳定,也不可能无限制增加和保持。

第三种是"短期储存"。当人体短时间内摄入大量糖类食物时,机体就会把正常代谢多余的糖类转化成肝糖原,储存在肝脏里。所以,我们可以知道,肝脏不仅有解毒作用,还有储存能量的作用。在人体细胞、血液内的葡萄糖水平降低以后,肝糖原在激素的调节作用下分解成葡萄糖,维持血液中葡萄糖含量的大体稳定。在血糖降低、肝糖原分解的时候,人就会感到很明显的饥饿。也就是说,人在十分饥饿的时候,并不是脂肪分解达到减肥目的的时候,而是肝糖原减少的时候。

第四种是"长期储存",也就是脂肪形式的能量储存。在人体内,糖、脂肪、蛋白质都是能够产生能量的物质,但脂肪的能量密度更高。1g脂肪完全氧化分解产生的能量是 1g 糖或 1g 蛋白质的 2 倍。脂肪的储存部位很多,全身皮下、腹部肠系膜都可以储存大量脂肪。脂肪在储存的时候,还能够承担御寒、保护功能。这种长期储存看起来很美,但也存在着诸多的不足:首先,过多的脂肪摄入和储存都会引起高脂血症,进一步导致动脉硬化斑块的形成和进展,最终导致心脑血管疾病的发生;其次,脂肪的动员十分缓慢,人体在能量不足的时候首先动员的永远是糖类(包括肝糖原),只有在短期储备已经耗竭之后,机体才会动员脂肪加速分解,参与运动能量的供给;最后,脂肪的分解产生大量脂肪酸,导致机体在脂肪动员的时候容易出现酸性体质,影响内环境的平衡和稳定。

运动时的能量消耗

运动时的能量消耗主要有两个用途:一个是把体内的能量物质通过肌肉的收缩转化成运动能量;另一个是把能量物质通过各种途径变成热能维持体温和出汗。

人体运动时,能量的消耗与运动强度的大小、运动的时间、环境因素都有着密切的关系。一般来讲,运动强度越大、运动时间越长,所消耗的能量也就越大,而且这种情况呈明显的线性相关。也就是说,运动强度一定的时候,运动时间增加1倍,消耗的能量也就随之增加1倍。环境因素对能量消耗的影响也比较大,但了解的人却寥寥无几。一般来说,人体在20～30℃的环境中代谢最稳定,耗能也最少。当温度低于20℃或高于30℃时,机体的代谢率都将增加,耗能也将相应增加。这种增加没有明显的线性规律,但总体趋势是符合的。

不同的运动所代表的运动强度不同,所以不同形式的运动所消耗的能量也有较大差别。在所有形式的运动中,游泳是消耗能量最多的一种运动。身体克服水的阻力前进过程中,四肢都在大量消耗营养物质所提供的能量。

运动中,机体几种营养物质的消耗顺序是不同的。运动前期的消耗以葡萄糖为主,蛋白质为辅,脂肪很少参加。运动中后期,体内储存的糖基本消耗殆尽,脂肪开始动员、分解供能。所以,为了达到运动减肥的效果,每次的运动时间和运动量必须达到一定的最低标准,否则就达不到减少脂肪的目的。

运动能量消耗的个体差异

运动时需要消耗能量,消耗能量的多少与运动种类、运动强度、运动时间、环境因素都有关系,这些知识在前面我们已经阐述过了。除了上述的影响因素外,运动时的能量消耗也有显著的个体差异。不同的人,即使在相同的环境、从事相同的运动,也会因为各种原因导致能量消耗的差异。

(1) 形体差别

进行需克服体重而进行的运动,如跑、跳、仰卧起坐、引体向上等,体重大的人消耗的能量会相应增加。以引体向上为例,体重80kg的人和体重50kg的人所消耗的能量相比,在臂长相等的情况下,会增加60%。而实际上,可能增加更多。因为体重大的人可能臂长也长,臂长增加也会按比例增加能量消耗。再比如举重,相同的重量、身高不同的人所需举起的高度也就不同,每一次上举所消耗的能量也就相应增减。

(2) 动作差别

在进行有一定技巧的活动时(如游泳),动作的熟练程度、正确与否,也将对能量的消耗产生影响。一个国家级游泳运动员在水里面游泳的姿势,一定是追求水流阻力最小的方式。而一个游泳初学者在游泳时,首先追求的是不沉下去,至于水流阻力方面,还无暇顾及。两者相比,以相同的游泳方式游相同的距离,所需要消耗的能量也一定不同。再比如打羽毛球,动作熟练的专业运动员可能有较多的扣杀,击球的力量也较大,以追求更快的球速,普通初学者可能仅限于能够打到球就行了。这样的情况下专业运动员所消耗的能量必然超过普通初学者的消耗量。

(3) 体质差别

运动相关数据基本相同的人,体质不同,所消耗的能量也会有不同。同样的运动强度,对经常参加体育活动的人来说,可能属于有氧运动,而对于平时不参加运动的人来说,可能属于无氧运动。有氧运动的能量由完整的三羧酸循环供能系统提供能量,无氧运动是靠糖酵解来提供能量,供能方式和能量利用率不同,消耗的能量物质也就会有差别。

能量消耗有个体差别,自身条件也有千差万别,在运动健身中,还是要选择适合自己的方式和方法,不宜生搬硬套、机械照抄。

运动中的人体代谢变化

人体是一个整体,人体的运动对身体各器官系统都会产生显著影响。

在人体运动时,首先被调动的就是运动系统。随着肌肉的收缩和舒张,手、脚、眼、耳各个器官协调配合,完成动作。随着能量物质的消耗、氧气的需求量增加,通过内分泌系统和神经系统的调节作用,循环系统开始动员起来,心跳加速,消化系统血管收缩,运动系统及体表血管扩张,汗腺分泌增加。

接下来,呼吸系统也动员起来,呼吸频率加快,呼吸幅度加深,肺泡换气能力显著增大,吸入的氧气和呼出的二氧化碳成倍增加。在呼吸系统和循环系统的共同作用下,氧气和营养物质被源源不断地运输到肌肉,供肌肉的收缩和舒张所需。

在神经内分泌系统,神经紧张引起的肾上腺素分泌增加,神经系统反应灵敏,各种感官所采集的外界信息处理速度加快,机体处于敏感状态。消化系统的血液供给减少,以保证肌肉和神经系统的氧气养料充足的供应。通过副交感神经胃肠分支的兴奋,抑制消化道的运动,使胃肠蠕动减弱变慢。

在运动中,各器官系统的变化都是为肌肉乃至全身代谢加速所做的准备。人体产生热量增加,汗液分泌增加,对氧气、养料、水分、无机盐的需求和利用大幅度增加,促进人体的新陈代谢,增强了体内绝大多数器官的活力。人体内累积的废物垃圾也会加速,通过汗腺、泌尿系统、呼吸系统、消化系统顺畅排出。

运动中的激素变化

激素(hormone)是由内分泌腺或内分泌细胞分泌入血,调节机体某一或某些方面机能的高效生物活性物质,它对机体的代谢、生长、发育和繁殖等起着重要的调节作用。内分泌腺及体内散在内分泌细胞所组成的系统称为内分泌系统。内分泌腺主要包括垂体、甲状腺、肾上腺、胰岛、性腺、甲状旁腺等,此外,心、肾、消化系统和下丘脑也具有一定分泌激素的作用。

激素大体可分为含氮激素和固醇类激素两类。激素的一般生理作用是维持内环境的自稳态、调节新陈代谢、维持生长发育、调控生殖过程。激素的作用具有一些特殊的特性,表现在:激素具有信息传递作用;激素的作用有比较强的特异性,一种激素只调节一个或一类器官的活动;激素有高效能生物放大作用,微量激素就能够使器官的工作状态发生很大变化;激素之间也有相互作用,有些是互相促进的,有些是互相拮抗的。

下面,我们简单介绍主要内分泌腺的内分泌功能。

1. 垂体

(1) 生长激素:作用是促进生长发育、促进代谢、调节免疫功能。

(2) 催乳素:主要生理作用是促进女孩青春期乳腺发育和妊娠期泌乳。

(3) 升压素:调节血压、收缩血管。

(4) 催产素:促使子宫收缩,加速分娩过程。

2. 甲状腺、甲状旁腺

甲状腺素和甲状旁腺激素的作用:生热作用;加速蛋白质与各种酶的生成;对糖代谢起到双相调节作用;促进脂肪酸氧化,增强儿茶酚胺和胰高血糖素对脂肪的分解作用;维持胚胎和婴幼儿中枢神经系统的正常发育。

3. 肾上腺

(1) 糖皮质激素:作用是使糖异生过程加强,升血糖;促进脂肪分解,增加脂肪酸在肝内的氧化过程,有利于糖异生;维持正常血压;抗炎症。

(2) 盐皮质激素:增加体内水分,加强机体保水储钠能力。

运动会影响体内激素的分泌与作用,基本表现在以下几方面。

1. 儿茶酚胺对运动的反应与适应

儿茶酚胺是肾上腺素和去甲肾上腺素的统称。儿茶酚胺由肾上腺髓质所分泌,属于应激激素,在机体对内、外环境变化发生的应答性中起着非常重要的作用。

(1) 儿茶酚胺对急性运动的反应特征

由于肾上腺髓质受交感神经支配,在运动应激状态下,交感神经系统被激活,所以在运动期间儿茶酚胺必然升高。而升高的程度与运动的强度密切相关,即运动强度越大,升高的幅度也相应越大。

(2) 儿茶酚胺对长期运动的适应特征

这种适应性表现为随着运动训练进行,儿茶酚胺对同一运动强度增高的幅度越来越小。经过一段时间运动训练后,完成同等运动负荷时,儿茶酚胺的反应降低,这表明运动能力得到改善,机体对同样负荷刺激的"总的"刺激变小,从而不需要发生如同过去那样强烈的应答性变化。

2. 糖皮质激素与促肾上腺皮质激素对运动的反应与适应

糖皮质激素与促肾上腺皮质激素也属于应激激素。在机体对刺激的应答性反应中,具有加快能量代谢,更好地动员机体潜能作用。运动对糖皮质激素和促肾上腺皮质激素也有显著的增加作用。

3. 生长激素对运动的反应与适应

运动期间,腺垂体所分泌的生长激素在血中的浓度升高,而且升高幅度与运动强度成正比,即运动强度越大,升高幅度越明显。但同时,生长激素对长期运动也有适应现象,主要表现在受过训练者与未受过训练者相比,在完成相同负荷时,前者血中生长激素浓度的增长幅度明显小于后者。同时,力竭性运动后,前者血中生长激素的下降速度明显快于后者。

4. 抗利尿激素和盐皮质激素对运动的反应与适应

研究证实,抗利尿激素和盐皮质激素在完成急性运动后明显升高。但研究也同时发现,完成同等强度运动时,训练水平高与缺乏训练者血中抗利尿激素升高的水平相似。这表明,即或经过长期训练,这种激素也许并不能产生降低效应。

5. 胰岛素和高血糖素对运动的反应与适应

运动的开始阶段,胰岛素慢慢降低,但长期运动者最终降低幅度较小,且趋于平稳。运动 20min 后,胰岛素水平逐渐升高,长期运动者升高较快,最高可能达到平时的 2 倍,显示了机体对糖的利用加快;而运动较少的人的胰岛素水平恢复较慢,且恢复幅度与平时水平差别不大,显示了机体对糖的利用能力有限。

综上所述,激素对急性负荷的应答特征及对长期运动的适应特征总结如下:

(1)应激激素水平在急性运动过程中会升高,且升高幅度与运动强度和(或)运动持续时间有关。

(2)对主要应激激素而言,运动中要引起水平升高,需要一个激活激素升高的运动强度阈值。而且,激活不同激素升高的阈值不尽相同。

(3)长期运动训练后,激素水平会发生某种程度的"去补偿"现象,表现为反应幅度更加精确,机能更加节省化。

(4)经过长期训练后,不同激素变化的综合结果总是朝着有利于运动的趋势发展。

能量代谢

1. 与能量代谢测量有关的几个概念

(1)热价

热价亦称卡价。每单位质量(每克)食物完全氧化时所释放的热量称为该种食物的热价。食物在体内氧化产生的热量称为生物热价,而体外燃烧时释放的热量则称为物理热价。在生理学上,糖类、脂肪和蛋白的热价分别为 4.1kcal/g、9.3kcal/g 和 4.1kcal/g[①]。

(2)食物的氧热价

每种营养成分所含碳、氢、氧三者的比例不同、相对分子质量不同,因而每种物质完全氧化时所需要的氧气和所产生的二氧化碳也不同。营养学家将某种食物氧化时每消耗 1L 氧气所产生的热量称为该种食物的氧热价,氧热价在能量代谢的测量方面有着重要的意义。1g 糖在体内氧化需要 0.83L 氧气,而 1g 糖完全氧化时

---

① 1cal=4.184J。

可产生 4.1kcal 的热量,所以,每消耗 1L 氧气来氧化糖类时,其氧热价为 5kcal。1g 脂肪在体内完全氧化需要 2.06L 氧气,1g 脂肪完全氧化时可产生 9.3kcal 的热量,所以,每消耗 1L 氧气来氧化脂肪时,其氧热价为 4.5kcal。

(3) 呼吸商

各种物质氧化时所需要的氧气量同它所产生的二氧化碳量不都是相等的,这取决于该物质分子结构中碳、氢、氧的比例。生理学上把生物体在同一时间内,释放二氧化碳与吸收氧气的体积之比或摩尔数之比,即指呼吸作用所释放的二氧化碳和吸收的氧气的分子比,即二氧化碳/氧气称为呼吸商(respiratory quotient, RQ),又称气体交换率。

由于糖类、脂质和蛋白质的供能顺序不同,只有糖类和脂质都供能不足时,才会出现蛋白质的氧化供能,而这种情况在生物体内很少发生。所以通常情况下所测定的呼吸商,实际上是非蛋白呼吸商,即以糖类和脂质为氧化分解的底物时所测定的呼吸商。不过糖类和脂质的呼吸商数值也是有差异的,分析如下:

糖类,俗称为碳水化合物,$C_m(H_2O)_n$。当其完全氧化分解时,释放 $m\ mmol\ CO_2$ 与吸收 $m\ mmol\ O_2$ 相等,故呼吸商为 1。

脂质完全氧化分解时,由于其分子中氢对氧的比例较糖分子高,氧既需用于碳氧化,也要用于与氢氧化,故需消耗较多的氧,呼吸商小于 1(0.7~0.8)。如蓖麻油的氧化方程式可表示为 $2C_{57}H_{104}O_9 + 157O_2 \longrightarrow 114CO_2 + 104H_2O$,可推算出呼吸商 RQ=114/157≈0.73。

蛋白质的呼吸商较难测算,因为蛋白质在体内不能完全氧化,而且它氧化分解途径的细节,有些还不够清楚,所以只能通过蛋白质分子中的碳和氢被氧化时的需氧量和 CO_2 产量,间接算出蛋白质的呼吸商,其计算值为 0.80。

在人的日常生活中,营养物质不是单纯的,而是糖、脂肪和蛋白质混合而成的(混合膳食)。所以,呼吸商常变动于 0.71~1.00。人体在特定时间内的呼吸商要看哪种营养物质是当时的主要能量来源。若能源主要是糖类,则呼吸商接近于 1.00;若主要是脂肪,则呼吸商接近于 0.71;在长期病理性饥饿情况下,能源主要来自机体本身的蛋白质和脂肪,则呼吸商接近于 0.80。一般情况下,摄取混合食物时,呼吸商常在 0.85 左右。

注意,在氧气充足的情况下,用呼吸商的数值可推断呼吸底物。但是在低氧的条件下,由于生物体内存在无氧呼吸,特别是以糖类作为呼吸底物时,呼吸商明显会大于 1。因此,生物体呼吸作用类型的不同在一定程度上也影响呼吸商数值的大小。另外,如果呼吸底物是有机酸,因其相对含氧量高,呼吸商也会大于 1。

2. 人体能量代谢的测量

(1) 直接测量

测量人体总的能量代谢最初是应用密闭的热量计。直接测量人体在一定时间内所放散的热量称为直接测热法。19 世纪后期,生理学家设计适用于人体的热量计。但由于这种仪器的体积庞大,结构复杂,使用不便,难以推广,因此只能在少数实验室装备。

(2) 间接测量

19 世纪后期,生理学家证明机体的 O_2 耗量与 CO_2 排出量同机体放散的热量之间有着严密的依存关系。因此,根据机体在一定时间内的 O_2 耗量和 CO_2 的排出量即可推算机体的产热量,即根据测得的 O_2 耗量和 CO_2 排出量,可计算出呼吸商。在一般的研究中,为了简便,可省略尿氮的测定,只根据总的呼吸商,找出相应的 O_2 热价,以推算机体的产热量。

3. 影响能量代谢的基本因素

机体的能量代谢受许多因素的影响,基本因素有食物、肌肉活动、精神状态和环境温度等。当这些因素中的一个或几个发生改变时,能量代谢也随之而改变。因此,在测量能量代谢时必须考虑这些因素的作用。

(1) 食物的特殊动力效应

进食后的一段时间内,即从进食后 1h 左右开始,延续 7~8h,尽管机体同进食前一样处于安静休息状态,但进食后的机体产热量比空腹时有所增加。食物这种能引起机体额外增加热量的作用,在生理学上称为食物的特殊动力效应(specific dynamic effect)。尽管有关食物特殊动力效应产生的确切机制目前尚未清楚,实验表明,将氨基酸经静脉注射后仍然可以看到这种现象,但在切除肝脏后此现象消失。因而认为,食物的特殊动力效应与食物在消化道内的消化和吸收无关,可能主要与肝脏处理氨基酸或合成糖原的过程有关。

（2）肌肉活动

肌肉活动对能量代谢的影响最为显著。机体任何轻微的活动都可提高代谢率。人在运动或劳动时耗量显著增加，因为肌肉活动需要补给能量，而能量则来自大量营养物质的氧化，导致机体耗氧量的增加。机体耗氧量的增加与肌肉活动的强度呈正比关系，耗氧量最多达安静休息时的10～20倍。肌肉活动的强度称为肌肉工作的强度，也就是劳动强度。劳动强度通常用单位时间内机体的产热量来表示，也就是说，可以把能量代谢率作为评估劳动强度的指标。

（3）精神和情绪活动

当机体处于精神和情绪紧张状态时，如恐惧、发怒或其他强烈情绪活动时，能量代谢将有明显提高。这一方面原因是由于紧张的精神活动伴随有无意识的肌肉紧张性增强；另一方面原因是精神紧张，特别是情绪紧张时将引起肾上腺素、肾上腺皮质激素、甲状腺素分泌增多，这些因素都具有促进物质代谢和能量代谢的作用。

（4）环境温度

人体安静时的能量代谢在20～30℃的环境中最稳定。当温度低于20℃或高于30℃时，机体的代谢率都将增加，这主要是神经反射所致。在低温下能量代谢率的提高是由于寒冷刺激反射性地引起寒战及肌肉紧张性增强所致。在高温下能量代谢率的提高则可能由于体内化学过程的反应加速，此外，呼吸、循环、出汗等活动的增强也有一定作用。

4. 基础代谢

基础代谢也称基础代谢率（basal metabolic rate，BMR），是指人体维持生命的所有器官所需要的最低能量需要。测定方法是在人体清醒、静卧的状态下，不受肌肉活动、环境温度、食物及精神紧张等影响时的能量代谢率。

其数值与性别、年龄、身高、体重、健康状况有关。如前所述。机体产生的能量最终全部变为热能，因此为了比较不同个体能量代谢的水平，可用机体每小时每平方米体表面积散发的热量（$kJ/(h \cdot m^2)$），即基础代谢率来表示。

机体的体表面积（S），可从下列公式求得

$$S(m^2) = 0.0061 \times 身高(cm) + 0.0128 \times 体重(kg) - 0.1529$$

基础代谢率随着性别、年龄等不同而有生理变动。男子的基础代谢率平均比

女子高；幼年比成年高，年龄越大，代谢率越低。一般来说，基础代谢率的实际数值与正常的平均值相差 10%～15% 之内都属于正常。超过正常值 20% 时，才能算病理状态。甲状腺功能减退时，基础代谢率比正常标准低 20%～40%；甲状腺功能亢进时，基础代谢率比正常标准高出 25%～80%。其他如肾上腺皮质和脑下垂体机能低下时，基础代谢率也要降低。

各项活动的能量消耗测量和计算

目前，超重和肥胖已成为普遍的社会问题，许多研究开始关注总能量消耗与超重或肥胖发生之间的潜在关系。身体活动能量消耗是人体每日总能量消耗（total energy expenditure，TEE）的最大可变因素。准确测定能量消耗，特别是体力活动的能量消耗，了解某类人群身体活动水平，对有针对性地指导其科学运动和制定膳食推荐标准有重要意义。流行病学研究的关键是准确测试 TEE，而直接评估能量消耗有困难。评估能量消耗的"金标准"是双标水法和气体代谢分析法，但二者价格昂贵且不适用于某些情况。本节从能量消耗组成的角度，探讨几种与双标水法和气体代谢分析法相关度较高的常用能量消耗测量方法及其应用，为寻找客观、精确、重复性高、可操作性强的能量消耗测量方法提供参考。

1. 总能量消耗的组成

研究能量消耗先要了解能量消耗的组成。总能量消耗由身体活动能量消耗（physical activity energy expenditure，PAEE）、基础能量消耗（basal energy expenditure，BEE）和食物特殊动力作用（specific dynamic action，SDA）三部分组成。

（1）身体活动（physical activity，PA）、体力活动水平（physical activity level，PAL）和 PAEEPA 指由骨骼肌收缩产生的、使能量消耗增加的身体动作。PAL 作为平均日常体力活动的测量方法，其值是总能量消耗与基础代谢率的比值，即 PAL = TEE/BMR。由于每天食物特殊动力作用和用于生长的能量消耗占机体总能量的比例及其变化很小，所以 PAL 主要反映排除 BMR 后的体力活动能量消耗大小。体力活动与人体健康密切相关，是影响机体能量消耗的主要因素。由体力活动产生的 PAEE 是 TEE 的最大可变成分。研究者通过 TEE 确定 PAEE，即 PAEE = TEE－REE。

(2) 基础能量消耗和静息能量消耗（rest energy expenditure，REE）

BEE 和 REE 是两个不同的概念。BEE 指人体在清醒而极端安静状态下，不受肌肉活动、环境温度、食物及精神紧张等影响时的能量消耗，通常排除食物特殊动力作用，一般在空腹 12～24h，室温 18～25℃进行，以排除食物和环境温度的干扰。单位时间的基础能量消耗即为基础代谢率，单位为 kJ/d、$kJ/(m^2 \cdot h)$、$kJ/(kg \cdot h)$。REE 是指禁食 2h 以上，在合适温度下，测试安静平卧或坐位约 30 min 的人体能量消耗，如按一天（kJ/d）计，则为静息代谢率。与 BEE 相比，REE 并非在基础状态下测得，它包含了前一餐残余的 SDA 和维持清醒的状态，一般高出 BEE10% 以内。由于 REE 对测试环境条件和测量时间（只要条件满足，全天 24h 均可进行）的要求较宽松，因此，在总能量消耗测试中，常用公式估算 BEE，或用 REE 代替 BEE。虽然这种做法带来一定偏差，但不失为一种相对方便准确的方法。

(3) 食物特殊动力作用

由摄入食物引起身体热量代谢额外增加的现象，称为食物的特殊动力作用，现称食物热效应，一般约占 TEE 的 10%，对能量消耗有一定程度的影响。SDA 是食物消化、吸收和代谢过程中的能耗，其作用与进食总热量无关，而与食物种类有关。进食糖与脂肪对代谢影响较小，大约只是其产热量的 4%，持续时间亦仅 1h 左右；进食蛋白质对代谢影响较大，可达其产热量的 30%，持续时间也较长，有的可达 10～12h。因 SDA 测试复杂，所以在实际科研中，在膳食平衡的前提下，常用 10% TEE 表示。

2. 能量消耗测量方法及其应用

(1) 双标水法和 TEE

双标水法最早由 Lifson 等于 1955 年提出，是一种非损害及非侵入性技术，早期用于测量研究野生动物野外能量代谢。1982 年，Schoeller 和 Van Santen 将其应用于人体研究。其基本测试方法为：给予受试者口服两种稳定无放射性同位素氘和 ^{18}O 标记的水，^2H 参加 H_2O 代谢；^{18}O 参加 H_2O 和 CO_2 代谢。当两种同位素在体内达到平衡后，利用同位素质谱仪，通过测量血液、唾液或尿液（通常收集尿液）中 ^2H 和 ^{18}O 的代谢速率常数，得到 CO_2 生成率，再结合饮食结构估计呼吸商，求出氧消耗率。

计算每天平均总能量消耗，其中，UN 为每天的尿氮量（g/d），r_{O_2} 指 O_2 的使用量，r_{CO_2} 指 CO_2 的产生量（L/min），TEE 的单位为 kcal/d。双标水法在无损伤性和不限制日常活动条件下，采用两点或多点法收集样品 1~3 周测试 TEE，适用于测量无法配合实验或无法限制其活动的婴儿、儿童及运动员等的能量代谢。双标水法精确度达 93%~98%，准确度达 97%~99%，是测定能量消耗的"金标准"。双标水法用估算的 RQ 推测 TEE，仍有可能产生约 5% 的误差。测试过程最好持续记录进食食物，用食物商代替呼吸商。服用双标水期间要监测体重变化，要求体重不变或少量增加，此时的 TEE 与能量摄入量相等。考虑双标水法的实验成本和只能测定人体总能量消耗等局限性，将其与其他方法联用，建立预测能量消耗的方程，将是能量消耗测量研究的未来发展趋势。

（2）能量代谢房（metabolic chamber）和 EE

能量代谢房是利用开放式间接能量代谢测量原理而特制的一个小房间，供一个人 24h 居住。房间是密封的，温度和湿度分别控制在 25℃ 和 55%，地面约 3.0m×3.7m 大小，容积有 27000L、20000L 或 15000L 不等，配有必要的生活用品，如床、椅子、桌子、电视、冰箱、电话和洗手间等设施，实验人员通过一个气闸室为受试者提供食物，同时这个气闸室也是紧急逃生出口。在这个特殊的房间里，可以测量被试吃饭、睡觉和轻体力活动的代谢率。通过微波运动探测器监测在能量代谢房中的被试者的身体活动，通过测量身体释放的热量判断每种活动燃烧了多少热量。研究者通过测量氧消耗量和二氧化碳产生量以及氮排泄量，间接计算能量消耗的比率。

质谱测量仪测量能量代谢房气源中氧和二氧化碳的浓度以及消耗量。每次实验开始时，均用标准混合气和大气校标气体分析器。呼吸速度描记器测量能量代谢房流量的消耗。每次测量前需校标流量计，将流量保持在每分钟 60L 或 90L。消耗的氧和产生的二氧化碳分别由能量代谢房中进、出空气的流量和浓度决定。同样通过 Weir 方程和氧消耗量、二氧化碳产生量计算能量消耗。能量代谢房测量能量消耗的精确性和准确性分别为 99.2%±0.7%（超过 6h 实验）和 99.2%±3.0%（超过 30min 实验）。能量代谢房可在不干扰被试生活的状态下，全面测试 BEE、REE、PAEE 等，其测试精确性和准确性也较高。但能量代谢房造价不菲，使用时需每天校标分析器，用新鲜空气设定零值，用预先混合一段时间的气体（20% O_2、1% CO_2 和均衡的氮气）设置获得值；而且需每个月用丙烷燃烧实验法确定一次能量代谢房的总准确度;每次只能容纳一个人测试。因此,能量代谢房并不适合群体研究。

(3) 气体代谢分析法与 REE 和 PAEE

间接测热法即气体代谢分析法,是最常用的实验室方法,多氏袋法是经典方法,可测定特定活动的能量消耗,也可测定 REE 和 BEE。便携式气体代谢分析仪的问世和普及,使气体代谢分析法走向户外,应用于运动场。Cosmed K4b2 是目前较常用的一款新型便携式气体代谢测量设备,它利用遥感技术实时监测受试者呼出气中的耗氧量和二氧化碳生成量,求出呼吸商,根据相应的氧热价,计算单位时间的能量消耗。国外学者研究发现,受试者进行不同速率(功率)自行车运动时,K4b2 测试的重复性和准确性较高,测量的氧气和二氧化碳的流量与新陈代谢车、Douglas 袋、四分质谱仪的结果有很强的关联性,差异不显著。

便携式气体代谢分析仪有实时性、便携性、准确性等优点。但价格昂贵,采用电池供电,气体分析装置只能连续工作 1~5h,只适合小样本研究。此外,虽然便携式气体分析仪体积比传统气体分析仪小很多,但仍不适合受试者长时间佩戴。这使其难以对日常体力活动进行长时间不间断的测量。总之,间接测热法常作为效标,用于测量不同活动形式的能量代谢,或验证心率监测器、运动传感器等有效性的研究,而在调查一般性日常活动或每周活动方面,实用性不强。

(4) 运动加速度传感器和 PAEE

Rowlands 等研究证实,加速度计通过对身体运动的持续时间和强度的测量,可对身体活动提供客观评估。运动加速度计的原理是根据牛顿力学定律,测量身体加速度绝对值的积分,通过测量身体活动的持续时间和强度,评估机体能耗,是一种客观评估身体活动的方法。因感受身体运动方向的不同,分为单轴、双轴和三轴加速度计。加速度计对体力活动的测量结果以活动计数表示,代表了加速度的大小和多少的总和。ActiGraph TM 三轴加速度计已受到众多关注,目前作为很多研究(包括儿童和青少年)的选择。国外早期研究中,学者通过心率监测方法在青春期前儿童身上验证了 Tritrac-R3D TM 的有效性。加速度计使用较方便,可长时间佩戴,但对只有上肢参与的活动、一些静力性活动(乘车)、骑自行车和游泳等不宜使用,有不能测量所有日常体力活动的缺点。

运动加速度计运用预先设定的回归方程,结合佩戴者身高、体重、年龄、性别等信息，预测相应的能量消耗。其回归方程的适用人群对测试准确性影响较大。因此，利用运动加速度传感器测定被测人群的能量消耗前，需建立适用于该人群的回归方程。利用既有的、在实验室条件下通过特定活动得到的预测体力活动的能量消耗回归公式，往往会增大误差。此外，成年人能量消耗预测的方程不能用于儿童和青少年，因为未考虑 RMR 的区别。联合了一个或多个生理测量方法和加速度计的更新型运动传感器已开始用于身体活动的测量。这些新型的联合装置包括心率和加速度计的联合，加速度计与温度传感器的联合，通过非线性模型技术，结合加速度计与心率和体温等生理参数，可以大幅提高预测日常身体活动能量消耗的准确性。

能量平衡和健康促进

能量平衡的公式为

$$机体储存能量的改变 = 能量摄入 - 能量输出$$

如果能量改变为正数，机体能量储存就增加；如果能量改变为负数，机体能量储存就减少。鉴于现代人能量储存一般是以脂肪的形式存在，我们可以简单理解为：正能量平衡就是长胖的过程，负能量平衡就是减肥的过程。

首先我们来看一看能量摄入。排除掉医学干预方法之外，人体能量摄入的唯一途径就是食物和饮料。每额外摄取 14630kJ 能量，就会因此储存大约 435.6g 的脂肪。每种食物的能量都是可以计算出来的，比如一个苹果中的糖含有的能量为 523kJ；普通大小的一块糖所含的脂肪与糖为 1045kJ。

我们再来看能量输出。凡是机体的任何运动都伴随着能量的消耗，也就是能量输出。

能量输出的估算方法有两种。一种是在一段时间内检测你的食物摄入量和体重变化，用上述公式来估计你这段时间的能量输出。另一种方法是基于能量输出的直接计算公式，即

$$能量输出 = 基础代谢 + 有意识活动 + 食物的热效应$$

人的基础代谢率是人在安静、不动、清醒、不思考、环境温度适宜的情况下，单位时间所消耗的能量。基础代谢率有个体差异，每个人不尽相同。食物的热效应是指每餐 5%～10% 的能量在进餐后的约 5h 内被加速的代谢活动所消耗。

人们常常想通过负能量平衡来达到减肥的目的,那么增加能量输出就是必不可少的一环。在这一环节中,基础代谢率不可能增加太多,食物的热效应也变化不大,唯一可以自行控制的一个因素就是有意识的活动。这是运动减肥的理论基础。

如何估计能量输出量?

以一个体重 68kg 的男子为例,假设他是一个普通办公室文员,每天骑车 10min 去上班,而其余的时间都在坐着处理文件,其基础代谢消耗约为

$$68kg × 4.18kJ/(kg·h) × 24h/d = 6816kJ/d$$

式中,基础代谢率男子取 4.18kJ/(kg·h)(女子取 3.76kJ/(kg·h))。

由实验可得,身体运动的能量消耗如下:

久坐型:男子 25%~40%,女子 25%~35%;

轻微活动:男子 50%~70%,女子 40%~60%;

中度活动:男子 65%~80%,女子 50%~70%;

重体力活动:男子 90%~120%,女子 80%~100%;

过度活动:男子 130%~145%,女子 110%~130%。

则该例中,有

$$6816kJ/d × 50\% = 3408kJ/d$$
$$6816kJ/d × 70\% = 4771kJ/d$$
$$6816kJ/d + 3408kJ/d = 10224kJ/d$$
$$6816kJ/d + 4771kJ/d = 11587kJ/d$$

该男子一天运动能量消耗范围为 10224~11587kJ。

目前的社会现状为肥胖人口越来越多,与肥胖有关的疾病逐年增加,所以减肥减脂作为健康理念已经深入人心。但我们应该知道,脂肪过多或过少都是一种危险信号,保持每天进食和体力活动相平衡才能保持健康的体重、改善健康状态。体重过轻、缺乏脂肪会在应激状态或消耗性的疾病中威胁生命。一个人"理想"的脂肪含量应是多少呢?以"健康"为目标,男性平均脂肪占体重的 15%,而女性占 20%。

那么,究竟多胖才是过胖呢?一个重要的指标是"体重指数"。

体重指数是 20 岁以上的人相对于其身高的平均体重,即

$$体重指数 = 体重(kg)/[身高(m)]^2$$

体重指数<18.5，则过轻。数值越低，越易患病。

18.5～24.9 为正常。危险性很小。

25.0～29.9 为过重。危险性增加/高危险性。

30.0～34.9 为一型肥胖。高危险性/非常危险。

35.0～39.9 为二型肥胖。非常危险。

>40.0 为三型肥胖。极度危险。

体重指数是针对普通人的大致估算，它不能判断到底有多少脂肪和脂肪的所在位置，因此不宜用来判断运动员、孕妇及哺乳期妇女和65岁以上的老人。诊断一个人是否肥胖或过瘦，仅有体重指数是不够的，还需要知道其机体组成及脂肪分布情况。

用能量平衡原理来控制体重，用增加消耗来达到负能量平衡，是身体健康的基础。了解了自己的体重指数，就能够大致判断自己需要什么样的能量平衡。根据所得结果，制定适合自己的运动处方并持之以恒，就一定能够达到健康促进的目的。

第二周
什么是健康

Ⅰ 健康的含义

健康新概念

"健康不仅是躯体没有疾病,还要具备心理健康、社会适应良好和有道德。"这是 1978 年世界卫生组织(WHO)给健康所下的正式定义。现代人的健康观是整体健康,内容包括:躯体健康、心理健康、心灵健康、社会健康、智力健康、道德健康、环境健康等。健康是人的基本权利,健康是人生的第一财富。

衡量是否健康,我们有以下十项标准:

(1) 精力充沛,能从容不迫地应付日常生活和工作的压力而不感到过分紧张。

(2) 精神状态正常,没有抑郁、焦虑、恐惧发作等症状。

(3) 合理饮食,善于休息,睡眠良好。

(4) 应变能力强,能适应环境的各种变化。

(5) 能够抵抗一般性感冒和传染病。

(6) 体重得当,身材均匀,站立时头、肩、臂位置协调。

(7) 眼睛明亮,反应敏锐,眼肌轻松,眼睑不发炎。

(8) 牙齿清洁,无空洞,无痛感;牙龈颜色正常,不出血。

(9) 头发有光泽,无头屑。

(10) 肌肉、皮肤富有弹性,走路轻松有力。

健康是比较而言的,绝对的健康是不存在的,人们都处在以"完全健康"和"极不健康"为两端的连续线上的某一点上。而且人的健康状态是动态变化的,而非静止不动的。因此,健康与否只能反映某一段时间内的特定状态,而不应认为是固定的和永远如此的。

1. 健康公式

健康是一个复杂的问题,但也可以把它简化成一个简单的公式,其中健康值越大,人体就会越健康,即

健康=(情绪稳定+运动适量+饮食合理+科学的休息)/(懒惰+烟酒+其他不良习惯)

这只是针对健康的一个直观说明,引导人们健康的生活方式。但从科学角度来说,世界卫生组织的报告也给出了相关数据。

健康＝15％遗传因素＋10％社会因素＋8％医疗条件＋7％气候条件
＋60％自我保健

无论哪种公式,我们都能够注意到,其实健康主要是掌握在我们自己手里。重视健康、加强运动,永远都是健康长寿的不二法门。

2. 健康膳食金字塔

这个金字塔分为七层,最顶端的一级是黄油与甜品,接下来依次为:乳制品、鱼类或少量红肉、坚果与豆类、蔬菜与水果、全麦食品与植物油,最下面一层与食物无关——长期而适当的体育锻炼。

第一层:黄油与甜品

无论是老式金字塔,还是 Willett 教授最新提出的金字塔,都把黄油与甜品列在最顶端。由此可见,这一类的食物除了会增加热量与脂肪,几乎没有其他的功效,更谈不上对身体健康有益处了。如果你想保持曼妙的身材,最好远离这一层的食物;但如果你需要从事大运动量的体育锻炼,比如长跑和游泳,你可以在运动前吃一块巧克力来补充体力和热量。

第二层:奶制品

在老式金字塔中,奶制品是与肉类同在第二层的。之所以把奶制品单独提出来放在第二层,是因为摄入过多的奶制品会增加心脏的负担,导致胆固醇升高,其副作用要比肉类大。有些人强调奶制品能够增加体内钙质,实际上奶制品并不是唯一、也不是最好的获取钙质的途径。实验证明,两杯牛奶所提供的钙质仅相当于几口豆腐为身体补充的钙量。当然,你也不必改变每天喝牛奶的习惯,只是尽量喝脱脂奶更加合理。

第三层:鱼类或少量红肉

海鲜类的肉质被称为"白肉",这些肉类含有丰富的蛋白质和各类氨基酸,而且不会转化为脂肪,因此可以每周适当摄入 2~4 次。其他的"红肉"类食物,过多地摄入会导致心血管病的发病率升高,特别是动物内脏,最好不要经常食用,即使是年轻人,过高的胆固醇指标也会为将来埋下祸患。

第四层：坚果与豆类

这一类食物在老式的金字塔中被忽略掉了，而 Willett 教授恰恰认为它们很重要。许多人都认为坚果会导致脂肪堆积，实际上坚果中的油类都属于植物油，比起动物体内的油脂要更清洁，所含的维生素和其他营养物质也就更多。豆制品中含有多种微量元素，特别是钙元素的含量所占比例很大，对于骨质疏松的人与老年人都很有好处。

第五层：蔬菜与水果

蔬菜与水果对于人体健康的重要性无需过多地强调，在"肚子"允许的范围之内，尽可能地多多摄入这两大类对身体最有益处的食物。

第六层：全麦食品与植物油

在老式的金字塔中，植物油没有被列入食用的范围内。而在现实生活中，植物油在烹饪过程中是不可或缺的配料。要控制含饱和脂肪酸的植物油（如大豆油、色拉油等）的摄入，增加主要含不饱和脂肪酸（如小磨香油）的摄入。

第七层：长期而适当的体育锻炼

Willett 教授出人意料地把体育锻炼列为了金字塔的"根基"，他认为，一个完美的饮食结构应该以健康的生活方式为基础。生命在于运动，只有将运动与科学的饮食相结合，才能够让身体保持在最佳的状态。

对健康的自我分析

每个人对自身的健康无疑都是十分关注的。曾经有人把一百万中的 6 个"0"比作"房子""位子""票子""娘子""儿子""车子"，而把"1"比作"身子"，也就是健康的身体，目的是告诉大家：没有了健康的身体，你所拥有的不过是一场空。说实话，我很欣赏这个比喻，贴切又富有哲理。健康，对于每个人来说，无疑是最重要的。可是，你知道你自己的健康状态吗？你还有哪些不健康的生活习惯？还需要为更健康做出哪些努力？如果你不能够回答这些问题，或者说不知道如何回答这些问题，那么你就需要做一次完整的健康自我分析了。健康自我分析，是对自身全部健康因素的详细梳理，从而全面看清自己的健康状况，并为了让自己的身体、精神、生活习惯更健康作出努力。

健康分析可以采取比较法、检测法、反省法等方法。针对身体健康和心理健康,分析的内容也不同。

1. 身体健康的分析

身体健康的标准是:

能够进行正常的工作和生活并不会轻易感到疲劳。

经常进行中等强度的运动,偶尔进行短时间的高强度运动,不会出现明显的肢体酸痛。

休息或轻微活动的时候不会有心慌、气促、嗜睡等情况。

正常饮食不会引起恶心、呕吐、胃痛、腹泻等症状。

脸色、肤色正常,形体正常无畸形。

各种感觉灵敏,没有感觉过敏或感觉缺失。

睡眠踏实,晨起精神振奋,无失眠、入睡困难或经常性的惊醒。

排尿、排便顺畅,排泄物颜色形状正常。

身体健康的分析方法如下。

(1) 进行一次详细的体格检查,针对自身现有疾病、隐匿疾病或疾病趋势,反省病因里自身不良习惯的因素,并加以改正。有高血压的,要改掉高盐高脂饮食习惯;有糖尿病的,要减少糖类尤其是主食的进食量;有胃溃疡的,要避免进食刺激性食物,少食多餐。具体分析方法就是:我有什么疾病? 我需要注意哪些问题? 我要做到哪些事?

(2) 通过对自己生活习惯的比较、反省,发现自身影响健康的不良习惯,并加以改正。喜欢吸烟的,积极戒烟;喜欢酗酒的,减少酒精摄入量;喜欢熬夜的,锻炼早睡早起。具体分析方法就是:我有哪些习惯是不良习惯? 有什么方法克服? 我打算多久改掉坏毛病?

(3) 通过对自身体质的判断,分析自己需要加强或注意的方面,有针对性地制定详细健康处方。体重超标的,要制定以减肥为主要目的的健康运动计划;体力较差的,要着重加强肌肉力量的锻炼;患有慢性疾病的,注重在有氧活动前提下,锻炼有疾病的系统功能,改善身体耐受力。具体分析方法就是:我的身体素质特点是什么? 我还有什么弱点和不足? 我该如何发挥我的长处、加强我的弱点和不足? 我要达到什么健康目的? 我打算用多久来实现这个目的?

通过上述 3 个主要内容的分析,我们就可以轻易总结出自己的健康状况和健

康前景。把我们对自己的身体健康分析结果详细写下来,包括:

（1）我目前的状况；

（2）为什么会有目前的状况,哪些是我个人可以控制的因素；

（3）我准备怎么做。

其中第三条,就是我们的健康处方,是我们进行身体健康分析的最主要目的。

2．心理健康的分析

心理健康的标准为以下几点:

（1）有适度的安全感,有自尊心,对自我的成就有价值感。

（2）适度地自我批评,不过分夸耀自己,也不过分苛责自己。

（3）在日常生活中,具有适度的主动性,不为环境所左右。

（4）理智、现实、客观,与现实有良好的接触,能容忍生活中挫折的打击,无过度的幻想。

（5）适度地接受个人的需要,并具有满足此种需要的能力。

（6）有自知之明,了解自己的动机和目的,能对自己的能力作客观的估计。

（7）能保持人格的完整与和谐,个人的价值观能适应社会的标准,对自己的工作能集中注意力。

（8）有切合实际的生活目标。

（9）具有从经验中学习的能力,能适应环境的需要改变自己。

（10）有良好的人际关系,有爱人的能力和被爱的能力。在不违背社会标准的前提下,能保持自己的个性,既不过分阿谀,也不过分寻求社会赞许,有个人独立的意见,有判断是非的标准。

心理健康的自我分析方法如下。

（1）比较法——从我与人的关系认识自我

他人是反应自我的镜子,与他人交往,是个人获得自我认识的重要来源。我们先从家庭中的感情扩展到外面的友爱关系,进入社会又体验到人与人之间的利害关系。心理健康的人能从这些关系中用心向别人学习,获得足够的经验,然后按照自己的需要去规划自己的前途。但是通过和人比较认识自己应该注意比较的参照物应该是普通人。

(2) 经验法——从我与事的关系认识自我

从我与事的关系认识自我,即我从做事的经验中了解自己。成败得失,其经验的价值也因人而异。对心理健康状况正常的人来说,成功失败的经验都可以促进他再成功,因为他们了解自我,有坚强的人格精神,善于学习,因而可以避免再重蹈覆辙。而对于某些心理健康程度不佳、自我比较脆弱的人,失败的经验更使其失败。

(3) 反省法——从我与己的关系中认识自我

经常反省自己在日常生活中的点滴表现,总结自己是一个什么样的人,找出自己的优点和缺点。古人曰:"吾日三省吾身。"从我与己的关系中认识自我,看似容易,实则困难,自我观察无疑是一个好方法。自我观察是我们教育自己、自我提高的重要途径。

具体步骤:

1) 详细列出心理困惑和问题

(1) 学习工作方面

在平常的学习或是工作中,能否完成应该完成的任务,是否力求完美;是否对新事物充满好奇心;是否有持之以恒的精神;对未来是否充满信心和美好的期待,是否有完整的人生规划;完成任务后是否有很强烈的成就感;能否克服自己的懒惰情绪去做该做的事。

(2) 情绪方面

自己是否算是个乐观的人;是否经常控制不了情绪而乱发脾气;面对并不严重的困难是否纠结不清;对改变不了的事实是否长期心情不佳;遇到重大事情的时候能否控制住自己的不良情绪、勇于面对。

(3) 人际交往

是否愿意交朋友;在人多的地方是否感到恐惧、厌烦或气愤;是否愿意加入一个小圈子或小团体;是否愿意和他人分享自己的快乐;我能否和室友、同事相处融洽;我是否对别人太过苛求;我是否有几个信得过的、相处了很多年的好朋友。

2) 分析心理困惑产生原因

(1) 这些困惑是一直就有还是最近一个时间段的事?

(2) 是什么事件导致或诱发了我的这些困惑或不良心理?

(3) 我有没有试着和别人沟通过,还是一直自己闷在心里?

(4) 我的快乐是真的快乐还是做给别人看的?

(5) 我究竟是害怕失败的结果,还是害怕失败本身?

(6) 我有没有给自己太多压力或者对自己要求太高?

(7) 最坏的结果是什么? 我能否承受这个最坏的结果?

(8) 最好的结果是什么? 我为这个最好的结果准备付出多大努力?

3) 提出自我心理调整的目标,针对困惑产生的原因制定自我心理调整的计划

每个人的心理调整目标都是精神的愉快,但不能达到愉快目的的原因却千差万别。经过详细的分析我们会发现困扰的深层次心理原因,而这些原因就是我们应该调整的方面。这里,要注意区分困扰的真正原因往往与直接原因是不同的。比如因为收入低或职务低引起的不愉快,直接原因是没有达到自己的心理预期,而真正原因是攀比心理在作祟。再比如已经尽力却还是没有完成既定计划,心里失落,直接原因是各种外部因素,而真正原因是自己的完美主义情结。找到真正的深层次原因,严格来说就已经完成了心理健康自我分析。然而分析不是目的,目的是调整和改善。所以,心理健康自我分析的最后一项是制定心理调整计划。针对原因,循序渐进,持之以恒,加强训练,注重沟通,融入群体。这是心理调整的基本原则。通过对自己的全面分析,明白自身的优缺点,也有了明确的完善自我的方案,就能克服困扰,达到身心愉悦、心理健康的目的。

健康上的漏洞出在哪里

越来越多的名人猝死、重病的新闻见诸报端,甚至包括一些公认的"硬汉"或"健康代言人"。这些现象一方面反映了现代人的压力确实过大,但是却没有适当给自己减压;另一方面也揭示了很多人其实并不完全了解影响健康的因素,这才导致陷入"成功到手=健康没有"的窘境。那么,现代人在日常生活中应该怎么做才能保障健康呢? 最重要的一点就是——揪出自己的健康漏洞。

世界卫生组织在 2002 年公布了一份调查报告,一共列出了 20 项威胁人类健康的因素,前 10 项按照严重程度由高到低的顺序依次为:营养不良、性生活不健康、高血压、吸烟、酗酒、饮用不洁净的水和缺乏必要的医疗保健、缺铁、由取暖和烹饪引起的室内污染、胆固醇过高和营养过剩。可以看出,其中很多健康"杀手"都跟

不良生活习惯相关,尽早纠正健康陋习是健康管理的有力保障。

营养不良,不只是物资匮乏的年代没有食物造成的面黄肌瘦,它还包括因为不良饮食习惯、营养不均衡导致的某些营养素的绝对缺乏。随着生活水平的提高,居民可支配收入的增加,菜篮子、米袋子、油瓶子有了更多的选择。圣人一句"食不厌精、脍不厌细"的名言被很多人奉为金科玉律。"食有肉、出有车"也成了成功人士的标志,被列为首要的生活追求。但如此的生活习惯才使得人们的健康堪忧。食必精米,原本在谷壳、米糠里大量含有的维生素E失去了最主要的来源;精工细作、口感细腻的食材,由于缺乏不被消化的粗纤维,使我们的消化系统空前娇嫩,更易生病;顿顿鱼、肉、海鲜,只能来源于新鲜水果、蔬菜的维生素C广泛缺乏。更有一些对健康知识一知半解的人,或者偏执追求"苗条体形"的爱美女士,把对动物性食品的盲目恐惧落实在饮食上,只吃素食和所谓"绿色蔬菜",造成能量物质不足、体质下降、免疫能力受损,直至在新形势下出现了传统的骨瘦如柴的营养不良。

性,曾经是被禁锢和忌讳的话题,无论中外。然而性是人性的一个组成部分。作为生殖活动最主要的内容,性有时甚至比生物个体的生存更重要。随着社会的进步和文明程度的提高,性已经不再是一个言论和研究的禁区,和谐健康的性生活已经成为人类幸福的一个主要组成部分。然而,不健康的性生活方式和性生活习惯,也成为仅次于营养不良的健康杀手。据统计,艾滋病患者中,男性同性恋者占据了相当大的比例;无防护的性接触导致了太多的非计划性受孕;过度的、无节制的性行为造成了体质下降、抵抗力降低;封建余毒下性禁锢造成了心理畸形或疾病;花样百出的性娱乐造成了大量意外伤害。简单的性关系,和谐的性生活,健康的性习惯,正常的性心理是保证性健康的四大原则。严格遵循这四条原则,不禁不纵,就能够在愉悦身心的同时更有益于健康。

高血压导致的心脑血管疾病逐年增加,高血压的治疗和保健需要系统的知识。坚持运动健身、严格控制血压、低盐低脂饮食对高血压所导致的心脑血管疾病都有很好的防治作用。患有高血压或者有高血压倾向的人,既要重视血压的控制,积极健身锻炼,又不能草木皆兵,自我恐吓。

吸烟和酗酒,早已是不良健康习惯的代名词,之所以还有很多人仍然喜欢吸烟酗酒,很大程度上是因为还没有深刻认识到它们的危害性。然而这种危害性是慢性的、潜移默化的;再加上这两种习惯都有一定的成瘾性,戒掉更不易。等它们的危害变得明显的时候,已经悔之晚矣、于事无补了。把 20 支烟的烟雾通过 $1m^3$ 的鱼缸,鱼缸里面的鱼立即死亡,然而这是大多数烟民两天甚至一天的吸烟量。在胸外科的手术中,不吸烟的人,肺脏呈漂亮的粉红色;而吸烟人的肺,是呈现令人作呕的、乌黑发亮的沥青色。酒精就更不用说了,它本身就是传统消毒剂的一种。

饮用不洁水,在中国已经很少见了。虽然中国城市自来水作为直接饮用水水质堪忧,但也还没有到经常性引起疾病的地步。然而医疗保健缺乏的情况,在中国却是屡见不鲜。除了国家机关、国企和少数部分私企以外,大多数劳动者都缺乏必要的保健意识和保健条件,很多人做不到每年体检,甚至还有一些人就算是感到一些不适也不会及时就医,往往耽误了病情,损害了健康。针对这种情况,我们只能在提高保健意识上下功夫,重视身体给自己的警告,定期体检。有病早治,无病安心。

缺铁,目前在中国已经比较少见,而且原因大多数是慢性失血所致,比如月经过多、胃肠道疾病等。还有一种值得注意的倾向需要引起重视,很多人为了身体健康盲目追求清淡饮食,甚至只吃素食,而素食中的铁含量不是过少就是难以有效吸收,这种原因导致的缺铁近年来有增加趋势。所以这里应该提醒一句:科学保健,切勿盲从。

随着集中供暖的普及,因为取暖导致的室内污染已经很少。由于中国人饮食习惯而引起的室内污染正在逐渐成为继房屋装修之后的另一大污染途径。中餐的饮食习惯很喜欢煎、炒、炸,而且中国人习惯食用的植物油沸点很低,这就导致烹饪过程中经常会出现大量油烟。油烟中含有大量油脂和致癌物质,是人类健康最隐蔽的隐形杀手。尤其是近年流行的开放式厨房和吸烟能力偏低的西式油烟机的普及,更是这个隐形杀手的帮凶。多采用蒸煮的方法烹饪菜肴,不仅可以尽量保留菜肴的天然营养,还能够减少污染、防癌抗病。

胆固醇过高和营养过剩已经成为影响健康的主要原因之首。有资料表明,中国肥胖人口的比例正在逐年增加。加上中国填鸭式的教育方式,剥夺了太多孩子本应运动的时间,更是让孩子们"输在了起跑线上"。已经有很多证据证明,儿童时期的肥胖对健康的影响比中年之后的肥胖更有坏处,可能导致一系列的健康问题。胆固醇过高和营养过剩的形成原因,与我国传统健康意识有极大关系。"大胖小子"一直是传统家庭梦寐以求的福气,大鱼大肉也是很多人享受生活的一个必要条件。高脂肪、高热量的食物大量摄入,运动的减少和忽视,导致能量物质的不断堆积。胆固醇是脂类的一种,基本与高脂血症和肥胖紧密关联。为了更健康的生活,我们有必要改变自己的传统观念,用更科学、更合理的视角来衡量生活、评判快乐。

上述这些健康漏洞让人防不胜防,但只要坚持调整不良生活方式,养成良好的生活习惯,时刻关注自身身心健康、保证每天的积极运动,就能够一一堵住漏洞。

生活方式对人类寿命的影响比较复杂,不但涉及饮食、运动、睡眠等诸多方面,而且各因素间又会相互影响。但是,工作生活虽忙,上班族们也要尽量把自己的饮食、运动、睡眠习惯保持在一个规律的状态上,加班熬夜后需要自己休息、调节。

身心健康是支撑人体的"两条腿"。人的心理状态很重要,身体疾病在很大程度上都会受心理的影响。心情郁闷、精神紧张,身体抵抗力自然随之下降。如果一个人能保持心理平衡,生病就少,即使得了病好得也快。从繁重的工作中挣脱出来,缓解工作带来的压力,快走、跑步等有氧运动是最有效的方法之一。

生命在于运动,这句话相信早已被每个人所熟知,但其重要性和必要性却未必得到每个人的认同。美国曾对 25 个州 100 余万中老年人做过调查,就他们的日常运动程度与年死亡率进行对比分析,"动"与"不动"所产生的死亡率相差竟是 6 倍。运动不仅帮人们延长寿命,还能增强体质、调节情绪,有助于预防肥胖症、心脑血管等疾病。

体质下降造成健康上的问题

体质健康是非常重要的,并且体质在人的一生中绝不是一成不变的。体质水平随着年龄的增长逐渐提高,男性在 18~32 岁、女性在 16~28 岁时达到顶峰,此后则随着年龄的增长而下降。尤其是在男性 32~48 岁、女性 28~42 岁时,体质快速地下降。如果在体质达到高峰前我们进行有效的锻炼,使我们的体质高峰比一般的生理高峰更高,那么在高峰过后,健康水平仍然能处于一个高位,始终比别人高一截。

体质下降(或称体质衰退)与这几个方面有关:

(1) 年龄

体质的变化曲线就是一条年龄的曲线。女性在 28 岁以前,男性在 32 岁以前,体质随着年龄的增长而升高,而过了这个年龄,体质就会一路下降,有的时期甚至是快速地下降。在快速下降的过程中,如果我们能进行针对性的身体锻炼,那么衰退的速度就会明显变慢,在将来的时间里仍然能维持一个很高的水平。

(2) 生活方式

体质的水平与生活方式有着密切的关系。在出生的时候,我们每个人的体质状况都基本上一致,而随着生活方式的不同,就会产生各种差异。那些经常锻炼的人,体质水平就会逐步提高,并且能在最高峰维持很长一段时间。而那些不注意锻炼、生活又不规律的人,体质很快就会达到高峰,紧接着就一路下滑,很快就会出现各种健康上的问题。

(3) 工作环境

工作环境对一个人的体质影响是不可忽略的。在一个相对宽松、积极向上的环境中工作,对体质有很好的促进作用。如果身边的同事都十分注意体质锻炼,那么这种促进作用会更加明显。另外,工作的压力也会对体质产生很大影响,体质良好的人在排解压力方面会比较强,此时压力对其影响会降低。

(4) 疾病

无可否认,任何一种疾病都会对我们的体质造成影响,经常感冒发烧的人体质会比较差。但如果能进行很好的体质锻炼,就能将这种影响降低到最小限度。

目前普遍的问题是,人们习惯把体质看成只是运动员需要的东西,谁也没有把它放在心上,任其"丢失"而无所谓。大家参加体育活动,只是笼统地认为是为了身体好,而没有人认识到应该是为了提高或保持自己的体质,进而提高健康水平。

目前,在通常人群中,体质状态存在着三大问题:

(1) 年轻时期的体质锻炼不足,导致"体质曲线"的"峰值"不够高,基础没有打好。

(2) 维持现有体质健康的手段不足,体质下降过快,提前进入衰退期,过早衰老。

(3) 对体质引发的健康问题认识不够,不重视体质对健康的影响,过度挥霍体质。

在年轻人中,第三点的情况尤为明显,生活没有规律、经常熬夜、没有有效的锻炼计划等,不良的生活习惯严重影响到体质健康。没有养成良好的锻炼习惯是最大的问题,现在很多年轻人由于需要体力的劳动非常少,而平时又把很多休闲的时间用在玩电脑、游戏机等娱乐上,很少参加体育锻炼,导致很多与生活方式和锻炼习惯有密切关系的慢性病日益年轻化。过去很多 50 岁甚至 60 岁才会出现的疾病,现在出现在 30 多岁,甚至更年轻的时候。

那么,体质下降到底有多大的危害性呢?下面让我们来详细说明。

1. "慢性疲劳"与体质下降有关

社会迅猛发展之下,生活、工作节奏加快,竞争激烈,造成精力支出过多、心理负荷过大等,肢体疲劳和精神疲劳已成为现代人的普遍状态。比如,很多人嘴边挂得最多的是一个"累"字。大家在"累"的面前,都只认为是自己在工作上付出太多的结果,可很少有人往自己健康水平下降上想,特别是没有认识到这是自己的体质下降造成的。

目前,一组新的症状群"慢性疲劳综合征"正在全球蔓延,在美国,慢性疲劳综合征已与艾滋病一起被医学界称为"21 世纪人类最大的敌人"。有调查显示,慢性疲劳综合征在城市新兴行业人群中的发病率为 10%～20%,在某些行业中更高达 50%,如科技、新闻、广告、管理、演艺等,而从事这些行业的最多是 30 岁左右的人。

其实,慢性疲劳综合征的受害者大都是些"心有余而力不足"的中年人,他们面对手头上的事情总认为:年轻时我都熬得住,现在也应该不成问题!事实上,与 20～30 岁正处于生理巅峰的青年时期相比,中年时身体许多能力的下降是不争的事实,但并没有引起大家的注意,其中体质是最关键的一点。

下面几个常见的问题就可以看出一个人是不是慢性疲劳综合征的受害者。

(1) 睡眠问题。睡眠质量不高在企业员工中是一种普遍现象。用药的人数非常多,但只是增加了睡眠的时间,而睡眠质量并没有提高,因此一觉醒来,疲劳依旧如前。研究表明,支持睡眠质量的因素主要有三个方面:生长发育时期的骨骼肌肉等的生长水平、脑疲劳的程度、体力疲劳的程度。

在年轻人中,肌肉活动大幅度下降、肌体疲劳是出现睡眠质量问题的主要原因,没有养成良好的睡眠习惯也是影响睡眠质量的另外一个重要因素。

(2) 代谢功能问题。虽然年轻人的代谢水平及代谢能力都比较高,但是,许多生活中的不良因素还是会导致代谢障碍的出现。如营养过剩使得高血脂、高血糖等本来属于中老年人的问题在年轻人身上日益增多,加之缺乏体力活动所导致的代谢功能紊乱,都是诱发"现代疲劳综合征"的重要因素。

(3) 人体内环境质量问题。人体内环境平衡是维持生命健康的重要环节，但这一平衡受到人体内、外环境因素变化（如环境的污染、生活节奏的变化、社会压力加大等）的影响时，内环境平衡极易被打破。比如熬夜，这对很多人是常事，但这种"砍掉自己睡眠"的行为且不说体力付出的多与少，单说对肝、肾的损伤，就是一个不能不关注的问题。在白天，肝、肾为维持人体内的平衡而工作着；到夜里深睡时，人体内的大部分器官都在休息，而此时肝、肾却要"全力"去工作，高速清理人体内的所有毒素及代谢下来的副产物（俗称"体内垃圾"）。如果人不按规律去休息，肝、肾没有足够的时间去处理人体中的毒素及代谢产物，使所有的器官受损的同时，肝、肾将受到更大的冲击。因此，熬夜的人总感到疲惫、面色不好、头晕、耳鸣、情绪不稳定。

就"现代疲劳综合征"而言，以上几个方面并不完整，但肯定是重要的因素。

"现代疲劳综合征"和"过劳死"与我们忽略体质健康和"体质锻炼"过少密切相关。应该说目前人们所遇到的疲劳可以称之为"假性疲劳"，这种疲劳并非真正的疲劳，"假性疲劳"是每一个人都有的由于体质快速下降造成的。如果用参加体育运动的方式去消除疲劳和精力不足的现象，结果会怎样？用"动"改变自己的体质，过去所谓的"累"慢慢开始"溜号"，"真"的精力反而再现！

2. 体质下降与猝死

所谓的体质下降不光是指肢体的能力下降，还包括人体许多器官功能水平的下降，心脏能力也是如此。美国有氧运动倡导者库珀博士讲过这样一个例子："一次飞行时，空中小姐刚刚将一位40多岁、手提两个大包、大汗淋漓、面色苍白如纸的迟到者安置好，飞机已开始滑行，这时空中小姐发现那位迟到者的座位红灯闪烁——他的心脏出了问题！所有的急救方法用过后，一切毫无结果。"库珀博士说，"如果他是一位有氧运动爱好者，他的心脏绝对可承受这一切，也许至今他还健在"。

库珀博士说的这个例子，说明我们生命中的一个道理：用运动方法（如跑步、爬山、游泳、举重等）去改善、提高自己的血液循环能力，可有效地提高自己的心脏和血管的承受力。

为什么运动能有效地改变人体心脏和血管的承受力呢？这是因为人体具有自我调节能力，也就是当前心脏和血管所接受的最大刺激是什么，心脏和血管就沿着这一刺激进行对应性调节。如果我们在生活中引入有氧运动等刺激,相信我们的心脏、血管都会因此发生改变,这种改变就是血管承受能力的提高。

很多人,尤其是年轻人,认为猝死离他们很远。殊不知,当我们的体质储备不足时,日常生活中一个很小的动作就可能导致猝死!媒体上很多猝死的例子都是在一些运动场合出现的,其实生活中有非常多的例子并没有见诸媒体。

几年从没有从事过跑步锻炼:是(3分)、断断续续(1分)、否(0分);

匀速(每秒一阶)爬十层楼:在3～5层需要休息的(3分)、气喘吁吁(1分)、轻松(0分);

近几年体重增加迅猛:20斤①以上(3分)、10斤以下(1分)、没变(0分);

情绪:恶劣(3分)、不稳(1分)、正常(0分);

睡眠质量:差(3分)、不好(1分)、正常(0分);

中老年夜尿:多(3分)、一般(1分)、正常(0分);

血压:高(3分)(包含现用药者)、不稳(1分)、正常(0分);

血脂:超标(3分)、接近(1分)、正常(0分);

血黏度:超标(3分)、接近(1分)、正常(0分);

现存疾病:有心脏病(3分)、身体有问题(1分)、正常(0分)。

累计20～30分:你的心脏品质较差。

累计10～19分:心脏品质偏差,在连续工作等需要心脏处于高负荷运转的状态就会有吃不消的感觉,甚至还可能导致其他严重的后果。

累计5～9分:心脏品质一般。

累计0～4分:心脏品质不错。

10项测试项目的后4项是关键,如有问题应该尽早注意,其中要重点警告的是过瘦和过胖的中青年男性,因为他们最容易忽视自己的体质健康,而他们又是最需要提高体质的人群。

3. "亚健康"是体质下降的第一结果

当一个人处于健康与疾病之间的状态,称为亚健康。查无实症,但身体却有说不出的难受,不但有躯体上的不良症状,还有心理上的不良反应。目前的研究表

---

① 1斤=500克。

明，有 75% 以上的人处于亚健康状态，尤其是中青年人。亚健康人群的十大症状分别是：高血脂、脂肪肝、内外混合痔、乳腺增生和结节（女）、高血压、妇科疾患、肝功能异常（GPT）、前列腺增生（男）、各型鼻炎及宫颈刮片 1、2 级，其中高脂血症是亚健康人群的头号杀手。

亚健康人群中多数存在浑身不适的问题。全身关节与肌肉酸、软、痛、麻是亚健康的主要症状，专家称这是时代的"富贵病"——肌肉骨骼疲劳综合征，是由于运动过少或者单一机械式负荷造成的。适度进行肌肉关节训练，就可有效缓解这一症状。

双腿的肌肉力量在辅助人的心脏将集于人的双腿中的血液挤压回心脏方面起到巨大的作用。我们知道，除下肢肌肉含量、骨骼重量、血管和神经分布量几乎占据了人体的一半外，人通常全身的血液总量（除卧姿外）的一半也都集于下半身。为什么有些人在平卧或蹲位时突然站起来，出现眼前发黑（视网膜缺血），甚至晕厥（脑缺血）现象呢？有这种现象就表明，双腿肌肉质量下降造成腿部反射性压力收缩力度下降，瞬时性肌张力不足使双腿静脉血管被挤压力度不够，使大量的血液滞留在下肢造成回心血流不足。

肌肉力量"不练则退"，如果不进行肌肉的锻炼，到 60 岁时人体肌肉总量要比 30 岁时下降 40%～60%。此时，心脑血管功能也会出现许多问题。

营养过剩是亚健康的帮凶。"吃好喝好，身体就会好"从过去到现今一直是众人信奉的概念。很多人认为，只要是好东西必有营养，只要有营养就不怕多。我们在解决了温饱问题之后，开始追求食品的营养。而且在营养面前最怕的是"缺"字，生怕缺这缺那，但谁也没有去关心营养过剩会怎么样。可以这样说，目前我们更应关注的是营养过剩对健康的伤害，而不是缺营养会怎么样！

20 世纪 70 年代末期，美国的营养学家们就已经为其国民的不良饮食习惯担忧。1974 年，美国人均日摄取热量为 3350kcal，主要来源于蛋白质、油脂、谷物，还有大量的甜食等。而此时美国人的生活舒适度增加、体力支出变低，摄入的热量消耗不掉，从而产生热量蓄积现象，而这种现象为美国人带来的是肥胖、高血压、高血脂、冠心病、动脉硬化等一系列生理负担和疾病。这些都可称为亚健康的帮凶。

我们的观点是：有意识地减少高热量食品的摄入量所获得的控制热量蓄积的效果，不如用主动消耗的方式来对待多余的热量效果明显。因为主动消耗是在创造吸收,此时才可更好地谈营养吸收及利用的意义,更关键的是,可保持人体内环境平衡。而主动消耗的最好方式就是多动,包括体力劳动和运动锻炼!

4. 代谢性疾病问题与体质下降有关

目前,代谢性疾病可以用"流行"来形容,其中糖尿病成了很多人"因病退役"的主要疾病,而它导致的社会问题更是不可估量的。

在北京召开的国际糖尿病大会上,国际糖尿病联盟主席在报告中明确指出,预防糖尿病的方法只有6个字:少吃点,多动点。

其实,营养过剩是使许多人患上2型糖尿病(全称是非胰岛素依赖性糖尿病)的罪魁祸首。2型糖尿病病人的胰岛素分泌虽然正常,但由于体内细胞脂肪含量过高,对胰岛素不敏感(俗称胰岛素抵抗),使胰岛素量相对不足,导致肌体把血糖转换为糖元的能力下降,不能把体内多余的血糖清理掉,使血糖大量弥散在血液里,这是患病的关键。

为什么要多动?道理非常简单,任何"动"中得"耗"——耗氧、耗水、耗热量等,所以我们不能在生活中将"动"中的"耗"省掉,省掉的结果是迈入糖尿病的大门!那么,为什么多动能帮助我们远离代谢性疾病呢?"动"会帮助我们提高和维持体内的肌肉总量及质量,"人动肌阔,肌肉有量,代谢旺;肌肉无量,代谢滞;人滞多病,多病多为糖尿病"。

5. 胖人、胖血者均与体质下降有关

准确地说,肥胖也是代谢性疾病的一种。肥胖是病,不是一种症状,这已经得到世界卫生组织的认可。而"胖血"大家很少听说,胖血是指人体内血液中的脂肪含量超标。不论是胖人还是瘦人,都有可能胖血,而瘦人胖血,危险度更高。目前胖血的人群要比肥胖人群比例更大。

脂肪代谢在我们的生命中是一个重要的环节,形象点说,脂肪就像我们生活中的"粮库"。一个国家必须要有一定的粮食储备,以便急用。当我们平时吃得过多,多余的热量就会转换成脂肪存入体内,一般情况下先存入血中,形成血脂,然后再存到脂肪细胞中,成为脂肪组织。

应该说,胖人、胖血都是正常现象,关键是不能让这一现象打破身体的平衡。20世纪70年代初,美国的胖人迅速增加,一家研究所向政府发出了警告,如

果不采取措施,肥胖问题可能使美国的经济倒退十年。它还警告美国人民,由肥胖造成的慢性病将在未来的二三十年中使更多人陷入病痛之中。

如今,中国也同美国经济发展初期一样,富裕起来的人们在以有口福而感到幸福时,在狂吃猛喝、进行不良嗜好、放弃体力活动时,身体内堆积的脂肪越来越多。

脂肪不只让人肥胖,而且还堆积在细胞中,让细胞老化、堵塞血管、"箍住"心脏。人体细胞没有脂肪不行,但脂肪过多会产生大量的脂毒性因子,毒害全身的组织器官。任何一个组织细胞的脂肪量过高,其功能都会受到不同程度的减退和损伤。比如占中国糖尿病人总数90%的2型糖尿病病人中,绝大多数人都有着超常的体重,他们很多并非遗传,都是后天吃出来的!

许多常见病,如肝硬化、冠心病等,都可追溯到细胞脂肪含量过高导致细胞带病运转,在这种高负荷的长期运转过程中,出现问题就是很自然的事了。目前,人们公认肥胖、高血压、高血脂和糖尿病是影响人类寿命的四大风险因素,而肥胖又是这四个因素中的基础因素。

肥胖的人中,25.3%患糖尿病,25.6%糖耐量减低,在引起其他并发症方面的比例也是非常可怕的。

有人称胖血是人体健康的无声杀手,它是降低血管功能、阻塞血管、降低血中含氧量等方面的祸首,是心肌梗死、脑梗死、各类型血栓的根源,也是许多慢性疾病的帮凶……

当人体体质下降到一定程度时,平衡人体脂肪代谢的基础也开始出现问题。所以用增强体质的方法控制体重后,除了运动时多消耗热量外,对人体脂肪代谢能力的保持和改善更是关键。研究男性健康问题的专家说,饱受更年期之苦的男性很可能是不良生活方式的受害者。男性更年期还是一个谜,但是大约有5%的男性有性腺功能减退的症状,这是由于一种与中年毫无关系的临床激素丧失造成的。像糖尿病、心脏病和抑郁症等疾病对激素水平的影响似乎都比年龄对人的影响更大。更重要的是,不良生活习惯,如吸烟、酗酒和缺乏锻炼,似乎都会造成激素水平和性功能下降。有证据证明,男性体重的增加(这里指脂肪含量的增加)可能比年龄增长对睾丸素水平下降的影响更大。因此,肥胖者的更年期会来得更早一些,此后还会导致一系列的健康问题。

所以,肥胖对男性体质来说是一个非常危险的因素,必须通过有效的手段来解决。

6."一身多病"与体质下降

现今,很多人都不愿去体检,总是用"忙"来推,一年、两年……日积月累,最后,很多自认为"没问题"的人体检时却发现多病在身。目前在中国"一身多病"(且多为慢性疾病)是一个非常严峻的问题。而现今与生活方式、社会因素密切相关的诸多疾病,如高血压、高脂血症、糖尿病、冠心病、脑卒中、消化性溃疡、功能性退行性病变等,大多同时在一个人身上发病。而企业家和管理层的"中招率"较通常人要高。

"一身多病"等于健康上的"千疮百孔"。

看起来似乎言过其实,但你细想,每一种病对健康的影响就算是非常单一(其实绝对不是单一的),若干"单一"累计,也会使你的健康风险加大。

我们都知道人体是一个极为复杂的系统,在解剖学上划分有运动系统、循环系统、呼吸系统、消化系统、泌尿系统、感觉系统、内分泌系统、神经系统、生殖系统、造血系统等,各个系统间又是互相联系的,每一个系统对体能的要求都是不一样的,而各系统的相互联系却会导致"一损俱损"。所以综合的体质下降就会体现在多病上。

这里又提出一个观点,单一的某项运动只是有效改善健康中的某一点,只有全面的体质改善,才会有全方位的健康收获。

加强体质锻炼的重要性

体质下降所带来的危害,前面我们已经详细说明了。加强体质锻炼,全面增强健康素质,是生命质量的前提,具体表现在以下几个方面。

(1) 加强体质锻炼是从事运动的前提。一个体质差的人,在运动时的耐力、爆发力、弹跳力、柔韧性方面都会有很多困难,难以完成标准的运动动作。同时,由于体质差的人运动后会有较明显的不适感,从事体育活动的乐趣必然大打折扣,从事运动的意愿也就随之下降,体育锻炼难以坚持,与体质下降形成恶性循环。

(2) 加强体质锻炼是减少疾病、保证健康的基础。体质问题早已被医学界、体育界证明是人类健康的基础,并有"体质差是百病之源"一说。体质好的人,在各种理化因素、气候因素的作用下,比其他人更不容易生病。感冒、腹泻、便秘这些看似无足轻重的不适,如果长期困扰人体,会明显降低生存质量。经常性的小毛病所带来的病假、状态不佳、工作失误、情绪低落等情况,积累起来可能带来大麻烦。

(3)加强体质锻炼是健康长寿的保证。体质锻炼是所有锻炼的前提,是协调生命机能、延缓机体衰老、防病治病的法宝。一个平衡的生命、年轻的生命、有质量的生命,是不会轻易被任何因素所损害的。长期保持高水平的体质,长期处于新陈代谢加速的状态下,全身各个器官系统的功能状态一直良好地运行,才能像保养良好的汽车一样持久如新。

(4)加强体质锻炼是幸福生活的重要内容。运动的好处,不仅仅在于加强机体各部分的机能,研究发现,运动能够让人的脑子里产生一种能够让人精神愉悦的物质——"内啡肽"。内啡肽产生的愉悦感类似于吗啡等成瘾性兴奋剂,但却没有任何副作用,没有成瘾性。很多运动都是协同性的运动,即使是对抗性的运动,在日常健身中也是很好的相处方式。加强体质锻炼,在无形当中为家庭成员之间的感情契合起到了很好的促进作用。就像运动场上我们常看到的父子、夫妻、朋友搭档一样,运动可以弥合分歧、达成谅解、互相体谅、融洽关系。而这些作用,无一不是幸福生活的必要元素。

在努力工作的同时,我们更要关注自己的健康,只有拥有健康的身体,才能更好地投入工作,更好地展示自己的才华,实现自己的抱负。加强体质锻炼,是让我们实现人生梦想的捷径。

运动不足综合征的危害

无论哪一种疾病都会给人带来痛苦,但有一种疾病却很特别,在患病初期身体不仅没有不适的痛苦,反而有舒适的欣快感,这种病叫"运动不足综合征"。"运动不足综合征"的进展很缓慢,在初期时可无任何不适感觉。如有的人长期贪睡,持续躺在沙发上看电视等,把赖床当作生活中的乐趣,而对它所隐藏着的危害却毫无所知。由于长期缺乏运动,肌肉慢慢萎缩,体力逐渐下降,随之出现精神不振、肥胖、器官功能减退、抗病能力减弱等。在这种状态下,极易引起高血压、动脉硬化、冠心病、胆石症、糖尿病等疾病。值得重视的是,运动不足综合征患者大多并未认识到自己患病,即使知道患病也没有认识到是缺乏运动所致,而是一味地追求营养和滋补药,其结果是适得其反。医学专家的研究观察证明,人如果20天静止不动,则心脏的搏动和肺的呼吸功能会显著减弱,血液的供给和氧气的摄入量出现明显减少。

多走路、多运动,不仅可使腰腿肌肉变得结实,双腿矫健灵活有力,而且可使心肺、消化、泌尿和神经系统的功能得到锻炼和加强,从而有利于身体健康。尤其是中年人更要重视。据有关资料统计表明,当前坚持锻炼身体的老年人和青年人居多,中年人所占比例较小,特别是迫切需要增加活动量的中年知识分子,常年坚持体育锻炼的更少。究其原因有两条:一是人到中年,既是事业上的"中坚",又是家庭中的"脊梁",天天起早摸黑,忙里忙外,没有时间去锻炼身体;二是一些中年人常认为自己年富力强,对防病保健毫不在乎,认为保健是老年人的事,不懂得养生保健的重要性。实践告诉我们,运动是保持青春活力、健康长寿的一剂良方。避免运动不足综合征防重于治。苏联费拉季斯拉夫斯基博士说:"有规律地进行一定运动量的体力负荷,是大自然抛给人类的救生圈。"持之以恒的有规律的体育运动和体力劳动是防治运动不足综合征的最有效措施。一切希望健康长寿的人们,都应当尽快踏上"运动"这条健身防病、延年益寿之道。为此,医学专家们认为,真正的健康来自"营养—工作—休息—运动"的协调平衡。他们指出,不要过量地摄取营养,不要无限地追求安逸,要科学合理地安排饮食、工作和休息,并适当地进行体育活动,这样才能获得健康的身体。

运动不足的危害极大。医学研究证明,从 30 岁开始,人体的各项生理功能以每年 0.7%～1% 的速度下降。人的衰老虽然不可避免,但却是可以延缓的,而适度的运动可以延缓和推迟人体各组织器官功能的衰变或丧失。

在诸多的引起疾病发生的行为因素中,运动不足和疾病之间有着直接因果关系。在我们医院每年所进行体检的中年人中,脂肪肝患者占到 60%～70%。这除了与高脂饮食有关外,不运动或运动过少,造成脂肪细胞堆积到肝脏上也是其中很重要的一个原因。

"运动不足的另一个危险性恶果就是肥胖。"现代的高层住宅和工作条件改善,交通工具利用增多而步行减少,机器操作增多而体力劳动减少等,都直接减少了人体内的能量消耗,再加上营养物质的进一步丰富,增加了能量储存,更使得体内脂肪存积,从而造成肥胖。而肥胖易诱发高血压、糖尿病、高胆固醇血症、冠心病等一系列疾病。

"此外,按照'用进废退'的规律,长久不使用的器官系统就会萎缩、退化,最终导致整个机体的早衰,适应能力减退,抵抗能力下降,各种疾病便接踵而来。"

其实,运动可随时进行。运动是保持青春活力、健康长寿的一剂良方,尤其是对正处于由旺盛期步入衰老期的中年人而言,运动不仅能增强身体器官的机能,延缓人的衰老过程,而且能调整人的生理和心理状态,释放来自外部的压力和紧张感,并能抗抑郁,保持好心情。

对于运动不足综合征,防重于治。"持之以恒、有规律的体育运动和体力劳动,是防治运动不足综合征的最有效措施。"

运动其实无处不在!若单位楼层不高,可用步行代替电梯;外出路程不远,应尽量弃车步行。这些运动可使腰腿肌肉变得结实,双腿矫健灵活有力,而且可使心肺、消化、泌尿和神经系统的功能得到锻炼和加强,从而有利于身体健康。

同时,"家庭健身房"也是一个好的选择,既带着好心情做家务活,也是很好的锻炼方式。"家庭健身房"的经典项目包括:拖地板,清理房间,洗车;推婴儿车,做亲子游戏等;趁电视放广告的间隙,做些上肢运动;起床时、临睡前,做些床上运动;在阳台上利用扶手等做拉伸、压腿运动等。

Ⅱ 各种亚健康状态

亚健康的病因、病机及发生机制

亚健康是一种临界状态,处于亚健康状态的人,虽然没有明确的疾病,但却出现精神活力、适应能力和反应能力的下降,如果这种状态不能得到及时的纠正,非常容易引起心身疾病。亚健康即指非病非健康状态,这是一类次等健康状态,是处于健康与疾病之间的状态,故又有"次健康""第三状态""中间状态""游移状态""灰色状态"等的称谓。世界卫生组织将机体无器质性病变,但是有一些功能改变的状态称为"第三状态",中国称为"亚健康状态"。

1. 亚健康的病因

亚健康的生理因素包括:

(1)饮食不合理。当机体摄入热量过多或营养贫乏时,都可导致机体功能失调。过量吸烟、酗酒、睡眠不足、缺少运动、情绪低落、心理障碍以及大气污染、长期接触有毒物品,也可出现这种状态。

(2) 休息不足,特别是睡眠不足。起居无规律、作息不正常已经成为亚健康常见病因。对于青少年,由于影视、网络、游戏、跳舞、打牌、麻将等娱乐,以及备考开夜车等,常打乱生活规律;成人有时候也会因为娱乐(如打牌、麻将)、看护患者而影响到休息。

(3) 人体生物周期中的低潮时期。即使是健康人,也会在一个特定的时期内处于亚健康状态,例如女性在月经来潮前表现出的烦躁、不安、情绪不稳、易激动等。

(4) 心理过度紧张,压力太大。特别是白领人士,身体运动不足,精力、体力透支,长久的不良情绪影响。

(5) 过度疲劳造成的精力、体力透支。由于竞争的日趋激烈,人们用心、用脑过度,身体的主要器官长期处于入不敷出的非正常负荷状态。

(6) 人体的自老化。表现出体力不足、精力不支、社会适应能力降低。

(7) 现代疾病(心脑血管疾病、肿瘤等)的前期。在发病前,人体在相当长的时间内不会出现器质性病变,但在功能上已经发生了障碍,如胸闷气短、头晕目眩、失眠健忘等。

亚健康成因的心理因素包括:

(1) 由于种种利益交织冲突,社会人际关系变得复杂,使得每个人建立和处理人际关系变得更加谨慎和困难。

(2) 机械化、形式化的生活和工作、学习,占去了人们的大部分时间,使得人们之间的情感交流变得越来越少,越来越空乏,孤独成为人们生存的显著特征。

(3) 社会生活的复杂化、多变性,给人们的恋爱、婚姻、家庭生活的稳定性产生了越来越多的冲击,使得人们之间的情感联系薄弱,情感受挫的机会增多,从而降低了人们对感生活的信心,影响了人们情感生活的质量。

(4) 我们自身的某些不足和遗憾,往往成为自我折磨的理由。

(5) 躯体生命的偶然性和暂时性,在深层次上淡弱人们奋斗进取的激情,荒诞、无谓,往往成为人们对生命真谛的体验。

2．亚健康的发生机制

亚健康状态的各种病因很少单独作用于一个人，基本上每一位亚健康患者都是多种因素的联合作用形成的。在上述的各种原因作用下，尤其是运动的减少，使人体的各个功能系统都有相应的不良变化：

（1）运动系统：由于运动锻炼的减少，肌肉收缩能力、利用氧气的能力、排出代谢废物的能力、骨骼的强度和关节的柔韧度都会逐渐降低。

（2）神经系统：神经系统长期处于紧张状态，会出现神经衰弱、失眠健忘、情绪失控甚至偏执幻觉。但同时由于运动神经系统的活动能力相应减弱，各种感官接受刺激后的反应能力变慢，肢体运动不协调。

（3）心血管系统：缺乏肢体运动刺激，心血管系统功能储备降低，在应激状态下能够调动的运动潜力相应减小。此外，长期精神紧张状态下，垂体和下丘脑分泌的血管紧张素增加，血管的顺应性也下降，慢慢导致平均血压升高，最终引起高血压。

（4）呼吸系统：长期室内工作，呼吸不到新鲜空气，肺脏和支气管灰尘沉积逐渐增加。缺乏冷、热和干、湿空气的刺激，气管、支气管变得异常娇嫩，轻微的环境变化也会引起不适反应。缺乏运动刺激，肺脏的通气功能和换气功能储备都会降低，肺活量变小，动、静脉血氧分压差变小，肌体耐力变差。

（5）免疫内分泌系统：亚健康原因作用下，机体免疫能力显著降低，对抗病原微生物的能力降低。同时，由于接触的抗原物质减少，导致身体免疫系统容易形成超敏反应，也就是通常人们说的"过敏"。亚健康人群中，过敏体质人所占比例比普通人群要大得多。此外，长期缺乏运动的机体，由于身体各器官组织新陈代谢变缓，内分泌系统分泌的激素大部分会减少，少数异常增加。激素的紊乱会导致各种亚健康症状的发生。

当上述各种原因通过影响全身各个器官系统而进一步影响人的整体功能的时候，人就处在了一种亚健康状态。

亚健康状态人群的生活方式及特点

（1）生活作息特点

亚健康人群作息不规律，呈现昼夜颠倒、晚睡晚起、睡眠不足等状态。这和现代都市生活的节奏有关，也与亚健康人群的工作特点有关。工作中长期处于高压状态,精神随时保持高度紧张,为了工作常常需要加班,睡眠得不到保障。一旦有难得的放松机会,则彻夜狂欢,意图减压,却把自己弄得更加疲惫。

（2）饮食习惯特点

亚健康人群一般偏爱高盐、高脂的所谓"垃圾食品"。一方面是由于感官系统的退化让亚健康者的味觉迟钝、不得不靠增加食物的味道来提升食欲；另一方面快节奏的生活不允许亚健康人群在饮食方面有过多的要求,大多数情况下亚健康人群都是靠快餐来解决口腹问题。而现在流行的西式快餐的特点就是高盐高脂。亚健康人群由于生活规律的原因,大多数很少吃早餐,中餐时间无法保障,晚餐进食大量高能量食物。

（3）生活环境特点

亚健康状态人群很大比例居住在狭小、潮湿、嘈杂、偏冷、日照不足的环境里,如城市中心区水泥丛林里的小公寓、工厂林立噪声超标的宿舍等。

（4）休闲锻炼特点

几乎所有亚健康人群都缺乏运动,尤其是缺乏持之以恒的计划性运动。休闲娱乐方式也是相对激烈的项目,像酒吧、KTV、游乐场之类是亚健康人群的主要去处。每日晨跑、定期登山、钓鱼、游泳这类运动方式很少出现在亚健康人群的生活里。

（5）特殊嗜好特点

亚健康人群里吸烟酗酒的比例相对于普通人群要明显高得多,吸烟提神、喝酒催眠的歪理邪说充斥在亚健康人群的思维里。

（6）学习工作特点

亚健康人群永远有忙不完的工作、思考不完的问题、解决不了的矛盾和不够用的时间。要么就是对工作标准很高,自加压力、力求完美、吹毛求疵、反复折腾。

亚健康的临床表现及分类

1. 亚健康临床表现

亚健康状态不是一个疾病状态,也没有所谓的器质性改变,所以临床症状也多种多样,而且没有任何特异性。在亚健康领域里,中医和西医都有着各自的症状表述,这里列举如下,供大家参考。

1) 中医学亚健康症状汇总

（1）心病不安，惊悸少眠：主要表现为心慌气短，胸闷憋气，心烦意乱，惶惶无措，夜寐不安，多梦纷纭。

（2）汗出津津，经常感冒：经常自汗、盗汗、出虚汗，自己稍不注意就感冒，怕冷。

（3）舌赤苔垢，口苦便燥：舌尖发红，舌苔厚腻，口苦、咽干、大便干燥、小便短赤等。

（4）面色有滞，目围灰暗：面色无华，憔悴；双目周围，特别是眼下，灰暗发青。

（5）四肢发胀，目下卧蚕：有些中老年妇女，晨起或劳累后足踝及小腿肿胀，下眼皮肿胀、下垂。

（6）指甲成像变化异常：中医认为，人体躯干四肢、脏腑经络、气血体能信息层叠融会在指甲成象上，称为甲象。如指甲出现卷如葱管、相似蒜头、剥如竹笋、枯似鱼鳞、曲类鹰爪、塌同瘪螺、月痕不齐、峰突凹残、甲面白点等，均为甲象异常，病位或在脏腑或累及经络、营卫阻滞。

（7）潮前胸胀，乳生结节：妇女在月经到来前两三天，四肢发胀、胸部胀满、胸胁串痛，妇科检查乳房常有硬结，应给予特别重视。

（8）口吐黏物，呃逆胀满：常有胸腹胀满、大便黏滞不畅、肛门湿热之感。食生冷干硬食物常感胃部不适，口中黏滞不爽，吐之为快。重时，晨起非吐不可，进行性加重。此时，应及时检查是否胃部、食道有占位性病变。

（9）体温异常，倦怠无力：下午体温常常在 37～38℃，手心热、口干、全身倦怠无力，应到医院检查是否有结核等。

（10）视力模糊，头胀头疼：平时视力正常，突感视力下降非眼镜度数不适，且伴有目胀、头疼，此时千万不可大意，应及时到医院检查是否有颅内占位性病变。

2) 西医学亚健康症状汇总

（1）衰老——亚健康的典型表现

衰老就是机体组织器官的形态结构及其生理功效方面出现了一系列慢性、进行性及退化性的变化，造成生物体适应能力及储备能力的日趋下降。亚健康及生理性衰老两者之间的状态基本一致，均在生理及代谢过程中有功效低下的特点，因而人的生理性衰老也是亚健康状态。

(2) 疲劳——亚健康的孪生兄弟

躯体亚健康的表现许多,最重要的就是疲劳。亚健康状态的躯体疲劳会令人感到乏力及困倦,并且这种感觉在短时间是不可以清除的,整个人整天有一种睡不醒、提不起精神、浑身没有一点力气的感觉。还有一个特点,就是经常感到疲劳,但又说不出具体的部位。

(3) 失眠——亚健康的罪魁祸首

亚健康的成因十分复杂,有生理的、心理的、精神的等各方面原因,但是生活无规律、睡眠长期不足、免疫能力下降、人长期处于慢性疲劳状态,是引发亚健康的主要因素。失眠会使人的免疫能力下降,从而染上亚健康。

(4) 头痛——亚健康的预警信号

头痛是极其普遍的一种症状,除了少数由于疾病导致的头痛外,大多数头痛的人只是一种症状,并无什么特异性,往往去医院就诊却检查不出实质性的疾病,通常只要好好歇息一下,头痛的症状就会消失。其中尤以亚健康状态的人群中患这类查找不出因素的头痛患者最多。

(5) 贫血——亚健康的集中表现

贫血的出现可能是由疾病导致的,也可能是受生活习惯及其工作环境所影响。因为血液中红细胞降低,人体就会出现供氧不足,产生心悸、憋气、头痛、疲劳等一系列亚健康症状。

(6) 肥胖——亚健康的物质基础

肥胖作为亚健康的典型表现,已成为人的生命健康的最大威胁。肥胖是介于健康与疾病之间的第三状态。肥胖是作为一种症状存在着的,是相当多严重疾病的先兆。肥胖的危害之多,是其他亚健康症状无法相比的。

(7) 便秘——亚健康的恼人顽症

食物从摄入到残渣的排出,通常应在 24h 内完成。如果由于排便不畅,这些残渣就会堆积在肠子里,将肠子变成了垃圾堆放场,任凭这些残渣发酵、变质、散发出可怕的毒素。这些毒素又被肠壁汲取,进入血液循环被输送到人身体的各个部位,将造成人的心血管系统、呼吸系统、消化系统及内分泌系统的失调,带来一系列的亚健康症状。

(8) 问题肌肤——亚健康的涉外窗口

肌肤作为人体中的一大器官,肌肤疲劳的症状,主要表现在新陈代谢显然减慢,肌肤的血液微循环显然短缺活力,结果造成眼眶周围出现皱纹,面颊上显现出色素沉着,肌肤没有光泽,出现亚健康状态。

(9)"心病"——亚健康的心理阴影

心理亚健康可分为十一种症状:紧张,多疑,自卑,妒忌,敏感,忧郁,骄傲,害怕,残酷,压抑,不良嗜好。这些心理亚健康的表现如不及时分解,均有可能构成严重的心理障碍。

(10)食欲不良——亚健康的饮食障碍

经常有人埋怨自我"没有胃口""吃不下饭""没有食欲",实际上,这种现象也是亚健康的一个症状。由于食欲差与疲劳等亚健康症状是互为一体的,往往出现疲劳症状的人,通常食欲均很差。

(11)胸闷胸痛——亚健康的隐形杀手

生活中绝大部分人的胸闷都不是心脏病导致的,如有人遇上不愉快的事情就会胸闷。这部分人除了胸闷以外,还时常会伴有气短、头晕、失眠、疲倦、易出汗、情绪容易波动等症状。经检查,心脏没有任何器质性的病变,而这种胸闷及其胸痛是心脏神经官能症导致的,是典型的亚健康状态。

(12)性功效减退——亚健康的男女困惑

从人的生理方面讲,人老了之后,多种器官及其功效都会有所减退,其中也包括性器官。但是,有的人这种减退来得晚,而有的人却早早地出现了。如男人阳痿、早泄,女人性冷淡、性功效障碍等,都是典型的性功效减退,属于亚健康状态。

2. 亚健康的分类

亚健康状态主要表现为躯体症状、心理症状和社会交往症状三个方面。

(1)躯体性亚健康

躯体性亚健康有头晕头疼、两目干涩、胸闷气短、心慌、疲倦乏力、少气懒言、脘腹痞闷、胸胁胀满、食欲不振、消化吸收不良等症状。

人类社会进入20世纪,发展速度突飞猛进,物质文明的发达前所未有。人们在享受丰富的物质生活的同时,也承受着越来越沉重的压力。从学生时代开始,就面临着巨大的竞争压力。在竞争压力的作用下,学生的学习负担变得沉重,导致学生疲劳、倦怠。疲劳,虽然不像癌症、心脏病那样直接而迅速地造成死亡,但是作为一种危害现代人的隐形"杀手",随着社会的发展已经越来越成为严重的健康问题。

现在,中国也已开始面临这一问题。近些年来,中年知识分子普遍出现体质下降、慢性病多发,其主要原因是长期工作,劳累过度,不能及时缓解疲劳,积劳成疾或导致死亡。

(2) 心理性亚健康

心理性亚健康有精神不振、情绪低落、抑郁寡欢,或情绪急躁易怒、心中懊悔、紧张、焦虑不安、睡眠不佳、记忆力减退、无兴趣爱好、精力下降等症状。

心理性亚健康是亚健康的另一重要表现。其中焦虑最为常见,主要表现为担心、恐慌。担心、恐慌是一种固有的不安,主要的精神反应便是焦虑和忧郁状态,若持续存在,无法自我解脱和控制,就进入心理障碍和心理疾病阶段。除焦虑状态外,还表现为烦躁、易怒、睡眠不佳等多种表现形式。

人与动物的不同点之一是人对事物有预测性、预见性。在当今瞬息万变的社会,对将来必要的担心和考虑是应该的,但焦虑症者的焦虑,不是来自环境中真正存在的实际风险,而是杞人忧天式的虚无空想,常常觉得生活周围危机四伏,且认为自己没有能力解决这些难题。当他陷于焦虑沉思时,便会出现心悸、不安、胃绞痛、慌乱而手足无措、无所适从。这些可怕的结果长期停留,便会造成心灵疾患,并由此诱发心脏病、癌症。

从事的是自己不理想的职业,日久天长,心理压抑和紧张逐渐加剧,致使烦躁顿生,而且,烦躁与压抑相互作用,形成恶性循环。这种仅在上班的特定环境中发生的烦躁现象,称为职业性烦躁。职业性烦躁所导致的负性情绪会影响神经系统、内分泌系统和免疫系统,并通过神经内分泌—免疫网络而影响全身,导致免疫功能下降、抗病力减弱、内分泌失调,从而工作效率下降,注意力不集中,理解力下降,对外界事物的承受力、接受力和处理能力降低,容易发生差错与事故。

(3) 社交性亚健康

现代社会的人际交往包括社会交往、工作单位的人际关系、家庭家人关系、邻里关系以及社区人际关系等。社交性亚健康患者不能很好地承担相应的社会义务与责任,工作学习困难重重,人际关系紧张,家庭关系不和睦,没有亲朋好友,难以进行正常的社会人际关系交往等。

人际交往需要健康的心态和良好的道德水准。随着社会的进步,社会竞争的激烈,在人际交往上出现的问题越来越多。孤独、冷漠、猜疑、自闭、虚荣、傲慢等是社会人际交往性亚健康的代表。现代人之间的情感互相沟通的越来越少，人与人之间树起了一道屏障，这也是现代人患心理障碍和心理疾患人数众多的原因。

亚健康状态流行病学的特征研究

1999年，世界卫生组织（World Health Organization，WHO）宣告：亚健康与艾滋病是21世纪人类最大的健康敌人。从此之后，针对亚健康状况的流行病学研究就从来没有停止过。亚健康状态在经济发达、社会竞争激烈的国家和地区中普遍存在，人数一直呈逐年增加的趋势，成为国际医学界研究的热点之一。我们就国内近几年医学研究者对亚健康状态进行的流行病学调查研究状况做了以下梳理，希望能够给大家一点帮助。

据"21世纪中国亚健康市场学术成果研讨会"提供的有关统计资料显示，中国约有15%的人是健康的，15%的人非健康，70%的人呈亚健康状态。即，中国目前约有70%，约9亿人，处于亚健康状态。有研究表明，经济较发达地区处于亚健康状态的人口在总人口中所占的比例明显高于其他地区，其中北京为75.31%，上海为77.49%，广东为73.41%，陕西为64.9%，河南为62.83%。据上海、无锡、深圳等城市亚健康状态调查结果表明，2000人中，60%的人有失眠、多梦、不易入睡或白天打瞌睡，62%腰背酸痛，58%干活就累，48%脾气暴躁或焦虑。据统计，由于不合理的生活方式所引起的死亡占脑血管病的50.3%，占心脏病的59%，占肿瘤的50.4%。某大学教授基于5万人的大规模调查表明，亚健康的状态分布率达到56.18%，其中大多数为20～40岁的青壮年，他们中以白领、知识分子为主。最近5年，中科院所属7个研究所和北京大学的专家教授共134人谢世，平均年龄仅为53.2岁。国务院体改办公布的一项调查结果指出，中国肩负重任的知识分子平均寿命仅为58岁，比全国人均寿命低10岁左右。"白领阶层"是亚健康的主要人群，而企业管理者中有85%以上的人处于亚健康状态。心理问题是导致亚健康的重要原因。女性亚健康状态发生率明显高于男性。31～50岁是亚健康状态的高发年龄，性格内向者亚健康状态的发生率明显高于性格外向者，教员、学员、医务工作者、编辑、工程师、技术员等从事脑力劳动较多的人员发生率明显高于其他人员。

亚健康的评估程序

亚健康作为人体的一种状态，并没有器质性的病变存在，是相对于健康和疾病而言的。目前有关亚健康状态的检测、诊断、评估手段很多,但对其诊断还缺乏统一的公认的评估标准。对亚健康的检测应该与对疾病的检测区别对待,当前多采用主观指标与客观指标相结合的综合评估检测方法来诊断亚健康。

1. 症状评估法

1988年,美国疾病控制与预防中心(Centers for Disease Control,CDC)对慢性疲劳综合征(chronic fatigue syndrome,CFS)制定了诊断标准。日本、澳大利亚、英国也相应制定了自己的标准。1994年,CDC又对CFS的诊断标准进行了修订。目前国际流行的诊断标准都与此大同小异,所以我们在这里重点介绍如下。

A项:临床评定的不能解释的持续或反复发作的慢性疲劳,该疲劳是新得的或有明确的开始(没有生命期长),不是持续用力的结果,经休息后不能明显缓解,导致工作、教育、社会或个人活动水平较前有明显的下降。

B项:下述的症状中同时出现4项或4项以上,且这些症状已经持续存在或反复发作6个月或更长的时间,但不应该早于疲劳:①短期记忆力或集中注意力的明显下降;②咽喉肿痛;③颈部或腋下淋巴结肿大、触痛;④肌肉痛;⑤没有红肿的多关节的疼痛;⑥一种类型新、程度重的头痛;⑦不能解乏的睡眠;⑧运动后的疲劳持续超过24h。

诊断依据为:A项必备;B项中的症状同时出现4项或4项以上。

诊断时应排除下述的慢性疲劳:①原发病的原因可以解释慢性疲劳;②临床诊断明确,但在现有的医学条件下治疗困难的一些疾病持续存在而引起的慢性疲劳。

2. 量表检测评估法

很多研究机构基于亚健康的复杂症状和感受的多样化,开发制定了亚健康评估表格,利用模糊数学原理来进行亚健康评估,其中最著名的就是康奈尔医学指数(CMI)。康奈尔医学指数是美国康奈尔大学Wolff HG和Brodman R.等编制的自填式健康问卷。CMI最初是为临床设计的,作为临床检查的辅助手段之一。通过CMI检查可以在短时间内收集到大量有关医学及心理学的资料,起到一个标准化病史检查及问诊指南的作用。后来精神病学家和流行病学家发现,将CMI应用于精神障碍的筛查和健康水平的测定也有较好的效度,因此应用领域也日趋扩大。

CMI 主要的特点是反映症状丰富,症状涉及多个系统。应用 CMI 不仅可以收集到临床医生经常询问的资料,而且还能收集到大量临床上容易忽视的躯体和行为问题,能较全面地了解有关健康问题。CMI 的另一特点是将精神症状作为问卷的一个重要组成部分。它在评价精神状况的同时,考虑到全面的躯体症状与精神症状的关系,突出了症状和功能在健康评价中的作用。CMI 全问卷共分成 18 个部分,每部分按英文字母排序,共有 195 个问题。问卷涉及四方面内容:①躯体症状;②家族史和既往史;③一般健康和习惯;④精神症状。男女问卷除生殖系统的有关问题不同外,其他内容完全相同。

CMI 为自填问卷,调查人将问卷发给受试者后,可按指导语加以说明,然后让受试者根据本人对问题的理解填写。每一项目均为两级回答。凡回答"是"记 1 分;回答"否"记 0 分。全部项目得分相加即得出 CMI 的总分。由于表格冗长且复杂,我们这里不一一列举了。

3. 血液检测评估法

(1) 超高倍显微诊断仪(multifunction microscopy diagnosis instrument,MDI)健康评估法,即"一滴血"实验。现在 MDI 健康评估法是较为流行的对亚健康状态进行定量研究的方法,它集相差、中密度、明视野、暗视野、偏振光等显微技术和多媒体计算机技术为一体,通过"活血检查"和"干血检查",无需染色,即可观察到血液中各种有形成分的形态和活力,从而获得细胞水平的真实原始信息,并可通过对自由基轨迹的检查,对疾病的早期诊断做出重要提示,是一种简便而有效的诊断方法,并且在对人群的亚健康调查有整体评估作用。MDI 的不足之处在于它不能对特殊器官进行定量和定性检测,某些指标只能定性不能定量。

(2) 血液流变学检测:当亚健康状态和疾病出现的早期,血液的黏滞度就会增加。特别是心脑血管疾病,在症状出现之前,就已经出现了一种或几种血液流变学指标的异常,这标志着病程已经开始。若在疾病的可逆阶段及早给予干预措施,就可以阻断疾病的发生。正因为该方法缺乏特异性,大多数疾病及其各个阶段都可能出现血液流变学的改变,因此可用于大范围的检测出亚健康状态的人群。

怎样面对亚健康

同其他任何器质性疾病一样,亚健康同样可以预防。通过进行亚健康的筛查与干预治疗,有助于帮助处于亚健康状态的个体摆脱、减轻致病因素的进一步影响,同时防止亚健康状态的继续发展。亚健康的形成,是生物、心理、社会等综合因素的作用。因此,对亚健康的防治不能仅仅停留在生物医学水平上,而是要采取医学、哲学、社会学、经济学、心理学、人文科学等多学科交叉的方法,综合防治。

1. 构建健康的生活方式和习惯

1)养成良好的卫生习惯

(1)刷牙、漱口、冷水洗脸(浴)。

(2)饭前、便后洗手。

(3)定时洗澡、更衣;

(4)保持室内外环境卫生;

(5)重视饮食卫生。

2)建立良好的生活方式

(1)早睡早起,充足睡眠,重视午睡。睡前坐浴、泡足,有条件的话,每晚睡前热水坐浴15~30min,配合提肛运动,放松心情做深呼吸,睡前热水(水温50~60℃)泡足10min;起床适应,觉醒后养神3~5min行心理沐浴,使心境平和。

(2)一日三餐正常分配,具体包括:

① 三餐热量分配比例为糖类50%,蛋白质20%,脂肪30%;其中,早餐占25%,中餐占30%,晚餐占45%。

② 早餐吃好,中餐吃饱吃好,晚餐适量宜素。

③ 饮食保健强调,多次进餐比少餐重要,食物消毒清洁比食物进补重要,什么时间吃比吃什么重要,均衡营养饮食比限制或偏食饮食好。

(3)和谐的性生活。

(4)改变影响优生的行为,如长时间的热水浴、孕妇情绪不良、孕期不恰当的补充微量元素、喝咖啡、睡电热毯、缺乏微量元素、养尊处优等。

(5)正确使用现代化居室设备,警惕"电视综合征""电脑综合征""空调综合征""拥挤综合征",以及电磁、生物、生活、辐射、元素等污染居室所致的生态病症。

3)按生物钟安排生活。明确个体的生物节律类型,生物节律类型分为:①百灵鸟型(白天精神好,记忆力、创造效率高);②猫头鹰型(夜晚兴奋型);③混合型(白天、清晨或傍晚随时可以进行创造)。尽量按生物节律安排生活、工作、运动和休息。

生物钟的核心是规律生活,要做到:

(1) 定时觉醒、定时起床、定时排便、定时进餐、定时步行、定时午睡、定时健康锻炼、定时就寝,按时进入睡眠。

(2) 生活节律合理。要学会休息,学会生活节律安排,学会用脑,学会用情,学会用体(体格健康)。

4) 合理均衡的饮食营养

(1) 合理营养,按人体工作、学习、运动、生活需要的能量、矿物质、维生素等配伍,因人而异地补充,不发生营养过剩、营养不良及营养不均衡。

(2) 合理进食,吃得艺术、吃色香味、吃营养互补、吃健康食品,具体建议为:

① 推荐什锦菜(主要是蔬菜和豆制品)。

② 推荐适量喝牛奶。

③ 推荐适量海鱼、鸡蛋、菌菇类食品。

④ 推荐粗粮、杂食、纤维食物。

⑤ 推荐多吃碱性食物,如海带、紫菜、菠菜、红薯、苹果、香蕉、茶、咖啡等。

⑥ 推荐适量几丁质生态素食物,几丁质生态素食物是指动物体的阳离子纤维素物质,西方国家把几丁质生态素与蛋白质、脂肪、维生素、矿物质和糖类并列,称为第六营养要素。

⑦ 推荐花与花粉。

(3) 合理的饮食习惯,注意膳食中清淡少盐,适量脂肪、糖、蛋白质,重视钙、铁等微量元素、维生素的补充,吃清洁食品,包括不变质的食物。具体内容如下:

① 脂肪摄入量应严格控制。

② 食盐摄入不可超标,世界卫生组织建议每人每天摄入食盐量为 3～5g,中国营养学家建议每日摄盐量不超过 6～8g 为好。

③ 糖类摄入应控制:摄糖量过少或过多均有碍健康。

④ 钙摄入不足应补充,牛奶中含钙量最高,每 227mL 中含钙 300mg,海产品、豆制品中含钙量亦较高。

⑤ 铁摄入不足应补充,对缺铁人群适当增加动物肝脏、肉类、动物血、鱼类等含铁丰富食物的摄入。

⑥ 维生素摄入不足应补充。

5）戒烟、限酒、忌毒

（1）戒烟。长期吸烟者，肺癌的患病率比正常人增加 10 倍以上，喉癌的患病率增加 6 倍以上，冠心病发病率提高 2～3 倍，对被动吸烟者也有极大的损害，而戒烟则能起到立竿见影的效果。戒烟 8h 后体内的一氧化碳降到正常水平；48h 后神经末梢再度生长，嗅觉、味觉功能强；72h 后支气管痉挛消除，肺活量增加；1～9 个月咳嗽、鼻窦充血、疲劳、气急症状好转；若戒烟 5 年，肺癌、病死率接近正常人水平。

（2）限酒。若长期饮酒量每日不超过 20g 为好，大于 50g 则易引起高脂血症。

（3）戒毒。鸦片、大麻、可待因等毒品易致系列神经精神症状，表现精神颓废，并多有脏器损伤，导致劳动力丧失。

（4）少吃刺激性物质。浓茶、浓醋、腥臭、生冷、过热食物、异食等，均对身体有不同程度的损害。

2．保持健康的心理

（1）提高心理素质，消除心理危机

心理素质与先天遗传有关，但可以被后天所处的环境和教育改变、改造，或掩盖，或修饰，关键是自我保健意识，认识自我、战胜自我、改造本我、超越自我，争取达到实现超我。超我是人的理性、道德、心理在意识领域的升华，是高尚人格的体现，是道德修养，是充满法律、责任、伦理的，它能像一个"管理者"，设法引导"自我"走向更高尚的途径。

（2）调节不良心态

积极调节不良心理状态，适应复杂环境；尽快从喜怒哀乐、生离死别，或重大意外事件的烦恼、苦恼的心情中解脱出来，积极投身工作以冲淡不快情绪和悲伤心情；宣泄抑压情绪；化悲痛为力量；宽以待人；学会正确对待人际，对待环境。

（3）培养健康心理

培养乐观精神，寻找欢乐情绪；树立自身价值观，克服性格缺陷；培养孩子的现代性格；提高生活质量；优生优育。

3．适应社会与和谐交往

（1）适应社会

适应社会的基本要求包括：①高智能；②懂道德、守法纪、有礼貌；③乐观情绪、目标实际;④拥有良好的社交能力。

社会适应不良综合征包括不良行为和方式,社会适应不良、环境适应不良、工作适应不良、学习适应不良等诸多方面不完满表现。防治方法主要为提高心理素质,加强文明修养,明确自己对社会的责任、个人应尽的义务,加强养生和道德修养,积极主动投入生活、社会实践,改造自己、改造环境,使自己能在新的、理性的统一前提下融洽。

（2）友好的人际交往

人际交往的基本要求包括:目的性、相容性、吸引性、开放性、能级互补性、交往定势、纵横性。

人际交往困难解决方法包括:善于发现自己的优点,给自己正确的估价;积极主动多参与社交活动;学会真诚对待别人,与人增加感情交流;刻苦学习,勤奋努力,养成特长和兴趣爱好,用自己的真善美培养出高尚道德风尚。

4. 养生宁心与运动健康

（1）心理养生

心理养生要求做到维护心理健康,保持心境平和,与人为善,淡泊名利,积极自信。常用的养生方法有很多,其中简明扼要者当属中国古代著名的医药学家孙思邈提出的养生"十二少"与"十二多"。十二少为"常少思、少念、少欲、少事、少语、少笑、少愁、少乐、少喜、少怒、少好、少恶行。此十二少者,养生之都契也"。应用对比法倡导十二少,反对十二多,提出"多思则神殆,多念则志昏,多事则形劳,多语则气乏,多笑则脏伤,多愁则心摄,多乐则意溢,多喜则忘错,多怒则百脉不定,多好则长迷不理,多恶则憔悴无欢"。

（2）运动健身

"生命在于运动",运动要讲科学,要因人而异,循序渐进,持之以恒。适度运动以保持协调的脑力和体力活动,是消除疲劳、防止亚健康、建立建康生活方式的一个重要因素。正确运动后,人会觉得精神饱满,体力充沛,身体无异常不适感,运动后睡眠好、食欲增加。选择适当的运动方式非常重要:体力劳动者可通过工种互补的方法增加部分肌肉、脏腑、关节的活动;脑力劳动者应积极参加体育运动。常用的比较有价值的体育运动方法有:散步、慢跑、登山、游泳、跳绳、跳舞以及传统的中医导引术,如八段锦、易筋、五禽戏和太极拳等。

5. 清除环境污染

经济的发展使得环境污染在逐渐加剧。各级政府部门都应积极治理环境污染,改善生存环境。而个人则应尽可能地避免环境污染的影响。

（1）慎用塑料包装用品,杜绝使用塑料容器和发泡塑料餐具加热食品。

（2）避免食用生活在被污染水域的鱼虾和其他水产品。

（3）多食天然食品,减少杀虫剂、催化剂的毒害。

（4）养成卫生习惯,食用水果要一洗二冲三烫四削皮,饭前便后要洗手。

（5）少用化妆品,尽可能用天然护肤品；少用合成洗涤剂,尽量穿用棉布等天然纤维制作的衣物。

（6）选用不含铅、锰、镉等重金属毒物的陶瓷餐具。

（7）尽量少食包装食品、油炸食品及腌制食品。

（8）保证居室及工作环境的通风、采光,避免长期在密闭的空调环境下生活；卧室中不放置电视机、电脑、微波炉、洗衣机等电器,以避免电磁及噪声的污染。

体育锻炼对亚健康的益处

体育锻炼是预防和消除亚健康的最佳手段。体育运动能够促进全身从整体-系统器官-细胞分子从上至下统一协调,使人体各级机能得到全面提高。体育锻炼能改善人的生物状况和机能,奠定适应社会的生物学基础,体育活动还能弥补和纠正由于生物功能对社会功能适应而形成或产生的亚健康。

通过体育锻炼人们可以在生理学的角度提高身体素质；可以在流行病的角度提高"宿主"质量；可以在生态学的角度提高人体的适应能力；可以在心理学的角度克服紧张、焦虑和不安；可以在社会学的角度建立新的社会关系。

体育运动追求着身体、精神和社会文化的健康。体育运动可以使人的身体强壮、健美,使人从外在形体和内在生命素质上透射出对生活追求的勇气和智慧。同时体育运动为社会输送活力,以其不可替代的方式引导人们塑造自身,实质上也就是塑造生活。体育运动以对意志力和进取心提出要求,激励并支持人们通过持之以恒的锻炼去战胜依赖、懒惰等人性的弱点,去沟通情感、增加友谊,使人们的精神境界得到升华。

运动健身是健康生活方式中最为重要的一环。体育锻炼既是一种身体活动,也是一种心理活动,因此体育锻炼不仅有益于身体健康,而且也益于心理健康,对预防和改善"亚健康"的水平具有重要的意义。具体而言,在进行像体育舞蹈、有氧韵律操、门球、登山、太极拳等这些为广大民众所喜闻乐见的运动过程中,流得一身汗,换来全身爽。这些轻松、活泼、有趣的活动,能有效地缓解现代社会竞争所带来的紧张情绪,能陶冶人的情操。不仅如此,体育锻炼还能预防心血管病,改善呼吸与消化系统的功能,降低糖尿病发生的风险,从而达到延年益寿的目的。

研究数据表明,体力活动和体育运动可通过减少脂肪组织、改善脂类和糖代谢,在维持能量平衡方面起重要作用,从而减少慢性病发生的多种危险因素。

(1) 体力活动可抗衡肥胖的遗传因素的作用。

(2) 有氧运动可降低血浆三酰甘油、胆固醇、低密度脂蛋白、极低密度脂蛋白水平,而增加高密度脂蛋白和载脂蛋白 AI 水平,从而减少高血脂病的发生。

(3) 有氧运动可显著延迟动脉粥样硬化损伤的进展。

(4) 坚持长期中等强度的有氧运动能降低糖尿病危险因素水平,调节血脂紊乱,减轻体重,降低血压,这对预防糖尿病和其并发症的发生起重要作用。

(5) 运动对涉及运动部位的骨骼有减轻骨质疏松的作用。如果在青年时期就注意全身的运动训练,将可能不仅提高骨密度峰值,同时由于长期的全身肌肉的维持,即使进入老年,骨质疏松的发生也晚于一般人群,同时减轻发病的严重程度。

通过体育锻炼增强体质的有效性已普遍为人们所接受。体育锻炼后,人们的焦虑、紧张、心理紊乱等水平显著降低,自我概念在运动锻炼后有显著加强,精力和愉快程度显著提高。运动锻炼与中学生和大学生的人格塑造和心理健康水平有着显著相关,即体育锻炼对中学生和大学生的人格塑造和心理健康发展有着积极而重要的影响。有氧训练对记忆能力的提升有显著效果。

第三周
不同年龄段适合的运动

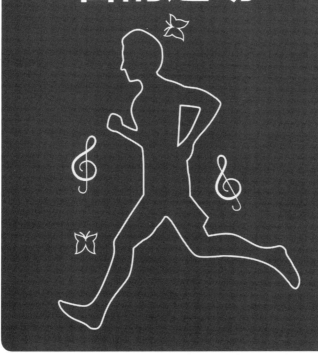

I 青少年阶段

从小运动,受益一生:青少年的运动方法

体育运动对孩子的性格、身体、智力、协调能力、自尊心等都有好处,从小运动可以受益终身。运动分为全身柔韧性运动、力量运动、耐力运动。

1. 锻炼的内容

青少年锻炼时可根据自己的爱好、身体条件、家庭条件参加多种多样的体育锻炼,如跑、跳、投、游泳、球类、体操、武术等,而不必受到过多的限制。

少年儿童锻炼的重点有两方面,一是培养儿童参加锻炼的兴趣和习惯,二是全面提高少年儿童的身体素质,如力量、柔韧、协调、平衡、肌肉耐力、心肺功能,而不是过早地发展某种专项技术。兴趣和习惯是终身坚持体育活动的基础,全面的身体素质是进一步提高运动成绩的保障。青少年参加锻炼的种类越多,身体的发展就越全面,身体的协调性就越好。

2. 持续的时间

青少年神经系统的特点是兴奋过程占优势并容易扩散,随着年龄的增长,抑制过程逐渐发展,最后兴奋和抑制达到均衡。儿童时期表现为活泼好动,注意力不易集中,因此,儿童少年进行锻炼时,每种活动持续的时间不宜过长,强度不宜过大,儿童少年体育活动的内容和形式也应尽量多样化并经常变化,防止单一的内容。锻炼的持续时间应逐渐延长。

3. 运动量、运动强度

青少年心脏的每搏输出量和每分输出量的绝对值比成年人少,但其相对值(以每千克体重计算)比成人大,年龄越小相对值越大,这就保证了在发育过程中因身体代谢旺盛所需的氧供应。这个特点说明了儿童少年的心脏能适应短时期紧张的体育活动。

儿童少年呼吸器官组织娇嫩,呼吸道黏膜容易损伤;肺组织中弹力纤维较少,肺间质多,血管丰富;肺的含血量较多,而含气量较少;呼吸肌发育较弱,胸廓较小,肺活量较小,体育活动中主要靠加速呼吸频率来增大肺通气量。

因此，少年儿童进行训练时，时间不宜过长，强度不宜过大，运动持续的时间及运动的强度要逐渐增加。同时，应指导儿童少年掌握正确的呼吸方法，呼吸时要强调加深呼吸的幅度，而不是增加呼吸的频率，并注意与运动的频率（如跑步的频率）配合，以促进呼吸器官的发育。

4. 每周锻炼的次数

儿童的肌肉较易疲劳，但恢复较快，因此，每周锻炼的次数可较多，如每日一次或隔日一次均可。

5. 锻炼时的注意事项

（1）体育运动要根据儿童少年的年龄和性别特点，进行合理的组织和安排，以促进身体和智力的健康发育。

（2）儿童少年进行运动训练持续的时间不宜过长，运动量要适当，不应超过身体的负担能力。

（3）不应过早地让儿童少年进行专项训练。如果进行早期专项训练则要通过合理的选材，在严格的医务监督下进行。不应过早或过急地要求儿童少年出现好成绩，也不应让儿童少年过多地参加正式比赛。

（4）在进行力量练习时，应注意以下两点：第一，负荷不宜过重，并应尽可能减少憋气动作，以避免胸内压过高而使心肌过早增厚，而影响心腔的发育；第二，儿童屈肌的力量较伸肌的力量强，因而要加强伸肌的发展，以保持伸肌、屈肌间的平衡。

（5）儿童少年参加运动锻炼，应保证充足的休息和睡眠，并要有足够的营养和能量。

（6）儿童少年体育运动使用运动器械的大小、重量要符合其身体发育的特点。

（7）儿童少年的训练要和卫生教育结合起来，不仅培养他们具有健全的体魄，同时培养良好的个人和公共卫生习惯。

（8）注意观察儿童锻炼后的身体反应，并询问儿童少年锻炼后的自我感受，以锻炼后精神状态良好、没有疲劳积累、没有不良感觉（头晕、恶心、食欲下降、睡眠不好等）为宜。

快速增高的运动方案

良好的身高能体现一个人好的仪表。身材高大的人给人挺拔、高贵、安全的感觉，这让他们在工作生活中取得相对领先的优势。

每个人都希望自己能"站得更高，望得更远"。然而身高很大程度上受到先天遗传因素的影响，也因此很多人长不高就抱怨自己没有得到好的基因。其实大可不必，先天因素已成事实，难以改变，我们可以通过后天的努力，让自己的身高达到或接近理想的水平。

青少年正处在成长发育的大好时期，通过合理的营养、有效的运动和充足的睡眠，可以弥补先天的不足。

世界卫生组织一项报告指出，人体的生长速度在一年中并不相同，长得最快的是在 5 月份，平均达到 7.3mm；其次是 5～10 月份，平均有 6.3mm。在这段时间，人们从漫长的冬季走出来，从事更多的户外活动；气候转暖，万物苏醒，人类在这一时期的生长发育也最为迅速。建议青少年朋友在这一时间段积极参加体育锻炼，可以有效帮助身体长高。

有哪些运动可以帮助我们长高呢？我们把可以帮助长高的运动分为以下三类。

（1）有氧运动：游泳、慢跑、快步行走、滑冰、骑车、球类运动等有氧运动，通过大肌群参与有节律的反复运动，可以加速血液循环，促进新陈代谢和生长激素的分泌。有氧运动最好每周 3～5 次，每次 30～60min，每天不超过 2h，可分 2～3 次进行。

（2）弹跳运动：人体的高矮主要由下肢骨骼的长短决定，跳绳、跳皮筋、蛙跳、纵跳摸高等弹跳运动，可使下肢得到节律性的压力，充足的血液供应便会加速骨骼生长。弹跳运动以每天 1～3 次，每次 5～10min 为宜。

（3）伸展运动：引体向上、韵律操、太极拳、踢腿、压腿、芭蕾练习等伸展运动，可增加柔韧性，使身体变得更加轻松和灵活。配合前两种运动，每周进行 3～5 次。

通过运动来帮助长高是行之有效的做法，但需要长期的坚持。坚强的毅力、家长的鼓励、良好的习惯是最终实现运动增高的重要因素。所以希望通过运动增高的青少年朋友们一定要记住：持之以恒，永不放弃。

事实上能够帮助长高的运动有那么多,而我们真正能在日常生活中应用的只是其中的一部分。结合设施、场地、器材和经济因素,以帮助青少年长高为目的的运动项目最好满足简易,耗时少,对设备、器材要求小,容易坚持这几点。我们推荐以下方法,有兴趣的读者可以尝试一下。

(1) 跳起摸高:双脚或单脚起跳,用双手去探摸预先看好的物体,如路边的树枝、篮球架框,或是天花板等。每次连续跳跃 10~20 次,每天 2~3 次。也可以多参加跳跃性球类运动,如打篮球时积极争取抢篮板球,打排球时多扣球和拦网,打羽毛球时多做扣杀动作等。

(2) 引体向上:利用单杠做引体向上的运动,男生连续做 10~20 次,女生不少于 2~5 次,每天练 4~5 次。下肢负重做效果更佳。

(3) 悬垂摆动:两手握单杠,高度以身体悬垂在杠上、脚趾离开地面为度,两手间距稍大于肩宽,身体尽量松弛下垂,两脚并拢,身体作前、后摆动动作,摆动幅度不宜过大,每次练习 3~5min,每天 2~3 次。

(4) 下坡跑:选择倾斜较小的斜坡,由坡上往坡下快跑,跑时让身体重心稍微向后,每次跑 300~500m。

(5) 跳跃性练习:每天作单足跳、蛙跳、三级跳和原地跳 200~300 次。此运动简便易行,不受场地、器材限制,想长高的青少年可以多尝试。

(6) 游泳:游泳时尽力伸直双臂和双腿,做上臂前伸、腿后蹬动作,每周游泳 3 次。在水中运动时,全身肌肉、骨骼放松,对促进身材增高效果较好。

除了坚持运动之外,还要注意健康饮食,不挑食,多补充蛋白质、维生素、矿物质。另外,充足的睡眠对生长十分重要,青少年每天应保证至少 8h 的有效睡眠。

增长力量的运动方案

肌肉力量是人体活动的动力,能使肌肉收缩、牵动骨骼而使身体各部分运动起来。充足的肌肉力量让我们能够更从容地应付日常生活中的体力支出,工作更有效率。而对于青少年朋友来说,在辛苦完成学业的同时进行适当的肌肉力量训练,不仅可以起到放松自我的作用,同时也为将来进入繁重社会劳动打好基础。

下面我们总结了一些力量训练的方法,有兴趣的读者可以尝试进行系统的锻炼。

1. 上肢力量的训练方法

（1）抓空拳：可发展手的抓握力量。两手五指自然分开，然后用力由五指开始向手心慢慢用力抓握成拳，反复多次，感到手酸抓不住为止。

（2）俯卧撑：可锻炼肱二头肌、胸大肌、前锯肌。

（3）支撑倒立：可锻炼肩部肌群。两手撑地，后脚跟靠墙做手倒立。倒立时直臂、顶肩，保持身体直立、紧张，尽量延长支撑时间。

（4）哑铃直臂扩胸：可锻炼胸大肌、三角肌、斜方肌。两脚开立与肩同宽，身体直立，手持哑铃呈前臂前平举，两臂分开向后扩胸到最大限度，再还原成前平举姿势，上体尽量不动。

（5）哑铃直臂上举：可锻炼上臂肌、三角肌。两脚开立与肩同宽，身体直立，两手持哑铃于体侧经体前上举。然后经体前落下，上体尽量不动。

（6）哑铃侧平举：可锻炼三角肌、斜方肌。两脚开立与肩同宽，身体直立，两臂下垂，手持哑铃直臂向上侧平举后落下还原。

（7）杠铃或哑铃屈臂：可锻炼肱二头肌、肱肌等。两脚开立与肩同宽，身体直立，两臂下垂反握杠铃或哑铃，上臂固定体侧，小臂向前屈举，尽量靠近胸部落下。

（8）杠铃推举：可锻炼肱三角肌、胸大肌、三角肌。两脚开立与肩同宽，两手握杠翻握于颈前或颈后，用力向上推举至两臂伸直。推举宽握有利于发展胸大肌、三角肌，窄握有利于发展肱三头肌。

（9）屈体斜拉杠铃：可锻炼背阔肌。两脚开立与肩同宽，身体前屈，两臂下垂，手握杠铃用力提拉杠铃到腹部，并经胸前向前斜下方推送至原位尽量靠近身体，下推时杠铃触地。

2. 下肢力量的训练方法

1）徒手练习

（1）练习蹲马步，可采用靠墙蹲和不靠墙蹲两种姿势，时间可以根据个人的身体素质来定。

（2）练习"金鸡独立""燕式平衡"等动作，提高腿部的静力性力量。

（3）原地纵跳，收腹跳，跳起转体180°、360°、540°、720°，快速多级跳，立定三级跳，急行三级跳，急行多级跳，蛙跳，兔跳。

2）负重练习

（1）负重提踵练习：肩负杠铃或哑铃进行提踵训练，每次要求脚后跟尽量提高，把身体重心放在两脚的前脚掌上，练习时注意不要受伤。

（2）负重蹲起练习：杠铃重量约为个人能连续作8～12个蹲起动作为准，负重做蹲起和半蹲起动作。要求蹲下时稍慢，起来的时候快速。练习时每组不少于8次起蹲，需要有同伴在一旁保护防止摔倒。

（3）负重做各种跳跃动作练习：负重重量适中，可选择杠铃或哑铃，动作可选择弓箭步换腿跳、半蹲跳、跨跳等。在增强腿部力量的同时，增强髋关节的力量。

（4）负重爬楼梯：负重重量为个人最大可蹲起重量的一半，快速蹬楼梯。开始时可以一次蹬一级梯，随着力量的增强，每次可以蹬两梯，楼梯的长度也可以增加。

提高耐力的运动方案

耐力是指长期肌肉重复收缩的能力。就日常工作生活而言，耐力也可以简单地看作对抗疲劳的能力。

耐力对我们日常生活工作十分重要。当今社会学业、工作压力巨大，连续作战已是家常便饭。良好的体力可以使我们能够轻松应付繁重的课业、工作任务。所以对于青少年来说，有目的、有计划地进行耐力训练是十分必要的。

耐力素质包括无氧耐力和有氧耐力。无氧耐力指的是单位时间内肌肉在无氧的条件下运动而不疲劳的次数。有氧耐力是指长时间进行有氧供能的工作能力。就日常生活需要而言，有氧耐力对我们的学习、工作更有帮助。通过锻炼可以有效提高我们自身的耐力值。下面我们主要介绍有氧耐力的训练方法供青少年朋友参考。

1. 持续负荷法

持续负荷法是发展有氧耐力的主要方法，其特点是负荷量大，没有间歇。持续负荷法根据速度是否变化又分为匀速训练和变速训练两种。采用持续负荷法训练时，每次负荷时间不少于30min。对于有一定训练水平的运动员，负荷时间可以达60～120min。练习强度可以通过测定心率等方法计算，心率可控制在每分钟150～170次。

采用变速训练时，可在练习过程中逐步提高速度，即从较低的强度提高到中等强度。例如第一个 1/3 的距离可用较低的速度完成,然后将速度提高到稍低于中等强度的水平,最后 1/3 距离则用中等强度的速度完成。此外,还可以从中等到次最大不断变换强度。例如,在每 1~10min 的最高强度负荷后,可穿插安排中等强度负荷,以保证机体在下一次提高负荷前稍有调整。采用最大速的负荷时,心率可达到 180 次/分,恢复阶段降到 140 次/分。有节奏的、波浪形变化的强度安排,有助于进行大负荷训练,并能有效提高心脏和中枢神经系统功能,提高机体在不同情况下的适应能力,从而大大提高有氧耐力水平。

2. 间断负荷法

间断负荷法又分为间歇训练法和重复训练法,其主要特征如下。

1)间歇训练法

间歇训练法是一种采用各种强度的重复刺激,并在练习之间按预定计划安排间歇时间,不完全休息的训练方法。这种方法对发展耐力水平非常有效。间歇训练的主要影响因素有强度、负荷数量、持续时间、间歇时间、休息方式、练习组合等。

(1)强度:短距离或中距离间歇训练心率应达到 170~180 次/分,长距离间歇训练心率应达到 160~170 次/分。只有用较大强度才能有效提高心脏功能,达到发展有氧耐力的目的。

(2)负荷数量:负荷数量一般以距离和时间来标识,其基本要求是一次练习负荷数量不要过多。若一次练习负荷数量多,持续时间长,则会导致工作强度下降,不利于心脏功能的提高。

(3)持续时间:练习持续时间可根据练习任务和运动员本身情况确定。每一次练习的持续时间,可分别为 15~90s,2~8min 等。在训练中较多的是 60~90s。但整个练习持续时间应尽可能延长,应保持在半小时以上,只有这样才能提高有氧的能力及心脏的潜在功能,并有利于意志品质的培养。

(4)间歇时间:为实现对运动员呼吸和心血管系统不间断的刺激,主要以心率来控制间歇时间,其基本要求是在运动员机体尚未完全恢复(心率恢复到 120~140 次/分)时进行下一次练习。这样可使运动员在积极性休息阶段摄取大量氧气,并使整个练习过程的摄氧量和心搏量都保持在较高的水平上。

(5)休息方式:采用轻微的积极性活动休息方式(如慢跑),对肌肉中的毛细血管起到"按摩作用",使血液尽快流回心脏,再重新分配到全身,以尽快排除机体中堆积的酸性代谢产物,从而利于下一次练习。

2)重复训练法

重复训练法在发展有氧耐力的同时,还能发展专项或比赛耐力。练习距离可长于或短于比赛距离。负荷强度比间歇训练法大。每次训练应等完全恢复以后,再重复进行。较长时间的重复训练对有氧耐力要求很高,因为重复训练的速度非常接近比赛时的速度。

发展速度的运动方案

在耐力素质大致相同的条件下,速度好的运动员往往能够取胜。适当的速度训练有助于我们更好地发挥身体机能。

速度分为反应速度、动作速度和移动速度。下面我们分别进行讨论。

1. 反应速度

反应速度是指人体对各种信号刺激(声、光、触觉等)的快速应答能力。从生理学的角度来看,反应速度的快慢取决于信号通过反射弧所需要的时间长短。

所谓反射弧是指反射活动所经过的神经通路,包括感受器—传入神经—神经中枢—传出神经—效应器。感受器接收到外界信号并由感受器传入中枢,中枢接收到信号会对信号进行处理并做出反应,将处理信息传送给效应器,最后由效应器对外界做出反应。

正常情况下,感受器的传入速度和中枢的传出速度的个体差异不大,反应的快慢更多由中枢处理外界信息的速度所决定。信号传入,中枢迅速做出反应并指示效应器进行处理,是我们理想的反应速度。事实上,中枢对传入信号直接做出反应并传输给效应器的生理现象就是我们所熟知的条件反射,而我们正可以通过长期反复的训练以形成条件反射来提高反应速度。

可以通过一些简单的体育活动来训练反应速度。比如用废纸捏成实心小球,把纸球对墙上扔,快速接回反弹的纸球。因为纸球并不是完全规则的球形,其反弹的轨迹也是不定的,反复练习可以提高反应速度。

有条件的朋友可以进行专门的速度球练习,效果更好。

2. 动作速度

动作速度是指人体快速完成某个动作的能力。动作速度受到肌肉力量和负荷的影响。负荷大小与肌肉收缩速度的关系式可表示为 $V=(F-P)/P$(V 是速度，F 是力量，P 是负荷)。从公式我们可以看到，肌肉力量越大，负荷越小，动作速度就越快。

动作速度的训练可以围绕这两点进行。

（1）提高肌肉力量，可以通过反复练习法、负重练习法提高完成某个动作的主动肌力。

（2）训练时应用较小的负荷或负负荷，如跑步时用橡皮带牵引跑或下坡跑、顺风骑自行车等，可以最大限度地提高完成动作的速度。

3. 移动速度

移动速度是指人体在单位时间内快速移动的能力。

通过动作技术结构学和动作能量学的变化来实现提高专项最高速度和达到最高速度的能力称专项前翼，而通过动作能量学的变化来实现维护动作技术结构和保持专项最高速度水平的能力则称为专项后翼。两者决定着专项速度的能力和水平，此外，身体素质的水平决定着专项水平的高低。

各项专项运动对移动速度的要求各不相同，练习方法也因此各有侧重。下面我们为读者介绍几种锻炼移动速度的方法。

（1）短冲刺训练法：可以有效提高人体非乳酸盐的无氧能力，有利于提高绝对速度。采用距离少于 80m，如 2～3 组的（30＋40＋50＋60＋40＋30），每次休息 2min，组间休息 5min。

（2）重复训练法：速度训练距离不超过 80m，强度达 85%～100%，每次练习之间的间歇时间以使机体达到基本恢复为准。

（3）间歇训练法：一次（组）练习之后，机体经过休息而未完全恢复的情况下即进行下一次（组）练习。分为快间歇训练和慢间歇训练，例如 200m 的间歇跑训练分为：①快间歇 200m28s，间歇 30s；②慢间歇 200m30s、间歇 28s。

促进灵敏性的运动方案

灵敏性是指人体在各种突然变换的条件下，快速、协调、敏捷、准确地改变身体的空间位置和运动方向，以适应变化着的外界环境的能力。

灵敏性与身体协调性能力有关，其影响性因素包括：

（1）交互抑制：支配动作反面肌肉的神经冲动之抑制或阻止。

（2）力量：反面肌肉的放松与收缩。

（3）耐力：疲劳的出现对精致动作有影响。

（4）心智练习：心智练习可以提高精神集中力而改善。

（5）本体感受器（proprioception）：对位置肌肉关节的张力感受。

发展灵敏素质的常用方法如下。

（1）躲闪练习：在跑、跳中做迅速改变方向的各种跑、躲闪练习。

（2）快速起动、急停练习：在跑、跳中做各种快速急停、转身和突然启动练习。

（3）以非常规姿势完成的练习：侧向跳远、倒退跳远、倒退跑等练习。

（4）综合练习：用"之字跑""躲闪跑""穿梭跑"和"立卧撑"四项组成的综合性练习。

（5）限制完成动作空间的练习：在缩小的球类场地进行练习。

（6）改变完成运动的速度或速率的练习：变换动作的频率、逐步增加动作的频率练习。

（7）变换方向的追逐性游戏。

（8）各种滚翻练习：前滚翻、后滚翻、侧手翻等。

（9）跪跳起练习。

（10）攀、爬练习。

灵敏素质之所以是运动技能、神经反应和各种身体素质的综合表现，是因为它在不同程度上体现了力量、速度、耐力、柔韧等素质。通过力量，特别是爆发力量，控制身体的加速或减速；通过速度，特别是爆发速度，控制身体移动、躲闪、变换方向的快慢；通过柔韧保证持久的工作能力。这些素质的综合运用才能保证动作的熟练程度。因为神经反应决定了反应速度的快慢、判断是否准确、应答动作是否及时，因此，反应迅速、判断准确、及时作出应答是灵敏素质的先决条件，各素质协同配合是完成应答动作的基础。应答动作的熟练程度直接体现了灵敏素质的高低。所以说，灵敏素质是运动技能、神经反应和各种素质的综合表现。

从幼儿开始学走路到六七岁期间，平衡器官得到充分发展；从7~12岁，灵敏素质稳定提高；13~15岁为青春期，身高增长较快，灵敏素质相对有所下降；以后随年龄增长又稳定提高，直到成人阶段。

儿童少年神经系统是人体发育最早、最快的系统，它们具有较快的反应能力，在动作速度、平衡能力、节奏感等方面都具有很大的发展潜力，这些都为发展灵敏素质提供了有力的条件，因此要抓住这一时期进行灵敏素质练习。

学生余暇体育运动

（1）余暇体育的定义：所谓余暇，也叫做闲暇，一般是指扣除一个人所参加的各种社会活动和履行各种社会必要职责之后剩下的完全可按个人意愿自由支配的时间，而对青少年朋友来说其实就是课余时间。余暇体育毫无疑问属于余暇活动的一种，而且属于积极性的余暇活动。关于余暇体育，其基本意义是指人们利用余暇时间，为了达到健康、健美、娱乐、消遣、刺激、宣泄等多种积极目的的所进行的各种身体练习活动。

对于大多数家长而言，孩子的课余体育活动一直是他们头疼的问题。孩子不喜欢参加课外体育活动，担心他（她）体质跟不上；孩子太喜欢参加课外体育活动，又担心他（她）的学业受到影响。

然而课余体育活动对青少年来说十分重要。经常进行课余体育锻炼，有助于培养青少年终身体育的意识，培养青少年终身体育的兴趣，培养青少年终身体育的习惯。课余体育的最终目标是青少年体育终身化，课余体育是奠定青少年终身体育基础的有效手段。

（2）课外体育活动的功能：课外体育活动始终是体育教育活动的一个重要组成部分，其最终的目的、功能就是使学生能积极地参加课外体育活动，保证在校期间有足够的身体活动时间，增强体质和体能；使学生有充沛的精力进行文化课的学习，提高学习效益；为终身体育打下良好的基础。课外体育活动的功能从根本上讲还取决于课外体育活动本身所固有的特点和学校教育的需要。

青少年每天应当进行足够量的体育锻炼。早在 1951 年 7 月，政务院通过的《关于改善各级学校学生健康状况的决定》中就明确规定："学生每日体育、娱乐活动或生产劳动时间，除体育课及晨操或课间活动外，以 1 小时至 1 小时半为原则。"有的学校针对这 1 小时多的时间进行了分割化的处理，比如上午的课间操加休息时间 30 分钟加上下午课后的自由活动时间 30 分钟等。

课余活动的内容可以根据个人爱好进行选择，如早操、眼操、校园集体舞、长跑、篮球、排球、足球、乒乓球、羽毛球、跳绳、跳皮筋、踢毽子、跳高、跳远、赛跑、打单双杠、荡秋千、爬组合架、下棋、仰卧起坐、扳手腕等，关键是达到锻炼、休息、娱乐、消遣的目的。建议课间不要进行过于激烈的运动，以免影响下节听课的效率。

课余体育活动应该成为青少年的良好习惯。有规律的体育锻炼对青少年今后独立生活大有裨益。它不仅可以帮助我们获得良好的体质，还可以帮助我们合理规划作息时间，健康生活。它既有锻炼的功能，又可以帮助学习；既可以愉悦心情，又可以发展个性和特长。

体能训练相关运动

很多人对体能的概念不是很清楚，常常会把它与单独的力量、速度或耐力等画上等号。事实上，体能包括了前面讨论过的力量、速度、耐力、灵敏，它是身体能力的总和。对运动员而言，它指运动员为提高运动技战术水平和创造优异运动成绩所必需的各种身体运动能力的综合，包括运动员的身体形态、身体机能、身体健康和运动素质。而对于普通人而言，体能所代表的含义则与进行日常活动、完成工作所需更加相关，指人对体力劳动和运动的适应能力，主要采用有氧耐力、肌力、体力劳动能力和运动能力进行评价。

体能训练的内容无外乎力量、速度、耐力、灵敏，前面都已有讨论。而针对不同的实际需要，体能训练当然各有侧重。比如短跑运动员可能更侧重于下肢爆发力量的训练，而长跑运动员更侧重于耐力的训练。

体能训练的效果，在很大程度上取决于训练方法的正确运用。一般常采用重复训练法、变换训练法、间歇训练法、循环训练法、持续训练法、竞赛训练法、心理训练法等。

早期专项锻炼的利与弊

运动对生长发育的影响是多方面的，适量的运动可以促进生长发育，微量的运动则对生长发育无明显影响，过量的运动则可能对生长发育产生负面作用。

幼儿期是人一生中生长发育的重要阶段。积极、正确、科学地对幼儿进行体育锻炼，可以有效增强幼儿的体质，促进他们更好地成长。但过早进行专业体育训练，不讲求科学的训练方法，反而会对孩子的生长发育造成不利影响。

比如有的小孩才上一年级却已经练过3年游泳了,能游2000多米,但是孩子明显体型较胖,跑、跳、投能力也比其他学生差,经过几年的练习,游泳成绩停滞不前,最终放弃成为优秀运动员的梦想。还有一个学生4岁就开始练习网球,最后因为手臂受伤不得不放弃进一步练习的念头。还有的小孩因为经过锻炼,肢体力量很强,与同学一起玩耍时总把其他小孩打哭,谁也不敢和他一起玩,他一个朋友也没有。

过早地从事专项体育运动可能会对未成年的儿童造成伤害,应当引起我们的重视。

专家指出,3~6岁幼儿适当进行体操基本训练是有益幼儿生长发育的,但从一两岁就开始为孩子制订详细的专项训练计划是违背幼儿生长发育规律的,这个阶段的孩子应当是随性而为,以发展协调和柔韧等素质为主,但不应强求。

少年儿童的生长发育是个自然发展阶段,即使少儿不参加体育锻炼其各项身体素质也能发展,但在6~18岁时期是自然发展趋势中的敏感发展时期,在这时期少年儿童参加合理的体育训练可以极大地提高身体素质,做到事半功倍的效果。如表3.1所示,速度训练的敏感发展时期是6~17岁,而耐力则在7~17岁,柔韧素质在7岁以前,力量和灵敏素质在7~12岁和6~14岁之间。

表3.1 少年儿童各项身体素质敏感发展时期表

	速度			耐力	柔韧	力量			灵敏
	反应速度	位移速度	动作速度			绝对力量	速度力量	耐力力量	
男	6~12岁	7~14岁	7~17岁	10~13岁	7岁前	11~13岁	7~13岁	7~13岁	6~14岁
女	6~12岁	7~12岁	7~14岁	9~12岁	7岁前	10~13岁	7~13岁	7~12岁	7~14岁

青少年在进入青春发育高潮期,身高、骨龄、性激素出现较为明显增长。对早期专项化训练的青少年要随时进行监控,加强营养补充,使他们顺利度过发育关,朝有利于竞技体育所需的方向发展。

合理运用少年儿童身体发育的敏感期,在敏感发展期可以增加训练的量和强度,在非敏感期减少训练的负荷,这样就可以做到事半功倍的效果,训练的效果也更显著。而就如我们前面讨论的一样,经常锻炼可以帮助发育,使身体长高,增强肌肉活动能力和耐力,提高体质,减少疾病。

运动对于青少年的帮助和影响

经济的飞速发展,对人才的要求越来越高。青少年不仅需要德、智、体的全面发展,还应具备良好的心理素质和坚强的意志品质,这样才能适应社会发展的需要。

现今,许多学生由于受优越生活条件的影响,养成了怕苦、怕累的习惯,缺乏吃苦耐劳的精神;由于缺乏艰苦环境的锻炼,意志薄弱,缺少勇敢、顽强、刚毅、果断、吃苦耐劳的意志品质;心理素质较差,遭受一点挫折就悲观失望,丧失信心,缺乏不甘落后的进取精神和自我调节能力。前面我们已经聊了很多体育锻炼相关的话题,下面我们总结一下体育在生理和心理上对青少年的帮助。

体育运动一般都具有艰苦、疲劳、激烈、紧张、对抗及竞争性强的特点,能够促进青少年身体形态的发育,改善人体机能,提高运动能力,增强体质,为健康的心理提供稳固的物质基础。同时,体育锻炼总是伴随着强烈的情绪体验和明显的意志努力,这有助于磨炼、培养他们机智灵活、沉着果断、谦虚谨慎等意志品质,帮助他们形成健全的个性,培养合作与竞争的意识。

1) 体育在生理上对青少年的帮助

(1) 体育锻炼有利于人体骨骼、肌肉的生长,增强心肺功能,改善血液循环系统、呼吸系统、消化系统的机能状况,有利于人体的生长发育,提高抗病能力,增强有机体的适应能力。

(2) 降低儿童在成年后患上心脏病、高血压、糖尿病等疾病的几率。

(3) 体育锻炼是增强体质的最积极、最有效的手段之一。

(4) 可以减少人过早进入衰老期的危险。

(5) 体育锻炼能改善神经系统的调节功能,提高神经系统对人体活动时错综复杂变化的判断能力,并及时做出协调、准确、迅速的反应;使人体适应内、外环境的变化,保持肌体生命活动的正常进行。

2) 体育在心理上对青少年的帮助

(1) 体育锻炼具有调节人体紧张情绪的作用,能改善生理和心理状态,恢复体力和精力。

(2) 体育锻炼能增进身体健康,使疲劳的身体得到积极的休息,使人精力充沛地投入学习、工作。

（3）舒展身心，有助安眠及消除读书带来的压力。

（4）体育锻炼可以陶冶情操，保持健康的心态，充分发挥个体的积极性、创造性和主动性，从而提高自信心和价值观，使个性在融洽的氛围中获得健康、和谐的发展。

（5）体育锻炼中的集体项目与竞赛活动可以培养人的团结、协作及集体主义精神。

少年是人一生中身心发育趋向成熟的重要转折时期，这时你会惊异地发现，在生理和心理方面出现许多前所未有的变化，并明显地感到"我长大了"。随着人民生活水平和文化素质的提高，"爱美之心，人皆有之"，我们要在体育运动中茁壮成长，在运动中保持健美。

青少年在参与自己喜欢和擅长的运动项目时，不仅可以从中体会到锻炼的快乐感觉，还能振奋精神与陶冶自己的情操，广交朋友，使自己始终处于积极的情绪状态之中。

Ⅱ 成人阶段

成年人运动锻炼原则

按照人体发展的基本规律，成年人合理地进行体育锻炼，可以促进身体的生长发育，改善和提高各器官系统的功能，提高身体素质，增强体质，推迟衰老，延年益寿；反之亦然。因此，成年人进行体育锻炼时，应遵循以下基本原则：

1. **全面性原则**

全面性原则是指通过体育锻炼使身体形态、机能、素质和心理品质等都得到全面、和谐的发展，这也是体育锻炼的目的。要达到这一点，一方面尽可能选择对身体有全面影响的运动项目，如跑步、游泳等；另一方面，也可以某一项为主，辅以其他锻炼项目。值得注意的是不要过分单一性锻炼。

2. **经常性原则**

经常性原则是指应坚持长期的、不间断的、持之以恒的体育锻炼。众所周知，生命在于运动,运动宜贵有恒。人的有机体,只有在经常的体育锻炼中方能得到增强。根据"用进废退"的法则,如果长期停止锻炼,各器官系统的机能就会慢慢减退,体质就会逐渐下降。因此,参加体育锻炼必须持之以恒,不能三天打鱼,两天晒网。

3. 渐进性原则

渐进性原则是指体育锻炼的要求、内容、方法和运动负荷等都要根据每个人的实际情况,由易到繁,运动负荷由小到大,逐步提高。科学研究表明,人体各器官的机能不是一下子就可以提高的,它是一个逐步发展、逐步提高的过程,即锻炼效果是一个缓慢的由量变到质变的逐渐积累的复杂过程。如果违反循序渐进的原则,急于求成,不但不能有效地增强体质,而且还会损害健康。所以进行身体锻炼应有目的、有计划、有步骤地实施,在安排运动负荷时应注意由小到大逐步提高,其原则是提高—适应—再提高—再适应。

4. 个别性原则

个别性原则是指每个参加体育锻炼的人,应根据自己的实际情况,选定锻炼内容和方法,安排运动负荷。客观地讲,每个参加体育锻炼的人,情况都不尽相同,如年龄、性别、健康状况、锻炼基础、营养条件、生活及作息制度等。因此锻炼者应根据自身状况进行正确估计,从实际出发,使锻炼的负荷量适合自己的健康条件,以期达到良好的锻炼效果。

5. 自觉性原则

自觉性原则指进行身体锻炼,出自锻炼者内在的需要和自觉的行动。锻炼在于自觉,锻炼者应把锻炼的目的与动机和树立正确的人生观联系起来,这样,才有助于形成或保持对身体锻炼的兴趣,调动和发挥更大的主动性和积极性,使体育锻炼建立在自觉的基础上,以期更好地锻炼效果。

成年人运动保健可防病、治病

健身运动是消除致病因素和促进疾病康复的重要手段之一。运动锻炼可以逐渐改善生活习惯,增强机体对酒精的代谢能力,减轻饮酒对身体的损害。运动锻炼能控制体重,调节心理素质,激发热爱生活的情绪,提高社会适应能力。

运动时需要大量的氧气和营养物质,另一方面也需要排出二氧化碳等代谢产物,这就需要有一个强有力的循环系统。

运动不仅可以加强新陈代谢,而且还能改善血管的弹性,提高血流量,促进血液循环,增大心脏容量,提高机体的摄氧能力。

坚持长期运动锻炼,能使血流加快,改善血管壁弹性,使血压下降,促进血液循环,提高内脏功能,改善机体内环境及脂质代谢过程,降低血脂和血液黏稠度,促进凝血和溶血的动态平衡,加强溶栓作用,减少心血管事件。

运动中的吸氧量代表运动消耗的能量,可以作为人体运动水平的指标。人体运动时最大吸氧量越大,运动能力就越强。运动员的最大吸氧量明显高于普通人。而长期不运动时,肌肉代谢障碍,吸氧量就明显下降。患呼吸系统疾病和循环系统疾病的患者吸氧量均下降,缺乏体力运动者也下降。大肌群动力性运动训练是提高机体有氧代谢能力的锻炼方法。

呼吸康复的最终目的是为了改善机体代谢,提高机体运动能力。经常参加体育锻炼,特别是适宜的有氧运动,可以增强呼吸肌的力量和耐力,增加肺通气量,提高肺泡通气率,保持肺组织的弹性和胸廓的活动度,能够延缓肺泡活动不足引发的老化进程。因此有氧训练对呼吸康复的积极作用不容忽视。

运动对增强消化系统功能有非常好的作用,它能够加强胃肠道蠕动,促进消化液的分泌,加强胃肠的消化和吸收功能。还可以通过增加呼吸的深度与频率,促使膈肌上下移动和腹肌较大幅度的活动,从而对胃肠道起到较好的按摩作用,改善胃肠道的血液循环,加强胃肠道黏膜的防御机制,尤其对于促进消化性溃疡的愈合有积极的作用。

运动锻炼能促进脂肪代谢,对脂肪肝和肝硬化有良好的防治效果,能改善胃肠黏膜的血液循环,提高肠道的抗病能力和自愈能力,促进胃炎、胃溃疡、结肠炎等胃肠壁疾病的痊愈。

人体在生活、工作、劳动过程中是一个不断进行着的新陈代谢过程,在这个过程中,体内产生许多代谢废物,其中大部分是通过泌尿系统以尿的形式排出体外,这样才能维持人体各个器官系统的功能正常。如果代谢废物不能排出体外,在体内积存过多;或者把不应排出的、对人体有用的物质也排出体外时,就会对人体产生不良的影响,甚至导致疾病的发生。在体育锻炼时,运动器官和一些内脏器官都紧张地进行工作,这时新陈代谢更加旺盛,体内产生的废物就更多,因此也促使泌尿器官得到更大的锻炼,使其功能不断提高。

经常进行体育锻炼更可以增强肌肉力量,保护关节,减少关节、脊柱疾病发生的几率。

全球流行的健步走运动

健步走可谓是最经济又简便易行的运动方式之一。如果你没有充足的时间进行运动而又想保持健康,健步走就是你最好的选择!

如今越来越多的人正加入到健步走的行列中。通过有意识的加强走路锻炼,既节省了时间,又增强了体质,还可以结交一些志同道合的朋友,实在是一举多得。

健步走的具体做法可以有以下几种方式。

1. 快步走

适宜人群:所有人群。

动作要领:没有时间运动的人,可以在上下班的路上、购物的路上甚至工作间歇的任何时间去走路健身。一般健身走每次在 30~60min 为宜,实在没有大段的时间去锻炼的,也可以每次走 10min,每天加起来至少 30min。中国卫生部建议,要保持健康,每天至少走 6000 步!

运动功效:预防心脑血管疾病、降压、预防骨质疏松、减肥、预防及控制糖尿病等多种健康益处。

这里说的快步走健身是指:1h 走 5000~6000m(每分钟步行 100~120 步)、一周坚持 5~6 次的快步走。走的时候要感到气喘,但是还能说话。达到这种强度才有健身作用。

2. 摆臂大步走

适宜人群:所有人群。

动作要领:走路的时候尽量把双臂前后摆动起来。前手摆臂伸掌,尽量高过头顶;后手摆臂要随势后摆,伸直。行走的时候尽量迈大步,行走的快慢因人而异,最好走到气微喘,心跳在每分钟 100 次左右。

运动功效:提高心脏活力、舒筋强肌、消脂减重。

走路时双臂大幅度的前后摆动,心跳容易加快,可以对心脏产生良好的锻炼效果。而且,走的时候上肢大幅度摆臂、腿在大步快速迈进,这样上下相随,全身肌肉、骨骼都运动起来,因而可以达到舒筋活血的目的。

3. 上下拍手走

适宜人群:中老年锻炼者,腰、背、肩伤痛者。

动作要领:在走路时双手先在自己头顶上拍一下掌,然后手放到背后在屁股后面拍一下,这样上一下、下一下交替进行。一般按照脚走两步、手拍一下掌的节奏运动。走路的时候要尽量迈大步前进。

运动功效:解除肩颈酸痛,活血、化瘀,增进呼吸通畅。

走路时双手的上拍和下拍能够使肩关节和颈部、背部充分活动开,可以缓解肩颈和背部的劳损酸痛。手掌拍击能加强末梢血液循环,所以可以达到舒筋活血、化瘀的目的。而且这种双手上举的活动,还可以有扩胸的运动效果。

4. 原地踏步走

适宜人群:老年锻炼者,伤病初愈者。

动作要领:在室内或者室外任何地方,原地抬腿踏步走。有能力的,可以把大腿抬高些踏步走,两臂注意摆臂。

老年锻炼者和伤病初愈者高抬腿踏步时要注意,后背最好靠近墙,以防高抬腿时身体后仰摔倒。膝关节较弱、容易酸痛的人可以走得慢些,腿不要抬得太高。

运动功效:增进全身血液循环,增加腿部力量,增加体力。

5. 倒步走

适宜人群:动作无障碍的各年龄层人士,对腰背痛者尤佳。

动作要领:小腿带动大腿,小步往后退,腰背、脖颈要挺直。倒走时要全神贯注,眼睛左顾右盼,掌握身后道路的基本情况。这项活动很适合那些不宜做剧烈运动的人。如果在从事其他运动锻炼后采用倒步走,还有助于调节心情和促使身体疲劳的自然恢复。

运动功效:提高腰背肌肉力量,改善腰背痛症状;提高自身平衡能力;增强腿部肌肉力量;增加运动的能量消耗。

倒步走时,腰身挺直或略后仰,脊椎和腰背肌肉将承受比平时更大的力,可改善腰部血液循环,使向前行走时得不到充分活动的脊椎和背肌受到锻炼,可以起到预防驼背、治疗腰痛之功效。因此,倒步走无论是对于青少年、整日伏案工作或学习的人,还是中老年人慢性腰痛者都有好处。

此外,还有越野走、上下楼梯走、水中走等,读者可以根据自己的需要进行选择。

脑力劳动者简易锻炼法

古人云,"流水不腐,户枢不蠹",对于经常持续伏案工作的脑力劳动者来说,养成体育锻炼的习惯具有重要意义。因为脑力劳动的人在工作中很少能运动到全身的肌肉,"久坐则伤肌肉",所以,脑力劳动者更应当注意适当的运动锻炼,以有效地增强机体各器官、系统的功能。

适当的运动能促进脑细胞代谢,使大脑功能得以充分发挥,提高工作效率,延缓大脑老化。每天可安排一些时间锻炼或根据自身情况灵活掌握,旨在放松身心、增强体质。

1. 跑步运动

跑步是人们最常选用的锻炼项目。据调查研究,跑步可减缓压力。而作为一项全身运动,它有助于改善血液循环状态和内脏功能,从而保证大脑充足的血氧供应,提高大脑信息传导、反馈的速度,从而增强大脑反应的敏捷性。

2. 肩部放松操

这是一套在办公室就可锻炼的肩部放松运动。具体做法是挺胸站立,两脚平行同肩宽,肩部尽可能向上方耸起,一耸一落,共做20次为一组;或者两肩胛骨尽力向脊柱中间靠拢,停住一会儿,再放松,20次为一组,可做2~3组。经常低头伏案工作的脑力劳动者还要注意锻炼颈、肩、背部肌肉。简单的方法是低头、仰头、向左右转动头部、双肩做回环动作。

3. 防治驼背操

这是一套矫正驼背的体操。脑力劳动者常久伏案工作,可常做此操。具体做法是:两手手指交叉,掌心向上,上举起过头呈托天状;两臂用力向上伸,两脚跟同时踏起;然后两臂放松,足跟落地,再伸臂、跷脚,重复做若干次。另一种做法是两脚平行站立,与肩同宽;两臂侧平举,掌心向上,上体挺胸后仰,以脚尖即将离地为好;趁仰势两臂向上伸直,贴近两耳,掌心相对,仰面观;恢复直至侧平举姿势,肘、肩、胸均放松。

4. 散步运动

散步是一种缓和的运动,深受脑力劳动者的喜爱。它的运动方式方便易行,同样能调节人体的机体,加强各系统和组织的功能。它还能使人神经松弛,轻松自在,起到调养心神的功效。散步对许多慢性疾病有良好的辅助治疗作用,如散步有助于安眠、通便、减肥,对治疗高血压、冠心病、溃疡病、糖尿病等也有益。

5. 工作中的放松运动

脑力劳动者在伏案工作时,手若感到酸累,可两手掌相合,来回快速搓动10s,使掌心产生强烈热感,再挥动双手10次;头昏脑涨时,坐直腰身,把头向后仰,用力收缩颈肌,坚持10s,然后头低垂胸前,静坐15s;困乏欲睡时,身体坐正,双肩后弓,下胯微收,双肩下垂于躯干两侧,手心向后,再用力收缩背、臂、肩和颈部肌肉,坚持12s之后全身放松15s;下肢酸胀时,可适当踢踢腿、弯弯腰、伸伸臂,做几个下蹲的动作,用手掌轻拍腿部。

办公室人群室内肢体锻炼法

白领们长时间坐在办公室里工作,每天从早上8:00到晚上5:00一直对着电脑坐着,时间久了总是感觉眼睛很疼,腰也很酸,身体很疲乏,甚至感觉自己四肢无力,这也给我们的健康带来了隐患。

那么我们在办公室能否进行一些体育锻炼,同时不会影响到他人和工作呢?那么,下面就教大家几个在办公室也可以锻炼的运动,一起来看看吧!

1. 头部运动

头俯仰:头用力向胸部低垂,然后向后仰伸,停止片刻,以颈部感到有点发酸为度。如果两手交叉抱在头后用力向前拉,而头颈用力向后仰,则效果更好。

头侧屈:头用力向一侧屈,感到有些酸痛时停止片刻,然后再向另一侧屈,同样停止片刻。

头绕环:头部先沿前、右、后、左,再沿前、左、后、右用力而缓慢地旋转绕环,练习中常可听到颈椎部发出响声。这个动作有助于增强颈部肌肉。

2. 肩部运动

肩部是连接头部的重要部位，但平时肩部活动的机会不多。耸肩活动有三种：一是反复进行一肩高耸，一肩下降；二是两肩同时向上耸动；三是两肩一上一下向前后环绕颈旋转。如此运动可以放松颈肩部。

3. 脚踝运动

（1）正面站立，挺直身体，身体重心在右脚的同时，左脚跨出一步，用脚跟着地，脚尖向上。

（2）保持以上动作，转换身体重心，将身体重心放在左脚的脚后跟处，保持腿部的笔直。然后右腿向身体侧边抬起，注意扶稳身体，避免摔倒。

（3）做完左脚，换右脚同样进行，做5～10次。

作用：拉伸肌肉，锻炼脚踝的灵活性。

4. 抬腿动作

（1）端坐在椅子上，抬头挺胸，做深呼吸。

（2）缓缓抬起左脚，伸直，与端坐着的身体保持直角的姿势，坚持8～10s。换右脚依次进行。

（3）等轮流完成两只脚的时候，可以用双手撑住椅子的两边扶手，用力将身体往上撑起，同时抬起伸直的双腿，保持动作5s恢复原始动作，坚持做3～5下。

如果想锻炼腹部，也可以握住椅子的把手，将双脚并拢尽量地平伸向上抬起，这样可以锻炼腹肌和大腿，让身材更加完美。通过对腹肌的锻炼也可以很好地保护腹部器官。

5. 手抓椅背

腰椎疾病一直是办公室一族的噩梦。如果你的椅子牢固，可以休息时，双手抓住椅背，单脚后踢，左右脚轮换，反复几十次，可以很好地锻炼腰部，避免受腰椎疾病的困扰。

或者手抓椅背，脚后跟不断地提起再放下，能够锻炼你的骨骼肌，对小腿的塑形也很有帮助。

如果想锻炼躯干，就站直后双手抓住椅背，身体挺直，仰头看天花板，保持望月似的动作。这个时候，身体呈反向弯曲，对脊椎是很好的保健，对颈椎更能起到锻炼的作用。

还有一些小动作可以放松和锻炼我们的身体，比如：体侧转，坐着，上体缓慢地轮流向左或右侧转动，可以活动腰部；膝夹手，两手握拳，拳眼相触夹在两膝间，然后两膝从两侧用力挤压两拳，可以锻炼大腿肌肉等。

家务劳动的锻炼价值

原则上来说，做家务劳动并不能代替体育锻炼。但对于那些全职的家庭主妇来说，一没有时间去专门做锻炼，二则是平时家务堆积满了再让她们运动纯属一种折磨，所以在这里给大家带来了什么样的家务活可以等于体育锻炼，不过可能会比普通的家务活稍微复杂一点。不过正是因为复杂，才可以替代体育锻炼。

(1) 擦地

可不是简单地用那种拖布拖地，而是要你拿着抹布跪在地下擦地。平均擦完一个房间的地板就要站起来洗一次抹布，那么擦全屋的地板得至少两个小时。其实别看活动不是很大，但是相当于慢跑半小时呢！也就是说，擦地两个小时可以把你上一顿吃的饭消耗出去。

(2) 带小孩

可不仅仅带小孩在家而已，早晨起来给小孩子找衣服穿衣服，然后给孩子做早饭加午饭必须半小时之内搞定，然后吃过早饭再给孩子把午饭带上送去上学或者上幼儿园。如果是小宝宝，就要一边吃早饭一边跟宝宝互动，还要经常地看看宝宝有没有需要换尿布。不要以为运动量很小，其实经常需要好几件事情同时去做，也是很累的。带一天孩子也等于出去散步一个小时了。

(3) 买菜

坐车去远一点的地方买菜，不用手推车而是用包拎菜，然后再挤公交车回家爬楼。运动量不大但买菜的时候不可能坐着、蹲着或者站着，而且挤车必须付出一些体力才能挤上去。所以买菜也是一个可以代替体育锻炼的家务活，另外还要跑去赶公交，一个人拎好多菜爬楼，都不是轻松的。

(4) 洗床单被套

洗倒是没什么，可以用洗衣机替你劳动，如果要手洗也是坐在那里并不会消耗多少能量。但是洗好之后要晾起来可就不是一个简单的事情了。晾好还要弄平，干了以后套被套、铺床单可就是大活了。尤其是被套套上以后得站在床上使劲甩啊甩，必须每个角都套上才算行，这需要一定的臂力和腰力。

（5）做饭

做饭如果仅仅站在那里当然不算运动，但是如果是要来回忙活而且一做饭就要一个小时，那样耗费的体力就相当的大了。择菜、洗菜、炒菜、炸东西，看似简单的动作实际上也很累的哦！炒菜要用胳膊猛炒，等于做扩胸运动，不是什么人都能够坚持那么久的。

（6）大扫除

年底大扫除，爬上爬下洗窗帘、擦窗户、擦各种高处的灰尘，这些可比运动累多了。也许你会觉得运动很累，可是你大扫除之后就会知道有多累了。大扫除消耗的能量与跑了 1000m 相当，不仅累还会累好几天。所以想减肥，大扫除吧！

适合成年人的有氧运动

有氧运动是成年人最常见、最有效的运动方式。健康指导手册呼吁健康的成年人每周应保证有 5 天进行至少 30min 的中等强度有氧运动，或是每周 3 天进行至少 20min 的高强度有氧运动。有氧运动可以增强肺活量和心脏功能，能够有效地锻炼心、肺等器官，能改善心血管和肺的功能。下面为大家推荐几种常见的有氧运动。

（1）健步走

运动优点：易于掌握，不易发生运动伤害；不受时间和场地的限制，不同年龄人群可根据自己的时间随时随地进行锻炼；运动装备简单，只需一双舒适合脚的运动鞋；在良好自然环境中结伴健步走，不仅锻炼了身体，还能欣赏自然美景，促进人际交流，陶冶身心。

适宜人群：所有人群。

运动周期：每周 5 次或以上，每次 30～60min。

（2）慢跑

运动优点：提高睡眠质量，通过跑步，大脑的供血、供氧量可以提升 20%，这样夜晚的睡眠质量也会跟着提高；"通风"作用，在跑步的过程中，肺部的容量平均从

5.8L 上升到 6.2L,同时,血液中氧气的携带量也会大大增加;保护心脏,心跳、血压和血管壁的弹性也会随着升高;解压,慢跑可以抑制肾上腺素和皮质醇这两种造成紧张的激素分泌,释放让人轻松的物质。

适宜人群:想瘦身、需要缓解压力、缓解亚健康状态,以及预防心血管疾病的人群。

运动周期:每周 3～4 次,每次 40～60min。

(3) 有氧健身操

运动优点:强度适中,能有效控制体重,能有效提高练习者的各种身体素质;健美操运动对场地要求不高,四季都能开展,对人体的心肺功能、耐力水平都有很大的促进作用。

适宜人群:办公室人群,脑力劳动者,白领女性。

运动周期:每周 3～4 次,每次 30～60min。

(4) 游泳

运动优点:游泳是克服水的阻力而不是克服重力,肌肉和关节不易受损,能有效保护膝关节;冷水环境下运动,热量消耗大,配合节食,属于减肥效果显著的运动。

适宜人群:膝关节受损、体重严重超标、减肥、增强体质的人群。

运动周期:每周 3～4 次,每次 30～60min。

(5) 自行车

运动优点:预防大脑老化,提高神经系统的敏感度;提高心肺功能,锻炼下肢肌力和增强全身耐力。骑自行车对内脏器官的耐力锻炼效果与游泳和跑步相同。自行车还可以瘦身,是周期性的有氧运动,热量消耗较多,对颈椎病、腰椎间盘突出等有很好的锻炼和康复效果。

适宜人群:膝关节受损、体重严重超标、颈椎病和腰椎间盘突出的人群。

运动周期:每周 3～4 次,每次 40～60min。

适合成年人的无氧运动

有氧运动需要大量呼吸空气,对心、肺是很好的锻炼,可以增强肺活量和心脏功能,能够有效地锻炼心、肺等器官,能改善心血管和呼吸功能。而无氧运动的主要功能是锻炼骨骼、肌肉、关节和韧带,起到强筋健骨的作用,可防治颈椎病、椎间盘突出和骨质疏松等病症。

常见的无氧运动项目有：短跑、举重、投掷、跳高、跳远、拔河、俯卧撑、潜水、肌力训练（长时间的肌肉收缩）等。对于大多数成年人而言，简单、方便、有效是选择锻炼方式的重要依据。下面我们选择器械锻炼作为成年人的推荐无氧运动方式，为大家重点介绍。

（1）深蹲训练

身体稳定于训练位置，两脚平行或外八字，身体保持正直，两手握紧把杆；起始位置以大腿与地面平行为准，吸气，股四头肌发力，身体慢慢抬起，直至大腿伸直，保持1～3s，吐气；然后反向动作。

主要练习部位：大腿股四头肌、臀大肌。

注意事项：脊柱保持正常弯曲，大腿不能完全伸直，动作要平缓，忌猛然发力。

（2）俯卧后腿屈伸训练

身体俯卧，小腿后侧紧贴负重横杠；然后吸气，大腿股二头肌发力将横杠慢慢拉近臀部，直至大腿收紧，保持1～3s，吐气；慢慢还原至小腿伸直。

主要练习部位：大腿股二头肌。

注意事项：动作过程要缓慢、匀速。

（3）大腿内收训练

双手扶靠稳固把手，单腿直立，另一条腿膝关节下方（靠近踝部）负重向内收，保持1～2s后返回起始位置。

主要练习部位：大腿内侧肌肉群（耻骨肌、长收肌、大收肌和股薄肌）。

注意事项：动作过程要缓慢、匀速，负重要由轻至重，逐步增加。

（4）三头肌下压训练

两手臂微外张，肱三头肌发力，手臂伸直，保持顶峰收缩1～2s；然后慢慢还原。

主要练习部位：肱三头肌，同时还可以对胸大肌和三角肌有一定的刺激。

注意事项：动作过程要平缓，侧重持续而长久的发力方式。

（5）屈体腹肌训练

坐于坐垫上，将脚固定好，保证身体稳定；背部靠于靠垫上，收缩腹肌，将胸朝腹部拉近；然后慢慢还原。

主要练习部位：中上腹部肌肉。

注意事项：动作过程要平缓，侧重持续而长久的发力方式。

（6）平板卧推

仰卧在平的卧推凳上，两脚平踏在地上；两手掌向上握住横杠，两手间距比肩稍为宽些，两臂伸直，支撑住杠铃位于胸的上部；使两直臂向两侧张开，两臂慢慢弯屈，杠铃垂直落下，直至横杠接触到胸部（大约接近乳头线上方）；然后向上推起至开设位置，重复动作。

主要锻炼部位：胸大肌、三角肌和肱三头肌。

注意事项：不要把背和臀部拱起或憋气，这样会使肌肉失去控制，是危险的。

（7）颈后宽握引体向上

两臂悬垂在单杠上，两手宽握距，正手握紧横杠，使腰背以下部位放松，背阔肌充分伸长，两小腿弯曲抬起；吸气，集中背阔肌的收缩力，屈臂引体上开至颈后，使之接近或触及单杠，稍停2～3s；然后呼气，以背阔肌的收缩力量控制住，使身体慢慢下降还原，重复练习。

主要锻炼部位：背阔肌和肩部肌群。

注意事项：动作过程中身体不要前后摆动利用惯性给予助力；全身下垂时，肩胛部要放松，使背阔肌充分伸长。

成年人应进行柔韧性运动

成年人韧带变硬，在日常活动中容易受到损伤，造成关节扭伤、肌肉及相关组织的拉伤。坚持科学规律的柔韧性训练的武术运动员比缺乏柔韧锻炼的人受伤的可能性要小50％。柔韧训练通过拉伸运动可以增加你的柔韧性，减少可能的关节疼痛和疲劳，增强肌肉和肌腱，缓解紧张肌肉，有效改善因长期坐姿办公所引起的颈肩、脊柱、大腿疼痛和退化。

时下流行的白领运动，像瑜伽、普拉提、肚皮舞、跆拳道等，都可以锻炼人的柔韧性，而如果要进行专门的柔韧训练，则需要注意锻炼的方法和技巧。

1. 热身运动

最开始是小幅活动脚腕、手腕、脖子、腰、膝盖。

（1）快走慢跑：其局限性在于仅仅锻炼了足背脚踝和膝盖髋关节，上身（包括头、颈、肩、臂、胸、腰）的锻炼几乎没有。

(2) 简易体操：可以进行全身关节的柔和运动，强度不大，比较推荐。但是因为内容本身缺乏韵律，比较枯燥，所以难以坚持。

(3) 舞蹈组合：不要长于 20min，一定要是比较简单的群舞动作，以古典民族舞的动作为好。古典民族舞的动作是全身性的运动，而且加练了身韵，贯穿呼吸，不仅热身，还能够练习基本功。练习者伴随音乐起舞，更容易进行柔韧锻炼。

注意，如果肌肉和韧带还没有活动开，压软度时极容易受伤，且不易恢复。

2. 软度练习

软度练习的幅度需逐渐增强。

(1) 压腿

练软度初期必须有老师指导，因为力度、角度，甚至腿、腰部肌肉的用力，都是至关重要的，如果不当，则可能拉伤韧带。

压腿时要伸直了膝盖、绷紧了脚背再压，不论腿在前、在旁，还是在后面，后面是最容易让我们忽视的了！

前腿：背要直立着以腹部带力压前腿，尽可能让肚皮贴腿，而肩还和腿有一点距离为好！

旁腿：弯曲的一侧应立住腰椎尾椎，在上段腰椎和下段胸椎处侧弯。手臂上抬直立，弯曲一侧的肩膀不要跑到旁腿后面，而应用背去靠腿。髋关节不要太往回缩，容易发生坐髋，会使屁股变大；也不要太往远伸，否则控制不稳。可以在直腿旁压之后，弯腿压胯帮助练习。

后腿：腿向后伸直、外开，注意脚背要绷直，身体站正，使两肩和双髋在一个平面上。腰要拔直拉长，与上举的胳膊一起向后压。可以弯主力腿（重心所在腿）下蹲，此时明显感觉到大腿内侧筋有抻拉感。保持这个姿势。

(2) 下叉

纵劈：注意后面的腿要伸直、外开，前腿要伸直绷脚背，肚皮贴前腿，伸直腰向后弯。下叉时可以请助手用脚踩下叉者的髋关节，可以帮助拉伸韧带。

横劈：横劈下叉前可以先做几组热身练习如两腿分开下蹲到底，身体向下压，震颤着压大胯小胯，再保持静止姿势，重复做。然后开始做伸直腿压腿。小腹向地面靠，在能忍受的最大限度上坚持 1min；然后做震颤下压，共计 5min。

（3）踢腿

伸直主力腿动力腿,绷直脚背,脚背带着上踢。上踢迅速,在最高点略作停顿,然后相对慢速回落。踢上 15 次后可稍微放松脚背,把腿尽量踢高,上踢 10～15 次。

（4）下腰

胸部带着腰部伸长下后腰,双手高举带着头向后向下,使腰弯到极限,胸式浅呼吸,坚持 0.5～1min。要十分注意安全,最好在软垫上进行训练,旁边要有助手帮忙。

成年人由于长期不进行柔韧性锻炼,韧带相对较硬,所以,必需从能接受的程度开始练习。练习时以能忍受的疼痛程度为限,贵在坚持。

Ⅲ 老年阶段

老年人的运动原则

近年来,喜欢体育锻炼的老年人越来越多。体育锻炼对老年人是有好处,但因为老年期软组织退化较快,损伤后不易恢复,所以,老年人参加体育锻炼,除选择较小负荷的项目以外,还应量力而行,持之以恒,同时还要遵循一些老年人运动锻炼的原则。

1. 个别对待

老年人个体体能差异大,制定的运动方案也应各不相同,应考虑到性别和健康状况的差别,是否伴有慢性病以及疾病的性质和程度的差异。

传统的观念认为,高龄老人(80 岁以上)和体质衰弱者参加运动往往弊多利少,但新的健身观点却提倡高龄老人和体质衰弱者同样应尽可能多地参与锻炼,因为对他们来说,久坐(或久卧)不动即意味着加速老化。

当然,老年人,特别是高龄和体质衰弱者,应尽量选择那些副作用较小的运动,如以慢走替代跑步、游泳替代健身操等。

2. 循序渐进

运动训练方案可分为三个阶段：开始阶段、适应阶段和维持阶段。先进行运动量小、动作简单的运动,再进行量大、动作复杂的锻炼。通过运动训练逐渐产生有利于机体的适应性反应,这样就避免了因急于追求训练效果而无计划地增加运动量所导致的心脑血管和骨关节病变。

3. 运动项目的选择

项目的选择要根据老年人的年龄、性别、体质强弱、疾病情况、兴趣爱好和客观条件来选择,可以选择散步、慢跑、骑自行车、门球、踢毽子、郊游、爬山、钓鱼、棋类等。

心血管疾病是威胁老年人生命健康的"第一杀手",所以老年人应特别重视有助于心血管健康的运动,如游泳、慢跑、散步、骑车等。为保证心血管确实得到有效锻炼,建议老年人最好每周都进行 3～5 次、每次 30～60min 不同类型的运动,强度从温和至稍稍剧烈,达到心率增加 40%～85% 即可。年龄较大或体能较差的老人可缩短每次锻炼的时间,避免过度运动造成不必要的伤害。

适度的力量训练对减缓骨质流失,防止肌肉萎缩,维持各器官的正常功能均能起到积极作用。训练时应选择轻量、安全的重量训练,如举小沙袋、握小杠铃、拉轻型弹簧带等,每次不宜时间过长,以免导致可能的伤害。

4. 充分的准备活动和整理运动

通过准备活动心率逐渐增加,避免运动时因心率骤然升高而增加心脏负担。运动结束时,通过整理运动,运动强度逐渐降低,防止骤然停止运动引起晕厥。

5. 运动方案即时调整

老年人生理功能脆弱,运动所造成的生理功能改变在老年人身上显得格外敏感,特别对于正在使用心血管疾病药物的老年患者,应根据病人用药后对运动试验的反应来作调整。

运动训练产生的有益效果不是永久性的,停止运动 2 周后,原有的效果便开始减退。因此,老年人体育锻炼要持之以恒,长期坚持,才能起到保护健康、延年益寿的效果。

散步可预防心血管疾病

心血管疾病,又称为循环系统疾病,是一系列涉及循环系统的疾病。循环系统指人体内运送血液的器官和组织,主要包括心脏、血管(动脉、静脉、微血管),一般都是与动脉硬化有关。

随着年龄的增长,特别是老年人,各器官(包括心血管系统)功能逐渐老化,在形态学和功能上都发生一系列衰老性改变。当心脏问题出现时,往往其病因(动脉硬化)已经发展了接近十年的时间。所以应强调防止动脉硬化的方法,如健康饮食、体育运动及避免吸烟等。

有规律的运动锻炼可以有效地提高心血管系统的功能,减少心血管疾病的发生。生理学家认为,经常运动的人的心血管功能强,心跳缓慢有力,心脏输出量大,因此较少患心脏病。

运动过量者发生心肌梗死的可能性比中等量运动者高2~4倍。老年人进行体育锻炼时应注意把握运动量,活动时心率以不超过170与年龄之差,或以身体微汗,不感到疲劳,运动后自感身体轻松为准。每周坚持活动不少于5天,持之以恒。

研究表明,长期坚持散步的老年人与同龄其他老人相比,心率减慢,心肌收缩有力,心脏射血机能良好,冠状动脉血循环充足,从而使心肌缺血的发生率明显降低。

美国加州大学洛杉矶分校著名的老年病学专家大卫·苏罗曼教授经过多年的潜心研究后指出:散步是适合于老年人的最佳运动。他认为,散步运动量不大,快慢可自行调节,而且绝对安全,对促进老年人的心血管健康尤有好处,是老年人减缓衰老最有效和最简单的方法。

散步可增强血管弹性,提高心室顺应性,维持稳定的血压,对预防心血管疾病的发生起重要作用。

散步时人体骨骼肌群有节奏地收缩、舒张,末梢血管受到肌肉的挤压,活动增强,心脏的舒缩功能相应加强,使机体各脏器新陈代谢处于最佳状态,从而有效预防许多老年性疾病的发生。

下面给大家介绍五种散步方法,可供老年人选择。

(1) 普通散步法:其速度每分钟60~90步,每次20~40min。此法适合于有冠心病、高血压、脑溢血后遗症和呼吸系统疾病的老年人。

(2) 快速散步法:其速度每分钟90~120步,每次30~60min。此法适合于身体健康的老人和有慢性关节炎、胃肠疾病、高血压病恢复期的患者。

(3) 反臂背向散步法:即行走时把两手的手背放在两侧后腰部,缓步背向行走

50 步,然后再向前走 100 步,这样一倒一前反复走 5～10 次。此法适合于有轻微老年痴呆症、神经疾病患者。

(4) 摆臂散步法:走路时两臂前后做较大幅度的摆动,每分钟行走 60～90 步。此法适合于有肩周炎、上下肢关节炎、慢性气管炎、轻度肺气肿等疾病的老年人。

(5) 摩腹散步法:步行时两手旋转按摩腹部,每分钟 30～50 步,每走一步按摩一周,正转和反转交替进行,每次散步时间 3～5min。此法适合于有肠胃功能紊乱、消化不良等胃肠疾病的老人。

慢跑可延长脑细胞存活时间

阿尔茨海默病是慢性进行性中枢神经系统变性病导致的痴呆,是痴呆最常见的病因,也是最常见的老年期痴呆。

阿尔茨海默病实际上就是进行性、广泛性脑萎缩,造成相对应功能区域的蜕变。而要预防阿尔茨海默病,就要从根本上解决问题:延缓脑细胞衰老,减少脑细胞死亡,维持大脑正常功能。

我们知道,人体活动离不开氧气和能量,脑细胞也是如此。大脑要正常工作,就必须源源不断地供应氧和葡萄糖,而血流是氧和葡萄糖进入大脑的唯一途径。设法增加脑血流量是提高大脑功能的基础,而运动恰恰有这样的作用。

对于老年人来说,慢跑可以有效加快心率,提高血流量,增加大脑获氧量,起到锻炼大脑的作用。

和许多较剧烈的运动项目比起来,慢跑更舒缓一些,是一项很适合老年人锻炼的运动项目。然而,如果慢跑的方法不当,也可能会有意外危险发生,因此,老年人在做慢跑锻炼时要注意以下几点,才能确保运动的安全。

(1) 跑前检查身体。参加慢跑的老年人要先检查身体,看看自己是否适合跑步。医生认可后,则可积极参加,并长期坚持下去。

(2) 跑的距离和速度要适当。体弱的老年人要先进行短距离慢跑,从 50m 开始,逐渐增至 100m、200m,以至更长距离,速度一般为 30～40s 跑 100m(运动量与快走相似)。体力稍好的可跑的长些,从 300m 或 500m 开始,然后根据体力逐渐增加,直到 3000～5000m。心肺功能稍差的,可练走、跑交替,一般是慢跑 30s,步行 60s,这样反复进行 20 次约 30min。

（3）慢跑锻炼要掌握合适的心率。可用 170－年龄＝最高心率的公式来掌握，跑完后测出的脉搏应低于最高心率。一般 60 岁的人跑完的合适心率为 96～112 次/分；65 岁为 93～109 次/分；70 岁为 90～150 次/分；80 岁为 84～98 次/分。

（4）跑时呼吸要自然均匀，顺畅自如，深长而不憋气。呼吸节奏与跑的步子节奏相协调，若出现上气不接下气，则说明跑速过快身体不适应，应减速调整呼吸。跑的步子宜小，不要足跟先着地，尽量要有弹性和轻松些，鞋内要有海绵垫。跑前应活动膝、踝关节，跑后注意勿受凉，避免在穿堂风处休息。

（5）锻炼后应有良好感觉，吃得香，睡得好。若感到疲乏无力，心绪不快，食欲不振，睡得不好，应减小运动量或去医院检查。

（6）跑步中注意事项：若出现胸闷、胸痛、心悸、头昏眼花等不适感时，应立即停止跑步，就地休息，以防意外，并请医生检查。

按摩可舒筋活骨、消除疲劳

古时候人们在长期的实践中发现，在人体体表的特定部位通过运用特殊的手法（如推、按、捏、揉等），对人体进行刺激，可以起到调节机体生理、病理状况，从而达到祛除疾病、调理身体的目的。这样的方法通过不断的总结、传承和发展，就形成了今天人们熟知的按摩理疗。

做过推拿的人都知道，按摩之后，人感到通体舒泰，四肢轻盈，头脑清醒，十分舒服。其实，按摩通过特殊的手法，对机体进行有计划的刺激，可以起到理想的生理功能。

（1）按摩作用于体表，可使局部皮肤潮红，皮温增高，毛细血管扩张，血液淋巴循环增加，具有调节血液和淋巴循环的作用。

（2）按摩通过捏、摇、扳、拔等手法，可以使关节脱位得以整复，骨缝错开得以合拢，软组织撕裂得以对位，肌腱滑脱得以理正，髓核脱出得以还纳，滑膜嵌顿得以退出，最终消除引起肌肉痉挛和局部疼痛的病理因素，有利于损伤组织的修复和功能重建。

（3）按摩可以松解肌肉、肌腱、腱鞘、韧带、关节囊等软组织的粘连，消除因局部出血、血肿机化粘连而引起的长期疼痛和活动受限，滑利关节。

（4）按摩既可使神经兴奋，又可引使神经受到抑制。在家庭中遇到的腰背痛、头痛、头昏、神经衰弱等病,及时给予揉、点、按、推、摩等手法,能使症状很快缓解,这就是按摩手法起到了调整神经系统的作用,使兴奋、抑制达到平衡。

(5) 按摩可提高机体的抗病能力。有资料表明,背部两侧按摩 10min,可使白细胞总数轻度升高,白细胞吞噬指数和血清抗体明显增高,提高人体免疫力。

(6) 按摩可以缓解因组织退变引起的痉挛。由于人体骨骼与软组织的退变,肌肉附着点和筋膜、韧带、关节囊等受损害的软组织会发出的疼痛信号,通过神经的反射作用,致使肌肉紧张、收缩甚至痉挛。如不及时处理或治疗不彻底,损伤组织可开成不同程度的粘连、纤维化或瘢痕化,以致不断地发生有害冲动而加重疼痛。不管是原发病灶还是继发病灶均可刺激和压迫神经末梢及小的营养血管,造成局部血运及新陈代谢障碍。按摩能松懈肌肉痉挛,加强局部血液循环,使局部组织温度升高,提高局部组织的痛感;同时还能将紧张或痉挛的肌肉充分拉长,从而解除其紧张、痉挛,以消除疼痛。

(7) 按摩可以促进人体代谢,排除毒素。人的身体积累的不健康激素可导致失眠、头痛,甚至消化问题。已证实,按摩可以减少身体的皮质醇,使身体进入轻松的休息和恢复状态。事实上,按摩触发了大脑的化学反应,可能导致持久的松弛的感情,降低压力,改善情绪。

老年人生理机能相对较差,通过按摩疗法可以改善皮肤、肌肉的血液循环,促进组织器官的新陈代谢,加强胃肠功能,刺激或抑制神经,从而起到镇痛、止痛、消炎、消肿、解痉的作用,调整人体功能,增强免疫能力。每天按摩,延年益寿!

爬山可延缓人体衰老

最近几年,随着大规模的房地产开发和城市交通建设,人们居住的环境少了不少绿地,可以提供给人们运动的场所也减少了。于是郊外爬山运动便进入人们锻炼的选择。

爬山不需要特殊的设备,而且又是户外有氧运动。居住在闹市里人们,不论是老年人、少年还是青壮年,他们都可以根据自己的体质安排爬山方式,爬山已成为一种首选的时尚体育运动方式。

有些人认为,爬楼梯和爬山都是一步步登台阶,运动效果是一样的。但是专家提醒,爬楼梯和爬山并不是同一个概念。

专家解释,楼梯的垂直角度大,爬楼梯时上升、下降的速度快,运动负荷较大;而山地是逐渐向上,运动负荷比爬楼梯小,因而爬山运动要比爬楼梯安全。山中树木和草地的面积也远比城市中多得多,空气中富含氧负离子,因此爬山锻炼对于增强心肺的功能很有益处,同时帮助机体排除自由基,延缓衰老。

爬山能够促进新陈代谢,缓解视力疲劳,增加身体肌肉,锻炼人的平衡能力,也可以让身体的肌肉更加地发达,放松心情,缓解压力。从医学角度来说,它对人的视力、心肺功能、四肢协调能力、体内多余脂肪的消耗、延缓人体衰老等方面有直接的益处。

但是,爬山是一项耗氧量很大的运动,如果把握不好就可能发生意外。老年人在进行爬山锻炼时应注意以下几点:

(1)老年人登山需要量力而行,避免超负荷运动。老年人的身体各处都在衰退,登山对身体的消耗很大,是一项需要体力的活动。

(2)患有心脑血管疾病的老人应该在有人陪同的情况下登山。患有这些疾病的老人运动量不可太大,要在家人朋友的陪同下进行运动,切身上要随时准备药品,以备紧急情况的发生。

(3)糖尿病患者要警惕低血糖。登山有助于糖尿病患者控制体重和降血糖,但是也要特别小心预防低血糖。这类患者在爬山前应少吃一些食物或在饭后一小时开始爬山。

(4)骨关节病老人应避免登山。人的膝盖经常保持半屈状态运动,上山很费力,这样对于膝盖关节的磨损很大。

(5)登山要找好时间。早上空气湿润,污染物都弥散在水汽中,人体呼吸后对身体很不利,下午三四点的时候去登山是较健康的。

"会当凌绝顶,一览众山小。"爬山既可以锻炼身体,又可以陶冶人们的情操,是一项很好的健身项目。希望老年人在参加爬山锻炼的体验中,享受健康和运动的乐趣!

养生锻炼:气功

气功,又写做"炁功"。我国古代养生家认为,人体能量分为先天和后天,"炁"指的就是人体先天能源,而"气"则是指通过后天的呼吸以及饮食所产生的能量。而气功锻炼主要是通过后天的呼吸等方法来接通先天的"炁",从而达到养生健身、延年益寿的效果。

气功在古代通常被称为吐纳、导引、行气、服气、炼丹、修道、坐禅等,是一种以呼吸的调整、身体活动的调整和意识的调整(调息、调形、调心)为手段,以强身健体、防病治病、健身延年、开发潜能为目的的一种身心锻炼方法。

我国古代劳动人民很早就发现,通过主观意识的活动引导呼吸和肢体活动能起到祛病养生的功效。《黄帝内经》中有记载"提挈天地,把握阴阳,呼吸精气,独立守神,肌肉若一""积精全神""精神不散"等修炼方法。《老子》中提到"或嘘或吹"的吐纳功法。《庄子》也有"吹嘘呼吸,吐故呐新,熊经鸟伸,为寿而已矣。此导引之士,养形之人,彭祖寿考者之所好也"的记载。湖南长沙马王堆汉墓出土的文物中有帛书《却谷食气篇》和彩色帛画《导引图》。《却谷食气篇》是介绍呼吸吐纳方法为主的著作。《导引图》堪称最早的气功图谱,其中绘有44幅图像,是古代人们用气功防治疾病的写照。

因为气功强调气息的锻炼,国外便有人将气功称为"深呼吸锻炼法",这其实是未认识到气功的真谛。实际上,气功锻炼包括呼吸、体势、意念三类手段,每一类手段又有多种锻炼方法,深呼吸只是众多呼吸锻炼方法中的一种。现代医学认为,气功是通过使用自我暗示为核心的手段,促使意识进入到自我催眠状态,利用呼吸、体势、意念三类手段,通过心理—生理—形态自调机制调整心身平衡,达到健身治病目的的自我锻炼方法。它包含心理疗法,但是与心理疗法有区别。心理疗法一般是指医生用语言、表情、姿势、态度等,对觉醒状态下的病人进行说理、暗示治疗;或用一些特殊的诱导方法,使病人引起一种表面上有些类似于睡眠的催眠状态,再对呈催眠状态下的病人进行暗示治疗,故病人始终是被动的。而气功则是发挥人的主观能动性,在他人指导下,通过自我锻炼从而加强自我控制能力而收效。

气功在保健方面有独特的功效。它是建立在整体生命观理论基础上,通过主动的内向性运用意识活动的锻炼,改造、完美、提高人体的生命功能,把自然的本能变为自觉智能的实践。气功与中医、武术一起,被认为是中华传统文化之一,受到世界范围内许多人的喜爱。

太极拳可协调全身内、外器官机能

太极拳是极富中国传统特色元素的汉族文化形态。相传17世纪中叶,温县陈家沟陈王廷在家传拳法的基础上,吸收众家武术之长,融合易学、中医等思想,创编出一套具有阴阳开合、刚柔相济、内外兼修的新拳法,命名为太极拳。

其拳以用意在先,拳脚随后。讲究以柔克刚,料敌在先。实战不以蛮力攻击对方,而是将对方的力量引导至无威胁的方向,或吸收化为自己的力量而反击。务求切入对手死角,破坏对手重心,后发先至,将对手引进,使其失重落空;或者分散转移对方力量,乘虚而入,全力还击。是极讲究技巧和预判的厉害武学。

太极拳在陈家沟世代传承,自第 14 世陈长兴起开始向外传播。在不断的流传和交流中,根据不同的实际需要,太极拳逐渐衍生出杨式、武式、吴式、孙式、和式等多家流派,各派之间互有关联又各有所长。太极拳的基本内容包括太极养生理论、太极拳拳术套路、太极拳器械套路、太极推手以及太极拳辅助训练法。其拳术套路有大架一路、二路,小架一路、二路,器械套路有单刀、双刀、单剑、双剑、单锏、双锏、枪、大杆和青龙偃月刀等,有的注重实战,有的则简化用于健身。因其动作柔和、速度较慢,拳式并不难学,而且架势的高或低、运动量的大或小都可以根据个人的体质而有所不同,所以太极拳能适应不同年龄、体质的需要而广为人们喜爱。

太极拳是汉民族辩证的理论思维与武术、艺术、引导术、中医等的完美结合,它以中国传统儒、道哲学中的太极、阴阳辩证理念为核心思想,集颐养性情、强身健体、技击对抗等多种功能为一体,是高层次的人体文化。作为一种饱含东方包容理念的运动形式,其习练者针对意、气、形、神的锻炼,非常符合人体生理和心理的要求,对人体身心健康以及人类群体的和谐共处,有着极为重要的促进作用。

太极拳要求精神专一,全神贯注,意动身随,内外三合(内三合指意、气、力相合,即意与气合,气与力合;外三合指手与足合,肘与膝合,肩与胯合)。动与静结合,有益于对大脑皮层兴奋、抑制的调节,对脑的功能起着积极的调节和训练作用,对大脑皮层过度兴奋引起的神经衰弱、失眠、头晕等有显著疗效。

太极拳讲究气息的运转,通过深长的呼吸活动横膈,牵动胸腹活动,对五脏六腑起到"按摩"作用,使胸腹器官血流旺盛,吸收机能加强,对诸脏腑产生的疾病,如肠胃消化不良、糖尿病、二便失禁等,有良好的疗效。深长呼吸使肺腑排出大量浊气,吸入较多的氧气,提高了肺部的换气效率,同时增强了肺组织的弹性。这可使肋软骨骨化率降低,胸廓活动度加强,对肺病和肺气肿的防治有一定的作用。太极拳强调在周身放松条件下进行锻炼,在大脑支配下,神经、肌肉放松又能反射性地使全身小动脉得到舒张,同时缓解小动脉壁的硬化。这样血压随之下降并趋于正常,对高血压患者十分有利。

太极拳含蓄内敛、连绵不断、以柔克刚、急缓相间、行云流水的拳术风格使习练者的意、气、形、神逐渐趋于圆融一体的至高境界,而其对于武德修养的要求也使得习练者在增强体质的同时提高自身素养,提升人与自然、人与社会的融洽与和谐。

降压保健操

老年人心血管脆弱,容易发生意外,因此要特别注意血压控制。根据中医"平肝息风"的理论,经过实践创编的降压保健操,针对相关经络穴位,可以调整微血管的缩舒作用,解除小动脉痉挛,疏通气血,对于高血压病的预防和治疗有明显作用,适用于中老年人和高血压患者。

此操共十节,坐姿、立姿均可锻炼,全操只需要10min做完。

第一节:预备动作

坐、站姿势均可,保持自然端正,正视前方,沉肩坠肘,含胸拔背,调息存念,意守双足底涌泉穴,全身肌肉放松,练功时采用鼻吸口呼法。可根据个人身体素质选择站、坐姿势。

第二节:按揉太阳

功效:疏风解表、清脑、明目、止头痛。

操作:以左右手食指罗纹面,紧贴眉梢与外眼角中间向后的一寸凹陷处,按太阳穴,右时针旋转,一周为一拍(4个八拍)。

第三节:按摩百会

功效:宁神、清脑、降压。

操作:用左和右手掌,紧贴百会穴旋转,一周为一拍(本穴在头顶,两耳尖联线的中央)(4个八拍)。

第四节:按揉风池

功效:安神、清脑、除烦。

操作:以双手拇指罗纹面扫揉双侧风池穴,顺时针旋转一周为一拍(风池穴在颈后际两侧凹陷处)(4个八拍)。

第五节：摩头清脑

功效：舒筋通络、平肝息风、降压、清脑。

操作：两手五指自然分开，用小鱼际从前额向耳后分别按摩，从前至后弧线行走一次为一拍（此节动作涉及按摩眉冲、头临泣、头维、攒竹、鱼腰、阳白、四白、翳风及耳穴降压汉等穴）(4个八拍)。

第六节：擦颈降压

功效：解除胸锁乳突肌痉挛、降压。

操作：先用左手大鱼际擦右颈部胸锁乳突肌，再换右手擦右颈，一次为一拍(4个八拍)。

第七节：揉曲降压

功效：清热、降压。

操作：先用右手再换左手，先后按揉肘关节、屈肘尖凹陷处曲池穴，旋转一周为一拍(4个八拍)。

第八节：揉关宽胸

功效：舒心、宽胸。

操作：先用右手大拇指按揉左后内关穴后，调左手按揉右手内关穴，以顺时针方向按揉一周为一拍（内关穴在腕横两横指，两筋之间）(4个八拍)。

第九节：导血下行

功效：揉里治本、健脾和胃、导血下行。

操作：分别用左、右手拇指同时按揉双肢小腿足三里穴，旋转一周为一拍（本穴在外膝眼下四横指外侧凹陷处）(4个八拍)。

第十节：扩胸调气

功效：舒心、宽胸、畅气。

操作：两手放松下垂，然后握空拳，屈肘抬起，提肩向后扩胸，最后放松还原。如站势扩胸时，可同时左腿膝提起，还原时跳落地，如此反复，换右跳屈膝提起，最后放松还原(4个八拍)。

本法选择有关经络穴位，通过手法按摩，顺其气，推行其血，引血下行，达到疏通气血、协调阴阳、降低血压、改善体征、延身益寿的目的。

降血压保健操做一遍大约需10min，简单易学，效果明显。按摩时穴位要准确，以局部酸胀、皮肤微红为度。第一、二期高血压患者每天要持续做 2～3 遍,可达到降血压、清脑、镇痛、宽胸、安神等功效,使血压保持稳定。

清晨床上健身法

对中老年朋友来说,每日清晨醒来之后在床上进行几分钟健身活动,不仅简单易行,有益健康,长期坚持还能起到明显的养生保健功效。下面给大家介绍几种清晨床上健身法。

(1) 转头屈脚踝

一夜睡眠不动就会使得头部和颈部肌肉变得僵硬,头部血液循环不畅顺。头部供血不足等就会让人感到头昏脑涨,所以在早晨醒来躺在床上头部向左、右侧转动 8～10 次,即可减轻头昏症状。与此同时,屈伸脚踝关节 10～20 次,能够使得下肢活动起来。

(2) 搓脸

用双手中指揉两侧鼻翼旁的"迎香穴"10 余次,然后双手上行搓到额头,再沿两颊下行搓到额尖汇合。如此反复 30 次,可促进面部血液循环,预防感冒,也能美容。

(3) 转睛

先左右,后上下,各转眼球 10 余次,有增强视力和减少眼疾之功。

(4) 轻揉耳轮

用双手指轻揉左右耳轮 1 分钟或至发热舒适。因耳朵布满全身的穴位,这样做可使经络疏通,尤其对耳鸣、目眩、健忘等症,有防治之功效。

(5) 梳头

平坐,十指代梳,从前额到枕部,沿两侧颞颥梳到头顶,反复数十次。可减少脱发、白发,并有醒脑爽神、降低血压之效。

(6) 叩齿

平坐,上下牙齿之间相互叩击,每次叩击 50 次左右,反复数次。此法能增强牙周组织纤维结构的坚韧性,促进牙龈及颜面血液循环,使牙齿坚固,防止牙病发生。

(7) 伸懒腰

在睡觉的时候身体应该多采取屈缩的姿势,睡醒后在床上做两手交叉、伸向头上方翻掌、脚尖绷直、伸展身体,同时配合深呼吸的动作,如此反复练习4~6次,有助于消除人体疲劳,精神倍增。

(8)仰卧侧屈

仰卧在床上,一手向上举,随着上体侧屈,下肢用力伸直,左右侧屈分别做6~8次,可以锻炼腰腹力量。

(9)挺腹

平卧,双腿伸直,深呼吸。吸气时,腹部有力地向上挺起,呼气时松下,一呼一吸为一次,做10次。可增强腹肌弹力,预防腹壁肌肉松弛,具有减肥和加强胃肠消化功能作用。

(10)揉腹

仰卧,用右手按顺时针方向绕脐揉腹81次,再逆时针方向绕脐揉腹81次,用力适度,不快不慢,至腹壁皮肤微红微热。有养生、延年益寿功效,并对高血压、冠心病、肺心病、糖尿病、慢性胃炎、消化不良、便秘等病症有良好的辅助治疗效果。

(11)收腹提肛

反复收缩,使肛门上提,可增强肛门括约肌收缩力,促使血液回流,预防痔疮的发生。

(12)蹬摩脚心

仰卧以双足跟交替蹬摩脚心,使脚心感到温热。蹬摩脚心后可促使全身血液回流,有活经络、健脾胃、安心神等功效。"搓脚心"是指按摩足底中心部位的涌泉穴。涌泉穴是足少阴肾经的起点,中医学认为,该穴有"治善忘、安神、醒脑、通关开窍和固真气"等功效。

(13)猫身

趴在床上,撑开双手,伸直合拢双腿,撅起臀部,像猫拱起脊梁那样用力拱腰,反复十几次。可促进全身气血流畅,防治腰酸背痛等疾病。

简易防癌健身法

癌症是当今最常见的发病和死亡原因之一,每年检查出的新增癌症患者数已经超过1400万,而每年死于癌症的患者则已超过800万人。直到目前为止,人类还没有找出一种行之有效的办法来治愈和抑制肿瘤。癌症对大多数人来说就意味着死亡。

那么有没有什么方法可以使我们减少罹患癌症的风险呢？平常，我们都是低着头、弯着身体在做事，内脏受到挤压、脊椎也常弯曲。但是当我们举起双手伸懒腰，或者转动身体、伸展四肢，就会觉得神清气爽，减少疲累。同样，通过抬头挺胸、伸张四肢，让身体回归到最自然、舒畅的姿态，活化身体各部淋巴系统，让平常不容易运动到的肌肉和末梢神经也有充分舒展的机会，通过运动来舒展、刺激淋巴系统，强化淋巴系统的免疫功能，增强其循环和代谢能力，可以达到防癌、抑癌的目的。

下面我们为读者介绍一些日常可用的防癌健身方法。

1. **卧位健身法**

（1）仰卧，双手交握于枕部，下额紧贴胸前，屈膝，上身慢慢抬起，维持6s。

（2）仰卧，以足尖抵于床栏，双手交握于枕部，下肢伸直，上身慢慢抬起，与床面呈30°～40°角，维持6秒钟。

（3）仰卧，双手紧握床边，然后以双腿夹住1～2kg重物体，直腿向上抬起，与床面呈30°角，维持6s。

（4）俯卧，用双手和双腿支撑身体，用力于腹、腰、背的肌肉，同时不使臀部下降，维持6s。

（5）侧卧，屈一肘支撑（左右交替），双足交叉于床面，用力于腹肌，同时不使臀部下降，维持6s。

（6）仰卧，两臂自然向两侧平伸，然后用力于腹肌，尽力使腰部下沉贴于床面，维持6s，每次练习数次。

2. **洗髓健身法**

仰卧床上，勿枕枕头，头和整个身躯放平，两手张开，斜放在体侧，掌心朝上，两腿自然分开，全身放松，宁神息虑。首先将思想集中于头顶百会穴附近，产生一种云雾状的感觉，即气感，然后用意念自后脑根开始，沿着脊椎骨细细往下想，直至尾闾。再从头开始，如此周而复始，每次练5～10min，每天可练数遍。

3. **坐位健身法**

安静平坐，两臂伸直，两手掌分别撑在双膝上，挺胸伸背，并使上身向前倾斜，同时腹部用力收缩,维持 6s。用一手手指抓住同侧椅座的边缘,上身向对侧倾斜,同时用力于腹部,维持 6s。两腿略分开,双手手指抓住椅座边缘,背向后倾斜,同时用力于腹部,维持 6s。每天练习数次。

以上方法简便易学,功效显著。通过促进淋巴系统循环来达到调高免疫力的效果。在运动的基础上,结合适当的饮食和食疗,可以达到很好的防癌效果。

韧带运动

俗话说,"筋长一寸,寿延十年"。人到中年以后,关节周围的关节囊、韧带、肌腱等会逐渐老化,柔韧性会减退,而且还会出现椎间盘突出症、肩周炎、腰腿痛等退行性疾病。科学家经研究发现,在柔韧性减退的过程中,不同个体的差异很大。人体机能的自然老化只是中老年人身体柔韧性减退的一小部分原因,而缺乏锻炼是造成人体柔韧性减退的主要原因。因此,专家建议:中老年人要经常进行柔韧性锻炼。通过柔韧性锻炼,可以扩大中老年人关节韧带的活动范围,有利于提高身体的灵活性和协调性,避免和减轻因跌倒等意外带来的损伤。通过这种锻炼还可以减轻肌肉的疲劳程度,延缓肌肉韧带的衰老过程,推迟血管壁弹性降低和皮肤变得松弛的时间。

作为人体基本运动能力之一,柔韧性的重要价值在于,良好的柔韧性不仅是学习、掌握运动技能的重要基础,还可以提高运动素质,减少运动器官在锻炼中的负担,降低运动损伤的发生。运动医学研究表明,柔韧性是重要的身体素质之一。经常进行柔韧性锻炼对中老年人来说,更有独到的益处:

(1) 柔韧性锻炼能扩大关节韧带的活动范围,有利于提高身体的灵活性和协调性,在意外事故发生时有可能避免和减轻损伤。

(2) 柔韧性锻炼可使僵硬的肌肉得到松弛,防止肌肉痉挛,减轻肌肉疲劳。

(3) 柔韧性锻炼通过加强肌肉韧带的营养供应,延缓肌肉韧带的衰老,同时还能延缓血管壁的弹性下降和皮肤的松弛。

中医认为,"骨正筋柔,气血自流",气血通畅,则疼痛能消。因此,拉筋法的疗效,首先表现在祛痛。此外,通过拉筋还可以达到排毒的效果,因为拉筋能打通背部的督脉和膀胱经。而膀胱经是人体最大的排毒系统,也是抵御风寒的重要屏障。膀胱经通畅,则风寒难以入侵,内毒能随时排出,则肥胖、便秘、粉刺、色斑等症状自然减缓。老年人可以进行一些抻拉韧带的锻炼。

拉筋法操作很简单,在办公室或家里都能随时进行。

1. 站位拉筋法

(1) 站在门口,双手上举扶住两边门框,尽量伸展开双臂。

(2) 一脚在前,站弓步,另一脚在后,腿尽量伸直。

(3) 身体正好与门框平行,头直立,双眼向前平视。

(4) 以此姿势站立 3min,再换一条腿站弓步,也站立 3min。

此法可拉伸肩胛部、肩周围、背部及其相应部分的筋腱、韧带。

2. 卧位拉筋法

(1) 仰卧躺在床上,让臀部尽量移至床边缘。

(2) 一腿自然弯曲向下,踩在地面上,另一腿伸直,尽量向胸前抬起。

(3) 可用双手扶腿,帮助其伸直,并向身前尽量压腿到极限,坚持几分钟,然后换腿。

除了上面的方法以外,早起伸伸懒腰,做做伸展运动,在运动场上吊吊单杠,玩玩吊环,也都能起到拉筋的作用。

但需要提醒的是,凡有高血压、心脏病、骨质疏松等症及长期体弱的患者,一定要先请示医生是否适合做这类拉筋。因为有筋缩的人在拉筋时一定会痛,忍受疼痛时会使心跳加快、血压升高。有骨质疏松的患者拉筋时容易发生骨折、骨裂;体弱者也可能因疼痛而晕厥,所以一定要避免意外情况发生。如果在拉筋时出现抽筋现象,说明拉伸力度过大,应立即停下来,以后再拉筋时也应减小拉伸的力度。如果拉筋后出现局部疼痛,影响正常运动,可能是肌腱或韧带拉伤,应暂停拉筋,症状 3 日后仍不缓解或变得更严重者,应及时到医院就诊。

第四周
怎样选择适合你的运动

Ⅰ 评价自己的运动能力——运动水平测试

运动强度测试

适宜的运动强度能提高个体的身体素质，不适宜的运动强度则会对人体造成伤害：过低的运动强度无法达到锻炼身体的目的，浪费了大量的时间和精力；过高的运动强度超过了个体承受的限度，小会对个体造成损伤，大则甚至威胁生命。

人体运动强度与人体体质息息相关，体质的强弱直接决定了个体的运动强度的大小。由于个体在身体素质上的不同，在选择提高性体育锻炼或恢复性体育锻炼中所适合的运动强度也应有所不同。

由于肥胖、衰老、疾病等原因，即将进行体育锻炼的个体可能处于身体健康水平低下状态。在开始进行体育锻炼之前进行相关测试，了解多大强度的体育锻炼适合自己，然后制定相应的运动计划，可以帮助我们有效锻炼身体。

运动计划，又叫运动处方，目的在于锻炼身体，其实施最终落实于体力活动。根据运动负荷强度试验，可以有效制定出体力活动方案，使体力活动负荷处于有效范围之内：既要有助于身体机能改善，也要顾及机体承受能力。

运动强度可根据最大吸氧量的百分数、代谢当量、心率、自觉疲劳程度等来确定。

1. 最大吸氧量百分数测定法

人体在进行递增性的大肌肉群参加的衰竭性运动中，随着运动强度逐渐增加，人体吸氧量逐渐达到最大值，此时可以直接测得最大吸氧量（$V_{O_2 max}$）。人体心率、运动功率和吸氧量在一定范围内呈线性关系，因此也可以利用人体在进行亚极量运动时，机体处于稳定状态时的功率和心率间接测定最大吸氧量。

在运动处方中常用最大吸氧量的百分数来表示运动强度。一般认为，最大吸氧量百分数在 50%～70% V_{O_2} 的运动对人体健康是最有利的，超过 80% V_{O_2} 的运动则有可能存在风险，不推荐作一般人群健身用。

2. 代谢当量测定法

代谢当量是指运动时代谢率对安静时代谢率的倍数。由于每千克体重从事 1min

活动消耗 3.5mL 的氧,其活动强度被称为 1MET[1MET＝3.5mL/(kg·min)]。1MET 的活动强度相当于健康成人坐位安静代谢的水平。任何人从事任何强度的活动时,都可测出其吸氧量,从而计算出 MET 数。在制定运动处方时,如已测出某人的适宜运动强度相当于多少 MET,即可找出相同 MET 的活动项目,写入运动处方。

3. 心率测定法

除去环境、心理刺激、疾病等影响因素,心率与运动强度之间存在着线性关系。一般来说,达最大运动强度时的心率称为最大心率,一般最大心率(每分钟)＝220－年龄。达最大心率的 65%～85% 时的心率称为"靶心率"或"运动中的适宜心率",即能获得最佳效果并能确保安全的运动心率。而对于年老体弱或患有心血管疾患的个体,则必须做运动负荷试验,测定运动中可以达到的最大心率,或做症状限制性运动试验以确定最大心率,该心率的 70%～85% 可作为运动的适宜心率。用靶心率控制运动强度是简便易行的方法,具体推算的方法有以下两种。

(1) 公式推算法

以最大心率的 65%～85% 为靶心率,即,靶心率＝(220－年龄)×65%(或 85%)。年龄在 50 岁以上、有慢性病史的,可用靶心率＝170－年龄;经常参加体育锻炼的人可用靶心率＝180－年龄。

例如,年龄为 40 岁的健康人,其最大运动心率为 220－40＝180 次/分,则适宜运动心率为:下限为 180×65%＝117 次/分,上限为 180×85%＝153 次/分,即锻炼时心率在 117～153 次/分,表明运动强度适宜。

(2) 耗氧量推算法

人体运动时的耗氧量、运动强度及心率有着密切的关系,可用耗氧量推算靶心率,以控制运动强度。大强度运动时相当于最大吸氧量的 70%～80%(即 70%～80% $V_{O_2 max}$),运动时的心率为 125～165 次/分;中等强度运动相当于最大吸氧量的 50%～60%(即 50%～60% $V_{O_2 max}$),运动时的心率为 110～135 次/分;小强度运动相当于最大吸氧量的 40% 以下(即小于 40% $V_{O_2 max}$),运动时的心率为 100～110 次/分。在实践中可采用按年龄预计的适宜心率,结合锻炼者的实际情况来规定适宜的运动强度。

4. 自感用力度测定法

自感用力度,也叫主观评分法,是根据运动者自我感觉疲劳程度来衡量相对运动强度的指标。因为运动者自己最清楚目前的强度是否合适,所以自感用力度可以用作持续强度运动中评价体力水平的可靠指标,可用来评定运动强度。在修订运动处方时,可用来调节运动强度。

自感用力度分级(表4.1)与运动反应及心肺代谢的指标密切相关,如吸氧量、心率、通气量、血乳酸等。主观评分方法受到许多欧美教练推崇,一般自我评价在6~8分比较合适。

表 4.1 自感用力度评分表

分　数	自我感觉
0~2分	毫无感觉
3分	一般
4分	稍微吃力
5分	吃力
6~8分	很吃力
9~10分	极度吃力

5. 说话测定法

说话测试,这是一种简单的测试方法,其检测方法是:当你谈话自如时说明当下的运动量稍小;当你感觉有点累时,说明目前运动量适中;当你上气不接下气、难以开口说话时,则说明此时运动量过大。

现代人普遍缺少运动,对于久未锻炼的人群来说,在决定开始系统锻炼身体之前做一个简单的运动强度测试,可以保障在运动的时候避免受到伤害。

运动的自我监测

运动锻炼是一个逐渐改变身体机能的动态过程。不同体质的人群在进行体育锻炼时的体验是各不相同的,经常参加体育锻炼的人在进行日常锻炼之后可能并不感到十分疲惫,而平时缺少锻炼的人在进行简单的跑跳之后可能就已经气喘吁吁了。

因此在运动过程中,我们应该经常对健康情况进行观察、记录和评价,这样就可以即时调整,防止过度疲劳,避免发生运动损伤,提高锻炼效果和健康水平。

运动的自我监测可以分为以下两部分。

(1) 主观感觉：一般包括运动前、中、后的各种感觉、食欲、睡眠、运动欲望、排汗量、有无疲乏感、心悸、气短、头痛、腰腿痛等。如锻炼后精力充沛、心情愉快、睡眠及食欲好，无心悸、气短，虽有疲劳感，经休息后就恢复正常，说明运动量比较合适；如果锻炼后感到非常疲劳，吃不下，睡不好，经休息后仍感到周身无力，甚至对锻炼产生厌倦感，说明运动量过大，应及时予以调整，减至合适的运动量。

(2) 客观检查：包括测量脉搏、呼吸、体重等。

为细致观察运动对机体的影响，可以制作一张每日运动的自我监测记录表。如每天清晨进行锻炼时，先记录起床前的心率与呼吸次数，再记录每次运动前的心率与呼吸次数，最后记录运动后的心率与呼吸次数。还要记录下运动时间的长短与心率、呼吸次数恢复到运动前标准所需的时间，最后标明当日运动项目。遇有特殊原因未能参加运动时，要在记录表上标记原因。

1) 呼吸频率

一般健康成年人呼吸频率为每分钟 12～18 次。在健身运动过程中，由于需氧量增多，呼吸会稍快一些，属于正常现象。但不可过快，呼吸次数以每分钟 24 次为宜，以运动后 10min 内呼吸频率恢复正常为宜。如在运动中出现频繁咳嗽、喘气、胸闷和呼吸困难，则应减少运动量或停止继续运动。

2) 心率快慢

运动中的适宜心率一般为 (220－年龄) 次/分 × 65%～85%，成人按照此心率的简单进行锻炼，效果较好。

自我监测的规则为：

(1) 运动结束即刻的脉搏达 150～180 次/分为大运动量，经过 50～60min 才能恢复到安静时的脉搏次数。

(2) 运动结束时的脉搏达 120～150 次/分为中运动量，经过 20～30min 可以恢复到安静水平。

(3) 运动结束即刻的脉搏达 90～120 次/分为小运动量，经过 5～10min 即可恢复。

3) 饮食情况

通过适当运动，可增强胃肠消化功能，改善食欲，食量稍增。如食欲下降，需考虑运动项目和运动量是否合适，应进行适当调整。

4）睡眠状况

通过运动，一般都会改善睡眠，睡得香一些。若通过一段时间锻炼反而失眠加重，且出现腰酸体痛难忍，则考虑是否运动过量，应及时进行调整。

5）疲乏程度

一般来说，在运动后，特别是刚开始锻炼后，会有轻重不等的疲乏感，而随着锻炼的经常化，适应性增强，疲乏感会逐渐消失。如果在健身锻炼后不仅不觉得轻松愉快、精力充沛，反感困乏越来越重，甚至产生厌倦感，这说明运动量过大，可适当调整。

6）测量体重

在健身运动的过程中，可每周测体重 1~2 次，最好在每周的同一时间测量。一般刚开始锻炼的人，3~4 周后体重会适当下降，这是新陈代谢增强、消耗增多、脂肪减少的缘故，随后体重会相对恒定在一定的水平上。如果体重呈"进行性"下降，可能是运动过量或其他原因，应及时查明。

健身训练计划与营养饮食

合理营养是健康的基础。良好的健康状态可以提高锻炼效果、减少重体力劳动或锻炼后的疲劳，可以有效恢复体力。只有合理营养与科学训练相结合，才有利于运动技能水平的提高；相反，营养不当不但会降低运动技能的水平，还会影响运动后的恢复与健康水平。

食物中的营养，根据化学性质和生理功能，可以分为七大类，即蛋白质、脂肪、糖类、矿物质、维生素、纤维素和水。力量型运动训练以无氧代谢为主，蛋白质消耗较多，饮食应注意多补充蛋白质。而耐力型运动训练则以有氧代谢为主，运动前后应当注意补充适当的碳水化合物。

能量供给是影响运动能力的最直接因素。在进行高强度的训练前进食足够的糖、一定量的液体及低脂、低纤维食物，可促进胃排空及减少肠道不适，维持血糖水平，促进机体水合和提高糖原储备。而运动完后 30min 内则是补充热量及蛋白质的黄金时期，这时候人体对营养的需求和吸收都达到了巅峰状态，应当尽可能补充足够的优质营养物质。

规律的饮食尤为重要。一般来说，有几个重点进食时间：

（1）早餐：经过 8h 的睡眠，已经至少 8h 未进食了。

(2) 运动前：补充蛋白质避免肌肉分解，可补充简单糖类帮助运动。

(3) 运动后：前文已述。

(4) 睡前：8h 的未进食之前的唯一补充机会。

体育锻炼后常有肌肉发胀、关节酸痛和精神疲乏感，这是因为在锻炼过程中，人体内的糖、脂肪和蛋白质大量分解，产生乳酸、磷酸等酸性物质，这些物质刺激人体组织器官，使人感到肌肉、关节酸胀和精神疲乏。为了尽快解除疲劳，我们可以在运动后多食用一些蔬菜、甘薯、柑橘和苹果类碱性食物，可以帮助消除体内过剩的酸，保持人体健康，尽快消除运动带来的疲劳。

下面我们以力量训练为例，说明如何安排训练计划和饮食。

力量训练一般可以分为三个阶段：训练动作学习期、肌肉唤醒期、肌肉增长期。

(1) 训练动作学习期：在进入健身房进行健美训练初期，应该首先拿出一个月的时间来学习健美训练的动作，掌握各种训练的正确姿势和动作特点。这期间，训练安排可以是隔天训练。每次训练 1 个小时，胸、背、腿、肩、手臂、腹每个部位都练到。负荷不要大，关键是掌握动作特点（从一开始就掌握正确的训练动作对后面的肌肉增长非常有帮助）。

(2) 肌肉唤醒期：肌肉要想增长，必须唤醒的它的机能，只有通过一定的刺激才能把肌肉唤醒。这个期间是跟动作学习期同步的。学习期进行半个月以后，就可以适当加强度，训练安排可以不变，但负荷可以适当增加，把原来每组可以做 10～12 次的负荷，加到每组只能做 8 次左右，逐步提高强度。但这期间还要注意体会训练的动作要点。

(3) 肌肉增长期：经过一个月的动作学习和肌肉的机能唤醒，下面就进入肌肉增长训练阶段。这里推荐采用一周一循环的训练计划，每周训练 4 次。具体分化为胸和三头肌一天，背和二头肌一天，肩、斜方肌、前臂、小腿、股二头肌、腹肌一天，大腿（股四头肌）一天。

力量训练期间一日的饮食可参考以下安排。

(1) 早餐：由于一夜没有食物供应，此时身体急需热量，尤其是糖类，以便为头几个小时的工作提供能量。复合糖类"燃烧"得很缓慢，能持久地提供能量，是较好的选择。同时，还需要摄入蛋白质来保持血液中持续的氨基酸，这有助于防止肌肉产生分解代谢。这一餐应提供大约50g蛋白质。早餐食欲不是很强时,可以以牛奶或高蛋白粉等流质食物代替。

(2)上午的小吃:早餐后约3个小时就是再次进食的时间了。这是一天中较小的餐次之一,只需使身体在上午的剩余时间得到能量供应和保持血液中持续的氨基酸即可。氨基酸来自蛋白质,这一餐的蛋白质可选择鸡胸脯肉或高蛋白粉。还可摄入一些糖类,比如各类水果。

(3)午餐:午餐的重点是蛋白质,同样包括复合糖类和蔬菜。蛋白质食物如牛肉、鲑鱼之类,是增肌阶段的上好选择,因为它们除含蛋白质外还能提供额外的热量(脂肪),而鲑鱼和其他鱼类所含的脂肪都是健康的脂肪。糖类可选择土豆、米饭和面食等。

(4)训练前:同上午的小吃一样,这一餐的主要目的是保证血液中持续的氨基酸。它应该在训练前至少1小时前摄入。在增肌阶段,你可选择一种高蛋白饮料,外加一些糖类。

(5)训练后及晚餐:这一餐包括两部分,首先是训练后30min内摄入的饮料。不论你是试图增大肌肉块还是减少体脂,这时都应摄入简单糖类来补充训练中消耗的糖元储备。理想的方式是按1:2的比例摄入蛋白质和糖类。摄入25～30g蛋白质较理想,因为你既要保证充分的氨基酸重建肌肉,又不能因蛋白质摄入过多而减缓简单糖类的吸收速度。这一餐的第二部分是在小吃后1小时左右摄入,由固体食物组成,应包括一种复合糖类(如米饭、土豆)及优质蛋白质(如牛排),还要吃大量的蔬菜。

(6)深夜小吃:这一餐最重要的部分是蛋白质,以确保睡觉时给身体提供氨基酸。如果想吃,也可摄入少量的糖类。

运动损伤的预防和康复

1. 运动损伤的预防

运动损伤的种类很多,各种运动项目对人体各部位的运动伤害各不相同。运动员总的来说是小损伤多、慢性多、严重及急性者少。在慢性的小损伤中,有的是一次急性损伤后尚未完全康复就投入训练而造成的,还有的是由于运动量安排不当、局部负荷过大造成的。在大众健身中,锻炼者运动损伤的发生情况与运动员有相似之处，但也有较大差异。急性损伤者相对较多，而劳损者较少。面对众多类型的运动损伤，只要遵循以下预防原则，即可避免或减少运动损伤的发生。

（1）遵守体育锻炼系统性和循序渐进的一般原则。对于不同性别、年龄和不同项目的运动员或锻炼者，无论伤病与否都要区别对待，如果不加区别地给予同样的运动量与强度，学习同样难度的动作，素质较差的人就会受伤。

（2）注重拉伸练习。拉伸练习是有目的地将肌肉和软组织进行拉伸，使其得到充分的放松。这有利于肌肉的疲劳恢复，防止肌肉的拉伤，保持肌肉的弹性，避免造成运动技术的僵硬和变形。准备活动时的拉伸练习是把肌肉和软组织的内部黏性减轻，增加弹性，提高肌肉温度，预防运动中的肌肉拉伤，主要采用主动性的拉伸训练。训练后的拉伸练习则是放松僵硬疲劳的肌肉，加速肌肉内部代谢产物的排出，减少肌肉的酸痛，尽快恢复体能，主要采用被动拉伸。

（3）加强运动中的保护。为避免可能发生的损伤，最好掌握各种自我保护的方法，如自高处摔下或落下必须双腿并拢，相互保护，以避免膝踝关节的损伤；学会各种滚翻动作以缓冲与地面的撞击；各种支持带的正确使用等。

（4）加强易伤部位和相对较弱部位的训练，提高它们的功能，是预防运动损伤的一种积极手段。例如，为了预防腰部损伤，应加强腰腹肌的训练，提高腰腹肌的力量，并增强其协调性和拮抗的平衡性。

（5）重视小肌群训练。人体的肌肉分为大、小肌群，小肌群一般起固定关节的作用。一般的力量练习往往注重大肌群而忽视小肌群的练习，造成肌肉力量的不均衡，增加了运动时受伤的几率。小肌群的练习多采用小重量的小哑铃或橡胶拉力，大重量的上肢练习往往有害无益。另外，小肌群练习时应结合多种方向的运动，并且动作要求精确无误。

（6）注重身体中枢稳定性练习。中枢稳定性，是指包括有骨盆和躯干的力量和稳定性。中枢力量和稳定性对于完成各种复杂运动动作至关重要。然而，传统的中枢训练多在固定平面上进行，如常练习的仰卧起坐等，功能性不强。中枢的力量练习应同时包括腹部的屈和旋转两种运动形式。

（7）加强自我监督，根据运动项目特点制定一些特殊的自我监督方法。如易患髌骨劳损的项目，可以做单腿半蹲试验，出现膝痛或膝软即为阳性；易伤肩袖的项目，应经常做肩的反弓试验（肩上举170°时，再用力后伸），出现疼痛即为阳性；

易患胫腓骨疲劳性骨折、足屈肌腱腱鞘炎者,应常做"足尖后蹬地试验",伤处疼痛者即为阳性。

(8) 创造锻炼的安全环境,体育器具、设备、场地等在锻炼前都应进行严格的安全检查。例如,参加网球锻炼时,球拍的重量、捏柄的粗细、网拍绳子的弹力应该适合锻炼者个人的情况;女性的项链、耳环等锐利物品在锻炼时应暂时不佩戴;锻炼者应根据运动的项目、脚的大小、足弓的高低选择一双弹性好的鞋子。

2. 运动损伤的康复

1) 康复训练的目的

(1) 保持良好身体状态。通过康复训练可以预防肌肉萎缩和挛缩,维持健康肢体的运动能力,维持良好的心肺功能,使其一旦伤愈便能立即投入正常的体育锻炼中去。

(2) 防止停训综合征。个体在长期的体育锻炼中建立起来的各种条件反射性联系一旦突然停止锻炼便可能遭到破坏,进而产生严重的功能紊乱,如神经衰弱、胃扩张、胃肠道功能紊乱等。

(3) 伤后进行适当的康复性锻炼,可加强关节的稳定性,改善伤部组织的代谢与营养,加速损伤的愈合,促进功能、形态和结构的统一。

(4) 通过伤后的康复训练,可以使机体能量代谢趋于平衡,防止体重增加,缩短伤愈后恢复锻炼所需的时间。

2) 康复训练的原则

(1) 正确的诊断。科学合理的康复计划必须建立在正确的全面的诊断基础上,错误或不完整的诊断会延迟、阻碍损伤的康复进程。如运动员腰椎弓根骨折(峡部裂)常常合并椎间盘突出,手法推拿时就不易强力侧扳。如果同时合并有滑脱时,背肌力量练习时要不宜过伸。

(2) 个别对待。根据不同的年龄、病情、机能状态,选择运动手段、预备姿势及运动量以发展和改善肌肉的功能(力量、速度、耐力)及关节活动度。

(3) 伤后的康复训练以不加重损伤、不影响损伤的愈合为前提。应尽量不停止全身的和局部的活动。而且,伤部肌肉的锻炼开始得越早越好。

(4) 康复训练计划应遵循全面训练、循序渐进、适宜运动量的原则。在损伤愈合过程中,康复动作的幅度、频率、持续时间、负荷量的大小等都应逐渐增加。否则,会加重损伤或影响损伤的愈合,甚至会使损伤久治不愈而成陈旧性损伤。康复训练应注意局部专门练习与全面身体活动相结合。在损伤初期,由于局部肿胀充血、疼痛和功能障碍等,这时以全面身体活动为主,在不加重局部肿胀和疼痛的前提下,进行适当的局部活动。随着时间的推移,损伤逐渐好转或趋向愈合,局部活动的量和时间可逐渐增加。

运动中的危险信号

运动健身已经成为一种潮流,无论是在健身房还是在室外进行健身,健身的好处都是不容置疑的。但需要注意的是,运动时人体可能会出现一些异常反应,当出现以下情况时,不仅要高度重视,还要及时终止运动,进行处理。

(1) 运动后出现哮喘

大多发生在寒冷的冬季,可能与冷空气刺激呼吸道有关。预防的措施是注意保暖,冬季在进行室外活动前要做好必要的准备工作。

(2) 运动时心率不增

人在运动时心跳会加快,运动量越大,心跳越快。如果运动时心率增加不明显,则可能是心脏病的早期信号,预示着今后有心绞痛、心肌梗死和猝死的危险。

(3) 运动中出现心绞痛

运动时会使心肌负荷增加,使心肌耗氧量增多。但一些中老年人,特别是一些伴有不同程度血管硬化的中老年人,在运动时会使心脏发生相对供血不足,从而导致冠状动脉痉挛而产生心绞痛。遇到这种情况时要及时中止运动,经舌下含服硝酸甘油片后,心绞痛一般即可消失。

(4) 运动中出现头痛

少数心脏病患者在发病时不感到胸部有异常,但在运动时会头痛。多数人只以为自己没有休息好或得了感冒。因此,提醒那些参加运动的朋友,如果在运动中感到头痛,应尽早去医院做检查。

(5) 运动中出现腹胀痛

在运动过程中,突然出现腹部胀痛,多因大量出汗丢失水分和盐分所致腹直肌痉挛。发生腹痛时应平卧休息做腹式呼吸 20～30 次,同时轻轻按摩腹直肌 5min 左右,即可止痛。在运动中出汗过多时,及时补充盐水 200～300mL 是预防的关键。

(6) 运动时出现腹绞痛

上腹绞痛多见于游泳时水温过低、准备活动不充分、运动量过大等的胃痉挛。此时可做上腹部热敷 20～30min，用手按压内关与足三里穴各 3～5min。要预防胃痉挛的发生，运动前应做好充分的准备活动，忌过饱，忌食豆类及地瓜、土豆等食品，少食冷饮。

运动时脐部周围或下腹部钝痛、胀痛，多数是肠痉挛。此时只要停止运动，疼痛即可减轻。用手按揉双侧合股穴，每穴 5min，或用热水敷脐区 10～20min，亦可止痛。为防止肠痉挛的发生，在运动前应做好充分准备活动，忌进食生冷食品。

(7) 运动时出现肝区痛

在运动时出现肝区胀痛，多发生在长跑或中距离跑时，此时在背部右侧肝俞按揉 5min，即能止痛。在运动过程中应注意呼吸方法，不张口呼吸，用鼻呼吸是预防的关键。

(8) 运动时脾胀痛

在运动时出现脾胀痛，多因运动量过大、静脉血回流缓慢、脾脏充血肿胀所致。出现脾胀痛应停止运动，在背部脊柱左侧胸 11～12 椎体棘突旁的脾俞、胃俞穴位按揉 3～5min，片刻即愈。在运动前做好充分准备活动是预防的关键。

(9) 运动时发生昏厥

参加运动时如果精神过度紧张，或久蹲后突然起立，就很有可能会发生一过性低血压现象，出现头晕、耳鸣、眼前发黑等一系列症状，严重者会当场发生昏厥。此时应立即停止运动，适当休息后大多可自行缓解。

(10) 运动后出现血尿

多见于长时间剧烈运动者。有资料显示，在跑完全程的马拉松运动员中，约有 15% 的人会出现血尿。这是由于在剧烈运动时，全身肌肉、关节等处的血液需要量猛增，使供应肾脏的血流量减少，造成肾小球毛细血管壁通透性增加，使原本不能通过的红细胞透过血管壁而进入尿液中，便形成了血尿。运动性血尿一般经过一周左右的休息即会逐渐消失。如果发现血尿颜色较深或是持续时间过长，就要及时去医院进行检查，以防发生急性肾炎。

运动损伤的应急方法

运动损伤多见于年轻人群,他们热爱运动,积极参与各项体育活动。为避免运动损伤对人体造成的痛苦,我们需要了解一些出现运动损伤后的应急措施。下面提供几种常见运动损伤的处理方法。

(1)擦伤,即皮肤的表皮擦伤。如擦伤部位较浅,只需涂红药水即可;如擦伤创面较脏或有渗血时,应用生理盐水清创后再涂上红药水。

(2)鼻出血,即鼻部受外力撞击而出血。应使受伤者坐下,头后仰,暂时用口呼吸,鼻孔用纱布塞住,并用冷毛巾敷在前额和鼻梁上,一般即可止血。

(3)肌肉拉伤,指肌纤维撕裂而致的损伤。它主要由运动过度或热身不足造成,可根据疼痛程度知道受伤的轻重。一旦出现痛感应立即停止运动,并在痛点敷上冰块或冷毛巾,保持 30min,以使小血管收缩,减少局部充血、水肿。切忌搓揉及热敷。

(4)挫伤,即由于身体局部受到钝器打击而引起的组织损伤。轻度损伤不需特殊处理,经冷敷处理 24h 后可用活血化瘀酊剂,局部可贴伤湿止痛膏,约 1 周后可吸收消失。较重的挫伤可用云南白药加白酒调敷伤处并包扎,隔日换药 1 次。每日 2~3 次理疗。

(5)扭伤。扭伤多由于关节部位突然过猛扭转,拧扭了附在关节外面的韧带及肌腱所致,多发生在踝关节、膝关节、腕关节及腰部。不同部位的扭伤,其治疗方法也不同。急性腰扭伤可让患者仰卧在垫得较厚的木床上,腰下垫一个枕头,先冷敷,后热敷。关节扭伤(包括踝关节、膝关节、腕关节扭伤)时,将扭伤部位垫高,先冷敷,两三天后再热敷。如扭伤部位肿胀、皮肤青紫和疼痛,可用陈醋半斤炖热后用毛巾蘸敷伤处,每天 2~3 次,每次 10min。

(6)脱臼,即关节脱位。一旦发生脱臼,应嘱病人保持安静,不要活动,更不可揉搓脱臼部位。如脱臼部位在肩部,可把患者肘部弯成直角,用三角巾把前臂和肘部托起,挂在颈上,再用一条宽带缠过肩部和胸部,在对侧胸部作结然后去医院就诊。如脱臼部位在髋部,则应立即让病人躺在担架上送往医院。

(7)骨折。常见骨折分为两种:一种是皮肤不破,没有伤口,断骨不与外界相通,称为闭合性骨折;另一种是骨头的尖端穿出皮肤,有伤口与外界相通,称为开放性骨折。对开放性骨折,不可用手回纳,以免引起骨髓炎。应用消毒纱布对伤口做初步包扎、止血。骨折后肢体不稳定,容易移动,会加重损伤和剧烈疼痛,可用木板、塑料板等将骨折部位的上下两个关节固定起来。如一时找不到固定的材料,骨折在上肢者,可屈曲直关节固定于躯干上;骨折在下肢者,可伸直腿足,固定于对侧的肢体上。怀疑脊柱有骨折者,需平卧在床板或担架上,躯干四周用衣服、被单等垫好,不致移动。不能抬伤者头部,以免引起伤者脊髓损伤而发生截瘫。将昏迷者的头转向一侧,以免呕吐时将呕吐物吸入肺内。怀疑颈椎骨折时,需在头颈两侧置一枕头或扶持患者头颈部,不使其在运输途中发生晃动。

运动性猝死及预防

运动性猝死的定义:运动过程中或运动后 24 小时内发生的非创伤性意外死亡。运动猝死之因是突发心脑血管疾病,据统计,运动性猝死 90% 以上都是心源性猝死。其中心血管病占首位,其次是脑血管意外。

一些外部诱因也可能引发心脏出现意外,如体内存在感染病灶(扁桃体炎、胆囊炎等)、运动时心脏部位的外伤性出血和瘢痕、饱食后运动、高原缺氧、暴晒、运动后立即热水浴等,严重者均可能会导致猝死。

运动性猝死对家庭、社会造成的影响突然而沉重,我们应该尽量减少运动时意外的发生,从而预防和减少运动性猝死,预防措施如下所述。

(1)运动前要充分认识到自身健康状况,运动前要进行体检以及早识别潜在的高危因素。猝死高危人群包括家族中有心脏病史、脑血管意外病史或猝死病史者,尤其是本人有心脏疾病史、晕厥病史、高血压、高血脂、糖尿病或冠心病的要特别小心。

参加较强运动之前一定要经过严格体检,例如未经过严格体检和没有训练基础的人不应该参加长时间或高强度的比赛活动。定期体检非常重要,特别是心血管系统。对于运动员来说,在参加剧烈运动或比赛前更是如此,同时要加强运动现场的医务监督。对运动员的体检要更加严格,包括心脏负荷试验、超声心动图检查、负荷心肌核素灌注显像、脑血管造影等。

能最大程度上避免运动性猝死的途径是定期动态体检,心肺运动试验是一个很好的选择。心肺运动试验通过在运动中对受试者的血压、心电图、经皮血氧饱和度、呼吸频率、潮气量、氧耗量等生理参数的实时连续监测,分析心肺等系统的最大储备功能,可早期发现这些器官潜在的病变,从而预测运动风险。

(2) 运动时要控制好靶心率。靶心率又叫"运动中适宜心率",也就是在运动中用来衡量运动强度的一个标准。当人们在靶心率范围内进行运动时,既能收到最佳的锻炼效果,同时也能保证锻炼的安全性。非运动员运动时的靶心率应控制在最高心率=(220-年龄)×85%最佳,而心血管病患者的运动靶心率则应在无氧阈值心率以下。运动中有任何不适应当及时去医院就诊。

测量自己靶心率的方法也很简单。那就是运动时当感觉自己已经气喘吁吁了,停下来,用手摸自己的脉搏,看1min内自己脉搏跳动的次数是否达到了规定的靶心率数值。如果在规定数值内,那说明此时的运动强度刚刚好。

(3) 保持适当运动量。运动员的活动量很大,事实上,现在不少关注健身的白领日常健身的运动量同样很大。一场球赛下来浑身湿透,酣畅淋漓。但切莫忽视健身的本质是为了强身健体,从健身角度而言,运动量不适宜过大。比如不提倡未经训练的普通市民参加马拉松全程跑,由于强度大、运动时间长,容易发生意外。中低强度的有氧健身跑就比较合适。另外,自身状态不好或极度疲劳时,不适合做激烈运动。

(4) 老年人运动时最好有个伴。老年人锻炼与运动员及年轻人有所不同,因为不少老年人都有心血管危险因素。比如高血压病人,血压高时就不适宜运动,因为运动会导致血压进一步升高,发生意外。糖尿病患者,如果空腹运动,由于运动会增加血糖消耗,导致低血糖发生,甚至出现昏迷。如无旁人在侧,极易施救不及。因此建议糖尿病患者不要空腹去锻炼,随身带着饼干、糖果等小点心。无论是否有原发病,老年人出门锻炼身体最好有个伴,万一发生意外也能及时发现、救治。

(5) 在炎热的夏季,最好不要在日晒强烈的白天出门锻炼。因为清晨是交感神经兴奋高发的时间段,因此也不适宜锻炼。建议此季尽量在傍晚出门活动,防止日晒中暑或发生运动意外。运动时宜身穿宽松、吸汗的衣物,随身带一瓶水,防止脱水。

做好以上这些注意事项,就能较大程度上避免运动时发生心血管意外。

Ⅱ 了解各种运动

安全简单的运动——竞走

竞走是从日常行走的基础上发展出来的运动。19世纪末叶,欧洲盛行从一个城市到另一个城市的城市间竞走活动,不久,竞走活动就从欧洲传到北美洲、大洋洲,以及其他地区的许多国家。

1867年,英国举行了第一次竞走锦标赛,当时对竞走技术没有严格的要求,运动员可以采取普通走步或任意走的形式。1906年,在希腊举行的届间奥运会上,竞走首次被列为比赛项目,设有1500m和3000m两个项目。后来几经变化,从1956年奥运会开始,设20km竞走和50km竞走两个男子比赛项目。1992年奥运会,女子10km竞走列入正式比赛项目。

竞走规则规定,支撑腿必须伸直,从单脚支撑过渡到双脚支撑,在摆动腿的脚跟接触地面前,后蹬腿的脚尖不得离开地面,以确保没有出现"腾空"的现象。比赛时,运动员出现腾空或膝关节弯曲,均给予严重警告,受3次严重警告即取消比赛资格。

腿部动作是竞走技术的主要环节。前迈的腿在脚落地时要伸直,用脚跟先着地,这样可增大步长并能减小着地的制动。随着另一腿蹬地,身体重心前移,出现了单腿支撑阶段。当身体重心移至伸直的支撑腿上时,后腿屈膝摆至体侧。在人体经过垂直部位后,支撑腿由全部着地过渡到脚尖,在摆动腿前摆的配合下完成下一步的后蹬。摆动腿随着骨盆沿身体纵轴的转动,屈膝前摆,脚离地面始终较低。腿前摆时应柔和地伸直膝关节,小腿依惯性前摆并用足跟着地。此时形成短暂的双脚支撑姿势。人体重心在向前运动过程中不应有明显起伏,当重心投影点与前腿支点一致时,又出现了下一步的垂直姿势,接着又开始新的用力蹬地动作。运动员应做到步幅大、频率高,善于协调肌肉的用力和放松,走步要朴实、自然,省力而无多余动作,两脚落地的足迹应保持在一条直线上。

竞走的速度决定于步频和步长。普通走路每分钟走100～120步,竞走则达180～200步。普通走路步长为70～80cm,而竞走步长可达90～110cm。竞走时,运动员躯干自然伸直或稍前倾,两臂屈肘约90°,在体侧做前后协调有力的摆动,两臂配合下肢动作调节走的速度,走步时身体重心尽量做向前的直线运动。竞走技术与普通走步相比,其特点是骨盆沿身体纵轴的前后转动,腰部有一定的扭动,两臂积极摆动,步幅大、频率高,身体重心轨迹波动小,移动速度快,动作自然协调,节奏感强,因而轻松省力。

步长和步频是相互制约的。加大步长相对地会影响步频,加快步频也会影响步长。一般应在保证一定步长的前提下提高步频。过分加大步长,会给有关肌肉加重负担和增加紧张程度,过多消耗体力,容易引起疲劳,而且也不利于步频的加快。加快步频是依靠腿部肌肉的力量和中枢神经系统的作用,其潜在力是比较大的。

竞走简便易行,又不易发生意外,称为"不受伤的运动",也是目前较为盛行的健身运动。练习竞走能发展腿部肌肉的力量及髋关节的灵活性,增强体质,促进健康,提高血液循环系统和呼吸系统的机能,培养吃苦耐劳、勇敢顽强的意志品质。

业余爱好者若希望练竞走健身,不必在技术上太过要求,只要是在动作频率上循序渐进地提升就可以了,因为业余爱好者做出标准竞走技术动作并不现实。在开始走锻炼之前,在热身做完时要以比平时速度慢的步伐先走大约10min,之后健身爱好者可以按照专业竞走队员的姿势进行快速竞走,但不用太较真,否则容易受伤。

在竞走中,腿的前、后肌肉都会得到充分锻炼和加强,全身肌肉几乎都要进行活动,比长跑消耗的热量还要多,是理想的减肥运动。竞走中因要有力地摆动双臂,使腹部、背部、胸部的肌肉得到锻炼,这项运动对中老年和体弱的人来说是较适宜的。相对于其他运动项目来说,竞走是身体较能适应的项目,因为它可以从慢速开始,逐渐加速加量。竞走还能改善妇女更年期综合征的症状,消除妇女月经期的不适和水肿。怀孕的妇女也可自己掌握锻炼,可以使因怀孕引起的不适,如腰痛、水肿、腿痛等,减少出现。

总而言之,竞走运动是一种简单易行、安全有效的锻炼方式,它容易长期坚持,是中、低强度的有氧运动;冲击力、爆发力不是很强,适合人群广泛;能瘦小腿、大腿,收紧臀部,平上腹、小腹,收紧腰部,塑造全身线条;能增强人的耐力,改善人的体型;能加快胃肠道的蠕动,预防便秘;加快盆腔的血液循环,预防某些妇科病的发生。

燃烧脂肪的运动——游泳

游泳运动是男女老幼都喜欢的体育项目之一。经常参加游泳锻炼对人体各方面均有益处。

(1) 改善心血管系统

游泳对心血管系统的改善有相当重要的作用。冷水的刺激通过热量调节作用与新陈代谢能促进血液循环。此外游泳时水的压力和阻力还对心脏和血液的循环起到特殊的作用,在水面游泳时,身体承受一定的水压,潜水时随着深度的加大、物理条件的变化,压力还会增大,游泳速度的加快也会加大压力负荷,心房和心室的肌肉组织能得到加强,心腔的容量也能逐渐有所加大,心脏的跳动次数减少,这样心脏的活动就能节省化。整个血液循环系统却能得到改善,静止状态下舒张压有所上升,收缩压有所下降,因此血压值变得更为有利;血管的弹性也有所提高。根据有关专家统计,一般人在安静状态下每分钟心脏跳动 66~72 次,每搏输出量为 60~80mL,而长期参加游泳锻炼的人,在同样情况下只需收缩 50 次左右,每搏输出量却达到 90~120mL。

(2) 提高肺活量

呼吸主要靠肺,肺功能的强弱由呼吸肌功能的强弱来决定,运动是改善和提高肺活量的有效手段之一。据测定,游泳时人的胸部要受到 12~15kg 的压力。加上冷水刺激肌肉紧缩,呼吸感到困难,迫使人用力呼吸,加大呼吸深度,这样吸入的氧气量才能满足机体的需求。一般人的肺活量大概为 3200mL,呼吸差(最大吸气与最大呼气时胸围扩大与缩小之差)仅为 4~8cm,剧烈运动时的最大吸氧量为 2.5~3L/min,比安静时大 10 倍;而游泳运动员的肺活量可高达 4000~7000mL,呼吸差达到 12~15cm,剧烈运动时的最大吸氧量为 4.5~7.5L/min,比安静时增大 20 倍。游泳促使人呼吸肌发达,胸围增大,肺活量增加,而且吸气时肺泡开放更多,换气顺畅,对健康极为有利。

(3) 增强抵抗力

游泳池的水温常为 26~28℃,在水中浸泡散热快,耗能大。为尽快补充身体散发的热量,以供冷热平衡的需要,神经系统便需要快速做出反应,使人体新陈代谢加快,增强人体对外界的适应能力,抵御寒冷。经常参加冬泳的人,由于体温调节功能改善,就不容易伤风感冒,还能提高人体内分泌功能,使脑垂体功能增加,从而提高对疾病的抵抗力和免疫力。

(4) 减肥

游泳时身体直接浸泡在水中,水不仅阻力大,而且导热性能也非常好,散热速度快,因而消耗热量多。实验证明,人在标准游泳池中跑步 20min 所消耗的热量,相当于同样速度在陆地上的 1h,在 14℃ 的水中停留 1min 所消耗的热量高达 100kcal,相当于在同温度空气中 1h 所散发的热量。另外游泳减肥法可避免下肢和腰部的运动性损伤。在陆上进行运动减肥时,因肥胖者体重大,使身体(特别是下肢和腰部)承受很大的重力负荷,使运动能力降低,易疲劳,使减肥运动的兴趣大打折扣,并可损伤下肢关节和骨骼。而游泳项目在水中进行,肥胖者的体重有相当一部分被水的浮力承受,下肢和腰部会因此轻松许多,关节和骨骼损伤的危险性大大降低。由此可见,在水中运动,会使许多想减肥的人取得事半功倍的效果,所以,游泳是保持身材最有效的有氧运动之一。

(5) 健美形体

人在游泳时,通常会利用水的浮力俯卧或仰卧于水中,全身松弛而舒展,使身体得到全面、匀称、协调的发展,使肌肉线条流畅。在水中运动由于减少了地面运动时地对骨骼的冲击性,降低了骨骼的老损几率,使骨关节不易变形。水的阻力可增加人的运动强度,但这种强度又有别于陆地上的器械训练,是很柔和的,训练的强度又很容易控制在有氧域内,不会长出很生硬的肌肉块,可以使全身的线条流畅、优美。

关于游泳的一些注意事项说明如下。

(1) 青少年必须在家长(监护人)的带领下去游泳。单身一人去游泳最容易出问题,如果你的同伴不是家长(成年人),在出现险情时,很难保证能够得到妥善的救助。

(2) 身体患病者不要去游泳。中耳炎、心脏病、皮肤病、肝肾疾病、高血压、癫痫、红眼病等慢性疾病患者,及感冒、发热、精神疲倦、身体无力都不要去游泳。因为上述病人参加游泳运动,不但容易加重病情,而且还容易发生抽筋、意外昏迷,危及生命。传染病患者易把病传染给别人。另外女性月经期间不宜游泳。

(3) 参加强体力劳动或剧烈运动后,不能立即跳进水中游泳。尤其是在满身大汗、浑身发热的情况下,不可以立即下水,否则易引起抽筋、感冒等。

(4) 饭后、空腹、饮酒不宜游泳。

(5) 被污染的(水质不好)河流、水库、有急流处、两条河流的交汇处以及有落差的河流湖泊,均不宜游泳。一般来说,凡是水况不明的江河湖泊都不宜游泳。恶劣天气,如雷雨、刮风、天气突变等情况下,也不宜游泳。

(6) 在入水之前最好先体验一下水温,水温过冷或过热时尽量不要急于下水。池水的水温对血液循环、心脏、血压、呼吸、新陈代谢、人体皮肤、肌肉都有影响。

(7) 下水前要先在岸上做准备活动,热身 10~15min,活动关节以及各部位肌肉。否则突然进行较剧烈的活动,容易使肌肉受伤或发生其他意外。可采用高抬腿、蹲下起立等四肢运动。

(8) 不要跳水,避免腹部和睾丸直接受到水面的强烈打击。

(9) 游泳时,需要注意保护眼睛、防止晒伤、注意退潮时间等。

(10) 游泳后,要用干净水把全身再冲洗一遍,以免传染疾病。

(11) 游泳后,可以通过补充运动饮料、放松训练、调试呼吸、催眠暗示、心理调节、按摩恢复、水中慢游等手段恢复体力。

(12) 游泳的潜在危险有腿抽筋、头晕、头痛、恶心、呕吐、胸闷、耳痛、耳鸣、腹痛、腹胀、眼睛痒痛等。

(13) 游泳的易发疾病有结膜炎、中耳炎、鼻窦炎、咽喉炎、接触性皮炎、过敏性皮炎、吸入性肺炎等。

抗衰老运动——跑步

跑步锻炼是人们最常采用的一种身体锻炼方式,这是因为跑步技术要求简单,无需特殊的场地、服装或器械。无论在运动场上或在马路上,甚至在田野间、树林中,均可进行跑步锻炼。

跑步有着数不清的益处,长期坚持,可以产生以下效果:

(1) 提高睡眠质量。通过跑步,大脑的供血、供氧量可以提升 25%,这样夜晚的睡眠质量也会跟着提高。

(2) "通风"作用。在跑步的过程中,肺部的容量平均从 5.8L 上升到 6.2L,同时,血液中氧气的携带量也会大大增加。

（3）"泵"力大增。运动中,心脏跳动的频率和功效都大大提高,心跳、血压和血管壁的弹性也随着升高。

（4）促进健康。跑步可以促进白细胞和热原质的生成,它们能够消除我们体内很多病毒和细菌。

（5）保持稳固。经常慢跑练习,肌腱、韧带和关节的抗损伤能力会有所加强,减少运动损伤的几率。同时,皮肤、肌肉和结缔组织也可以变得更加牢固。

（6）消除紧张感。慢跑可以抑制肾上腺素和皮质醇这两种造成紧张的激素的分泌,同时可以释放让人感觉轻松的"内啡肽"。

（7）保持年轻。经常运动,生长激素的分泌会增多,可以延缓衰老。

（8）储存能量。通过跑步,肌肉肝糖原的储存量从350g上升到600g,同时线粒体的数量也会上升。

（9）塑形。通过跑步,女性体内的脂肪含量可以减少12%～20%,男性可以减少6%～13%。

（10）锻炼意志。长期坚持运动的人,意志品质将得到很大的提高,而且疲劳恢复亦很快,能迅速恢复到平静状态。

凡是参加健身跑步的人,都应注意坚持和循序渐进,特别要注意控制运动量。此外,必须学会"自我控制",这点尤为重要。因为有时跑步的愿望会突然消失,这就需要将"不能跑"还是"不想跑"加以区分。当然,如果生病时绝对不要跑步,而在其他情况下则应克服"惰性",坚持锻炼。

在锻炼初期,跑步的速度以没有不舒服的感觉为限度,跑完的距离以没有吃力的感觉为宜。跑步后可能出现下肢肌肉疼痛,这是正常反应,坚持锻炼几天后这种现象就会消失。

如果你的确是一位跑步的初学者,不能连续跑10min,你应该从步行开始并制定你的步行和跑步计划。下面就是一个类似这样的很好的计划（每个计划一周3次）。

第一周：步行10min,慢跑1min,然后步行1min。重复慢跑1min、步行1min,每隔10min做一次或者一直坚持到你感到累为止。然后步行5min。

第二周：步行10min,慢跑2min,然后步行2min。重复慢跑2min、步行2min,每隔10min做一次或者一直坚持到你感到累为止。然后步行5min。

第三周：步行 10min，慢跑 3min，然后步行 2min。重复慢跑 3min、步行 2min，每隔 15min 做一次或者一直坚持到你感到累为止。然后步行 5min。

第四周：步行 10min，慢跑 5min，然后步行 2min。重复慢跑 5min、步行 2min，每隔 15min 做一次或者一直坚持到你感到累为止。然后步行 5min。

你要逐渐增加你的跑步时间，直到你能持续地跑 10min。然后从 10min 到 12min，以此类推，如果你已经能够连续跑 30min，恭喜你，你已经是一个跑步者了。

跑步锻炼中有一些需要注意的问题。

（1）姿势。跑步姿势要合理。上身应挺直并略前倾，双肩放松，双肘自然弯曲，双臂有力地在身体两侧前后摆动。跑步过程中，双足有弹性地全足着地地跑动，步幅无需大，但步频与步幅要基本保持均匀。注意身体重心稳定，不要有大幅度起伏。

（2）呼吸。跑步中的呼吸问题很重要。呼吸要有一定节律，用鼻、嘴同时呼吸时，嘴不必张得太大，可将舌卷起，延长空气在口腔里的时间，减少冷空气对呼吸道的刺激。每一次呼吸要注意尽可能将气体从肺中呼尽，以增大有效的换气量。

（3）力量。不管什么年龄的跑步者，很少有人努力去锻炼腿部以外的肌肉。但是，在日常训练中，有规律地安排一系列简单的上身力量练习，将有效地提高训练者的跑步能力，其目的是提高肩臂的力量和耐力，以及腹部和背部肌肉的力量。通过合理地利用双臂，跑步者的成绩可以提高近 12%。不知道利用双臂的普通跑步者就很不幸，跑步的距离越长，双臂就越疲劳。

（4）速度。对于一个跑步者来讲，有很多方法可以进行速度训练，比如到田径场上重复进行各种各样的短距离跑，做速度游戏，从上坡快速地跑下来，参加比赛等。速度训练对每个人都是可以的，对老年人的作用更大，因为它在保持步态的同时，也保持了人体良好的生物力学结构，而这两者将随着年龄的增长逐渐消失。许多没跑过步的成年人，认为自己只需要适应日复一日地以每英里（约合 1.61km）10min 的速度慢跑，而不管跑的强度和速度，这是不正确的。

（5）休息。跑步的几个要素中，许多跑步者在训练耐力方面打下了一个良好的基础。有的跑步者把速度与耐力协调得相当好。但是，很少有跑步者认真对待休息这个重要的部分。

有足够的证据证明，休息在各基本的要素中是最主要的因素。跑步给我们带来很多的好处,而这些好处都是我们用代价换来的。在跑步中这个代价就是机体内肌肉组织的不断被破坏和重组的反复过程。无休止地跑步最终会导致肌肉损伤,在跑步中,我们认为损伤和过度使用的含义相同。而肌肉组织在休息后比原来更加强壮了。

为了使我们保持健康,不受损伤,在跑步时需要遵循以下这些基本原则:

① 每天至少要跑一次。在一天中肌肉有足够多的时间休息,如果一周跑4天,那么不跑的几天,肌肉休息的时间过长,反而没什么效果。

② 每周用一些低强度的训练来代替1天或2天的跑步,如在功率自行车上进行有氧、出汗的训练。

③ 把某些步行活动融入你的训练之中。

④ 有计划地进行深层组织按摩。

健美运动——体操

体操是人们喜爱的体育运动。体操的内容丰富、形式多样,练习者可根据不同的目的、任务以及各自的身体状况选择不同的内容。体操运动在健身活动中具有着重要作用。从它产生之日起,体操就以健身强体作为主要目标。早在古希腊时期,人们就把身体锻炼的一切活动都称做体操,通过身体锻炼来塑造健美形体。

(1) 发展身体素质

身体素质是构成体能的重要因素,是衡量体质状况的一个重要标志。身体素质是指在日常生活及运动中所表现出来的各种机能能力,包括力量、耐力、灵敏、速度、柔韧。身体素质不仅取决于肌肉本身的解剖、生理特征与生物化学成分,而且也取决于肌肉工作时的能量供给、各组织的物质代谢、内脏器官的配合以及神经系统的调节功能。通过必要的身体锻炼,可以提高身体素质。

运用体操发展身体素质,练习者可以根据不同目的、任务以及各自的身体状况选择不同的内容。例如,为了发展人体的柔韧性,可以选择柔韧性体操进行练习。所谓的柔韧性体操,就是把发展身体的柔韧性,提高肌肉、韧带的伸展性、弹性,扩大关节的活动范围作为直接目标的身体活动。通过柔韧体操练习,可以提高关节幅度,预防外伤的发生,还可促进血液循环,减少疲劳。柔韧性练习也是进行其他体育活动时必不可少的准备活动。也可以选择发展力量、灵敏素质等的体操练习。

总之,体操项目的特点决定了体操在发展身体素质中的重要价值。

(2) 提高活动能力

人体的活动能力是人类生存所必备的本领,人类从出生之日起就开始逐步掌握各种活动能力。随着现代文明的不断发展,人的生活方式、生活环境都发生了大的改变,从而使人类身体活动的机会日益减少。例如,在现代生活中,人们以乘车代替走路,减少了走路的机会;以电梯代替爬楼梯,减少了人们锻炼的机会;家庭生活电器化,减少了家务劳动的机会等。这些会使人在日常生活中身体活动机会减少,身体活动能力减弱,各种文明病产生,从而影响到人类的健康。因此,开发多种活动方式,创造多种活动内容来提高人体基本活动能力已势在必行。

体操是把提高身体活动能力、增进健康作为直接目标的身体运动。体操中的各种基本练习、韵律体操练习、实用性体操练习等都是发展身体活动能力的有效方法。体操中开发身体活动的练习,主要是根据走、跑、跳等各自运动时的律动特征,从不同角度进行变化、发展,从而成为提高人体基本活动能力的有效手段。例如,通过变化方向、速度、姿势、幅度、节奏等,创造出更多的练习方法,使人体活动更轻便、敏捷、省力。通过体操中的各种身体练习可以达到这一效果,这也是体操提高人体活动能力的价值所在。

(3) 改善功能状况

通过体操练习可以改善功能状况,增强适应能力。体操练习对人体功能状况的改善首先表现在提高人体前庭器官功能的稳定性。前庭器官是人体的位觉与平衡器官,它的作用是感受人体在空间的体位变化,保持人体平衡能力。体操动作类型多样,有转体、倒立、滚翻等。长期进行体操练习,可以使前庭器官产生适应性变化,进而提高人体功能的稳定性。长期进行体操练习,可以提高神经系统的调节功能。体操中的某些动作要求人体具有较高的协调性、准确性,所以在完成动作时肌肉收缩性质复杂,这些都对支配和调节人体运动的神经系统提出了较高的要求。所以长期进行体操练习,可以提高神经系统的功能水平。

进行体操练习,还可以提高心血管系统的调节功能。体操中的某些动作由于离心力、重力作用,使血流重新分配。如做单杠大回环时,由于离心力对血流的影响,使血液向下肢聚集。练习倒立时,血液因重力作用向头部聚集。因此,缺乏训练者会出现面红耳赤、静脉扩张等,如果长期进行这些动作练习,便可以通过加压或减压反射机理,来改变血管的收缩,从而调节血压与血流量,使之适应运动的要求。

(4) 塑造健美形体

健美的形体包括健美的体型与良好的姿态。健美的体型就是指身体整体的完善、和谐,各部分肢体的协调、均衡发展。体操对形成健美的体型有独特功效,体操中的许多内容是塑造健美体型的有效方法、手段。如体型美的关键是防止肥胖、肌肉发达、身体匀称、线条优美,而体操中的有氧体操练习及垫上腹背肌练习等可以起到减肥的效果。通过体操中的双杠、单杠等练习可以促进上肢肌肉发达;通过跳跃等练习可以促进下肢肌肉发达;通过体操基本训练中的把杆练习等可以使身体更加匀称。长时间体操锻炼,可以使骨骼、关节、肌肉和韧带产生一定的适应性变化,从而使人的体型更加健美。

良好的姿态是指人体表现出各种姿态时的形态美。通常人们将立、走、坐的姿势,视为人的最基本的姿势。人的行为姿态大多为后天所得,即在日常生活、劳动、体育锻炼中得到。不良的身体姿态可以通过体育锻炼得以纠正,而体操练习对培养良好姿态、纠正不良姿态具有重要作用。例如,双腿站立姿势是人类区别于各种哺乳动物的一个重要特征,是代表人类的一种象征。良好的站姿应挺拔、直立、重心高,而这也是体操中站立姿势的最基本要求。体操中的韵律体操、徒手体操等,都是训练良好姿态的有效方法。

防近视运动——乒乓球

现代孩子课程多,学业重,很多学生年纪不大却早已戴上了厚厚的"酒瓶底",成为学生和家长的苦恼。

造成近视的重要原因是眼睛疲劳。长期近距离看事物,晶状体总是处在高度调节状态,同时,看近处物体时,两眼球会聚向鼻根方向,使眼外肌肉压迫眼球,天长日久就造成近视。

运动专家和医生都建议,让患近视的孩子经常打乒乓球,每天练习 1~2h,坚持 2~3 个月,就会收到明显效果。

乒乓球是一种很好的缓解视疲劳的运动项目。打乒乓球时,由于球的来往速度飞快,来球落点或近或远,或左或右,或旋转或不转,为了作出准确的判断,多通过眼睛获得球的信息,眼球始终处在高速的运动中,并与大脑进行快速反馈联系。因为球速快,变化多,打球时,睫状肌随乒乓球的来往穿梭不停地放松和收缩,可促进眼球组织的血液供应和代谢,从而使眼睛的疲劳消除或减轻,有效改善视力,起到预防近视的作用。

乒乓球运动方便、简单,锻炼全面,运动量合适,有趣,综合锻炼效果好。下面让我们一起看一看乒乓球有哪些优点吧!

(1)乒乓球是一种全身运动。乒乓球表面上看是手的运动,但对步伐的要求是很高的,讲速度、讲爆发力,打球的过程,也是不断奔跑的过程,腿的运动是不必说的了,此外还要求腰的力量。并且这些肢体运动的方向、形式、力量又各有不同,有的要求外展,有的要求内收;有的必须伸直,有的最好弯曲;有的轻轻一点,精在控制,有的全力突击,胜在力量。因此,乒乓球运动可以较大范围地调用人身上几乎所有的肢体肌肉,是一种全身的运动。

(2)场地要求简单。一间屋子、一副球台即可,几乎每个单位、每所学校都有,甚至很多人自己家客厅就备有这些东西。现在人们健身的观念已经日渐深入人心,场地简单,社会普及就很容易。参加的人多了,就容易形成锻炼健身的风尚,为和谐社会营造良好的气氛。

(3)不受天气影响。因为乒乓球是室内运动,刮风下雨全没有关系,高温低温也不受什么影响,是一种全天候的运动项目。运动贵在坚持,只有持之以恒的运动才能最大限度的有益健康。

(4)乒乓球的竞技性高,挑战充满乐趣。具有一定竞技性的运动才能激发人们运动的兴趣。一个人每天练跳高不会持久,跑步也枯燥得很,想自己坚持达到锻炼身体的目的就很难。而乒乓球运动,对面站着不同的对手,你就必须不断调动身体的潜能,在竞争中取得先机,战胜对手。特别是实力相当的对垒,更是全神贯注,你来我往,不相上下,物我两忘,其乐融融。

(5)乒乓球的运动量适应人群广泛。乒乓球运动量的弹性很大,有力可以使出全身力量,积极进攻,不需吝惜自己的体力;力量小的可以采取防守策略,四两拨千斤,把千钧之力化为绕指柔;更有高手利用落点变化,将对手挑得满场飞奔,找不到发力机会。一般情况下,乒乓球是最好的有氧运动,长期锻炼,对人的心肺功能具有极大的好处。

(6) 乒乓球对技巧的追求永无止境,魅力无穷。乒乓球只有 2.7g 重,但要控制好确实是需要技巧的。同样是为了把乒乓球击打过网,就有各种各样,诸如抽、拉、冲、挂、撕、带、划、撇、劈、拧、挑、弹、砸、扣等,多种技能、技巧。落点、速度、力量、旋转四要素使得乒乓球具有无穷的变化,配之以站位、重心、臂弯、手腕、手指的用力方向和击球时机,把乒乓球推到球类运动技巧之王的地位。

(7) 乒乓球的协调性要求对人锻炼很大。经常锻炼可以保持正常的平衡协调能力,乒乓球对人的反应、灵敏、平衡、协调都有很好的锻炼作用。乒乓球运动,要求动作符合一定的规律,要全身配合协调才能打出漂亮的球。比如在攻球的过程中,每一球都需要调动从脚掌、腿、腰、大臂、小臂、手腕乃至手指,次序着力,也有人的重心转换、拍型控制、挥臂速度变化等。这些锻炼能够有效地提高人体机能的协调性,所以,经常打乒乓球的人一般都能做到反应灵敏,动作协调,充满美感。

(8) 乒乓球对眼睛、颈椎的锻炼十分符合现代人的需要。现代白领长时间在办公桌前办公,用眼过度,且长时间保持单一姿势,患颈椎、腰椎病痛的人与日俱增。参加乒乓球运动,眼睛跟着橙色的小球不断调节距离,很好地缓解了眼睛肌肉的僵硬不适;颈椎、腰椎也随着乒乓球拍的挥舞,得到锻炼。

(9) 乒乓球是脑力、体力结合的运动。要想在乒乓球竞争中间取得主动,不仅要基本技术好,打球时还要不断地观察分析,观察对方的站位,分析对手的球路、特长和漏洞。把球打到对方最难受的地方,寻找创造杀机,都要在最短的时间里作出应对,这对大脑和肢体的灵敏能力都是一个很好的锻炼。

总之,乒乓球运动方便、简单,锻炼全面,运动量合适,有趣,综合锻炼效果好,还应对了文明病症的侵扰,对肢体、心肺、反应、灵敏、协调及大脑起到很好的锻炼作用。

灵活性运动——排球

1895 年,一位叫威廉·G.摩根的美国体育工作人员,他想要寻求一种运动量适中、又富于趣味性的室内娱乐性项目,以适合年纪偏大的人进行休闲锻炼。经过一些尝试之后,他想到把当时已广为流行的网球搬到室内,在篮球场上用手来打。为了让游戏能合理、流畅地进行,他对规则和用球作了一些改进:①把网球允许球落地后再回击的规则改为不许落地;②将球改为圆周为 25~27 英寸(合 63.5~

68.6cm),质量控制在 225～340g;③篮球太重、太硬,不适合在空中连续托击拍扣,因此改试用篮球胆。虽然篮球胆很轻,在空中飘忽不定,但经过试用效果很好,游戏能够顺畅地进行,就决定延续使用这种球。

1964 年排球成为奥运会的固定比赛项目。1996 年,世界女排大奖赛中引入了"自由人"的规则。这名自由人身穿与队友不同颜色的衣服,可以在后场任何位置活动,但不许发球、扣球或参与前场进攻。自由人的设立加强了防守,增加了排球比赛每个球的回合数,使比赛更加精彩。

排球比赛时,场上 6 名球员的站位是轮换的。一个完整的排球场地,中间球网分开对阵双方的区域,一方区域可以划分为 6 个区,具体的分区为

④③②
⑤⑥①

其中,②③④号位为前排,①⑤⑥号位为后排。每局从站①号位的队员开始发球。为了保证在轮换中不影响球队的攻守平衡,安排站位时,同类型的队员一般站对角。比如主攻 A 站④号位,那么对角的①号位必然站的是主攻 B;副攻 A 在③号位,⑥号位就必然是副攻 B;接应如在②号位,二传则会在⑤号位。

换位依据轮次来。首先由①号位队员发球,此轮则该队员转到⑥号位,由上轮在②号位的队员转到①号位发球,依次顺时针转。如我方的球权,但该轮被对方得分,则我方轮次不变,直到我得分,换人发球,则轮次转一轮。

排球的基本技术分为六大项:传球、垫球、发球、扣球、抹球、拦网。

传球是指在胸部及以上部位用双手(或单手)借助蹬地、伸臂动作,通过手腕、手指的弹击力量来完成的击球技术动作。传球的主要作用是把接起的球传给其余队员进攻或直接进攻。一个队的进攻能力能否充分发挥,在很大程度上取决于该队的传球水平。为了争夺网上优势,使进攻战术快速多变,二传手起着核心作用。

垫球是指借助蹬地、抬臂动作,用双手前臂的前部,利用来球的反弹力将球击出的技术动作。垫球在比赛中多用于接发球、接扣球和接拦回球,是比赛中争取多得分、少失分,由被动变主动的重要技术。

发球是由队员自己抛球,用一只手将球从网上空两标志杆内击入对方场区的技术动作。发球是比赛和进攻的开始,是排球技术中唯一不受别人制约的技术动作。攻击性强的发球不仅可以直接得分,还能削弱乃至破坏对方的进攻,打乱对方

的部署,在心理上给对方造成威慑。

扣球是指跳起在空中用一只手臂作弧形挥动,用手将本方场区上空的球从两标志杆内的球网上空击入对方场区的技术动作。扣球在比赛中是进攻最积极、最有效的武器,因此是得分、得权的主要手段。

抹球是指二传或进攻手用单手将球从网上迅速抹带使其快速而出其不意地进入对方球场的击球方式,是为弥补一传垫球过高即将造成探头失误而采用的一种补救式打法,但有时也会刻意采用这种打法以形成两次球打发。

拦网是排球的标志性技术,是队员在网前用腰部以上身体任何部位(主要是手臂、手掌)在球网上沿阻挡对方击球过网的技术动作。拦网是防守的第一道防线,是反攻的重要环节。拦网可将对方有力的扣杀拦起,减轻后排防守的压力,为本方组织反攻创造条件。拦网主要是给对方扣球手以心理压力迫使其出现失误,此外,拦网还可以减缓球速,甚至能把对方的扣球直接拦回、拦死,在比赛中是得分、得权的重要手段之一。

排球的战术可分为个人战术和集体战术两大类。个人战术即个人根据场上情况有目的地运用技术的过程,可分为发球、一传、二传、扣球、拦网、后排防守6项个人战术。集体战术是指两个或两个以上队员之间有组织、有目的的集体协同配合。集体战术包括进攻战术和防守战术。进攻战术是指在接对方发、扣、拦、传、垫过来的球后,全队所采取的有目的、有组织的进攻行动。进攻形式包括强攻、快攻、两次球及其转移。强攻指在没有同伴掩护的情况下,强行突破对方拦防的进攻。快攻指叩击二传传出的各种平、快球,以及用这些平、快球作掩护所组成的各种战术配合。两次球及其转移指当一传来球较高,又在网前适合扣球的位置,前排队员可跳起直接进行扣球;如对方拦网严密,可在空中把球转移给其他队员的进攻打法。防守战术包括4种阵形:接发球站位阵形、接扣球防守阵形、接拦回球保护阵形及接传、垫球防守阵形。

因为有一网相隔,排球没有对抗性,也就大大减少了比赛的危险性,比赛在紧张刺激中又不失和气。打排球可以使全身都得到锻炼,可以锻炼人的灵活性,提高跳跃的能力,保持良好的身材。排球讲究团队配合,在皮球飞速移动中头脑快速作出反应,或是寻找队友,或是把握机会,制造得分,在比赛中让人练就团队意识,学会果断和敏锐。因此排球是一项十分值得大家去尝试和喜爱的球类体育运动,希望越来越多的人能够加入到排球运动的大家庭中来!

都市时尚运动——网球

  网球之所以与高尔夫球、保龄球、桌球一起并称为世界四大绅士运动,就是因为它的起源高贵。12~13世纪的法国,在传教士中流行着一种用手掌击球的游戏,即在空地上两人隔一条绳子,用手掌将布包着头发制成的球打来打去。法国国王路易十世在位时,这种游戏被带入了宫廷,此后又从法国宫廷传入英国贵族阶层,并在英国贵族中不断推广和改进。这就是古式网球的来历。

  而近代网球起源英国。1873年,英国少校M.温菲尔德在羽毛球运动的启示下,设计了一种适用于户外的、男女都可以从事的网球运动,叫做司法泰克(意思为击球的技术)。后来几经改良,才逐渐形成了今天的草地网球。1877年7月,在英国伦敦郊外温布尔顿举办了首届草地网球锦标赛,即温布尔顿第一届比赛。当时的球场为长方形,长23.77m,宽8.23m,至今未变。比赛依旧沿用了古式室内网球的0、15、30、45每局计分法。

  现代网球比赛的计分法源自古式室内网球,又在此基础上有所改进。古代宫廷网球比赛时,人们用可以拨动的时钟来计分,每得一次分就将时钟转动四分之一,也就是15分。同理,得两次分就将时钟拨至30分。这就是15分、30分的由来。在英文中,15分(fifteen)和30分(thirty)都是双音节,而45分(forty-five)则是三音节,为了读得顺口和方便,英国人就把它改成同为双音节的40分(forty),这就是40分这个计分的来源。

  标准网球场的长度是23.77m(78英尺)。单打比赛的球场宽度定为8.23m(27英尺),双打比赛则为10.97m(36英尺)。球场左右两旁的线则相应地称为"单打边线"或"双打边线"。球场两端的白线称为"底线"。

  场地按照材料主要分为三种:红土、草地与硬地。红土为慢速场地,因为球反弹相对较高较慢,使得球员不容易击出无法回击的球。在红土场上,出线的裁决相对容易,因为网球会在土场表面留下痕迹。草场和硬地则为快速场地,球速快,反弹底,使得击球短,更有力,因而强力发球型球员拥有优势。在四大满贯赛事中,法网是红土,温网是草地,澳网和美网为硬地(最初都是草地)。

  比赛时,参赛选手站在球网两边,其中一名(或一组)选手为发球手,另一位(或一组)则是接球手。一局比赛结束之后交换发球权。一场网球比赛一般由 1～5 盘比赛构成,而每一盘一般又分数局。率先赢得规定局数的选手赢得一盘,而率先赢得规定盘数的选手则赢得比赛。

大多数网球比赛都由多盘比赛组成,总盘数一般都为单数。男子单打比赛一般有 5 盘,率先赢得 3 盘的选手获胜;而其他比赛一般有 3 盘,率先赢得 2 盘的选手获胜。一盘由多个局组成。当一名(或一组)选手获得规定条件的局数后,一盘比赛结束。选手在每个单数局结束后交换比赛场地。一盘中局数的比分是以正常的数列表示的。

一局比赛只有一名选手发球,率先赢得至少 4 分并多出对手至少 2 分的选手赢得一局。一局比赛中,每一次发球必须在半场的两个发球区轮流,每局第一次发球都是从右边的发球区开始。

网球每局的记分,从 0～3 分分别为"零"(love)"十五"(fifteen)"三十"(thirty)和"四十"(forty)。记分时,发球手的得分在前,接球手的得分在后。当双方选手都得到了 3 分时,叫"平局"(deuce),出现平局后如有一名球手再得 1 分,则称为"占先"(advantage)而不再记分。如果在占先的情况下失去 1 分,就再度回到平局;如占先后再得 1 分,就赢得一局。发球手占先,或在领先对手 2 分及以上的情况下,被称做握有"局点"(如果赢得这一局后又恰好可以赢得一盘,就可称做"盘点",能赢得比赛就称做"赛点")。如果是接球手处于类似情况时,则被称做握有"破发点"。

传统上,率先获得 6 局比赛胜利并领先对手至少 2 局的选手赢得该盘。但现在更为常见的记分方法是,当双方在一盘中战成 6 比 6 平时,将举行一局特殊的"决胜局",又称"抢七局"。获得决胜局胜利的选手就以总局数 7 比 6 赢得该盘。还有一些时候,在 5 盘制比赛的最后一盘,如果双方战成 6 比 6 平,就没有决胜局,而采用传统的方式直到一方连续获得 2 局的胜利后比赛才结束。

在决胜局比赛中,记分采用正常的数列表示,率先获得 7 分并领先对手至少 2 分的选手获胜。决胜局开始时的发球权归上一局比赛的接球手。该名选手在自己的右边发球区发一个球,然后将发球权交给对手。对手再有两次发球的机会,之后每两次发球轮流发球权。每打 6 分后双方交换场地。

一场比赛的总比分可以只给出总盘数的比分(例如 3-1,表示胜者赢 3 盘,败者赢 1 盘），也可列出所有局数的比分，但都必须先列出胜者的比分。例如 7-5 6-7（4）6-4 7-6（6）采用的就是后一种记分方式，表示获胜的一方赢得了第一、第三和第四盘的胜利,而第二和第四盘是靠决胜局决出胜负的。在括号中的数字表示的是输的一方在决胜局中得到的分数,例如第二盘决胜局的比分就是 4-7，而第四盘决胜局的比分则是 8-6。

网球运动球速快，变化多，健身性、趣味性强，时尚高雅，运动量可大可小，是一项男女老少皆宜的体育项目。经常从事网球运动可增强体质,促进身心全面发展,能有效地提高中枢神经系统的反应能力,改善心血管系统的功能,并能有效地发展速度、力量素质,增强协调性和提高耐久力,提高动作速度和活动能力,还能发展人的机智勇敢、沉着冷静、敢于拼搏的优良心理素质,因此,网球运动具有较高的健身锻炼价值。

减压弹跳运动——篮球

篮球运动起源于美国。1891 年,加拿大人詹姆斯·奈史密斯在美国北部的一所中学当体育教师。这里的冬天又长又冷,学生们也没有什么可玩的,因为操场上都覆盖了厚厚的积雪。怎么才能发明一种新的游戏呢？这种游戏必须是在室内进行的,又需要学生通过快速的移动来组织进攻；既不能占用太大空间,又要让学生得到足够的传送和投掷训练,以便为来年的橄榄球比赛做准备。

由于当地盛产桃子,各家各户都备有桃筐,当地儿童喜欢用球投向桃子筐,以此作为一种游戏方式。奈史密斯从中得到启发,于是他将两只桃篮钉在健身房内看台的栏杆上,用足球做比赛工具,向篮投掷。投球入篮得 1 分,按得分多少决定胜负。桃篮上沿距离地面 3.04m,每次投球进篮后,要爬梯子将球取出再重新开始比赛,很不方便。后来逐步将桃篮改为活底的铁篮,再改为铁圈下面挂网。这就是最开始的篮球。

最初的篮球比赛,对上场人数、场地大小、比赛时间均无严格限制,只需双方参加比赛的人数必须相等。比赛开始,双方队员分别站在两端线外,裁判员鸣哨并将球掷向球场中间,双方跑向场内抢球,开始比赛。持球者可以抱着球跑向篮下投篮,首先达到预定分数者为胜。

随着篮球运动的迅速推广,篮球技术和战术水平不断提高,促进了对篮球规则的不断完善。篮球规则,从最开始奈史密斯简单的 5 条规则,逐步发展到今天的 58 条,对篮球比赛中各个技术环节都加以规范,相应地也使篮球运动向健康与高级的方向发展。篮球比赛从最开始的无人数限制,到现在的 5 人制比赛;从一开始的可以抱球跑动,到现在对运球各个环节的明确规定。国际篮联每隔 4 年对规则要进行一次修改与补充,其目的就是为了促进篮球技术、战术进一步的发展,限制粗暴动作,使比赛向文明、干净及紧张激烈和富有魅力的方向发展。

现在篮球比赛规定,每支队伍场上人数为 5 人,其中一人为队长,候补球员最多 7 人(可依主办单位而增加人数)。比赛分 4 节,每节各 10min,美国职业篮球联赛(National Basketball Association,NBA)为 12min(NBA 全明星新秀赛和美国大学生篮球联赛为每节 20min,共 2 节),每节之间休息 5min(NBA 为 130s),中场休息 10min(NBA 为 15min)。另在 NBA 中,第 4 节和任何加时赛之间休息 100s。比赛结束两队积分相同时,则举行延长赛 5min,若 5min 后比分仍相同,则再次进行 5min 延长赛,直至比出胜负为止。

得分:球投进篮筐经裁判认可后,便算得分。3 分线内侧投入可得 2 分;3 分线外侧投入可得 3 分;不管是脚跟还是脚尖踩到 3 分线进的球视为 2 分球。罚球投进得 1 分。

抛球:比赛开始由两队各推出一名跳球员至中央跳球区,由主裁判抛球双方跳球,开始比赛。

罚球:每名球员各有 4 次被允许犯规的机会,第五次即犯满退场(NBA 中为 6 次),且不能在同一场比赛中再度上场。罚球是在谁都不能阻挡、防守的情况下投篮,是作为对犯规队伍的处罚,给予另一队的机会。罚球要站在罚球线后,从裁判手中接过球后 5s 内要投篮。在投篮后,球触到篮筐前,罚球人脚不能踩越罚球线。

违例:大致可分为:

(1) 普通违例,如带球走步、两次运球(双运)、脚踢球(脚球)、球出界、回场或以拳击球。

(2) 跳球违例,即除了跳球球员以外的人不可在跳球者触到球之前进入中央跳球区。

(3) 超时违例,如发球超时、禁区内超时、过后场超时、罚球超时、24s 超时等。

(4) 3 秒违例,即在防守对方球员时,除非你有防守任务直接面对对方运球者,否则你不能在三秒区内站立超过 3s(抢篮板也不行)(注,该条规则仅在 NBA 规则中存在,国际比赛及中国比赛中均没有)。

1950 年举行首届世界篮球锦标赛,1953 年起举行世界女子篮球锦标赛。男、女篮球分别于 1936 年和 1976 年被列为奥运会比赛项目。20 世纪 80 年代中期以来,随着世界篮球职业队伍参加奥运会,推动了世界篮球运动跨入了一个崭新的发展阶段,达到技艺化的新阶段。

篮球活动涵盖了跑、跳、投等多种身体运动形式,且运动强度较大,因此,它能全面、有效、综合地促进身体素质和人体机能的全面发展,保持和提高人的生命活力,为人的一切体能活动打下坚实的基础,从而提高生活的质量。

与其他运动项目相比,篮球活动的形式多样,具有更强的参与性、趣味性、应变性、娱乐性和竞技性等,能满足不同人群的多种需求。篮球活动的形式可因人而异,运动量可随意调节,因此适宜于各类人群的广泛参与。各类不同的参与者都能在活动场上找到展示自我的方式,满足自己不同层次的需求。

通过练习和比赛的过程,能使参与者的个性、自信心、情绪控制、意志力、进取心、团队凝聚力、自我控制与约束等方面都有良好的发展,以及培养团结拼搏、努力协作、文明自律、遵纪守法、尊重他人等良好道德品质和集体主义精神。

增强腰腹力量运动——足球

2004 年初,国际足联确认足球起源于中国,"蹴鞠"是有史料记载的最早的足球活动。《战国策》和《史记》记载了最早的蹴鞠活动。前者描述了 2300 多年前的春秋时期,齐国都城临淄流行蹴鞠活动,后者则记载,蹴鞠是当时训练士兵、考察兵将体格的方式("蹴鞠,兵势也,所以练武士,知有材也。")。

在中世纪以前,希腊人和罗马人在一个长方形场地里,将球放在中间的白线上,用脚把球踢滚到对方场地上。他们把这种游戏称为"哈巴斯托姆"。而现代足球的起源地则是在英国。12 世纪前后,英国人和丹麦人发生了一场战争,战争结束后,英国人在清理战争废墟时发现一个丹麦入侵者的头骨。出于愤恨,他们便用脚去踢这个头骨。一群小孩见了便也加入了进来。踢着踢着,无论大人还是小孩,都发现自己完全沉浸在"踢"的乐趣之中,而渐渐忘记了踢这个头骨的初衷。由于头骨很硬,踢起来脚会痛,于是人们就用牛膀胱吹气来代替——这就是现代足球的诞生。

1848年,足球运动的第一个文字形式的规则——《剑桥规则》诞生了。所谓《剑桥规则》,即是在19世纪早期的英国伦敦,牛津和剑桥之间进行比赛时制定的一些规则。当时每队有11个人进行比赛。因为当时在学校里每套宿舍住有10个学生和1位教师,因此他们就每方11人进行宿舍与宿舍之间的比赛。现在的11人足球比赛就是从那时开始的。1862年,在英国诺丁汉郡成立了世界上第一个足球俱乐部。在英国又成立了第一个足球协会,并统一了足球规则。人们将这一天视为现代足球的诞生日。

足球比赛场地应为长方形,其长度不得多于120m或少于90m,宽度不得多于90m或少于45m(国际比赛的场地长度不得多于110m或少于100m,宽度不得多于75m或少于64m)。较长的两条线叫边线,较短的叫球门线。场地中间画一条横穿球场的线叫中线。场地中央应当做一个明显的标记,并以此点为圆心,以9.15m为半径,画一个圆圈,叫中圈。场地每个角上应各竖一面不低于1.50m高的平顶旗杆,上系小旗一面叫角旗。在比赛场地两端距球门柱内侧16.50m处的球门线上,这三条线与球门线范围内的地区叫罚球区,在两球门线中点垂直向场内量11m处各做一个清晰的标记,叫罚球点。以罚球点为圆心,以9.15m为半径,在罚球区外画一段弧线,叫罚球弧。以边线和球门线交叉点为圆心,以1m为半径,向场内各画一段四分之一的圆弧,这个弧内地区叫角球区。

上场比赛的两个队每队队员人数不得超过11人。每队必须有一名守门员。每队在比赛时可有1~3名替补队员,如果是"友谊比赛",可以有5名以下的替补队员。在经裁判员同意后,在比赛暂停时,替补队员可替换队员。只有在被替补队员下场后,替补队员才能上场。未经裁判员同意,任何队员不得上场或下场。

每场比赛应委派一名裁判员执行裁判任务。在他进入比赛场地时,即开始行使规则赋予他的职权。在比赛暂停或比赛成死球时出现的犯规,裁判员均有判罚权。裁判员在比赛进行中,根据比赛实际情况,诸如比赛结果等所作的判决,一般视为最后判决。每位裁判都有2~3名助理,司职出界、越位、进球、换人和辅助裁判判罚等事宜。

比赛时间为两个相等的半场,每半场45min。特殊情况双方同意另定除外,均按下列规定执行:

（1）在每半场中由于替补、处理伤员、延误时间及其他原因损失的时间均应补足，这段时间的多少由裁判员决定。

（2）在每半场时间终了时或全场比赛结束后，如执行罚球点球，则应延长时间至罚完为止。除经裁判员同意外，上下半场之间的休息时间不得超过 5min。

比赛开始前，应用投币方式选定开球或场地，先挑的一方应有开球或场地的选择权。比赛应在裁判员发出信号后，由开球队的一名队员将球踢入（即踢动放走在比赛场地中央的球）对方半场开始。在球被踢出前，每个队员都应在本方半场内，开球队的对方队员还应当保持距球不少于 9.15m；球被踢出后，需滚动到它自己的圆周距离时，才应认为比赛开始，开球队员在球经其他队员触或踢及前不得再次触球。在进一球后，应由负方一名队员以同样方式，重新开球继续比赛。下半场开始时，两队应互换场地，并由上半场开球队的对方开球。

足球是一项充满激情的运动，它包含的东西太多太多：有战术，有技巧，有运气，有配合……每个热爱足球或喜欢足球的人都在足球身上找到了自己需要的东西，也许是深沉厚重的国家荣誉感，也许是力挽狂澜的英雄魅力，也许是对团队配合的惊叹，也许是对每场比赛不可预料的结果的好奇，也许只是偶像崇拜……参与足球，在强壮身体的同时，享受无尽的足球乐趣，实在是人生的享受！

于颈椎有益的运动——羽毛球

早在两千多年前，一种类似羽毛球运动的游戏就在中国、印度等国出现。中国叫打手毽，印度叫浦那，西欧等国则叫做毽子板球。19 世纪 70 年代，英国军人将在印度学到的浦那游戏带回国，作为茶余饭后和休息时的消遣娱乐活动。

现代羽毛球运动诞生在英国。1873 年，在英国格拉斯哥郡的伯明顿镇有一位叫鲍弗特的伯爵，他在领地开游园会时，有几个从印度回来的退役军官就向大家介绍了一种隔网用拍子来回击打毽球的游戏，人们对此产生了很大的兴趣。因这项活动极富趣味性，很快就在上层社会社交场上风行开来。"伯明顿"（Badminton）即成为英文羽毛球的名字。1893 年，英国第 14 个羽毛球俱乐部组成羽毛球协会。

羽毛球运动约于 1920 年传入中国，解放后得到迅速发展。20 世纪 70 年代，中国羽毛球队已跻身于世界强队之列。

现在羽毛球采用 21 分制，即双方分数先达 21 分者胜，3 局 2 胜。每局双方打到20平后,一方领先2分即算该局获胜;若双方打成29平后,一方领先1分,即算该局取胜。新制度中每球得分,除特殊情况(比如地板湿了,球打坏了),球员不可再提出中断比赛的要求。每局一方以11分领先时,比赛进行1min的技术暂停,允许双方队员进行擦汗、喝水等。得分方有发球权,如果本方得单数分,从左边发球;得双数分,从右边发球。在第三局或只进行一局的比赛中,当一方分数首先到达11分时,双方交换场区。

无论是进行有规则的羽毛球比赛还是作为一般性的健身活动,都要在场地上不停地进行脚步移动、跳跃、转体、挥拍,合理地运用各种击球技术和步法将球在场上往返对击,从而增大了上肢、下肢和腰部肌肉的力量,加快了锻炼者全身血液循环,增强了心血管系统和呼吸系统的功能。据统计,大强度羽毛球运动者的心率可达到每分钟160～180次,中强度心率可达到每分钟140～150次,低强度运动心率也可达到每分钟100～130次。长期进行羽毛球锻炼,可使心跳强而有力,肺活量加大,耐久力提高,可增加肩周及颈椎部位的活动。

新手打羽毛球的技巧如下:

(1) 力争在身体前上方击球,千万不要让球落至颈部以下高度,否则回击的球就没有攻击力了。

(2) 握拍手尽可能保持放松,以便最大限度地发挥手腕的力量。

(3) 在单打时,每次击球后应立即回到中心位置。在双打防守时则应回到与同伴平行的位置,而在双打进攻时则应与同伴保持前后的位置。在双打发球时,发一短球后应立即向前封网以防对手打短球回击。

(4) 在单打时,除非扣球,千万不要把球打在对方的中场,尽可能打两角。

(5) 在进行有力的正手或反手击球时,身体应向击球一侧转动,以便站稳双脚。

(6) 单打发球要尽量高而远,双打发球要短,球的飞行路线要贴近球网的上缘,发球要多变。

(7) 在规则允许的范围内尽可能多用假动作迷惑对方,但事先不要流露自己的意图。

(8) 打高远球时,要准确地判断球的飞行方向,球要尽可能打得高而且接近对方底线。

（9）吊网前球时，球的路线要短，并尽可能靠近球网，打对角。

（10）扣球时应尽可能远离对手或直接命中对方的握拍手或肩。

（11）当你一时不知所措或需要短暂的喘息机会，可打一高远球，然后回到本场中心位置。

（12）对于初学者来说，反手端线通常是其薄弱区域，应注意打其弱点。

（13）在前场回击高球时，应尽量采用扣球，扣球是重要的得分手段，但不要在底线处击出高而短的球，这通常是给对手杀球机会的。

（14）许多运动员有自己的特有打法，因此要善于判断球的落点，及时进入适宜的位置，但千万不要过早暴露自己的动向。

（15）在双打接发球时，要举起球拍迫使对方发低球，如果对方的发球过高，立即上前扑杀。

（16）如果你正在得分，不要改变打法；如果正在失利，则应立即调整文质彬彬的打法；如果你的连续进攻没有奏效，可打一高远球，然后寻找战机重新发起进攻。

（17）握拍时，应尽量靠近拍柄末端，其优点是可借助惯性更有力的挥拍。

（18）发球时，左脚在前；接球时，右脚在前，这样更有利于前后场的移动。

进行羽毛球运动应该注意以下事项。

（1）降低羽毛球拍弦的张力（紧度）：较松的球弦，可以提供更大的线床效应，能击出速度更快、威力更大的球，同时传递的震动较少。

（2）选择甜区更大的拍形：所谓甜区，就是球拍面的最佳击球区。当击球点在甜区时能给你足够的击球威力，控球性好，震动感小，你会觉得很舒适。球拍的甜区较大，则击球时较不容易打到非甜区，所以震动的机会较少，受伤的机会也就较少。

（3）检查拍柄的大小：如果球拍的握把太小，当球没有打到甜区时，球拍的扭力越大，对手臂的伤害就越大；握把太大则手掌抓不牢球拍，容易疲劳。合适的大小应该是，正手握拍时无名指和大鱼肌之间有一个 5~8mm 的空隙。

（4）检查球拍的硬度：拍杆硬度大的球拍，要求球员在击球时发出更大的力度，从而使手臂更容易疲劳，也就更易于受伤；拍杆硬度小的球拍，球员不需要太多的力量就能击出更有威力的球，降低了手臂疲劳的可能。近几年羽毛球拍拍杆的平均硬度已比前几年大为降低了。当然，较软的拍杆，对球的方向控制性是要差一点的。

(5) 注意击球的姿势是否正确:击球姿势的不正确是造成受伤的重要原因,如击球点过低、过后,击球时侧身不够,甩动大臂击球等。多请教你身边的高手,纠正你的错误。

(6) 若球员较长时间不曾进行此类活动(较剧烈),那么,在恢复训练中,尽量不要剧烈运动,否则,第二天醒来就会感到全身或某些部位酸痛不已。

提高心肺功能的运动——骑单车

1791年,一位名叫西夫拉克的法国人发明了一种"木马轮"小车。这辆小车有前后两个木质的车轮子,中间连着横梁,上面安了一个板凳,骑车人用双脚用力蹬地,可以使之慢慢地前进。当时这辆小车没有转向装置,只能直行,不会拐弯,而且骑起来十分费力,并没有实用价值。

1818年,有个叫德莱斯的德国人,制作了一辆在前轮加了控制方向的车把的两轮小车。虽然依然是以骑车人脚蹬地推动前进,却有了现代自行车的雏形。

1840年,英格兰铁匠麦克米伦将德莱斯的二轮小车进行了一些改良。他在后轮的车轴上装上曲柄,再用连杆把曲柄和前面的脚蹬连接起来,并且把两个车轮都改成了铁制的。当骑车人踩动脚蹬,车子就会自行运动起来,向前跑去。这样一来,就使骑车人的双脚真正离开了地面,以双脚的交替踩动变为轮子的滚动,大大地提高了行车速度。

此后又有很多人对这种两轮小车进行了不同的改进。1861年,法国的米肖父子在麦克米伦的车的前轮上安装了能转动的脚蹬板,把车子的鞍座架在前轮上面。他们把这辆两轮车冠以"自行车"的雅名,并于1867年在巴黎博览会上展出。

1874年,英国人罗松在自行车上装上了链条和链轮,用后轮的转动来推动车子前进。

当时的自行车大多前轮大后轮小,车座设在前轮上,骑起来十分不方便,也不安全。

1886年,英国的斯塔利从机械学、运动学的角度,设计出了新的自行车样式。他为自行车装上了前叉和车闸,把前后轮的大小改为相同的以保持平衡,用钢管制成了菱形车架,并首次使用了橡胶的车轮。斯塔利不仅改进了自行车的结构,还改制了许多生产自行车部件用的机床,为自行车的大量生产和推广应用开辟了宽阔的前景,因此他被后人称为"自行车之父"。斯塔利所设计的自行车车型与今天自行车的样子基本一致了。

1888年,爱尔兰的兽医邓洛普从医治牛胃气膨胀中得到启示,他把家中花园里用来浇水的橡胶管粘成圆形,打足了气,装在自行车轮子上,前往参加骑自行车比赛,居然名列前茅,这引起了人们极大的兴趣。充气轮胎就这样被发明了。充气轮胎是自行车发展史上一个划时代的创举,它增加了自行车的弹性,不会因路面不平而震动;同时大大地提高了行车速度,减少了车轮与路面的摩擦力。这样,就从根本上改变了自行车的骑行性能,完善了自行车的使用功能。

自行车最初是作为代步工具出现的。在19世纪末,出现了第一辆具有现代意义的自行车,并传向世界。经过100多年的发展,自行车的意义已经远不是代步了,越来越多的人把骑行当作一种健身方式。更有一些人背起背囊,跨上自行车,去远行,去看景,去冲击一些前人不曾企及的高度。自行车为旅行者提供了一个新的视角,让人们最大限度地发挥自身的力量。

自行车比赛,指的是以自行车作为比赛器具进行的各种比赛。根据使用车种的不同,可大致分为室内场地赛、公路赛、越野赛和花式表演。

场地自行车,是在场地内进行的自行车运动,场地自行车比赛也称为"圆形场地赛"。场地赛中采用的自行车只配有一个齿轮,无闸。使用先进的技术和器材,就是让人把自行车骑得越来越快。奥运会比赛项目有追逐赛、计时赛、计分赛、争先赛。场地自行车赛在2000年悉尼奥运会上再次展开了技术大战,并且在项目上也有增加,女子增加了场地500m个人计时赛,男子增加了奥林匹克争先赛、麦迪孙赛、凯林赛。场地自行车项目是一项富有挑战性的运动,比赛的激烈程度、现场的刺激画面足以使观众欢呼、沸腾。

公路自行车的骑行速度要比普通自行车快很多。普通的爱好者稍加训练以后,一般都可以达到1h骑35km平路的水平。而公路自行车运动员在路况良好的平地路段上长距离骑行时的平均时速可以保持在40～50km/h。公路自行车的特点为:

(1)轮胎比普通自行车的轮胎窄,并且胎压可以达到100～200psi(pounds per square inch)以上,所以在行驶过程中的滚动阻力和山地车相比小不少。

(2)飞轮与牙盘的齿比(即齿数比值)很大,一般的公路自行车齿比可达到

53∶11甚至更高。

（3）公路自行车广泛采用了新型材料，比如钛合金、碳纤维、高级铝合金材料等，所以公路自行车的质量很轻，可以达到5kg以下，但国际自联规定的参赛车不得低于6.8kg。

（4）普遍采用了很硬的材料，易于运动员发力。这一点和山地车是很不同的。因为公路自行车都是在路况比较好的公路上面骑行，所以不需要像后者那样，过于考虑吸收震动的问题。

由于上述的特点，公路自行车的骑行速度要比普通自行车快很多。

山地车，英文名叫"mountain bike"，缩写为MTB，起源于美国。山地车是美国青年为了寻求刺激，在摩托车比赛的越野场地上驾驶自行车进行花样比赛而派生发展起来的车型。最早骑山地自行车进行越野的，是一位美国加利福尼亚大学的学生斯科特（James Finley Scott），他是第一位将普通自行车改装成山地车式样的人。以后，越野运动逐渐在欧美流行，并形成赛事。1990年，国际自行车联盟承认这项运动，1991年首次举行世界杯赛。山地车的主要特征是：宽胎，直把，有前后的减震，骑行较舒适。宽而多齿的轮胎提供抓地力，有减震器吸收冲击。近些年来前减震的应用成为标准，前后减震的车辆越来越普及。一些山地车开始使用副把，但角度上扬的把横却成为时尚。

山地车，具有刚度大、行走灵活等特点，骑行时不必选择道路，无论街巷漫游还是休闲代步都获得了广泛的好评，骑车者可以在各种路面环境上尽情地享受舒适的骑行乐趣。山地车，因其坚固、粗犷、新颖的外型、缤纷夺目的色彩、优越的骑行性能，很快成为都市青年追求的时尚。

速度与力量运动——跆拳道

跆拳道，是现代奥运会正式比赛项目之一，是一种主要使用手及脚进行格斗或对抗的运动。

跆拳道起源于朝鲜半岛，早期是由朝鲜三国时代的跆跟、花郎道演化而来的，是韩国民间较普遍流行的一项技击术。在跆拳道没有正式命名之前，韩国徒手的搏击流派有很多，名称也有跆跟、手搏、唐手、托肩、花郎道等。"跆拳道"一词，是1955年由韩国的崔泓熙将军创造。崔将军退伍以后，在跆拳道中融合民间元素，最后成型。跆拳道被韩国视为国技。跆(TAE),意为以脚踢;拳(KWON),以拳头打击;道(DO),则是代表道行、礼仪修炼的艺术。

跆拳道于1988年汉城奥运会时列为为示范比赛项目;于1992年的巴塞罗那奥运会开始被列为试验比赛项目;到2000年的悉尼奥运会成为奥运正式比赛项目。

1. 跆拳道的技术特点

(1) 腿法为主,拳脚并用:由于竞赛的需要、规则上的限制和跆拳道在进攻方法方面的特点,使得跆拳道技法主要是以腿法攻击为主、拳法攻击为辅。据统计,在跆拳道技术中,腿法约占总技法体系的70%。因此腿击无论在攻击范围、攻击力量等方面都远远超过拳法的攻击,而拳法的招式一般偏重于防守和格挡。

(2) 强调呼吸,发声扬威:在跆拳道的练习当中要求在气势上给人以威严的感觉,练习者常以洪亮并带有威慑力的声音来显示自己的威力。据日本有关研究资料证明,人在无负荷工作时10%的肌肉会由于发声使他们的收缩速度提高9%,在有负荷工作时更是可以提高14%。这就是为什么在比赛当中,运动员会发出响亮的喊叫声的原因。在发声的同时停止呼吸,可以使人体内部的阻力减小,提高动作速度,集中精力,使动作发挥出更大的威力。

(3) 动作追求速度、力量和效果,以击破为测试功力的手段:跆拳道不讲究花架子,所有动作都以技击格斗为核心,要求速度快、力量大、击打效果好。在功力的检测方面,则以击破力为测试的手段,即分别以拳脚击碎木板等,以击碎的厚度来判定功力。

(4) 以刚制刚,方法简练:受跆拳道的精神影响,运动员在比赛中多是直击直打,接触防守、躲闪技术运用得比较少,进攻都采用直线连续进攻,以连贯快速的脚法组合击打对手。防守多采用格挡技术或采取以攻对攻,以攻代防的技术。

(5) 礼始礼终,内外兼修:在任何场合下,跆拳道练习者始终以礼相待。练习活动都要以礼开始,以礼结束,以养成谦虚、友好、忍让的作风,在道德修养方面不断地提高自己。

2. 跆拳道比赛的得分规则

跆拳道比赛中允许攻击的部位包括髋骨以上至锁骨以下以及两肋部,可攻击背部,头部两耳向前头颈的前部只允许用脚的技术攻击。使用允许的技术准确有力地击中有效得分部位即可得分：击头得 3 分,旋转踢和后踢得 2 分；其他技术得 1 分,主裁判读秒不加分。一个技术动作的最高得分分值为 3 分,而有效得分部位包括腹部和两肋部以及面部允许被攻击的部位。如使用允许的技术击中被护具保护的非有效得分部位,击倒对方时按得分计。

3. 跆拳道常见技术动作

（1）前踢。

（2）侧踢。

（3）后踢。

（4）下劈。

（5）勾踢。

（6）后旋踢。

（7）推踢。

（8）横踢。

（9）跳踢。

（10）单腿连踢。

（11）双腿连踢。

跆拳道运动紧张激烈,对抗性强,可使人强壮筋骨,提高各关节的灵活性及肌肉的伸展性和收缩能力,提高人的速度、反应、灵敏、力量和耐力素质。同时,跆拳道还提倡培养练习者具有高尚的道德品质、磨炼刚强不屈的意志、健全和完美的风度以及蓬勃向上的体育精神,十分值得广大青少年和成年人尝试练习。

优雅的运动——瑜伽

"瑜伽"(英文为 Yoga)是梵文译音,是从印度梵语"yug"或"yuj"而来,意思是"自我"和"梵"的结合或一致。各种瑜伽体系的终极目的都是帮助人实现这种梵我合一的瑜伽境界。

瑜伽起源于印度,距今有五千多年的历史文化,被人们称为"世界的瑰宝"。瑜伽发源于印度北部的喜马拉雅山麓地带,古印度瑜伽修行者在大自然中修炼身心时无意中发现各种动物与植物天生具有治疗、放松、睡眠或保持清醒的方法,患病时能不经任何治疗而自然痊愈。于是古印度瑜伽修行者根据动物的姿势观察、模仿并亲自体验，创立出一系列有益身心的锻炼系统，也就是体位法。这些姿势历经了五千多年的锤炼，教给人们自然的治愈法，让世世代代的人从中获益。

瑜伽能加速新陈代谢，去除体内废物，形体修复，从内及外地调理养颜；瑜伽能增强身体力量和肌体弹性，使身体四肢均衡发展，使人变得越来越开朗、有活力、身心愉悦；瑜伽能预防和治疗各种身心相关的疾病，对背痛、肩痛、颈痛、头痛、关节痛、失眠、消化系统紊乱、痛经、脱发等都有显著疗效；瑜伽能调节身心系统，改善血液环境，促进内分泌平衡，使人内在充满能量。

除了要在专业导师指导下进行瑜伽训练外，还要注意一些瑜伽锻炼的事项。

（1）时间：一般来说，人们都是利用早晨、中午、黄昏或睡前来练习瑜伽姿势。其实，只要保证空腹的状态，一天中的任何时间都可以练习。换句话说，饭后（3h 之内）是不宜练习瑜伽姿势的。清晨 4～6 点是练习瑜伽的最佳时刻，因为此时周围万籁俱寂，大气最为纯净，肠胃活动基本停止，大脑尚未活跃起来，容易进入瑜伽的深层练习状态。

（2）地点：练习瑜伽最好能在干净、舒适的房间里，有足够的伸展身体的空间，避免靠近任何家具。房间内空气清新、流通，并且能自由地吸入氧气，最好摆上绿色植物或鲜花，也可播放轻柔的音乐来帮助松弛神经。当然，您也可以选择在露天的自然地练习，比如花园等环境较好的地方，千万不要在大风、寒冷或有污染的空气中练习，也不要在太阳直射下练习（黎明除外，因为那时光线柔和，有益于健康）。

（3）衣着：练习瑜伽姿势时应穿着宽松柔软的瑜伽服，以棉麻质地者为佳，必须保证透气和练习时肌体不受拘束。鞋子必须脱掉，袜子最好也脱掉（天冷时脚部需注意保暖），手表、眼镜、腰带以及其他饰物都应除下。

（4）道具：练瑜伽当然以使用专业的瑜伽垫为好。当地面太硬或不平坦的时候，瑜伽垫能发挥缓冲作用，帮助您保持平衡。如果您没有专业的瑜伽垫，铺上地毯或对折的毛毯也可。不要在过硬的地板或太软的床上进行练习，同时注意不能让脚下打滑。初学者也可使用一些道具来辅助练习某些姿势，可用的道具如瑜伽砖、瑜伽绳，甚至墙壁、桌椅等。很多姿势都可使用相应的道具，帮助您进行循序渐进的练习，同时更准确掌握每一个姿势传达给身体的感觉。

（5）沐浴：沐浴前 20min 内不要练习瑜伽，因为瑜伽练习会使身体感觉变得极其敏锐，此时若给予忽热忽冷的刺激，反而会伤害身体，消耗身体内储存的能量。

沐浴后 20min 内也不宜练习瑜伽,因为沐浴后血液循环加快,筋肉变软,如果马上练习瑜伽,不仅容易使身体受伤,而且会导致血压升高,加重心脏负担。心脏病、高血压、甲亢等疾病患者尤其要注意这一点。另外,在长时间的太阳浴后不要练习瑜伽姿势。在练习瑜伽之前 1h 左右洗个冷水澡,能让您的练习达到更好的效果。

(6)饮食:如前所述,饭后 3h 之内不宜练习瑜伽姿势。但是,您可以在练习前 1h 左右,进食少量的流质食物或饮料,比如牛奶、酸奶、蜂蜜、果汁等。练习时,您可以喝一点清水以帮助排出体内毒素(当做鸭行式的练习时,您甚至应该大量喝水)。瑜伽练习结束 1h 后进食最好。最好吃一些天然的食品,避免食用一些油腻、辛辣或导致胃酸过多的食品。进食要适可而止,吃得太饱会让人感到烦闷和懒惰。另外,练习瑜伽后饭量减少,排气、排便增加属于正常现象。

瑜伽练习的相关禁忌包括以下几项:

(1)情绪波动不宜练习瑜伽。瑜伽属于身心灵都要配合的运动,如果生气、焦虑、紧张的情况下,肌肉群紧绷,最好不要练习瑜伽,以免受伤。只有在肌肉柔软的情况下练习瑜伽,才能更加健康安全。

(2)上几节课后,觉得关节及肌腱酸痛,可能不适合练瑜伽。有些人天生身体的柔软度就不好,而瑜伽则是训练身体的柔软度与肌力的延展。如果每次练完瑜伽之后,就出现关节疼痛或是肌腱发炎的情况,可能本身身体柔软度不够,不适合瑜伽动作。

(3)骨质疏松症者,练习要小心。有些瑜伽的动作必须用手或脚等肢体支撑身体的重量,如果有骨质疏松症,很可能因为核心肌群的力量没有训练好,以致手肘支撑的时候不小心骨折。

(4)眼压过高、高度近视眼,不建议头下脚上的倒立动作。前弯或倒立时会增加眼压,因此原本就有眼压过高、高度近视的人,不建议练习瑜伽。

(5)身体状况不佳、大病初愈、骨折初期不宜练习瑜伽。只有在身体状况良好的情况下,才能通过瑜伽练习达到锻炼身体机能及肌群的功效。如果身体状况不好,肌肉、关节、韧带无法发挥力量,练习瑜伽的时候,就很容易受伤。

(6)癫痫、大脑皮质受损者,不宜练习瑜伽。瑜伽的许多动作会牵扯伸展到颈部,而如果有癫痫或是大脑皮质受损者,前弯后仰按摩颈部的伸展,就可能诱发癫痫发作。

(7) 有血液凝固疾病者,避免练习瑜伽。瑜伽的动作需要摆位,肢体伸展扭转过程中可能导致末梢血流减少,更容易导致血液凝固严重,引发心脏血管疾病。

飞檐走壁——攀岩运动

"会当凌绝顶,一览众山小。"攀岩运动以其独有的登临高处的征服感吸引了无数爱好者。攀岩运动是从登山运动中派生来的新项目,也是登山运动中的一项竞技体育项目。它集健身、娱乐、竞技于一体,既要求运动员具有勇敢顽强、坚韧不拔的拼搏进取精神,又需要具有良好的柔韧性、节奏感及攀岩技巧,这样才能娴熟地在不同高度、不同角度的陡峭岩壁上轻松、准确地完成身体的腾挪、转体、跳跃、引体等惊险动作,给人以优美、流畅、刺激、力量的感受。

攀登对象主要是岩石峭壁或人造岩墙。攀登时不用工具,仅靠手脚和身体的平衡向上运动,手和手臂要根据支点的不同采用各种用力方法,如抓、握、挂、抠、撑、推、压等,所以对人的力量要求及身体的柔韧性要求都较高。攀岩时要系上安全带和保护绳,配备绳索等,以免发生危险。

根据不同的特点,攀岩可以分为不同种类。

1. 按岩壁性质分类

(1) 自然岩壁攀登

定义:在野外攀爬天然生成的岩壁,一般是开发和清理过的难度攀岩路线或抱石攀岩路线,也称为传统攀登。

优点:可以接近自然,充分体会攀岩的乐趣;岩壁的角度、石质的多样性带来攀登路线的千变万化;由于岩壁固定,路线公开且可长期保留,所以自然岩壁的定级可经多人检测对比,成为攀岩定级的主要依据。

缺点:野外岩场地处偏僻,交通不便,时间和金钱花费都较大;路线开发也比较费力;路线开发时间长后会老化。

(2) 人工岩壁攀登

定义:在人工制造的攀岩墙上攀登,包括室内攀岩馆和室外人工岩壁,多为训练和比赛使用的攀登方式,因此又称为竞技攀登。

优点:对攀岩者的安全性较高;交通方便,省时省力;不可预见因素少,可以定期训练或进行专项训练;人员密集,便于交流切磋;另外,人工岩壁可以对路线进行保密性设置从而成为攀岩比赛的主要形式。

缺点：缺少特殊地形，创意性少，自由发挥余地小；支点的可调性使得人工岩壁路线常变，定级主观性更强，准确度偏低，相对自然岩壁线路问题会比较尖锐，人工线路难度越大对力量要求越高。

2. 按攀登形式分类

（1）自由攀登

定义：不借助保护器械（主绳、快挂、铁锁等）的力量，只靠自身力量攀爬。

特点：此种攀登形式在中国占主导地位，较符合体育的含义范畴，考验人体的潜能。

（2）器械攀登

定义：借助器械的力量攀登。

特点：在大岩壁攀登中较为常用，对于难度超过攀登者能力范围的路线有时也借助器械通过。其意义存在于攀登者的项目目标和活动历程中而不在于攻克难度动作。对器械操作的要求较高。

（3）顶绳攀登

定义：在岩壁上端预先设置好保护点，主绳通过保护点进行保护，攀登者在攀登过程中不需进行器械操作。

特点：安全，脱落时无冲坠力，适合初学者使用；但对岩壁的要求苛刻，岩壁必须高度合适（8～20m）且路线横向跨度不大。由于需要绕到顶部进行预先操作，架设和回撤保护点的工作都比较烦琐。有时为方便初学者，可在先锋攀登的路线上架设顶绳。

（4）先锋攀登

定义：路线预先打上数个膨胀钉和挂片，攀登过程中将快挂扣进挂片成为保护点并扣入主绳保护自己，攀登者需要边攀登边操作。

特点：在欧洲尤其法国最为盛行，它比传统攀登安全性高，可以降低心理恐惧对攀爬的影响，从而全力以赴，突破生理极限，挑战最高难度。另外，在角度较大或横向跨度较大的路线中，先锋攀登方式比顶绳保护有更大的便利，可以让攀登者脱落后很容易地重新回到脱落处，对难点进行反复练习。由于这种方式使攀岩由冒险的刺激运动变成安全的体育训练，所以先锋攀登也称为 sport climbing。

3. 按比赛分

（1）难度攀岩

难度攀岩是以攀岩路线的难度来区分选手成绩优劣的攀岩比赛。难度攀岩的比赛结果是以在规定时间里选手到达的岩壁高度来判定的。在比赛中，队员下方系绳保护，带绳向上攀登并按照比赛规定，有次序地挂上中间保护挂索。比赛岩壁高度一般为15m，线路由定线员根据参赛选手水平设定，通常屋檐类型难度较大。

（2）速度攀岩

速度攀岩的比赛过程如同田径比赛里的百米比赛般充满了韵律感和跃动感，它是按照指定的路线进行攀登，以时间区分优劣。

（3）抱石比赛

抱石比赛为线路短小，难度较大，需要较好的爆发力和柔韧性。比赛设置结束点和得分点，抓住得分点并做出一个有效动作得分，双手抱住结束点3s得分。比赛一般4～6条线路，一条线路5min时间。判定名次首先看结束点的多少，如果结束点同样多，则看得分点数量，最后看攀爬次数。

室内攀岩是在一个高而大的房间内设置不同角度、不同难度的人工岩壁（通常6～8m高），在上面装有许多大小不一的岩石点，供人用四肢借助岩点的位置，手攀脚登，来完成攀岩的体验。室内攀岩的难易程度可由人直接控制。

岩壁也分为人工岩壁和天然岩壁。人工岩壁是人为设置岩点和路线的模拟墙壁。可在室内和室外进行攀岩技术的训练，难易程度可随意控制，训练时间比较机动，但高度和真实感有限。天然岩壁是大自然在地壳运动时自然形成的悬崖峭壁，给人的真实感和挑战性较强，可自行选择攀岩的岩壁和攀岩路线及攀登地点，而且天然岩壁的路线变化丰富，如凸台、凹窝、裂缝、仰角等，让你体会到"山到绝处我为峰"的感受。

攀岩是一项危险性较大的运动项目，攀岩器材和装备是攀岩者的安全保证，尤其对于在自然岩壁的攀登中，工具提供的保护就显得尤为重要。因此，攀岩运动者平时要爱护装备并妥善保管。攀岩装备可分为个人装备和攀登装备。

1）个人装备。个人装备指的是安全带、下降器、安全铁锁、绳套、安全头盔、攀岩鞋、镁粉和粉袋等。

（1）安全带。攀岩用安全带与登山安全带有所不同，属于专用，并不适合登山，但登山用安全带可权作攀岩时使用。中国大部分攀岩者多使用登山安全带，这是因为国内没有安全带生产厂家,而攀岩爱好者又常是登山人,于是两种安全带也就混用了。

(2)下降器。下降器是利用器械与绳子产生摩擦力,让绳子因摩擦而减慢下降速度以致自锁而停止下降,保障跌落者不会快速下坠,发生危险。下降器有8字环、Grigi、ATC、猪鼻等,其中8字环下降器因结构简单(最不易出现机械故障)是最普遍使用的下降器。

(3)铁锁绳套。安全铁锁和绳套是攀登过程中休息或进行其他操作时自我保护之用。

(4)安全头盔。一块小小的石块落下来,砸在头上就可能造成极大的生命危险,因此,攀岩专用头盔是攀岩的必备装备。头盔用以保护头部,避免头部遭到落石碰击。头盔应配有皮带,以免盔帽因冲击而脱落。此外,盔帽一旦受过撞击,其强度即明显降低,因此在使用上应加以注意,使用过相当时间后,最好更新。

(5)攀岩鞋。攀岩鞋是专门为攀岩运动设计制作的鞋子,一般用轻便、柔软、粘贴性强的橡胶为底,以方便攀岩运动员在岩壁上更好地使用蹬、踏等技术动作;边缘的设计让脚可以踩稳很小的脚点;用橡胶包裹的踝部方便攀岩者可以在岩壁,尤其是负角岩壁上,用脚跟做出"勾"的动作。攀岩鞋可以大致分为三种类型:全功能型、高效率型和攀岩拖鞋。

(6)镁粉和粉袋。镁粉的学名叫"碳酸镁",是一种白色、无味的粉末,作用是吸收手上的汗液,保持手掌干燥,有助于保证手与岩壁的摩擦力,使得攀登更加有效。从前镁粉都是运动员专用,随着攀岩运动的兴起,镁粉已经和攀岩鞋一样成了攀岩不可缺少的装备。

攀岩者都会把镁粉装在一个小袋子里,在攀爬的过程中不时蘸取一些。那个小袋子叫做镁粉袋。可以买到,自己动手做也很方便,唯一需要注意的问题就是制作的时候要注意大小,试着将一只手放到里面,如果刚好可以放进去,大小就合适。

2)攀登装备。攀登装备指绳子、铁锁、绳套、岩石锥、岩石锤、岩石楔,有时还要准备悬挂式帐篷。

(1)绳子。攀绳索登山用的绳索一般可分为主绳索及辅助绳索。主绳索的直径为9～11mm,最好选用11mm的主绳。原则上,主绳索是双条使用。辅助绳索则为单条使用,一般而言,长度为40～45m。

(2)铁锁和绳套。铁锁和绳套是用来连接保护点,是下方保护攀登法必备的器械。

(3)岩石锥。岩石锥是固定于岩壁上的各种锥状、钉状、板状由金属材料做成的保护器械。可根据裂缝的不同而使用不同形状的岩石锥。

(4)岩石锤。岩石锤是钉岩石锤时使用的工具。

(5)岩石楔。岩石楔与岩石锥的作用相同,但可以随时放取的固定保护工具。

(6)悬挂式帐篷。悬挂式帐篷是当准备在岩壁上过夜时使用的夜间休息帐篷,必须通过固定点用绳子固定保护起来悬挂于岩壁。

其他攀岩装备包括背包、睡具、炊具、炉具、小刀、打火机等用具,视活动规模、时间长短和个人需要携带。

由于登高山对普通人来讲机会很少,而攀爬悬崖峭壁机会相对较多,且更富有刺激和挑战,所以攀岩作为一项独立的、被广大青少年所喜爱的运动,迅速在全世界普及开来。攀登者在岩壁上稳如壁虎又矫似雄鹰,既具美感和观赏性,又充满了对极限的挑战。攀岩正以其特有的魅力、突出的个性感染着人们。参与攀岩,会让您在与悬崖峭壁的抗衡中学会坚强,在与大山的拥抱中感受宽容,在征服攀登路线后享受成功与胜利的喜悦。

第五周
怎样选择运动装备

为了更好地让运动和健康相互促进，增进运动乐趣的同时增强运动的健身效果，必要的装备是不可或缺的。没有合适的装备，运动不仅无法带来更好的健康状况，有时甚至会损害健康。当然，装备永远不是运动的最核心内容。下面，让我们来初步了解一下运动装备。

I 每一种运动都有自己的装备

就像钥匙和锁的关系一样，每种不同的运动都需要不同的装备。当然也有些装备是通用的，或者可以通用的，但这不是我们讨论的重点。在谈起装备的时候，我们更多地应该关注专用装备。

健身运动装备

健身运动装备相对简单，穿上你的健身服，就可以开始健身运动了。一套合适的健身服，可以让你获得最佳的运动表现，享受最舒适的运动过程，并能让你的身体避免运动损伤。健身服一般应该具有柔软、宽松、有弹性、透气、吸汗的特点，但是由于健身运动的种类有很多，不同运动的健身服当然也就应该有不同的特点。没有任何一套健身服是万能的，所以建议大家根据自己的健身项目来选择合适的健身服。比如瑜伽运动有许多舒展性的动作，所以瑜伽服装最重要的是有弹性、吸汗，衣服不要太贴身。而踏板操的健身服最好是穿吸汗和排汗功能较好且柔软的莱卡面料，以便让你的身体在毫无压力的情况下进行运动。练习动感单车时，上装建议选择样式简单、排汗快的背心或无袖吊带衫，让你畅快流汗的同时不会为湿滑的皮肤感到不适；而下装则一定要穿长度及膝关节左右、裤腿窄、有弹性的运动裤，以免过宽的裤腿刮到单车脚踏附近的零件。

另外，力量型健身运动更应注重运动防护，所以保护腰带、护膝、护肘、护踝、手套等护具都是应该充分考虑的。如果你想更精确地掌控自己的运动，还可以添置一些监测设备，如心率监测仪、计步器等，随时掌握自己的机体状态，计算热量消耗，以便相应调整运动强度。

户外装备及其作用

户外装备是户外运动所需的、适合户外特点的装备。户外活动的种类繁多，既有休闲活动也有极限运动。休闲活动主要有风景摄影、动植物观察、短途旅行、山海小住、野餐、露营、烧烤等，目的是为了亲近大自然，体会那种天人合一的感觉，释放精神压力，放松心情。极限运动则包括各种需要一定体力或技巧，为了挑战自身或自然极限而进行的活动，包括登山、攀岩、溯溪、瀑降、探洞等。无论休闲活动还是极限活动，户外运动装备的作用只有三个：方便、舒适和安全，其中，安全是最重要的。

一般来讲，户外运动装备包括户外服装、背包、露营装备、特殊装备、生活用品五大类。户外服装包括冲锋衣裤、保暖衣裤、内衣裤、遮阳帽、户外鞋袜、户外眼镜等。户外背包一般是带有双肩背带和承重腰带的专用包，有别于单肩背包、挎包、提包以及不带腰带的普通休闲包。露营装备至少包括帐篷、睡袋、防潮垫"三大件"。特殊装备是运动项目所特需的装备，比如攀岩运动中的滑轮、绳索、升降器，登山运动中的冰镐、登山杖等。生活用品包括卫生清洁用品、水具、炊具、照明工具、刀具等。

如何购买户外装备

购买户外装备应该按需购买，而不是贪多求全。购买户外装备的途径有很多，如实体店、工厂店、网络购物等。购买途径不重要，重要的是避免假冒伪劣产品。户外活动装备的首要功能是安全，所以质量低劣的产品给我们造成的损失绝不只是经济损失那么简单。慎重选择可靠的商家和产品，是确保产品质量的前提。另一方面，对产品的深入了解是确保产品质量的保证。我们的建议是：购买认知度高的品牌，可以是这个品牌中的低端产品，其可信度更高于小众品牌的高端产品。因为知名品牌一般会有严格的产品质量管理体系，而小品牌的质量体系就未必那么可靠了。而且，知名品牌的各个系列产品的差异只是辅助功能方面的差异，核心技术和主要功能方面各系列基本都是一样的，而核心技术才是大品牌和小品牌的本质差异。

对于并不熟悉的装备，如果能够试用是最可靠的选择方法。目前很多户外俱乐部推出了租借装备的服务，为我们熟悉装备和正确选择装备提供了便利，完全可以充分利用。

户外休闲运动装备

户外休闲运动的基本装备可以从"衣、食、住、行"四个方面来准备。户外休闲活动一般不会遇到极端天气，所以服装以舒适、美观为主要追求，兼顾保暖和防雨，运动T恤、皮肤风衣、快干衬衫都是不错的选择。饮食方面，由于食物保障便利，无需自备炊具，除非你此行的目的就是户外烧烤或者野餐。但一个便携、保温、有一定抑菌作用的水壶对你的户外运动会有帮助，便于你在运动中随时安全地补充水分。住宿方面，干净的住宿条件是最低要求，如果不能保证住宿的洁净，最好自备一个抓绒睡袋，既能有效隔离，也能额外提供一定程度的保暖。除了自行车运动之外，多数休闲活动需要一定量的行走，一双专门的低帮徒步鞋或者舒适的运动鞋能给你的双脚减轻负担和减少损伤的可能。

户外运动风险管理

户外活动是有风险的，其中极限户外活动的风险远大于户外休闲活动。户外运动的风险来源于三类基本原因：不安全状态、不安全行为和不正确判断。

（1）不安全状态：自然状态、装备状态、身心状态以及三者的组合叠加。

（2）不安全行为：不规范的动作、不合理的处理、不可控的结果。

（3）不正确判断：风险预估、处置预案、临场处理能力以及风险预警信息的判读。

我们无法彻底消除风险，某种意义上说，风险才是户外运动的魅力所在，但我们可以尽力规避风险，把风险系数降低到最低的水平。

一是调整好状态。对于天气、气候、地理、生态环境等自然状态，如果可以选择，要尽量选择接近于自己日常环境的情况。在熟悉的环境里，处理问题、解决问题的能力是最强的。但同时，熟悉的环境自然就缺乏新鲜感，也就失去了户外活动的乐趣。因此，针对自己活动的目的、环境，有计划地选择合适的装备，就变得更重要起来。装备，包括服装和备品两个方面。服装主要用来应付天气变化，多雨的地区要有防雨功能，寒冷地带应该有保暖措施，蛇虫出没要做好防护、准备急救用品。露营过夜、探洞等活动，性能可靠的照明工具是减小风险的必需品。良好的装备状态能够增强克服风险的能力和自信心。身体状态和心理状态与风险息息相关，孱弱的身体和软弱的心理不适合进行户外活动。需要强调的是，肢体的残疾不等于孱弱。在户外领域，肢体残疾的顶尖人物并不鲜见。耐力、爆发力、协调能力、技巧和心理承受能力才是身心状态的关键因素。

二是管理好行为。每项运动都有一些基本动作和基本技能,在从事户外活动之前,就应该对基本动作和基本技能有一个熟练的学习掌握,比如登山活动中登山杖的使用,攀岩活动中的动作要领等。必要的时候,还需要一定量的训练甚至考核。我们需要谨记,每一项动作、技能和注意事项都是重要的活动经验,都是前人用鲜血甚至生命换取的。不遵守这些基本的要求,就等于把自己置于风险之中。不出问题是偶然的,出问题是必然的。

三是学会正确的判断。户外活动中我们需要经常作出判断,有些判断是绝对的,就只有正确与错误之分;但更多的判断是相对的,是一个概率问题。对户外活动知识的占有量、亲身从事户外活动的经验、条理清晰地分析梳理是正确判断的三大法宝。对你所即将参与的户外活动,应该尽可能多地掌握相关知识,了解常见和不常见的风险情况以及处理方法。在出发前,应该考虑各种可能出现的情况,做风险评估和处置预案,至少是在心里梳理过一遍;要把各种风险充分考虑,并在装备的准备上有所体现。活动进行中遇到突发情况,绝不能惊慌失措、六神无主,应该冷静分析,安全第一,选择稳妥、可靠、可重复、有退路的处理方式,坚决杜绝孤注一掷式的赌博心理。比如野外迷路,首先要做的是梳理装备情况,集中、有计划地管理食物和水,其次是找到温暖、安全、舒适的过夜场所。确保生存无虞,才能进行下一步计划——找路、求救。

Ⅱ 如何选择适合自己的装备

选择装备的原则

户外装备种类繁多、品牌林立,每种装备都有自己的用处,每个品牌都有自己的特点,所以,总体来讲,户外装备的选择没有一定之规,适合自己的就是最好的。这里特别强调,选择适合自己的户外装备,需要避免以下几个误区:

(1)迷信名牌。买什么户外装备都要追求名牌,甚至世界名牌、第一品牌。

(2)迷信专家。特别是一些新人,自己不愿意做功课,只听身边的"老驴"(注:经常参加户外运动的人)或那些所谓"专家"的意见,人云亦云,别人说什么好就买什么。

(3)越贵越好。诚然,户外商品基本上可以说是一分钱一分货,但这只是功能上的说法。固定了活动领域和范围之后,大可不必只买贵的,以为什么东西都是越贵越好。

(4) 什么都买。只要是户外用品见到都想买,看到别人有的自己就想要,也不管自己是否用得上。

了解了以上这些误区,我们就大体能够知道选择适合自己的装备的一些原则了。

(1) 了解自己的需求

也就是"需要原则"。户外装备的购买应该以需要为第一原则,也就是只买需要的东西,只在需要的时候买,其他的时候都要抑制住自己的购买欲望和冲动。了解自己想要进行的运动,了解自己的需求,是选择装备的首要任务。如果你仅仅是初级休闲徒步,那么运动鞋、运动衫、普通双肩背包就已经足够应付。如果你徒步的距离超过 5km,或者登山路程超过 2km,你就需要一双专用的登山徒步鞋。

(2) 了解运动项目所涉及的各项装备

也就是"实用原则"。每种运动项目所需要的装备都不同,需要做功课了解哪些装备是必需装备,哪些装备是可选装备。先把必需装备购置齐全,再在活动中总结经验,选择合适自己的可选装备。必要的时候,还可能需要实地考察,找到与自己的身体条件相适应的装备。如果一旦发现自己并不适合某项运动,即使已经购置了一些装备,也要果断放弃。运动必须有益于健康,而不是损害健康。拿登山设备来说,现在的品牌很多,其中优秀的国产品牌也不少,对于那些刚入门的新人来说,如果只是打算攀登 4km 以下的小山,普通国产装备足以胜任。

(3) 辨别信息来源,做精明的选择

也就是"性价比原则"。选择装备之前尽量寻找一些客观公正的测评报告,最好是对比测试。不仅要看正面文章,也一定要看批评文章。看得多了,就能够发现你所关注的产品特点了。再根据你的实际需求,做到优点最大化、缺点最小化。比如笔者在选择背包的时候,最注重的是舒适性和轻量化,比如美国花岗岩背包和"美国鸟包"的苍穹系列,因为笔者体力有限。但同时,对最大负重量的问题倒不是很在意,毕竟即使它的最大负重量再大,我也不会用它背超过 15kg 的东西——我根本背不动,所以美国军用的负重包(负重量超过 60kg,但自重超过 4kg)我就完全不考虑。另外,大多数国外名牌产品和国产品牌之间的质量差异其实并没有它们的价格差那么大,性价比很低,有些它特别强调的功能也许你永远都用不上。

(4) 懂得舍得

也就是"循序渐进原则"。户外运动有一个适应、总结、提高的过程,而装备也总要经过一个从初级到高级的过程。因此,在不同的运动和阶段,人们对户外装备的要求是不同的,我们应该遵循循序渐进的原则。在初级阶段,我们从事的只是一些简单、易行的运动,这时候只需要买一些基本的、性能一般的装备就可以了,力求一物多用,避免浪费。而等到技术水平和运动难度到了一定的层次,对装备的客观要求也越来越高,在运动中寻找到了适合自己的装备类型和装备特点,就可以根据需要和自己的爱好更新、升级一些相对精良、高端的装备。

如何选择一双符合力学的好鞋子

人体力学研究在近年来的运动鞋生产中有着举足轻重的地位,国内外各大公司在人体力学方面不惜花费巨资进行研发,所以总体来讲,专业的运动鞋比普通的时装鞋更符合人体力学。在健身运动中,穿着舒适、符合人体生物力学比面料华丽、外形漂亮重要得多。

符合力学原理的鞋子有以下几个特点:

(1) 穿着要合脚。每个人的脚长短肥瘦以及足弓和足背的高低都不同,只有穿着合脚的鞋子才能发挥它最好的生物力学设计特点。很难想象一双比自己的脚小 1cm 或大 2cm 的鞋子能够让人有一个完美的运动体验和减少运动损伤。选择鞋子,一定要反复试穿,而且是两只脚都试穿。最好能穿上两只鞋走一段路,凡是有一点点压迫感、狭窄感、顶脚趾、不服帖、局部压力大、过于松垮的情况,都要果断放弃。不合脚的鞋子,不仅不会起到保护和帮助作用,还很容易让人受伤。

(2) 鞋的后跟高度要合适。除非是从事特殊运动,健身锻炼穿的鞋子一般应该有 2~3cm 的鞋跟。这些高度能使足弓的形态更趋合理,足踝处于适度放松状态,不易疲劳。完全平底的鞋使人的重心过于靠后,身体需要前倾以保持平衡,增加了对前脚掌支撑功能的要求。而过高的后跟则使脚趾、跖骨受力加大,并受到挤压,久之,足趾变形,多形成拇外翻;腰、腹被迫大幅前挺以保持平衡,容易导致腰、臀部肌肉、韧带劳损;运动中容易形成踝关节内翻,损伤关节、固定韧带。

(3) 最好选择系带或有粘扣这类可以调整松紧的鞋。尽量避免鞋口带松紧、直接穿进去的那种固定口径的鞋,除非你的鞋是专门定做的。批量生产的运动鞋是分尺码的,而脚却不可能完全按尺码来生长,同时,由于四季穿的袜子厚薄不同,鞋子穿久了会变松、变大,甚至一天中脚的大小早晚都不同,人在长途行走之后脚甚至会膨胀 7%～8%,所以有限的可调节松紧对运动鞋来说至关重要。

（4）要有合适的硬度和弹性。一般来说,硬度大的鞋子保护性更好,而柔软的鞋子更适合协调性运动。根据自己准备从事的运动,选择适合的硬度。高海拔登山的鞋子必须要保暖、高帮、底偏硬而且偏大一号,这样才能有效保护脚踝,保暖,保护足底免受砂石的刺磨,在长途跋涉脚充血变大或寒冷季节多套了一双袜子时还能有一个舒适的感受。慢跑的鞋子需要轻质、软底、低帮、大小适中,有助于减轻运动负担,反馈跑步姿势的正确与否,利于协调动作。球类运动大多需要跳跃,所以建议选择厚底、鞋底弹性好、可以感觉稍紧的鞋子,有助于节省弹跳体力,提高运动活力,避免因跳跃时鞋子松动造成的摔伤、扭伤。

说了这么多,其实最简单的方法就是选择有高质量研发团队的知名品牌专用鞋,只要是穿着合脚,生物力学方面无需担心。运动科技千差万别,但基础理论和基本材料相差不大,专业的鞋子完全可以信赖。

选择户外服装应从材质、特性及功能、特点着手

也许很多人都知道,户外着装的三层原则是内层排汗、中层保暖、外层防水透气,其原理无外乎是内层利用排汗层将身体透出的汗气带向外层,由外层透出去同时也能阻挡外部水汽的进入,而在寒冷时,由中层来保暖。

首先,我们来看内层,即排汗层。在户外运动的着装上,棉内衣是大忌,因为它吸汗后贴在身上很不舒服,并且不容易挥发,如果是在寒冷环境下可能会对身体造成伤害。这里,我们推荐春夏秋季节内衣材料的首选——COOLMAX。

COOLMAX 是杜邦公司出品的一种排汗面料,它的纤维截面是一种中空的十字管道,面料在吸水后能够很快地向四周传递以增加挥发面积,所以它的导汗性能相当出色。另外,同类的许多韩国、日本面料也能做到这些特点,但由于 COOLMAX 的市场宣传有效且进入国内较早,所以了解的人更广泛,更易接受。COOLMAX 面料比较适合春夏季使用,单穿 T 恤时它会非常舒服,但如果在寒冷环境下或在冬季,穿起来并不舒适,刚穿上身时它会很凉。在寒冷季节,杜邦公司有另一种排汗兼保暖的材料，叫做 Thermolite，这种材料拥有轻盈、透气、保暖、柔软的优点，能有效保暖，排汗透气，时刻保持皮肤的清爽，更适合在寒冷环境中穿着。

再看中层，也就是保暖层。现在的保暖层基本就是抓绒和羽绒制品。羽绒制品的蓬松度越高，保温效果越好，这是一个常识，无需多讲。只要不是假冒伪劣产品，剩下的就是看预算和指标了。抓绒衣，我们在市场上能看到很多，价格相差也有十几倍，很多朋友分不出它们的差别。其实普通抓绒最简单的比较方法是看绒衣的厚度、看绒是否细腻、手感是否轻柔舒适。国际上抓绒质量名气最大的要数 POLARTEC，它的 CLASSIC 系列，分为 100、200、300 三个级别，数值越大保暖性能越好，也越重。其中 300 的抓绒衣保暖性能甚至能与一件轻薄的羽绒服相抗衡。

最后谈谈外层服装，也就是防风、防水、透气的冲锋衣。和背包、鞋的问题都差不多，冲锋衣也分很多种，登山款、徒步款、旅行款、休闲款，各有自己不同的设计理念，很多品牌也都有自己不同系列的冲锋衣，很难一概而论。通常来说，登山款的冲锋衣会选择三层压胶的面料，虽然穿着比较硬，不是那么舒服，但耐磨性上更好些，比较适合登山。徒步款多采用相对比较柔软的两层面料制作，使用范围更广些。旅行款注重服装的轻量化和便携性，以 GTX、PACLITE 这种面料为代表。休闲款更多的是注重款式，比如哥伦比亚品牌的服装。

确定好了款式，接下来就是面料。现在市场上有众多号称防水透气的面料，包括很多大公司还有自己的面料名称，但其实从根本上来看只是两种：一种是微孔型的面料，叫做膨体聚四氟乙烯（EPTFE），GTX、DENTIK 是目前国内这种面料的典型；另一种是亲水型面料，其实就是一种比较好的 PU 材料，只是具有一定的透气性，许多国内品牌宣传的"自己的防水透气材料"多是这类面料。比较起来，EPTFE 的透气性能更好，而且寒冷时不受环境温度影响，防水透气性能不减。而 PU 面料在冰点以下的时候，本来就不佳的透气性会变得更差。所以，目前高端登山冲锋衣几乎全部是 GTX 的面料。

一般冲锋衣都会标注一个指标就是透气数值，大多是以每 24h 每平方米多少克重为计量单位来计算的。但要注意，不同的检测方法最后的数据是不同的，还有的厂家为了宣传，拿防水透气膜层的透气性来标称，那和实际复合后的防水透气面料又有一些差别。所以，建议这个指标仅供参考，无需刻意追求细微的差别。

普通运动袜与排汗袜的作用区别

户外运动中,袜子的选择很重要,一双好袜子不仅可以增加舒适程度,还能避免磨脚。生活中最常用的羊毛袜穿着舒服,但不适合运动,既不吸汗也不排汗,很容易让脚被汗水包围而感觉湿漉漉的,极不舒服。

普通的运动袜一般是纯棉的,它的吸湿性能很强,能够在一定时间内保持脚的干爽。但它吸收的水分都储存在棉花纤维内部,一旦因为穿着时间长或者运动出汗量大而浸透,就立刻失去保暖作用,干爽的感觉也就随之消失了。同时,由于浸湿的棉袜增加了摩擦力,脚也就更容易起泡。所以,普通纯棉运动袜适用于替换方便、短时间的运动穿着。

排汗袜一般是由合成纤维制造的,具有良好的排汗性能,能够将汗水吸收后迅速遍布纤维表面,极大扩张了蒸发面积,所以能够长时间保持相对干燥的感觉,在运动保暖方面有天然的优势。排汗袜的合成纤维材质决定了它穿着的舒适感不及棉袜和羊毛袜,更容易磨脚和发臭,所以只相对适合长距离、长时间的跋涉。

目前市场上占据主流的运动袜是天然纤维和合成纤维混纺的材质,根据运动性质的不同,混纺比例也不一样。像登山运动所穿的袜子以羊毛保暖为主,排汗合成纤维为辅;而短途露营或者一般户外休闲,就要选用排汗纤维为主、舒适保暖纤维为辅的材质袜子。零星的健身运动、体育活动则完全可以选用纯棉袜,运动之后及时更换清洗,感觉最舒服。

选择登山包的作用与功能须知

登山包最初是专门为登山者设计,用来装载物资装备的背囊。由于它的设计符合人体工程学,本身结构合理,所以装载物品方便,背上舒适轻松,利于长途跋涉,深受户外爱好者的喜爱。如今登山包的使用领域已经不仅限于登山运动,大多数具有一定难度的户外活动、户外探险、野外作业等都普遍使用登山包了。登山包多种多样,品牌林立,但基本结构只有两部分:背负系统和装载系统。鉴于目前越来越多的登山包具备了外挂系统,我们在这里也一并讲解。

(1)背负系统:登山包的背负系统包括双背肩背、腰带、胸带、受力调整带、背负支撑机构和调整装置。判断一个登山包的好坏,最重要的考察项目就是背负系统。背负系统性能体现在不仅要有良好通风,还要有合理的受力传递构架、舒适而又符合人体工程学的外形、可靠达标的承重强度。登山包的支撑机械早期最常见的有 U 形管或双铝条支撑,后来为了增强背包的稳定性,改进型的背包采用了"T"字形支撑。再后来,法国 BIGPACK 公司生产的 Performic 系列背包采用了合金管框架支撑,减轻了支撑材料的重量,受力更加均匀。登山包背负调整机构可根据背包者高矮调整背部尺码,背者可根据个人的要求任意调整到最佳位置。登山包宽厚的腰带可使背包的重力均匀地作用于骨盆,从而极大减轻肩部的承重;胸带可调整双肩带的开距,增强背包的稳定性。另外还有一种支撑构架在背包外面的,称为外支架背包,其优点为结实耐用,支撑牢靠,背部透气好,但由于体积重量大、背负不便的固有特点和内支架背包性能的迅速改进,目前已经基本淘汰。

(2) 装载系统。登山包的装载系统是指背包装载物品的部分,设计上基本由主袋、顶包和侧包构成。主袋多采用上、下分层式,即中间有一个活动隔层,可连通亦可断开,其优越性在于使用者可依据需要分装物品。部分登山包除上、下口外,两侧或背侧也有开口,这样取放物品就更方便。但此类背包的防雨性有所下降,所以防雨罩是必不可少的。

侧包,又称耳包,像两只耳朵设在背包两侧,用于装载一些需要分类存放的小件物品,便于直接取用。也有活动侧包的设计,使用时随时装上,不用时或使用外挂时可拆下。

顶包设计在登山包的顶盖上,一般装载一些不宜挤压或常用的小件,比如零钱、手机、证件等。有些顶包,比如 2013 款 Osprey 的苍穹系列背包,设计成了可与主包分离的腰包形式,这种组合设计便于在到达露营地后方便地只带着顶包活动,而不必另备腰包或背着沉重的大包。

(3) 外挂系统。目前几乎所有的专业登山包都有外挂系统,用于挂载不宜放入背包内的过长、过大的物品,如登山杖、冰镐、防潮垫等。背包的外挂可分为顶挂、侧挂、背挂、底挂等,通常采用点固定或条固定形式。点挂式一般设 2 个或 4 个对应挂点,使用时采用两点或四点捆绑固定。条挂式通常是在背包正面装两排外挂条带,其固定物品更具有随意性,增加了背包的装载容量。目前市面上的登山包已经很少用外挂点,因其需另配固定绳,使用极不方便。

选择正确的登山包,需要以下基本步骤。

(1) 明确你旅行需要携带的物品的体积

登山包的基本参数是容量,一般从十几升到七八十升甚至上百升的都有。一般来讲,三天内的旅行或徒步,如无需露营,只需要带饮水、零食、雨衣或雨伞、一件外套、一套内衣袜子和一些洗漱用品之类零碎小东西,一个28L以下的背包足以应付,甚至普通的双肩软包亦可,不一定非要用登山包。三天以上一周以内的旅行,需要准备较多换洗衣物、更多的水,可能还需要一顿备用的干粮,所以一般以38L左右背包为宜。

两三天的露营,需要携带帐篷、睡袋、防潮垫,如果防潮垫外挂,也至少会占用25L左右的体积,所以背包以55~60L为宜。不喜欢防潮垫外挂,则需要70L的背包。

长途旅行可能需要携带药品、锅具、水袋、备用睡袋之类,寒冷天气睡袋更大、衣物更厚,溯溪、攀岩、探洞、探险等活动需要携带特殊装备,这些活动都需要携带更多物品,所以相应需要增加背包容量。这时候,一般来说,防潮垫是一定要外挂的了,有时连睡袋都要外挂,只是要注意做好防水保护。

当然这些建议都是因人而异的,而且同类装备的大小也会有差别,有些甚至差别很大。以帐篷为例,最常用的双杆双人三季帐篷占据10~12L体积,但轻量化的无帐杆单人帐篷可能占据的体积甚至不到3L。所以,最保险的办法就是试装一次,把你要带的东西按出行要求装载完毕,再加10L左右的机动空间,就是你需要的背包的容量。

当然,如果你出行的机会比较多,而且经济条件允许,就可能需要多备几个不同容量的背包了。

(2) 明确你背负的最大重量

一般来说,如果不是经过系统训练的专业人士,背包重量不建议超过自身体重的30%,否则可能会对身体尤其是膝关节造成永久性的损伤。由于每个人的体力不同,最大负重量也相差很大,所以一定要确定好自己的最大负重量。这里需要注意的是,最大负重量不等于你能短时间背起的重量,而是较长时间背负旅行而不会有特殊不适的重量。优秀的背包品牌,每个系列的背包都会有一个舒适背负重量和极限背负重量的建议,按照建议去选择适合自己的背包。由于较大的极限背负重量需要更坚强的背负系统,从而必然增加背包本身的重量,所以不必一味追求很大的极限背负重量,适当超过自己的最大背负重量就可以了。

(3) 满足你的个性化需求

仁者乐山,智者乐水,每个人的喜好不同,对登山包的要求也不一样。喜欢玩水的人,尽量选购防水性能好甚至全防水的登山包;体力不佳的人适合选购轻量化的背包;喜欢外挂的人尽可以选购小一些的背包方便携带。除了这些个性化需求以外,背负系统的试背至关重要。只要有可能,一定要试背自己中意的背包和型号,而且要满载试背。每个人背部的生理弧度不同,体型也千差万别,没有一种背负系统是适合所有人的。一个不舒服的背包直接影响你旅行的心情,甚至旅行的结果。

有些文章在提起背包选择的时候喜欢提及面料、扣件质量、设计特点等专业性较强的方面,个人觉得,这些作为经验探讨可以,作为新人选购背包的原则就有点小题大做了。刚刚接触登山包的户外爱好者是不可能掌握那么多相对专业的知识的,这些方面,最好期待在你下次更换背包的时候再考虑为宜。

(4) 确定预算

在前文我们提到过购买装备需要量力而行,在选购登山包的时候,这条也同样适用。确定了背包的容量、负重量、个性化特点之后,就要考虑自己准备投入多少资金。在自己经济条件允许的范围内,一定要尽可能买大品牌、质量有保证的背包。在总投入相对有限的情况下,提高分配到背包上的资金比例是一个明智的选择。国内常见的背包分几个档次:始祖鸟、DD、OSPERY、花岗岩,这几个品牌背包价格多在2000元以上,品质、用料、做工、设计都属一流,可供选择的系列也很多,是资金充裕情况下的首选;接下来是 SALEWA、BP、DUTER、VADUE、LOWE 等,这几个品牌主流产品均价在 1000~2000 元之间,不同系列品质有高有低,是追求性价比的不二选择;最后介绍的是 ACME、LE MONT、K2、山狼、垂直极限、PUERLAND、探路者等1000元以下价位的品牌,这些产品在设计或款式上大多沿用或模仿其他品牌,最多略做改动,成本较低,细节方面的品质有差距,价格在500元以上。个人不建议购买400元以下的登山包,这些所谓的登山包基本没有背负系统或者品质堪忧,只是具有类似登山包外形的普通背包,在关键时候随时可能给你最无情的打击。

户外野营的装备介绍

户外野营,是极限户外的基本技能和活动,也是休闲户外的深度体验。从未露营过的人经常有两个极端的想法,一些人觉得露营浪漫得要命,另一些人觉得露营是自讨苦吃。的确,露营可以看星星、吹海风、听涛声、枕着大地入睡、伴着鸟鸣醒来,可是同时也要承受寒冷、风沙、蚊虫、雨雪等可能的困难。露营只是户外活动的一项内容,自然有利有弊,有些人喜欢有些人讨厌,这很正常,只取决于你如何感受它、接受它。下面我们就来简单介绍一下户外野营需要的装备。

(1) 帐篷

帐篷就是露营所住的房子,是露营必不可少的装备之一。帐篷的作用不仅仅是防止蚊虫小动物侵袭、遮风挡雨、保暖防寒,还有一个更重要的作用就是形成了一个相对独立的私人空间。

帐篷的种类很多,从结构上分可以分为单层帐、双层帐;从大小上分可以分为单人帐、双人帐、多人帐;从用途上分可以分为休闲帐、高山帐;从适用季节上分可以分为冬季帐、夏季帐、三季帐等。无论哪种帐篷,基本都是由帐杆和帐布两部分组成。帐杆构成帐篷的骨架,帐布形成遮挡主体。一般来说,新手露营的帐篷最好选择双层、双人、铝杆、三季帐为好。单层帐篷一般是由单层尼龙布,甚至是花哨的棉布或塑料布制成的,仅适用于良好天气的公园休闲,一般无法防御恶劣天气。双层帐内帐一般是纱网材质,外帐是防雨尼龙布,组合防雨效果好,撤掉外帐之后的透气性能也比单层帐强得多。帐杆有铝杆、玻璃纤维杆、碳纤维杆。其中玻璃纤维杆最便宜,但重量大,易折断;碳纤维杆最轻,强度最大,但同时价格比较昂贵,是土豪的选择,性价比不高;铝杆一般是由航空铝材制成,强度足够,重量也在可以接受的范围内,是性价比的首选。冬季帐纱网很密甚至没有纱网,只有纱窗,透气性不佳。夏季帐内帐基本都是纱网,外帐一般也选择轻薄材质,保暖性能差。冬春秋三季帐的保暖性能和透气性基本折中,应用范围广,最适合新手使用。单人帐重量最轻,但只能一个人住,而且由于占地面积比较小,对防风绳的要求就比较高。双人帐比单人帐重量增加不多,但空间较大,一个人睡宽敞有余,可以全部装备都内置,偶尔和好友同行,两个人住也正好;必要的时候或者特殊情况,三个人挤挤也能凑合一晚。至于多人帐,如果不是常常全家出行,完全没必要背着沉重的三四人帐篷自己一个人住,既不方便携带,又太占地方。当然,自驾游的情况另当别论,因为自驾游不需要自己背,重量因素基本不需要考虑。只要你愿意,甚至可以带两室一厅的多人帐篷。

（2）睡袋

户外露营,睡袋就是被子,起到保暖作用。只有房子没有被子的时候,恐怕大多数人住着都不会觉得舒服。睡袋是贴身的私人物品,一般无法分享或混用,所以最好每人一个。睡袋有个重要的指标叫做"温标",有舒适温标和极限温标之分。舒适温标是指在这个温度下使用人体感觉最舒服,高5℃会觉得热,低5℃会觉得冷。极限温标是指在此温度时人能够忍受和存活,低于此温度生存堪虞。温标仅仅是一个参考值,欧美人耐寒能力强于亚洲人,所以选择国外品牌的睡袋时,最好能充分考虑到这个因素。另外,有些国内小厂故意混淆两个温标而只标一个极限温标,其目的无非是让人觉得性价比较高。睡袋按填充物材质可分为棉睡袋和羽绒睡袋两类。羽绒睡袋重量轻、价格高、保暖性能好,但有个致命弱点,就是在浸湿的时候完全失去保暖性能,甚至不如不盖。棉睡袋重量大、体积大、价格相对便宜,但在浸湿的情况下仍然能够提供一定程度的保暖性能。根据自己出行目的地的天气情况和气温变化,选择一个合适的睡袋并非难事。如果实在无法准确估计,那么宁厚勿薄,踢掉被子总比找树叶保暖来得容易得多。

（3）防潮垫

防潮垫,顾名思义,其主要作用就是隔绝地下的潮冷对人体的侵袭,次要作用是让睡觉更舒服。防潮垫是户外露营最重要的装备之一,湿冷的地面可能使人体失去体温、散热过快、罹患多种疾病。一晚没有防潮垫的露营,有时能够直接毁了你的一生健康,尤其是对于不耐寒的亚洲人而言。防潮垫分发泡垫和充气垫两种。发泡垫价格较低,作用稳定,展开、收纳简便,但体积较大,占用空间,携带不便;充气垫一般价格高于发泡垫 3~5 倍,不同垫子质量相差较大,重量也比发泡垫略重,展开、收纳相对复杂,但正确收纳后体积较小,节省空间。对新人来说,一般推荐发泡垫,管理方便,效果肯定,重量轻。比较好的国货精品如山之泉的蛋巢、普尔兰德的六角形垫,都是品质有保证的性价比首选。

（4）头灯

露营就是过夜,过夜就涉及夜晚的照明问题。除非你在公园里露营,周围有彻夜点亮的路灯,有事你可以轻易地找到求助对象,否则就一定需要一些照明工具。户外的照明用具中,头灯用得最广泛,也最必要。头灯是戴在头上、可以像手电筒一样发光的灯具。头灯对户外活动来说最为便利,和普通手电筒相比,头灯完全解放了双手,便于进行攀爬和操作。另一方面,头灯完全可以替代营地灯,而营地灯却无法代替头灯的功能。头灯一般用干电池而不是充电电池供电,便于随时更换、不易损坏。目前的头灯基本都用 LED 灯泡作为光源,最大的优点就是能耗极低,一般可以连续点亮至少十几二十小时。而对于普通白炽灯泡头灯来说,能连续点亮 3 小时已经是相当不易了。LED 头灯的另一个优点是灯泡寿命长,白炽灯泡的寿命最多两三千小时,大部分只有数百小时,而 LED 灯泡的寿命一般都能达到两万小时左右。LED 唯一曾经的缺点是最大亮度不够,但随着 LED 灯泡的进步和多灯泡的组合使用,这个缺点已经得到妥善解决,所以目前白炽灯泡头灯已经被淘汰。

(5) 其他装备

具备了上述 4 种必需装备之外,为了更舒适、更安全、更开心、更丰富多彩,有些装备也可选择性携带。

雨具或冲锋衣:做好防雨措施。

驱蚊露:避免蚊虫叮咬。

凉拖鞋:解放你的双脚。

电子产品:手机、相机、MP3、MP4、平板电脑、便携式投影机、移动电源。

便携家具:折叠桌椅。

野炊用具:餐具、炉具、锅具。

指南针:适用于偏远地区或山区的露营。

对讲机:适用于团体出行或自驾车队。

大背包:假如你的营地车子无法到达,你就需要一个大背包装所有的东西。

小背包或腰包:扎营之后想到营地的附近走走时,可用来带证件、现金、手机等物品。

食物:没有食品保障的地方,自带食品是必须的。一般以容易处理者为佳,晚上请将食物高挂在树上,免得被其他小生物偷吃。

酒水饮料:水是必须的,饮料按喜好自备。就寝前可以少量饮酒,但绝对不建议大量喝酒,醉酒就更需禁止。户外露营是陌生的环境,醉酒将把自己置于危险之中。

水袋:露营时需要饮用、煮饭、洗漱,用水量比较大,所以水袋是最好的选择,方便携带。必要时取水容易。

净水药片或净水设备：适用于野外无洁净饮用水的情况。

换洗衣物：不多解释。

泳衣：到海边或溪边如果没带泳衣，可能会错过很精彩的体验。

太阳眼镜：保护你的眼睛，隔离强光和风沙。

哨子：野外求生时，哨子比你的最大叫声还传得远。

望远镜、照相机、摄像机：留下美好回忆。

荧光棒：夜晚活动时的保护神。

瑞士军刀：开罐头、修营帐、锯树木、削水果等，全靠它。

吊床：最方便、最舒服的第二卧具。

塑料袋：衣物防潮、垃圾清理、受伤包扎、物品分类等，用处实在是太多了。

盥洗用具、卫生纸：不解释。

第六周
动起来吧

I 简单易行的运动练习示范及动作标准

简易运动项目

简易运动项目,是指那些不需要或很少需要专业器材、专业场地、专业教练、较高的体能,甚至专门的时间就能够进行的运动项目。比如竞走、跑步、骑车、爬楼梯、仰卧起坐、俯卧撑、退步走路、跳绳、羽毛球、飞盘之类,也包括有一定技巧性的运动如气功、瑜伽、徒手操、健美操、太极拳等。简易运动项目开展容易,最适合没有强壮身体基础的普通人、忙碌的上班族。健身运动中,没有能不能运动,只有想不想运动。

健身运动的基本原则

运动想要达到健身的目的,需要把握一定的原则。按照既定的原则进行运动,才能取得良好的健身效果,反之,不仅事倍功半,甚至可能事与愿违、损伤身体。

运动健身的基本原则有以下 7 条:安全性原则、针对性原则、适宜量度原则、及时恢复原则、持久性原则、全面发展原则、局部与整体相结合原则。

安全性原则

安全性原则是指在活动过程中要把参与者出现运动伤害事故的概率控制在最低水平,这是运动健身的首要原则。任何年龄、性别、身体机能状况的人在参与体育活动的全过程都首先应当遵循安全性原则。

其中,安全性原则对于老年人群至关重要,这是因为人体进入老年阶段以后,随着年龄的增加,身体机能下降,力量、耐力、协调性、反应能力都在逐渐退化,各种运动危险因素对运动者的影响开始增多。因此,老年人群在健身运动时应做到以下几点:

(1)定期进行身体检查。定期体格检查对老年人的运动安全至关重要。老年人不仅在开始体育活动之前应该常规进行身体检查,而且在坚持健身运动的整个过程中,最好每半年进行至少一次身体检查,以了解身体机能的变化,根据身体情况科学地调整运动健身方案。

（2）保持稳定运动量。增加运动量是一个循序渐进的过程，不可急于求成，也不能一蹴而就。而且，当身体机能和运动能力达到相对稳定水平时，运动健身方案也应当保持相对稳定，不能无限制地增加运动负荷。这样的科学运动才能提高老年人的身体机能和运动能力，而又最大限度地保证运动安全。还有，老年人60岁以后，要根据身体机能的变化，逐年减小运动负荷。老年朋友必须接受这样的自然规律，体育锻炼可以延缓机体衰老的过程，但不能阻止机体衰老的趋势。

（3）把握好运动强度。老年人在坚持运动健身方案时，要根据自身条件，参考本书相关章节，严格控制运动强度，宁可偏低，切勿偏高。必要时，要在医生的指导下确定运动强度。

青少年生性活泼好动，精力充沛，不易疲劳，身体恢复快，喜欢参加各种运动，尤其是篮球、足球之类对抗性运动，这是青少年的身心特点决定的，并对促进他们的生长发育、养成良好的运动习惯非常有利。但是，也正是由于青少年的这些身心特点，要特别重视青少年健身运动中运动损伤的预防。在运动前要做好充分的准备活动，避免突然性的剧烈运动；进行激烈对抗性运动时要注意动作要领、做好自我保护；在参与运动的整个过程中不要过分打闹或开一些有危险性的玩笑。

都市白领一族平时工作繁忙，工作压力、精神压力都比较大，在体育锻炼时要循序渐进、适可而止。特别是那些没有养成日常锻炼习惯的人群，切忌一曝十寒、超量运动，这种突击性的剧烈运动最容易导致运动伤害。

针对性原则

很多人下定决心开始运动健身时，面对五花八门的运动项目很可能会有无所适从的感觉，是进行最普通的跑步、游泳、羽毛球之类呢，还是追求时尚去试试轮滑、瑜伽、攀岩、户外探险呢？其实，健身运动的形式，应该要因人、因时、因地而异。每个人的身体健康状况和健身需要都有自己的特点，和其他人都有所区别，所以健身运动一定要契合自己的身体状况和需要。健身运动的方式、内容、强度、时间、频次等，都要根据自己的年龄、工作生活习惯、健康状况及锻炼目标来确定，不可盲目效仿别人。

（1）年龄。不同年龄段都有适合的运动项目，一般来讲，青少年处在身体发育的黄金阶段,柔韧度、对抗性、体力耐力方面都比较强,身体可塑性大。这个年龄段的健身运动可以以个人爱好为准,选择具有灵活技巧特点的运动项目为主,同时兼顾对身高、体型有良性促进作用和影响的运动项目,如游泳、跑步、爬山、滑冰、滑雪、健身体操、球类、单双杠、武术、健身器械等。成年人身体发育停止,机体状态稳定而强大,各项生理指标处于最顶峰,所以健身运动应选择力量性和动力性运动项目为主,其目的是发展力量,强壮肌肉骨骼,增加机能储备,提高健康水平,可选择非比赛性的球类、跑步、爬山、自行车、武术、阻力性器械运动、游泳等运动项目。中老年人的身体机能逐步衰退,体力精力减弱,协调性和爆发力逐渐变差,这个年龄段的健身运动应选择安全性好、少负重、动作轻柔的运动项目为主,如徒步走、慢跑、走山、健身体操、舞蹈、太极、游泳、小球类(乒乓球、网球、羽毛球、门球)、健身器械等。与年轻人不同,中老年人的身体机能和体质处于低水平状态,适应力和恢复力差,运动时应当注重心肺功能和各个关节灵活性的锻炼,运动强度要小,运动时应当避免憋气和大起大落突然性动作,这些动作会使血压升高,心率加快,引发心脑血管疾病。

(2)生活习惯和工作环境。对那些因工作姿势、生活习惯等原因致使长时间得不到活动的身体部位,应当着重加强运动,多采取不负重、大幅度、慢动作、与劳作体位姿势相反的运动方式,改善血液循环、肌腱弹性和关节柔韧性。而工作当中常用的姿势、动作、关节、肌肉则可以相对少动,避免长期疲劳造成的劳损等损伤。

脑力劳动者一般长期坐办公室,低头弯腰工作,全身缺乏运动。由于颈部长时间向前弯,容易头晕脑涨,罹患颈椎病和神经衰弱。对于脑力劳动者来说,参加体育锻炼就是积极性休息,可以使肺部得到充分扩展,氧气供应更加充足,还能加快胃肠蠕动,促进消化。因此,脑力劳动者最好在室外健身,充分利用日光和新鲜空气的保健作用,最适合选择散步、慢跑、游泳、广播体操、太极拳、气功等项目。

体力劳动一般来说有锻炼身体的作用,但它不能代替体育锻炼。因为大多数体力劳动是重复性的劳动,身体需要长期保持某种固定姿势或动作,只有身体某些特定肌群在长期活动,容易产生局部疲劳、劳损甚至职业病。因此,体力工作者需要的是全身性、强度较大的活动,这类人员最适合参加长跑、打球、游泳、武术、体操等,以达到全身锻炼的目的。

(3)健康状况。运动有益健康,所以患病或者高危人群更需要通过健身运动强身健体，保卫健康。但罹患疾病的人运动时有特殊的要求，既要有利于身体健康、减轻病痛，又不能诱发疾病、造成危险。比如患有糖尿病或有糖尿病家族史的人，适合选择游泳或徒步走等运动项目，在饭后 1h 开始，运动时间 30～40min，有利于降低餐后血糖；患有高血压或有高血压家族史的人，可选择健步走、慢跑或爬山等运动项目，在傍晚 4～8 点钟进行，时间为 30～60min。这样的时机和运动方式有助于增强心血管系统的功能，增加血管弹性和心力储备。冠心病病人适合做长距离散步，不适合做剧烈运动，以避免心肌耗氧量急剧增加导致的冠脉痉挛和相对狭窄。

适宜量度原则

运动健身应该张弛有度，不能急功近利，搞突击运动、超限疲劳之类的做法。健身运动和竞技体育的目标不同，运动方式和原则也不同。超负荷的运动只适用于竞技体育，如果应用在健身运动中则很容易造成运动损伤，严重者还可能留有伴随终生的功能障碍。一般的健身运动，强度最好在中小范围，运动脉搏在每分钟 100～130 次，最大不要超过每分钟 140 次，年老体弱的人还要相应低一些，最好控制在小于每分钟 125 次；运动中，呼吸频率最好在每分钟 20～30 次。如果觉得测心率和呼吸太麻烦，也可以用主观感觉来估计。运动强度主观感觉判断标准为：虽自觉有呼吸加快，但能与人正常交谈；能感觉心跳加快，但无憋气、窒息感；运动至身体感觉有点累、但仍留有部分体力为止。总之，运动中出现任何不适或不愉快的感觉都应果断停止活动，找到切实的原因。如果是运动的正常反应，则可以继续循序、逐渐增加运动量；如果不是这项运动的正常反应，则需根据情况调整运动量、规范运动动作、采取相应保护措施（如佩戴护具）等。

及时恢复原则

尽管运动会让人身心愉快，但任何形式的运动后机体都会觉得疲劳，这就涉及了运动后恢复的问题了。运动后身体能否及时恢复，是衡量运动量是否得当的一个重要标准，也是获得运动健身效果的根本保障，更是保证运动健身能够持久的前提条件。在运动健身领域，有一个常识应当牢记在心：没有恢复就没有健康。

在坚持运动、规划健身的过程中，可以根据身体机能恢复的程度，调整适宜的运动量和运动健身方式。恢复过程时间的长短由多种因素决定,如训练水平、负荷量大小、身体机能状态等。总的来说,肌肉锻炼后,在营养充分和休息良好的情况下,机体恢复到90%需要18h,完全恢复需要72h,但大小肌肉恢复速度有一定差异:较小肌肉恢复相对较快,如肱二、肱三头肌等48h就能完全恢复;较大的肌肉,如股四头肌和背部竖脊肌等则需要72h才能够恢复。如果肌肉没有完全恢复就进行第二次运动,会造成肌肉僵硬、过度疲劳甚至损伤,失去了运动的乐趣,也使运动健身效果大打折扣。

那么,肌肉如何才能得到更快、更好的恢复呢?

肌肉恢复主要有两种形式:被动性恢复和主动性恢复。

(1) 被动性恢复

被动性恢复又称为消极性恢复,是指一般的静止休息、睡眠等。睡眠时,中枢神经系统,尤其是大脑皮质的抑制过程占优势,能量物质的合成过程也占优势,体内的一些产生疲劳感的代谢产物(如乳酸等)或被机体利用,或被血流运走、排除,疲劳就得到了缓解,肌肉功能的恢复和肌纤维收缩功能增长就在睡眠中潜移默化地发生了。因此,健身运动前后必须有足够的睡眠时间,尤其是处于发育期的青少年尤其重要。如果前一天晚上睡眠不足,我们建议第二天减少运动量或者干脆停止一天;如果今天运动量比较大、人感到疲劳,那么还是早点入睡为好。所谓的"不怕疲劳、连续作战"的口号,其实就像坚持带病工作一样,是违背科学原则的。

(2) 主动性恢复

主动性恢复又称为积极性恢复,是指用转换活动内容的方法进行恢复,如运动后的整理活动、物理和机械的放松与按摩、适当补充蛋白和维生素、心理放松等。主动性恢复措施之所以能起到恢复作用,是由于转换新活动时,大脑皮质中枢的兴奋能诱导周围的抑制过程加强,使原已疲劳的中枢抑制加深,能量物质的合成进行更快,并能促进乳酸的消除。对大运动量剧烈活动的健身活动,主动性恢复尤其重要。

剧烈运动后的整理活动,有助于人体由激烈的活动状态转入正常的安静状态,降低体内肾上腺素的水平,同时通过肌肉的缓慢收缩使静脉血尽快回流心脏,加快整个机体恢复,防止出现一过性脑贫血、血压降低等不良反应。整理活动包括深呼吸和较缓和的活动,如慢跑、四肢放松摆动等。按摩可以使肌肉中堆积的乳酸尽快排出或转化,促使肌肉放松,消除疲劳。按摩可以在运动结束后半小时左右进行,从轻按开始,逐渐过渡到推摩、擦摩、揉捏、按压和叩打,再配合局部抖动和被动活动,当然也可以采用电动按摩椅来进行。另外,洗个热水澡也是主动性恢复的好办法,不仅对心血管系统和中枢神经系统有明显的镇静作用,促进血液循环,还有利于排除体内废物,消除肌肉紧张,可以迅速减轻酸痛,加快机体恢复。

运动中和运动后的饮食也是积极性恢复的重要内容。运动中及时、恰当地补充水分和由出汗而丢失的电解质,运动后及时补充充足的蛋白质、维生素和糖类,是机体恢复的重要保障。否则机体不能获得足够的能源物质和平衡的身体内环境,肌肉在超量恢复过程中就不能以肌糖原的形式储存较多的能量,下次运动时肌肉就会持续疲劳。

我们建议的运动饮食方式是:

(1) 如果运动持续时间不超过 1h,运动强度不大,那么适当补充水分就可以了。

(2) 如果运动时间持续 1h 以上且运动强度较大,则最好在运动时及时补充含有电解质(钾、钠、氯)和一定量的糖类(蔗糖或者葡萄糖)的功能型饮料。

(3) 在剧烈活动或高强度对抗性运动后的 20~30min 内,适当吃点小零食,用以补充糖类和蛋白质;2h 左右进食正餐。

经过上述的恢复活动以后,如运动次日早晨身体机能恢复达到 90% 以上,就可以放心大胆地进行与上次相同的运动强度;如果经过严格和积极的恢复后,自觉体力恢复只能达到昨日运动前的 60%~80%,就应该相应减少运动强度或者缩短运动时间,减少的量大概相当于上次运动强度的 1/3;假如经过一整天的休息和积极恢复,但次日身体恢复的程度降低到了前日运动前的 60% 以下,就应果断停止前日的运动项目,改为休养、休闲活动甚至暂停运动一天。"磨刀不误砍柴工",毕竟我们健身的目的是为了更高水平的健康,而不是损害健康。

持久性原则

运动健身是为了提高身体健康水平、提升身体机能和素质、通过运动刺激使身体发生应答和再适应过程来实现健身的目的。人体健康水平受两方面影响:一方面是通过运动锻炼、营养膳食等双重作用来维持或使健康水平得到提高;另一方面是由于疾病、气候、有害物质的侵蚀以及自然衰老过程等负面因素使健康水平下降。在生命过程中，负面因素是持续存在的，而且随着年龄的增长而越来越显著。如果促进健康的作用持久有效，则会抵抗破坏健康的作用，达到强身健体的目的。合理膳食因素，我们平时就已经比较注意，而且也容易做到。所以，要想获得长久健康的身体，坚持长期的运动锻炼是最重要的一个环节。当然，适宜身体的环境和良好的生活习惯也是实现长久健康的重要因素。

连续持久性运动能够使健身作用发生累积，进而提高身体的健康水平，延长健康作用在体内存留的时间。每周 2～3 次的低强度运动仅能保持原有的健康效果基本稳定，但对进一步提升健康水平和提高心肺功能作用不大。而停止运动 2 周，原有的运动能力会明显下降；停止运动 4～10 周，会使已提高的循环、呼吸功能下降约 5%，运动的健康效益会逐渐消失。航天员从空间站上下来以后身体会很虚弱，无法站立，就是因为在失重环境中肌肉，尤其是腿部肌肉，缺乏克服重力所必需的运动锻炼造成的。众所周知，心血管病、糖尿病、肿瘤等疾病的发生发展都有一个量变到质变、日积月累甚至二三十年的漫长过程，运动健身当然也不可能一蹴而就或者一劳永逸。健身运动本身，需要锻炼自己的决心和毅力。中年人每次能坚持 30min 的锻炼，每周坚持 3～5 次，坚持数月，必见成效，但也还要坚持下去才能保持、巩固和发展已经取得的成果。如果能做到行之有素，持之以恒，假以时日就会形成条件反射，到那时偶尔不去锻炼反而会感到若有所失，浑身不舒服。希望每个想要运动健身的人都能达到这种境界，当然，患病或身体不适时也不必勉强自己。

有些人凭借自己的所谓"经验"现身说法认为日常的动一动可以，一锻炼就容易发生意外。这其实是一种误解。越不活动，身体的柔韧性、爆发力和协调性就越差，在日常生活中发生意外和受伤的情况就越多。反观坚持运动者，虽然在运动中发生意外事件的情况可能出现，但只要做好运动防护，这些意外是可以避免的，但在日常生活中意外受伤的比例比没有锻炼的人低得多，这是有客观数据支持的。其实健身运动锻炼就像是部队练兵的道理。部队流传一句话"平时多流汗，战时少流血"，平时不练兵自然没有训练事故和训练损伤，但是战时就会溃不成军。

如上所述，其实大部分人都知道坚持锻炼对身体有利，但或是因为繁忙的工作和生活，或是因为单调枯燥的运动本身，我们很容易中途放弃。那么，怎样才能更容易地做到持之以恒呢？这里有几个小窍门供大家参考。

（1）给自己建立奖惩机制

在进行运动健身活动之前，先给自己制定一个完善的健身计划，不仅要列出运动健身的目标、形式、强度、进度，还要建立给自己的奖惩机制。比如坚持运动一周，奖励自己一件喜欢的 T 恤衫；坚持运动一个月，奖励自己一场精彩的电影；中断锻炼一次，罚自己请同事吃顿饭等。有了明确详尽的奖惩机制并严格遵照执行，就会对自己形成一定的约束力，督促你完成自己的运动健身计划。再进一步，如果能够把这个计划和奖惩规则公之于众，相当于破釜沉舟、断了自己退缩的后路，效果会更好。

（2）选择自己喜欢的运动项目

兴趣是最好的鼓励。不同性格、年龄、性别和文化背景的人，喜爱的运动项目大都不一样。你不妨在决定运动健身之后先列出自己喜欢的运动清单，然后根据自己的实际情况，选择最适合自己的运动项目，让自己乐在其中。有兴趣和兴奋点在健身运动中，就不会觉得枯燥乏味，坚持下来就容易得多了。不过，在兴趣和自身条件不能兼顾的时候，要首先照顾自己的身体条件，不能一味追求兴趣。

（3）制订力所能及的运动计划

有些人在运动健身时追求高大上，喜欢把目标和要求定得太高，结果因为自身条件无法达到而影响情绪和自信心，最后导致半途而废。其实，一个起点较低、要求不高但循序渐进的计划，是坚持运动的有力保障。健康是自己的，身体是自己的，没必要一定要和别人比较，只要做到了自己以前没做到的，就是突破，就是成绩，就值得骄傲。千里之行，始于足下，只要每天都有进步，每天坚持运动健身，健康水平的提升一定是指日可待的。

（4）与朋友结伴运动

如果有志同道合的朋友，那么与朋友结伴进行运动是一个好主意。和一两个好友一起，边运动边聊天，可以使运动不那么枯燥乏味；通过同伴间的鼓励、竞争和指点，使运动变得更加富有魅力。同时，还能在这个快节奏的时代里，通过这样的机会加强与朋友间的沟通与交流，增近朋友间的友谊与默契。一个战壕里的战友，总是会有相互协作的精神。

总之，运动贵在坚持，能够让你放弃运动健身的，只有你自己。

全面发展原则

全面发展,是指在健身运动中,兼顾全身各系统、器官、部位,使机体全身的健康水平能够平衡发展,共同提高。人体是在神经系统统一调节下的有机整体,人体的各种部位、器官系统的机能,各种身体素质和基本活动能力之间,既相互联系,又相互制约,每一方面的发展都不是孤立的,都会影响其他方面的发展。这种协同关系,如果处理得当,就能相互促进,共同提高;反之,将会导致身体发展不均衡,甚至有损健康。在坚持长期运动健身活动中,从事任何一项健身运动项目都会对人体的发展都有一定促进作用。但健身运动项目繁多,而又各具不同特点,其作用用于机体不同部位、器官系统的效果都不尽相同。因此,坚持长期运动健身活动时,就应该利用多种形式、手段、内容和方法进行全面运动,只有这样才能全面优化人体自身生命系统的整体功能。在健身活动时,应注意均衡性、对称性、交替性,具体来说,就是做到以下五点:

(1) 运动内容要体现多样性,使身体参与活动的部位最多化、运动的侧重点多样化。健身运动时,不仅要选择健身走、跑步等有氧运动方式,同时也要进行力量练习、柔韧性练习;在发展心血管、呼吸功能的同时,也要使肌肉力量、柔韧和反应能力得到提高。可在每次健身运动中,安排不同的内容,如进行以有氧运动为主的运动时,可以在准备活动中安排一些牵拉性练习以提高柔韧性,在有氧运动后安排力量练习,提高肌肉力量。

(2) 运动项目要经常更换。一般情况下,单一项目运动最好每 6~12 个月更换一次新项目;两个项目同时运用的计划,应每 12~18 个月更换一次新内容。运动项目多样化,也可以体现在每周运动健身方案中安排不同的运动类别,如每周一、三、五进行有氧运动,周二、四进行无氧运动。

(3) 在制订健身计划的时候,优先选择确定具有全面锻炼作用的有氧运动内容,再根据年龄、性别选择辅助或侧重项目。

(4) 如果条件允许,一次运动中,先做有氧耐力运动,再做力量性运动,最后做柔韧性运动。也可早晨做耐力运动,晚上做力量性和柔韧性运动。

(5) 要注意安排不同部位身体机能的协调,对称发展。经常进行以下肢肌肉活动为主的跑步运动时,也要安排足够的上肢肌肉活动,如打篮球、单双杠、羽毛球等。在进行以单侧活动为主的运动时,如网球、乒乓球、羽毛球、标枪、铁饼等,要注意相应加强对侧肢体的活动,以确保身体全面发展和体型的匀称、对称。

局部与整体相结合原则

人体是一个整体,而整体又是由各个器官系统、各个局部构成的。运动健身需要坚持局部和整体相结合的原则,其实就是为了整个机体的全面发展。每种整体运动,都存在着一定的局限性和特点。比如网球和羽毛球,虽然是典型的整体运动,但持拍手的发育和锻炼必然优先于对侧手。再比如,跑步运动也是典型的整体运动,但对下肢肌肉的锻炼效果要高于对上肢的锻炼效果。所以,在整体运动的同时,辅助以有针对性的局部运动,能够克服单一整体运动的固有缺陷,使机体能够全面发展。擅长右手握拍的,加练左手的力量型运动;坚持长跑的运动爱好者可以针对性地开展俯卧撑、推杠铃等上肢局部锻炼。在由于特殊情况,比如单个肢体受伤导致不能进行日常的整体运动的时候,可以用多个局部运动来维持类似于整体运动的效果,而不至于因伤病影响对运动健身的坚持。待伤病因素消除之后,可以很容易地进入运动状态。在进行单个局部运动时,运动量、时间、幅度都要增加。

另外,局部运动也是突出某些康复效果和锻炼效果的良好方式,在按需进行局部运动的时候,也应当适当进行全身运动,调动全身的资源为局部服务。比如在举重训练时,适当增加一些跑跳,可以显著加快心率和呼吸,让上肢局部肌肉血液循环增加,肌肉更不易疲劳。

局部运动一般安排在全身运动结束后和睡前进行,每天 1~2 次,总计时间约 30min。

II 为自己设计一套运动方案

人体生理标准

生命在于运动。在长期反复适度的运动刺激下,身体的各种生理功能都会发生适应性变化,从而逐渐提高身体的机能,起到健身作用。对不同的人来说,能够起到健身作用的运动强度也是不同的,衡量一项运动强度是否适度,目前最常用的就是以运动中人体生理指标变化的情况为依据,它的正常值分为正常健康人标准和慢性病人标准。

1. 健康人健身运动生理标准

(1) 运动时脉搏达到 100 次/分以上(或基础脉搏数值提高 30% 以上),自身感觉到心跳明显加快。

(2) 运动时呼吸达到 26~30 次/分以上(或基础呼吸数值提高 30% 以上),自身感觉到呼吸急促,但尚能正常说话交谈。

(3) 运动时身体轻度出汗,周身发热,尤其以手脚发热、发红为佳。身体感到轻松或轻微感到疲劳,精神兴奋,反应敏锐。

(4) 主要承担活动的肢体出现酸、胀、沉重感觉。

在运动锻炼时,这 4 条标准要达到 2 条以上,才能产生良好的健身效果。

2. 慢性病患者健身运动生理标准

慢性病(如心脑血管疾病、呼吸系统疾病、消化系统疾病、肝炎、肿瘤等)患者,在病情的活动期或急性发作期不要进行运动锻炼,应当按照医生的要求接受正规治疗,直至病情稳定或缓解。在病情稳定期和恢复期可以逐步进行康复运动。康复运动的最佳指标是:

(1) 运动时脉搏数达到 90 次/分以上(或基础脉搏数值提高 20% 以上),自身感到心跳加快。

(2) 运动时呼吸频率达到 20~25 次/分以上(或基础呼吸频率的数值提高 20% 以上)。

(3) 运动时身体感到发潮或微出汗,周身发热,身体感到轻松和灵活,精神兴奋,无明显的疲劳感觉。

(4) 主要承担运动的肢体出现酸、胀、沉重感觉。

在运动锻炼进行中,这 4 条标准要达到 2 条以上,才能产生良好的健身效果。

上述这两个标准,是运动刺激身体而发生生理反应的最低指标,只有高于这个指标才能起到提高身体机能和素质的健身作用。当运动刺激使身体的这几项生理指标达到标准时,可以根据自己的体能状况和运动基础去控制运动的延续时间,一般情况,以不发生力竭并且保留少部分体力作为停止运动的参考标准。慢性病患者的康复运动在运动中把不发生明显的疲劳、身体感到有点累作为停止运动的参考标准。

搭建运动金字塔——你知道运动处方吗

我们都知道,在医院里医生的工作最主要的一项内容就是为患者开具处方,每一个处方都是根据患者所患疾病、身体状况、工作生活习惯而精心制定的,不可能千篇一律。同样,在健身运动的时候,我们也需要有一个针对我们每个人不同的身体条件、客观条件、健康情况、性别年龄而制定的个性化运动方案,这就是运动处方。运动处方是指导人们有目的、有计划和科学地锻炼的一种方法。

运动处方的正式概念是:康复医师或体疗师,对从事体育锻炼者或患者,根据医学检查资料(包括运动试验和体力测验),按其健康、体力以及心血管功能状况,用处方的形式规定运动种类、运动强度、运动时间及运动频率,提出运动中的注意事项。

这个概念最早是美国生理学家卡波维奇在 20 世纪 50 年代提出的。此后,随着康复医学的发展及对冠心病等的康复训练的开展,运动处方开始受到重视。1969 年,WTO(世界卫生组织)开始使用"运动处方"这一名词,从而使这个概念得到国际社会的认可。制定运动处方前,首先要对实施体育锻炼的人进行系统的健康诊断,然后进一步作心肺功能测定,以了解其体力水平。目前多采用库珀氏的 12min 跑的方法来确定心肺功能,然后根据各项检查结果,结合性别、年龄和运动经历制定运动处方。

运动处方的特点

运动处方不同于一般的训练计划,它和真正的医学处方一样,有严谨的构成要件和特点。总结起来,运动处方的特点大致有以下几项:

(1)目的性强。运动处方必须设定明确的运动目标。设置目标可以集中人的内在力量,激发引导人的行为活动。目标有短期、中期、长期目标之分。运动健身的目标应明确、具体、可数量化和现实。运动处方所有的内容必须根据体力测定综合得分高或低,围绕运动目标来制定和实施。各单项素质平均发展者,这种体质类型的人可以确定全面发展的锻炼目标。

（2）计划性强。运动目标中对于运动的安排有详尽的计划，从运动种类、运动形式、运动强度、运动时间等各方面进行量化，使得运动处方在执行中容易坚持，可操作性强。

（3）科学性强。运动处方的制定和实施是一个科学严谨的过程，必须严格按照临床医学、生物力学、康复体育、运动学等学科的科学原理和要求来进行。由于有极强的科学性和理论基础，在运动处方指导下进行的运动能在最短的时间内取得最大的健身效果。

（4）针对性强。运动处方是根据每一位参加运动者的具体情况制定的，全面综合考虑个人的身体素质、性别年龄甚至生活习惯、兴趣爱好等方面，有很强的针对性和独特性，只适用于运动者本人，以期达到最佳的健身效果。

（5）普及面广。运动处方简明易懂，内容详尽，容易被运动者接受和执行。按照运动处方进行健身，运动效果显著，有助于增强参加运动的大众运动健身的信心。

运动处方对健康的作用

运动处方有别于一般的体育锻炼和康复治疗，它是各个学科的交叉应用，比体育锻炼更精细，比康复治疗更容易接受和有趣味，比随性健身活动更有效果。具体来讲，运动处方对健康的促进作用主要表现在以下几个方面。

（1）强心清肺

运动处方建议的主要运动内容是有氧运动，而有氧运动对心血管系统功能的提高是显著而持久的，有氧运动可以增加血管弹性、增加心力储备、扩张循环通路、加速血液流动，从而达到增强心血管系统给全身各器官输送氧气、养分，带走二氧化碳和代谢废物的作用。严格按运动处方进行运动，最终可以使心率减慢、血压平稳、心输出量增加、心血管系统的代偿能力增强等。当然，对于有心脏疾患的患者，运动处方中应适当降低有氧运动的强度，缩短时间，减少频次。在有氧运动中，机体耗氧量成倍增加，对呼吸系统的工作提出了新的要求，气管的通气量大大增加，肺的换气工作量也显著增加，使与呼吸有关的肌肉、神经得到锻炼和发展。气管、各级支气管长期处于兴奋的舒张状态，闲置休息的肺泡被迫参与到换气工作中来，久而久之，气管和各级支气管的管径就会逐渐变粗，通气能力逐渐增长。肺内长期闲置的肺泡广泛参与换气工作，换气效率也会逐渐增强，增加肺活量。相关研究表明，不经常运动的人，呼吸系统衰老的速度比经常运动的人增快一倍。运动能增强气管黏膜纤毛的蠕动和吸入肺内废物的排除能力，使肺脏组织的自我保护功能相应加强。运动能显著改善肺脏血液微循环和肺组织的弹性，增加肺脏器官的抗病能力。有关资料调查表明：每天进行运动锻炼 30min 以上的人患呼吸系统疾病的几率明显低于不参加运动的人。除严重的运动性哮喘以外，运动处方带给呼吸系统的改变总是利大于弊。

（2）增力降脂

肌肉的收缩需要消耗大量能量，机体为了适应这种能量消耗需要就要产生更多燃烧能量的场所。所以运动能够使肌纤维变粗、收缩力量变大、持续时间更长，最终达到增强肌肉力量、肌肉耐力和肌肉协调性的目的。长期的肢体活动，可以增加关节的活动范围，增加关节的灵活性和稳固性。对青少年来说，运动还能刺激骨膜的血液循环，促进骨骼快速生长；刺激人体本体感受器，保存运动条件反射，增加机体运动的协调性。而所有这些好处，都必须建立在适度、适量的基础上。过犹不及，过大强度的运动会损伤运动系统。运动处方能够指导运动的参与者在确保安全前提下，最大限度地达到上述健身目的。同时，消耗大量的能量物质，尤其是脂肪的消耗，是健康减肥的唯一途径。肥胖就是脂肪的堆积，决定体内脂肪量的因素无非两条：脂肪的形成速度与脂肪的分解速度。通过节食来减少体内脂肪的形成，极易造成其他营养元素的摄入不足，影响健康。而运动处方能够让人体对营养素的消耗侧重于脂肪的分解，达到安全减肥的效果。

（3）润肠通便

正确实施运动处方能促进消化系统的功能和平衡，加强营养素的吸收和利用，增进食欲；促进胆汁合成和排出，减少胆石症的发生；促进胃肠蠕动，促进肠道内消化废物和毒物的排出，能预防和改善胃食道反流症；促进排便，改善便秘。胃肠蠕动的加强又能积极地消耗胃肠外壁的脂肪组织，缩小腹型，降低腹腔内的压力，解除腹内压力对肝、肾、脾等重要脏器的不良作用。同时，有计划、科学性的长期运动能使固定肝、胃、脾、肠等内脏器官的韧带得到加强，有效地防治胃肠下垂病症。经常规律的运动锻炼能促进消化液分泌和脂肪代谢，增强消化道对食物的消化吸收能力。肝脏的脂肪代谢在运动锻炼的作用下变得活跃，肌肉对脂肪的利用能力显著加强,运动处方可以有效地防治脂肪肝,这个理念已经被多次证实。

(4) 醒脑舒心

规律科学的运动可以协调大脑各个功能区之间的神经联系,增加神经细胞上的突触数量和工作效能,进而提高思维能力和精神状态、改善睡眠,提高心理素质,促进大脑(高级中枢)、脊髓(低级中枢)、周围神经之间信息的相互传导,使身体活动有更好的灵活性和协调性。运动还能延缓大脑衰老过程、改善脑血管壁的弹性、增加脑组织的供血量、减少脑血管疾病的发病率。很多资料显示,每周 3 次以上运动、每次 1h,比较规律地进行运动锻炼的中老年人,患脑血管疾病的人数比不参加运动锻炼的要少 60%,而且与参加体育运动的长期时间成正比。

科学的健身运动对心理有很好的良性调节作用。运动中可以忘掉一切烦恼和悲哀,舒缓情绪;可以大幅度减少心理负担,改善情感;可以提升对生命珍惜、对生活热爱、对社会关心的心理活动水平。经常进行团队式的协同运动,可以培养人的团结、协作、积极向上的品格。运动可以提高长时间工作的心理承受能力和宽容豁达的性格。有客观数据证实,经常参加体育运动的家庭,其夫妻之间纠纷发生率是其他家庭的 1/6,而且与家庭参加运动的人数和时间成正比。运动是维护家庭和睦、提高社会适应能力的一剂良药。按预防、健身、健美、康复原则的运动处方运动,可保持良好的心态面对工作、生活。

运动处方的内容

运动处方对健身运动的指导作用在于它所提供的内容。一般来讲,一个全面的运动处方至少应该包括 6 项,即运动种类、运动强度、运动时间、运动频率、运动进度及注意事项。

1. 运动种类

运动处方的运动种类可分为 3 类,即耐力性运动(有氧运动)、力量性运动及伸展运动和健身操。

(1) 耐力性运动

耐力性(有氧)运动是运动处方最主要和最基本的运动手段。在基本运动处方中,主要用于心血管、呼吸、内分泌等系统的疾病预防和辅助康复,以改善和提高心血管、呼吸、内分泌等系统的功能状态,平衡协调这几个系统对整个机体的支持作用。在健身、健美运动处方中,耐力性(有氧)运动是保持全面身心健康,保持理想体重,降低血糖、血压、血脂的有效运动方式。有氧运动的项目包括步行、慢跑、走跑交替、上下楼梯、游泳、自行车、动感单车、步行车、跑台、跳绳、划船、滑水、滑雪、球类运动等。

(2) 力量性运动

力量性运动在运动处方中主要用于运动系统和神经系统,在康复运动处方中对肌肉、神经麻痹或关节功能障碍的患者可以恢复肌肉力量和肢体活动功能,在健身健美运动处方中,力量性运动是增强肌肉力量、增加关节牢固性、提高运动动作协调性、反应性的主要内容。在矫正畸形和预防肌力平衡被破坏所致的慢性疾患的康复处方中,通过有选择的增强肌肉力量,调整肌力平衡,从而改善躯干和肢体的形态和功能。力量性运动根据其特点主要包括主动运动、被动运动、助力运动、免负荷运动、抗阻运动等。其中免负荷运动就是在减除肢体重力负荷的情况下进行主动运动,如在水中运动;抗阻运动包括等张练习、等长练习、等动练习和短促最大练习。力量性运动还包括一种特殊形式——电刺激疗法,也就是将一定频率、一定强度的电刺激作用于特定肌肉,在短时间内增强肌力,改善肌肉的神经控制。这种方法见效快、不劳累、易接受,适合需要短时间内迅速增强特定肌肉力量的情况。但这种方法需要专门的仪器设备,也有一定的风险,所以不建议作为常规健身方法来使用。传闻当年李小龙曾经把电刺激疗法应用于自己的健身锻炼,但限于当时对电刺激疗法的认识局限性,还没有认识到它的危险性,也没有规范的治疗建议,导致一代功夫巨星因为电刺激疗法的损伤作用而去世了。目前电刺激疗法一般在医院的康复科进行,主要用于外周神经系统和运动系统的损伤后康复,在普通的健身健美方面很少采用。

(3) 伸展运动和健身操

伸展运动和健身操较广泛地应用在健身、健美和治疗、预防等各类运动处方中,主要的作用是放松精神、消除疲劳、改善体型、防治高血压和神经衰弱等疾病。伸展运动和健身操可以作为单独的运动处方内容,也可以作为以上两种运动的辅助性内容,需要一定的技巧和学习过程,不易普及,但动作复杂,兼顾了人体所有的肢体、关节和绝大部分肌肉,是全面运动的典型,长期坚持对人体的保健作用最好。这部分内容包括太极拳、保健气功、五禽戏、广播体操、医疗体操、矫正体操等众多项目。

2. 运动强度

运动强度是运动处方的重要内容,就像药物处方的剂量一样,有着精确的指导意义,不能随便增减。运动强度是指单位时间内的运动量,即,运动强度＝运动量/运动时间;而运动量是运动强度和运动时间的乘积,即,运动量＝运动强度×运动时间。有氧运动是运动处方中的最重要部分,所以我们主要对有氧运动的运动强度测算方法进行详细阐述。

(1) 有氧运动的运动强度

运动强度是运动处方的核心及设计运动处方中最困难的部分,需要有适当的监测来确定运动强度是否适宜。运动强度可根据最大吸氧量的百分数、代谢当量、心率、自觉疲劳程度等来确定。其中最大吸氧量的百分数和代谢当量的测量需要专门的仪器设备,不适合个人自测,所以我们在这里着重讲解心率和自觉疲劳程度法。

在运动处方中,常用最大吸氧量的百分数在 50%～70% $V_{O_2 max}$ 的运动对人体健康是最有利的。代谢当量是指运动时代谢率对安静时代谢率的倍数,用 MET 表示,1MET 的活动强度相当于健康成人坐位安静代谢的水平。在制定运动处方时,如已测出某人的适宜运动强度相当于多少 MET,即可找出相同 MET 的活动项目,写入运动处方。

如果除去环境、心理刺激和疾病等因素影响,心率与运动强度之间存在着线性关系。在运动处方实践中,一般来说,达最大运动强度时的心率称为最大心率,达最大功能的 60%～70% 时的心率称为"靶心率"或"运动中的适宜心率",这是能获得最佳效果并能确保安全的运动心率。如果想精确地确定不同个体的适宜心率,需做运动负荷试验,测定运动中可以达到的最大心率或做症状限制性运动试验以确定最大心率,该心率的 65%～85% 为运动的适宜心率。用靶心率控制运动强度是简便易行的方法。但运动负荷试验需要有专门的仪器设备,且具有一定危险性,所以对靶心率的确定可以用公式来推算大概数值,而不必进行运动负荷试验。具体推算的方法为:

$$靶心率＝(220-年龄)×65\%(或 85\%)$$

年龄在 50 岁以上、有慢性病史的人,可用

$$靶心率 = 170 - 年龄$$

经常参加体育锻炼的人,可用

$$靶心率 = 180 - 年龄$$

例如年龄为 40 岁的健康人,其最大运动心率为 $220 - 40 = 180$ 次/分,则其适宜运动心率下限为 $180 \times 65\% = 117$ 次/分,上限为 $180 \times 85\% = 153$ 次/分,即锻炼时心率在 117~153 次/分之间,表明运动强度适宜。

自感用力度(rating of perceived exertion,RPE)又叫自觉用力度、感知用力比值是 Borg 根据运动者自我感觉疲劳程度来衡量相对运动强度的指标,是持续强度运动中体力水平可靠的指标,可用来评定运动强度。在修订运动处方时,RPE 可用来调节运动强度,具体标准如下:

① RPE = 6,为完全安静状态,心率为基础心率;
② RPE = 7,为非常轻松状态,心率为 70 次/分;
③ RPE = 9,为比较轻松状态,心率为 90 次/分;
④ RPE = 11,为轻松运动状态,心率为 110 次/分;
⑤ RPE = 13,为稍感费力状态,心率为 130 次/分;
⑥ RPE = 17,为比较费力状态,心率为 170 次/分;
⑦ RPE = 19,为非常费力状态,心率为 190 次/分;
⑧ RPE = 20,为最极限运动状态,心率为最大心率。

(2) 力量性运动的运动强度和运动量

力量练习的运动强度以局部肌肉反应为准,而不是以心率等指标为准。在康复运动或者力量型竞技体育中,一般较重视发展肌肉力量,而肌肉耐力可在日常生活活动中得到恢复。

(3) 伸展运动和健身操的运动强度和运动量

有固定套路的伸展运动和健身操,如太极拳、广播操等,其运动量相对固定。太极拳的运动强度一般在 4~5MET 或相当于 40%~50% 的最大吸氧量,运动量较小。增加运动量可通过增加套路的重复次数或动作的幅度、架子的高低等来完成。一般的伸展运动和健身操的运动量可分为小、中、大三种。小运动量是指做四肢个别关节的简单运动、轻松的腹背肌运动等,运动间隙较多,一般为 8~12 节;中等运动量可做数个关节或肢体的联合动作,一般为 14~20 节;大运动量是以四肢及躯干大肌肉群的联合动作为主,可加负荷,有适当的间歇,一般在 20 节以上。

3．运动时间

(1) 耐力性(有氧)运动的运动时间

运动处方中的运动时间是指每次持续运动的时间,一般需持续 20～40min,其中达到适宜心率的时间需在 15min 以上。在计算间歇性运动的持续时间时,应扣除间歇时间。间歇运动的运动密度应视体力而定,体力差者运动密度应低;体力好者运动密度可较高。老年及体力较弱者由低的运动强度开始锻炼,运动量由小到大;增加运动量时,先延长运动时间,再提高运动强度。

(2) 力量性运动的运动时间

力量性运动的运动时间主要是指每个练习动作的持续时间。如等长练习中肌肉收缩的维持时间一般认为 6s 以上较好。

(3) 伸展运动和健身操的运动时间

成套的伸展运动和健身操的运动时间一般较固定,如 24 式太极拳的运动时间约为 4min,42 式太极拳的运动时间约为 6min。不成套的伸展运动和健身操的运动时间有较大差异,总运动时间由一套或一段伸展运动或健身操的运动时间、伸展运动或健身操的套数或节数来决定。

4．运动频率

在运动处方中,耐力性(有氧)运动的运动频率常用每周的锻炼次数来表示。一般认为每周锻炼 3～4 次,即隔一天锻炼一次,这种锻炼的效率最高。运动频率更高时,锻炼的效率增加并不多,而有增加运动损伤的倾向。最低的运动频率为每周锻炼 2 次,小运动量的耐力运动可每天进行。

力量练习的频率一般为每日或隔日练习 1 次。伸展运动和健身操的运动频率一般为每日 1 次或每日 2 次。

5．运动进度

严格依据运动处方进行科学运动的人,经过 6～8 周的运动后,心肺功能就会有所改善。此时,无论在运动强度还是运动时间方面均应逐渐提高标准,运动处方也应根据个人的进步进度而修改。根据一般规律,运动健身训练造成的体能上的进展分为 3 个阶段:初级阶段、进展阶段和保持阶段。

(1) 初级阶段

初级阶段是指刚刚开始实行定时及有规律的运动的时候。在这个阶段并不适宜进行长时间、多频次、大强度运动,因为肌肉在此阶段还未适应运动,贸然接受高强度训练容易造成过度疲劳甚至运动损伤。所以对大部分人来说,最适宜采取强度较低、时间较短和频次较少的运动方式。这一阶段以适应为主,有不良反应应予重视,毕竟尽管我们看起来运动强度和运动量已经很小了,但仍不能保证一定不超过个人的生理极限,尤其是对长期不运动的人来说。这一阶段也是运动损伤的高发期,动作要领还没有完全掌握,对运动中可能发生的突发情况(如肌肉抽筋等)也缺乏处理经验。因此,这一阶段应予以特别重视。

(2) 进展阶段

进展阶段是指运动参与者经过初级阶段的运动练习后,心肺功能已有明显的改善,运动技巧和动作要领已熟练掌握,现阶段的运动量和运动强度已经不能满足个人健身运动的要求,运动之后已经没有疲劳感或疲劳感轻微。在这个阶段,一般人的运动强度都可以达到最大摄氧量的 40% 以上,运动时间可每 2~3 周加长 5~10min。这个阶段是运动者运动机能改善的明显期,一般长达 4~5 个月时间。

(3) 保持阶段

保持阶段一般在训练计划进行 6 个月左右出现,但具体个人时间差异比较大,最长可达 12 个月。在这个阶段,运动者的心肺功能已达到满意的水平,运动量和运动强度自觉适中,运动后疲劳而愉快,就运动者本身而言也不愿意再增加运动量,运动处方进入相对稳定期。这个阶段,只要保持目前的运动状况,就可以确保健身效果。在这个阶段,如果觉得自己习惯的运动单调乏味,可以考虑调整为另一些强度相当但更感兴趣的运动,以避免因沉闷放弃坚持运动。

6. 注意事项

1) 有氧运动的注意事项

有氧运动主要对心血管、呼吸、代谢、内分泌等系统有显著影响,因此在按运动处方进行锻炼时,要根据参加运动者的前述系统健康状况、所患疾病的病理生理特点,提出有针对性的注意事项,以确保运动处方的安全原则。一般的注意事项应考虑以下几方面。

(1) 运动的禁忌证。如病情不稳定的心力衰竭和严重的心功能障碍,急性心包炎、心肌炎、心内膜炎,严重的心律失常,不稳定型、剧增型心绞痛,心肌梗死后不稳定期,严重的高血压,不稳定的血管栓塞性疾病等。

(2)在运动中应停止运动的指征,如冠心病患者在运动中出现身上不适、无力、头晕、气短、胸背痛等情况,应立即停止运动,10min 左右没有明显缓解需立即就医。

(3)运动量的监控。在有氧运动处方中,需对运动量的监控提出具体可操作的要求,以保证运动处方的有效和安全。

(4)对运动前的准备活动提出具体要求。

(5)明确运动疗法与其他临床治疗的配合。如冠心病患者随身常备硝酸甘油;高血压患者应规律服药并不得擅自停药;糖尿病患者的运动疗法需与药物治疗、饮食治疗相结合,运动的进行时间应避开降糖药物血浓度达到高峰的时间,常备甜食以防出现低血糖。

2)力量性运动的注意事项

(1)力量练习不应引起明显疼痛。

(2)力量练习前、后应做充分的准备活动及放松、整理活动。

(3)运动时保持正确的身体姿势,掌握动作要领。

(4)必要的保护措施和提供帮助。

(5)注意运动的生理反应对基础疾病可能的影响,如有轻度高血压、冠心病或其他心血管系统疾病的患者,应慎做力量练习;有较严重的心血管系统疾病的患者忌做力量练习。

(6)对每次运动开始前的器械设备检查提出明确要求,发现问题及时休息以确保运动安全。

3)伸展运动和健身操的注意事项

(1)强调根据动作的难度、幅度等,循序渐进,量力而行。

(2)指出某些疾病应慎用或禁用的动作类型。

(3)指导运动中注意正确的呼吸方式和节奏。

运动处方的基本原则

(1)个性化原则

运动处方必须因人而异,切忌千篇一律。要根据每一位参加运动者的具体情况制定出符合个人身体客观条件及要求的运动处方。不同的健身目的和身体条件，运动处方不同；同一基础疾病在不同的时期，运动处方不同；同一个人在不同的功能状态下，运动处方也应有所不同。

（2）有效性原则

运动处方的制定和实施应使参加运动的身体技能状态有所改善。在制定运动处方时，要科学、合理地安排各项内容；在运动处方的实施过程中，要按质、按量认真完成训练。应该时刻关注运动目标的实现情况，如果不能达到预期的运动目标，需要查找原因，想出对策或调整运动处方。

（3）安全性原则

运动处方所建议的运动方案，应最大限度地保证参加运动者的安全。若超出安全的界限，则可能发生危险。在实施运动处方时，应严格遵守处方的建议，并遵循各项运动本身的规定和要求，以确保安全。

（4）全面发展原则

运动处方应遵循全面身心健康的原则，在运动处方的制定和实施中，应注意维持人体生理和心理的平衡，以达到"全面身心健康"的目的。

运动处方的制定程序

运动处方不是凭空想象或者凭经验估算的，运动处方的制定有严格的程序。程序的第一项就是对参加锻炼者或患者进行系统的检查，以获得制定运动处方所需要的全面资料。运动处方的制订程序包括"一般调查""临床检查和功能检查""运动试验""体力测验""制定运动处方""实施运动处方""运动中的医务监督""运动处方的修改"等步骤。以下就其中一些步骤进行详述。

1. **一般调查**

一般调查是为了了解参加锻炼者或患者的基本健康状况和运动情况，内容包括询问病史及健康状况、了解运动史、了解健身或康复的目的和了解社会环境条件等。

（1）询问病史及健康状况：其内容包括既往病史、家族疾病死亡史、身高、体重、目前的基本健康状况、现患疾病的诊断和治疗情况，如果是女性还需询问月经史和生育史。

（2）了解运动史：其内容包括运动参与者的运动经历、运动爱好和特长、目前的运动状况(是否经常参加锻炼、运动项目、运动量、运动时间、运动中后期的身体反应等)、是否发生过运动损伤等。

(3) 了解运动的目的:了解运动参与者参加运动的目的是为了强身健体还是预防、治疗疾病,是为了有所改善还是彻底康复。为合理目的建立规范的健康处方,对不切合实际的运动目的要做好解释说明、降低期望值。

(4) 了解社会环境条件:其内容包括了解参加运动者的生活条件、工作环境、基本经济状况、可利用的运动设施和条件、有无健身和康复指导等,为健康处方的可行性提供客观基础参考。

2. 临床检查和功能检查

运动处方的临床检查主要包括四大系统的检查:运动系统、心血管系统、呼吸系统、神经系统。

1) 运动系统检查

运动系统检查包括肌肉和关节两部分。

(1) 肌肉情况的检查和评定包括力量评定和耐力评定,测定方法比较多,但在检查中应注意以下一些问题:

① 肌肉力量检查时,应注意测试前需做简单准备活动;测试的姿势和位置要正确;测试动作要标准化;避免在运动后、疲劳时或饱餐后进行肌肉的测试。

② 肌肉力量评定时,若采用不同的测试方法,其结果不同,缺乏比较性;进行每次肢体肌力的测试,需做左右对比(健康肢体的肌力也有个体差异及生理性波动),一般两侧差异大于 10%~15% 时才有意义。

③ 有高血压或心脏病的患者,慎用肌力测试;有较严重心血管系统疾病的患者,禁用肌力测试;运动时有肢体疼痛、运动系统慢性损伤等,进行肌力测试时应小心;有严重疼痛、积液、急性运动损伤等,禁用肌力测试;关节活动度受限时,只做等长或短弧等速的测试。

(2) 关节的检查测评主要是对关节活动度(ROM)的检查测评,它是评定肢体运动功能的基本指标和评定关节柔韧性的指标。ROM 的检查应包括主动 ROM 检查和被动 ROM 检查,主动 ROM 检查是指患者主动活动关节时 ROM 的大小,被动 ROM 检查是指在步态下进行正确的诊断。ROM 检查测评主要手段是摄影分析,即用摄像机将步态拍摄下来,选择其中的关键画面进行分析。用此方法可保存步态的资料,便于进行前后对比。ROM 检查分析一般最好在步态分析室进行分析。步态分析室应具备三维测力仪、调整摄像机、录像机、解析仪、肌电图仪、计算机、气体分析仪等设备,可对步态进行综合的分析评定。

2)心血管系统的检查

心血管系统的检查包括静态检查和动态检查,常用的指标有心率、心音、心界、血压、心电图等。心血管系统的功能检查一般采用定量负荷试验,包括阶梯试验、一次负荷试验等。

(1)心率指标:正常的窦性心率为 60～100 次/分。心率超过 100 次/分,称为心动过速;心率低于 60 次/分,称为心率过缓。但经过系统训练的运动员的心率常低于 60 次/分,甚至达到 50 次/分,这不是病态,是心功能良好、心力储备充足的表现,称为心动徐缓。

(2)心音指标:心脏在一个心动周期内,可以产生四个心音。正常情况下,一般检查心脏时能听到第一心音和第二心音。在检查儿童少年的心音时,常可听到第三心音,而成人出现第三心音时,属于病理性的可能性较大。在婴幼儿和中老年人,心脏正常时有时可听到第四心音。心脏出现异常的声音为心脏杂音。在心脏舒张期出现杂音,常表示心脏有器质性病变。在心脏收缩期出现的杂音,可分为生理性杂音和病理性杂音两类,生理性杂音在儿童少年中较多见。出现心脏杂音时,应进行进一步的检查,以确定心脏杂音的性质和分级。

(3)心界指标:心界常采用 X 线测量的方法,在胸片上测量心脏的横径、纵径和宽径,可由以下公式计算:

实测心脏面积(cm^2) = 0.7019 × 纵径(cm) × 宽径(cm) + 2.096

预计心脏面积(cm^2) = 0.6207 × 身高(cm) + 0.6654 × 体重(kg) − 42.7946

用实测心脏面积与预计心脏面积比较,若超过预计心脏面积的 10% 以上时,认为有心脏肥大的现象。出现心脏肥大的现象,应进一步进行检查以明确其原因。

(4)心电图指标:心脏的信息传导和心肌的收缩舒张是一个复杂的电生理过程,这个过程可以通过心电图仪进行记录。心电图仪可将每一心动周期中的生理电流的变化转变成有规律的波形曲线,通过对心电图上的各种波的分析,可以判断心脏的电生理状况、心肌营养情况等若干信息。

(5)血压指标:健康成人的收缩压为 12～17.3kPa(90～130mmHg),最高不超过 18.7kPa(140mmHg);舒张压为 8～11.3kPa(60～85mmHg),最高不超过 12kPa (90mmHg);脉压差为 4～5.33kPa(30～40mmHg)。高于此指标上限称为高血压,低于此指标下限称为低血压。一般高血压较低血压常见。

(6)定量负荷试验:包括阶梯试验、一次负荷试验、联合机能试验、PWC170 等。

3)呼吸系统的检查

呼吸系统的功能检查包括肺容量、通气功能、呼出气气体成分、日常生活能力等多方面内容。基本指标包括以下几项。

(1)肺活量:肺活量是测定肺容量最常用的指标,具体是指最深吸气后做最大呼气的全部气量。正常值男性为 3470mL,女性为 2440mL。

(2)5 次肺活量试验:让受试者连续测量 5 次肺活量,每次间隔 15s(呼吸时间在内),记录每次肺活量的结果。5 次肺活量值基本相同或有增加者说明肺顺应性良好,逐渐下降者说明肺脏顺应性不良。

(3)肺活量运动负荷试验:先测安静时的肺活量,然后进行定量负荷运动,运动后即刻测量肺活量,每 1 分钟测 1 次,共测 5 次,记录测量结果。评定方法同 5 次肺活量试验。

(4)时间肺活量:时间肺活量也称用力呼气量,是指一次深吸气后,快速用力将气体呼入肺量计内,记录其呼气曲线并计算出呼气总量以及时间肺活量。正常第 1 秒时间肺活量低于 **70%**,老年人低于 **80%**,表示有气道阻塞。

(5)最大通气量:是指单位时间内所能呼吸的最大气量,反映了通气功能的潜力。测定时让受试者快速深呼吸 15s,测定其通气量,乘上 4 为每分钟的最大通气量。正常值男性为 104L,女性为 82L。

(6)闭气试验:闭气试验是让受试者安静、处于坐位,分别测量深吸气后的闭气时间和深呼气后的闭气时间,记录结果。正常时,吸气后的闭气时间,男性为 40s 左右,女性为 25s 左右;呼气后的闭气时间,男性为 30s 左右,女性为 20s 左右。

(7)呼吸气体测定:使用呼吸气体分析仪,测定通气量、吸氧量、二氧化碳排出量等各项气体代谢指标。

4)神经系统的检查

(1)植物性神经系统的功能检查

① 卧倒-直立试验:让受试者卧床休息 3min 后,测 1min 的心率,然后站立,再

测 1min 的心率，比较前后两次的心率。正常时心率数每分钟增加 12~18 次，若超过正常值，表示交感神经兴奋性增强；若增加次数在 6 次以下，表示交感神经兴奋性减弱。

② 直立-卧倒试验：测受试者安静时 1min 的心率，然后让受试者缓慢躺下，15s 后再测 1min 的心率，比较前后两次的心率。正常时心率数每分钟减少 6~10 次；若超过正常值，表示迷走神经兴奋性增强。

(2) 视、听、位、味觉及体表感觉神经功能检查

① 视神经检查：视神经检查包括视力检查（远视力和近视力检查）、视野检查、眼底检查等。

② 听觉神经检查：听觉神经检查包括一般听觉神经检查、空气传导检查、骨传导检查等。

③ 位神经检查：位神经检查可采用"双指（臂）试验""指鼻试验""转椅试验"等。

④ 味觉神经检查：味觉神经检查包括对酸、甜、苦、咸等味觉的检查。

⑤ 体表感觉神经检查：检查皮肤感觉，检查包括对皮肤的痛觉、触觉、温度觉等浅感觉的检查。

(3) 反射功能检查

① 浅层反射：浅层反射是刺激皮肤或黏膜而引起的反射，常用的检查内容包括角膜反射、腹壁反射、足趾反射等。

② 深层反射：常用的深层反射检查内容包括二头肌腱反射、三头肌腱反射、桡骨骨膜反射、膝腱反射、跟腱反射等。

(4) 神经肌肉功能检查

神经肌肉功能检查在康复医学中有重要的意义，包括坐位平衡、移动平衡、站立平衡、日常生活技巧、步行检查等。

除了上述四大系统的检查之外，一般还应进行肝肾功能和代谢功能的检查。

3. 运动试验

运动试验是评定心脏功能、制定运动处方的主要方法和重要依据。运动试验方法的选择应根据检查的目的和被检查者的具体情况而定。目前，最常用的运动试验是用逐级递增的运动负荷的方法测定，测定时采用活动平板（跑台）和功率自

行车。递增负荷运动试验(graded exercise testing,GXT),是指在试验的过程中,逐渐增加负荷强度,同时测定某些生理指标,直到受试者达到一定运动强度的一种运动耐量试验。

1) 运动试验的应用范围

(1) 为制定运动处方提供依据。

(2) 冠心病的早期诊断。

(3) 评定冠心病的严重程度及心瓣膜疾病的功能。

(4) 评定心脏的功能状况。

(5) 评定体力活动能力。

(6) 发现运动诱发的潜在心律失常。

(7) 评定治疗效果,可用来作为康复治疗效果的评定指标。

(8) 运动试验可用在观察运动员的科研中,也应用于筛选特殊职业的人员等。

2) 运动试验的方法

运动试验常用的方法有活动平板(跑台)和功率自行车运动试验。

(1) 活动平板运动试验

活动平板是一种改变坡度和速度的步行器。最常用的活动平板运动试验方案为:让受试者在活动平板上行走,每 3min 增加一级负荷(包括速度和坡度),共分 7 级,运动中不休息,运动中连续用心电图监护。活动平板运动试验的优点是:运动方式自然,较接近日常活动的生理特点;为全身运动,容易测得最大运动强度;诊断的敏感性和特异性较高;运动强度固定,可直接测得 MET 值;可供儿童测试;在试验中连续用心电图监测,提高了试验的安全性。活动平板运动试验的主要缺点有:噪声大,成本高,占地面积较大,运动强度较大时不易测定生理指标,在运动中要特别加强保护。

(2) 功率自行车运动试验

功率自行车运动试验原理和做法与活动平板运动试验基本相同,只是活动平板换成了功率自行车。其具体方法是让受试者连续蹬功率自行车,逐步增加蹬车的阻力而增加运动负荷,共有 7 级运动负荷,每级运动 3min,在测定的过程中,连续用心电图监测,并定时测量血压。功率自行车运动试验的优点:噪声小,价格较低,占地面积较小;运动时上身相对固定,测量心电图、血压等生理指标较容易;受试者的心理负担较小；运动较安全，适合年龄大、体力较弱的受试者的使用等。功率自行车的主要缺点有：对体力较好的人（如经过系统训练的运动员），常达不到最大的心脏负荷；对体力较差，尤其是两侧下肢肌肉力量不足者，常不能达到运动试验的目的；由于局部疲劳，测得的结果低于活动平板运动试验等。

3）运动试验的禁忌证

运动试验有一定的风险，所以下列人士不宜进行运动试验：

（1）严重的心脏病（如心力衰竭、严重心律失常、不稳定的心绞痛和心肌梗死、急性心肌炎、严重的心瓣膜病等）。

（2）严重的高血压。

（3）严重的呼吸系统、肝、肾疾病、贫血及内分泌疾病等（如严重的糖尿病、甲亢等）。

（4）急性炎症、传染病等。

（5）下肢功能障碍、骨关节病等。

（6）精神疾病发作期间。

4）运动试验的中止指标

在运动试验中出现以下症状时，应立即中止运动：

（1）运动负荷增加，而收缩压降低。

（2）运动负荷增加，而心率不增加或下降。

（3）出现胸痛、心绞痛等。

（4）出现严重的运动诱发的心律失常。

（5）出现头晕、面色苍白、出冷汗、呼吸急促、下肢无力、动作不协调等。

（6）被试验者要求停止运动。

5）运动试验的注意事项

（1）空腹、饱餐后不可以即刻进行运动试验。

（2）吸烟、饮酒后2h内不可进行运动试验。

（3）试验前应停止使用影响试验结果的药物。如因病情需要不能停药的，在分析试验结果时应充分考虑药物的影响因素。

（4）运动试验前一天内不进行剧烈的运动。

（5）运动试验前休息30min。

4. 体力测验

体力测验必须是运动负荷运动试验无异常的人才能进行。体力测验包括运动能力(肌力、柔韧性等,详见本节第二部分)测验和全身耐力测验。全身耐力测验的运动方式是采用有氧运动,包括走、跑、游泳三种方式。目前,较多采用的有固定运动时间的耐力跑。

标准运动处方实例

某女大学生运动减肥处方

姓名:A

性别:女

年龄:20岁

职业:学生

体育爱好:羽毛球

健康检查:良好,身高1.55m,体重60kg,体脂中度超重

病史:无

运动负荷测定:台阶试验,安静脉搏79次/分,血压75/115mmHg,肺活量2800mL

体能测定:力量——仰卧起坐25个/分,耐力——800m跑4分5秒

体质评定:健康状况,良;体重过重,心肺功能稍差

运动目的:减肥和健身

运动项目:羽毛球、健身跑、健美操、篮球等

运动强度:由小逐渐加大,心率在靶心率范围,140~170次/分

运动时间:12周(减少体重3~5kg),每次30~60min

运动频率:4~5次/周

注意事项:适当控制饮食,减少淀粉类主食、糖类、脂肪的摄入,可多吃绿叶蔬菜,适当食用低糖类水果;出现一般性劳累和肌肉酸痛应坚持运动,生病尤其是发热则需停止运动

自我监督:心率

处方者:　年　月　日

昼夜作息中的运动时间选择

一般来说,除了吃饭前后这段时间和临睡之前以外,其他任何时间都可以进行体育锻炼。但是,考虑到健身锻炼的最佳效果和健身运动对身体的影响,选择一天中最佳的锻炼时间,也是很有必要的。

在锻炼、健身方面,许多人习惯在早晨进行运动。早晨,人们刚刚静卧了一夜,特别是老年人,天尚未亮就睡醒了,清晨早起到户外去呼吸新鲜空气,根据自己的爱好,进行适度的运动,这对舒展筋骨,促进血液循环,对阳气升发,郁滞宣行,增进食欲,改善机体对氧气利用的功能,都会大有裨益。所以很多人都认为早晨是锻炼的最佳时机。但近年来,针对这个观点有不同的看法,并告诫尤其是老年人要慎重对待晨练。有研究显示,在傍晚锻炼身体最为有益。主要原因是危及人群尤其是老年人健康和生命的心血管系统等主要疾病——心肌梗死和心脏猝死等大多发生在上午。上午6~9时这段时间,人体血小板聚集率高,容易形成血栓;清晨体内去甲肾上腺素浓度增大,易引起冠状动脉收缩,甚至痉挛。晨练,尤其是大运动量、高负荷运动,使心肌耗氧增加,心率加快,易造成冠状动脉痉挛或形成血栓。而傍晚,人的感觉最为灵敏,协调能力也最强,体力的发挥和身体的适应能力达到最佳状态,这个时间段血压和心率既低又平稳,血小板不易聚集,血管紧张性降低。因此,下午特别是黄昏时分锻炼身体最为有益。

我们的建议是:如有条件,不妨既坚持晨练又坚持黄昏练,这样效果往往更好,但是要注意晨昏有别,选择不同的运动内容。

早晨,人刚从睡眠中醒来,整个大脑还处于"抑制"的笼罩之下,身体各器官的活力还处于最低点。人的身体需要一个唤醒过程,所以早上运动要循序渐进。晨练的项目以徒手操、太极拳最好,跑步次之。冬季可以先慢跑10min,然后做徒手操。做早操,能使大脑神经细胞很快进入兴奋状态,身体各部分的机能也能很快提高,有助于振作精神,为新的一天做好准备。打太极拳,可以使中枢神经系统的兴奋和抑制得到很好的调整,促进身体的新陈代谢,安定情绪,提高工作和学习效率。长跑能增强全身的肌肉力量,使心脏的工作能力强而持久,平时精力充沛,工作效率高。

相对于早晨的运动内容,晚上锻炼的选择就可以更多,在这个时间段,可以选择几乎所有的运动项目和方式。傍晚可进行较剧烈的运动或安排比赛。较剧烈的体育锻炼可使血液循环加快,消除一天工作和学习的紧张。另外游泳、健美操、网球、羽毛球、田径、篮球、排球和足球等项目都行。运动最好在睡前一个小时结束,然后用温水洗脸、洗澡,冬天用热水烫脚,有助于消除运动疲劳,还有安神催眠作用。如果锻炼安排在晚饭后 20min 或临睡前 10min,应该选择轻柔缓和的健身运动,如散步、瑜伽、太极拳等,避免剧烈活动。同时,锻炼的时间不能过长、过晚,以免影响睡眠和第二天的工作。

选择适合自己的运动项目

运动项目的选择和确定应从各人的年龄、性别、健康状况、体质状况、兴趣爱好等情况出发。对于少年儿童来说,应根据运动素质发展的"敏感期"实施锻炼。各项身体素质的"敏感期"的规律大致如下:速度素质,女 14～15 岁,男 16～17 岁;耐力素质,一般在 10 岁、13 岁和 16 岁;力量素质,一般在 13～17 岁;协调性、灵敏性、柔韧性,8～12 岁;模仿能力,9～12 岁;平衡能力,6～8 岁;爆发力,12～13 岁;背肌、腿肌的力量猛增期,女 9～10 岁,男 9～12 岁和男 14～17 岁;强度适中的工作耐力,男 8～10 岁,女 7～9 岁。对于健康型青年和成年人,他们的体力、精力是人生全过程中最充沛的阶段,最好选择球类、健美、武术、游泳以及《国家体育锻炼标准》中规定的项目等。对于健康型的中老年人,应强调改善心血管功能,坚持有氧代谢的体育锻炼,最好选择慢跑、定量步行、骑自行车、网球、爬山、韵律操、健美操、太极拳、交谊舞等。

对有些人来说,锻炼也是有一定目的倾向性的。年轻女孩子和中年发福的男人青睐减肥运动,电脑、手机一族和都市白领希望运动改善视力,而老年人需要延缓衰老和健脑防病。下面是一些小建议,可供大家参考。

健脑运动:一般来说,有氧运动都能健脑护心,但健脑作用最明显的运动是以弹跳运动为主的运动项目,比如跳绳、踢毽子、羽毛球扣杀训练等。这些运动能极大增加脑的供氧量,起到健脑效果。

明目运动:明目效果最好的运动是需要手眼配合的运动项目。比如打乒乓球时,双眼以球为目标,不停地上下调节运动,可以改善睫状肌的紧张状态,使其放松和收缩;眼外肌也可以不断活动,促进眼球组织的血液循环,提高眼睛视敏度,消除眼睛疲劳，从而起到改善视力的作用。乒乓球在我国普及程度很高，是我国的"国球"。打乒乓球不但能够锻炼身体，而且可以治疗眼睛疲劳。另外，看别人打乒乓球还能对都市白领多发的颈椎病起到预防和康复作用。

抗衰老运动：人体衰老的原因很多，相关研究表明，一种叫做氧自由基的有害物质在体内的积累起了重要作用。抗衰老的健身方法首推跑步。有客观数据证明，只要持之以恒坚持健身跑，就可以调动体内超氧化物歧化酶的生物活性，从而收到抗衰老、养颜美容的作用。

减肥运动：凡是有氧运动都有一定的减肥作用，但手脚并用的运动效果更佳。游泳、滑雪、拳击、举重、爬山、各种搏击训练都是减肥的好运动。当然，还要配合饮食控制。

降压运动：低强度长时间的运动对血管的顺应性锻炼效果最好，血管弹性增强了，机体器官供氧、供血就不需要太多压力即可完成，也就达到了降压的目的。此类运动方式主要有散步、骑自行车、低强度游泳等。

制定适合自己的运动时间

关于运动的最佳时间，如前所述，多数人喜欢在早晨锻炼，古代也早有"闻鸡起舞"的古训，而事实上，对于一些高血脂、脑血栓、心脏病等心脑血管疾病的患者来说，清晨 4 点到上午 10 点被称为黑色时间段，因为在这一时间段内，由于身体代谢，体内水分较少，血液黏稠，非常容易诱发时段性高血压、高血脂和高血栓，运动性心梗、脑梗也是时有发生。都市的早晨，是雾霾最重的时间段，这时候进行户外活动，空气污染造成的损伤最大。现代医学普遍认为最佳运动时间应当是下午到傍晚这段时间，也就是下午 3 点以后到晚上 9 点的这段时间。这个时间段血黏度最低，气管舒张到最大值，神经内分泌功能已经适应了正常的活动，机体从心血管系统、呼吸系统到运动系统、消化系统都处于巅峰状态，不仅运动风险小，而且运动效果最好。但同时，这个时间段也是工作生活的重要时间。对许多都市上班族来说，下午和傍晚是工作和加班的黄金时间，7 点左右正是晚饭时间，饭前饭后一小时不宜运动；如果晚餐有应酬，9 点钟差不多刚刚结束。这样，要么牺牲睡眠晚睡，要么饭后立即运动，要么放弃运动。无论何种处理，均对健康不利。因此，我们认为，运动不必拘泥于最佳时间，由于每一个人的实际情况千差万别，所以选择最佳运动时间段应根据自己的年龄、性别、职业特点、体力状况、健康水平、体育基础等不同情况来决定。无论什么时候运动,只要对身体利大于弊,都是可以接受的。

青少年早晨背单词、背定义,白天上课功课繁重,晚上要自修复习,必须坚持劳逸结合,所以运动最适合安排在课间休息,完全不必集中在一两个时间段。青壮年正是事业的上升期和身体素质的巅峰期,但白天和傍晚可利用的时间比较少,也不易坚持,所以还是晨起运动最适合。老年人身体素质已经下降,工作负担减轻甚至完全赋闲在家,大多习惯了早睡早起,所以建议分两个时间段进行运动:晨起轻微运动,比如散步、太极拳,但不可时间过长;傍晚前后可以从事一些力所能及的有氧运动,安全性高。

对已经患有心脏疾病的人来说,晨起锻炼应该避免,但可在室内对身体进行舒展。待到下午再进行运动。

对于呼吸道疾病的患者来说,在下午呼吸道最舒畅的时候运动最轻松。

对风湿性关节炎的患者,最好在黄昏前后、关节最灵活的时候运动。每个人的关节在早晨起床时都是最僵硬的时候,但风湿性关节炎的病人尤为严重且痛苦,故而应选择在黄昏前后运动。

糖尿病患者运动的最佳时间也有很大的讲究。运动是糖尿病治疗的辅助方式之一,而糖尿病患者最好是在饭后 40min 以后进行运动,这是餐后血糖的高峰期,运动消耗血糖,既起到了健身治疗作用,又避免了运动引起低血糖的风险。

确定运动强度至关重要

从增加肌肉力量这一角度来说,在保证肌肉不拉伤的情况下,运动强度越大,效果越好。但从全身各器官系统的发育来讲,运动要适可而止。在运动处方一节里,我们详细介绍了运动强度的计算方法,但毕竟专业性太强,难以掌握和实施。在实际运动健身过程中,我们可以大致估算自己的运动强度是否足够:在有氧运动中,如果我们觉得心跳加速,但不觉得心慌;如果自己觉得呼吸加快,但不影响我们聊天;运动之后有点疲劳,但不会觉得痛苦,反而觉得全身畅快。这样的运动强度就是最适合自己的有氧运动强度。在无氧运动中,肌肉的疲劳能够在运动间歇迅速缓解,第二天肌肉不会觉得酸疼难过,就是合适的运动强度。

选择适合自己的运动环境

运动环境有狭义和广义之分。狭义上的运动环境就是指个体在进行运动时所处地点的照明、噪声、人群、空气、生物、物品等对运动者产生一定影响的因素的总和,其中空气因素包括温度、湿度、流通流速、污染程度。而广义上的运动环境还包括社会舆论、运动伙伴、运动服装、运动场所、附属设施、便利条件、运动器材等。运动环境的选择,有些是绝对的,有些是相对的。绝对因素基本都是安全性因素,比如空气污染程度,当然是越低越好。再比如生物环境,当然是有害生物越少越好。相对因素是指针对不同人群环境选择不同人群,性格安静的人、老年人就适合在僻静、人群少的环境里运动;性格好动的年轻人就适合在人群多、热闹的环境里运动。对环境的个性化选择,其实就是对相对因素的选择。可以从以下几个方面考虑你的运动环境。

(1) 环境温度:最适合有氧运动的环境温度是 17～20℃,安静状态下感觉微凉。在这个温度下运动,机体产生的多余热量正好和散热达到平衡,不会要求机体动员额外的能量来维持体温。如果环境温度过高,机体需要用大量出汗蒸发的方式来散热,还容易中暑;如果环境温度过低,那么机体又需要动员全身系统增加产热、减少散热,对运动的进行也有不利影响。如果你体格偏瘦,不易出汗,但又喜欢运动中大量出汗的畅快淋漓的感觉,那么环境温度不妨选择高一点的地方,但要注意运动过程中的水分补充。如果你身形偏胖,容易出汗,不妨选择温度低些的环境,让你在尽情运动的同时不必担心全身黏糊糊的情况,但要重视运动后的保暖,以免运动出汗后受凉生病。

(2) 空气湿度:在温度适合的情况下,最佳的空气湿度是 40%～60%;温度过高或过低,最佳湿度相应降低。湿润的空气利于润肺和保护皮肤,但不利于汗水的蒸发;干燥的空气对皮肤是一个伤害,但有利于散热。从事太极拳等相对舒缓的伸展运动的老年人,适合在湿度较大的环境里进行运动,既舒适又保健;从事对抗性、大强度有氧运动的年轻人,可以选择湿度较低的运动环境,有利于保持较好的运动状态而不会对湿漉漉的身体觉得难受。

(3) 人群和伙伴:自律性强的人适合在安静、人少的环境里进行运动计划性强的运动,最大限度排除他人的干扰和影响。自律性差、随意性大的人,适合在参与运动的人较多的环境进行运动,而且最好有自己的一群运动伙伴。在环境氛围的影响下,在同伴的鼓励监督下,容易坚持运动,达到健身目的。

(4) 运动服装:运动服装的选择除了和个人喜好有关外,还有一些建议需要关注一下。对抗性、大强度的有氧运动要关注服装的吸湿性、合体性;舒展性运动、低强度运动要更重视服装的舒适性、宽松性;竞技性运动、特殊运动要更重视服装的专业性和防护性。总之,根据自己所从事的运动来选择合适的服装。

(5) 室内室外:室内运动环境因素可控,但空间有限,难得新鲜空气。室外运动可以有充足的阳光、新鲜空气,空间开阔、亲近自然,但受气候影响大。我们建议气候条件好的时候尽量在室外运动,城市里或者空气污染较重的地方,避开早晨和黄昏的时间段,因为空气污染每天有两个高峰期,一个为日出前,一个为傍晚。特别是冬季,早晨和傍晚在冷高压的影响下往往会有气温逆增现象,即上层气温高,而地表气温低,大气对流近乎停止,地面上的有害污染物不能向大气上层扩散,停留在下层呼吸带。在工业集中或高楼林立的居民区及汽车飞驰而过的道路两旁,这种现象尤为典型。这时,有害气体要高出正常情况下的2~3倍。现在的天气预报里面基本都包含了空气污染指数,不妨每日运动前予以关注,按照污染指数和晨练指数来决定在室内还是室外锻炼。

如果天气不好(雨雪、雷电、风沙)、过冷或过热(低于0℃或高于35℃),最好在室内进行运动,避免极端天气给身体造成的影响。当然,如果你已经习惯了当地的常见气候,只要能够保证运动安全,完全可以在不良天气进行室外活动。极限天气下的室外运动能够锻炼人的意志,增强抵御环境的能力,对机体个别功能和系统的锻炼效果是其他锻炼方式所达不到的。但极端天气运动更要做好运动防护、防滑、防摔、防病、防中暑或冻伤。慢性病患者、老年人要避免极端天气运动,防止诱发疾病或使病情加重。

(6) 环境附属设施:离家近的运动场地可以要求低一些,不论是补充水分还是运动后的洗浴都可以随时回家。安全性高、强度不大的运动也可以对环境附属设施要求低一些,无需特别关注。如果你所从事的运动是有一定风险、强度较大的,而且运动地点离家都有一定距离,那么对环境附属设施的要求就要高些,尽量选择有洗浴条件、交通方便、商业健全的环境进行运动。

特殊环境气候中的运动防护措施

选择一个适合自己的运动环境固然重要,但并非所有的时间、所有的人都能够找到适合自己的运动环境。更多时候,我们需要去适应环境。这就对我们的运动防护提出了要求。在特殊的气候环境中,我们必须对运动防护措施给予充分的重视,以保证我们的人身安全和运动的正常进行。

1. 不同季节的运动防护

(1) 春季

春季气温回升,人们的运动量增多,因而是骨关节运动伤较为高发的季节。骨和骨的连接处称为关节,在人体中作用重大。一旦发生病变,轻则疼痛难忍、行为受限,重则导致肢体功能丧失、终生需要别人照料。"平时防护胜过病后求医。"春天的室外运动应尽量在阳光下进行,运动前一定要进行针对关节活动度的准备活动。春季运动要避免不适当和过度运动,如深蹲、长时间站立及长距离行走,这些运动都是增加关节承受力及加速关节退变的重要原因。其次,春季容易形成雾霾和风沙天气,春天也是呼吸道传染病的高发季节,室外运动最好随身备有口罩。第三,民间谚语提示我们,"春捂秋冻",春季运动的保暖措施很重要,也容易被忽视。运动前后应适时增减衣物。最后,春暖花开,春天是花粉过敏的高发季节。对于有过敏史或者哮喘病史的人群来说,运动时身边常备抗过敏喷剂或口服药是很有必要的。

(2) 夏季

夏天气温高,运动的主要注意事项就是防暑降温。夏季运动容易大量出汗,普通健身者在30℃的温度下进行1h较大量的运动,汗液排放量便可达到3L以上,体内盐分的丢失也很可观。如果在运动后只喝大量白开水,经胃肠吸收后很快又经出汗排出体外,血液中的盐分就越来越少,血液总量也会随之显著减少,人就会感觉头晕、眼花、呕吐、乏力,甚至出现肌肉抽搐或肌肉痉挛性疼痛等,这就是通常说的"水中毒"。所以,夏季运动补水的方式很重要:补水一定要及时,少量多次。不要只在口渴时才想到饮水。如果你口渴了,说明你体内已经缺水,你的运动能力已经受到影响。夏季运动喝的水最好是淡盐水,还要添些糖。不习惯含盐饮水的人,也可以在运动间歇、喝水之后吃点含盐小食品。如果可能,喝运动饮料是个不错的选择。夏季运动不要吃冷饮。冷饮温度低,影响胃肠蠕动。另一方面,冷饮里含有大量奶油,这是脂肪类物质,对胃肠道的功能是一个考验。运动时机体几乎所有的能量供给了运动系统和心血管系统,此时增加胃肠道的负担,机体难以两线作战,必定顾此失彼。

夏季运动要合理控制运动量。夏天日长夜短,气温高,人体新陈代谢旺盛,消耗也大,单位时间的标准运动消耗的能量比平时高得多,所以应当缩短运动时间或者降低运动强度。运动后也不要立刻对着空调吹冷风,避免感冒。夏天切忌空腹运动。人在空腹状态下血糖较低,而调节体温的散热功能需要血糖的参与,所以空腹运动更容易引起中暑。建议在运动前,适当补充少量容易消化的点心。湿透的衣服不仅穿着不舒服,而且导热降温的功能也显著降低甚至丧失。因此,及时更换湿透的运动服装是必须的。如果没有条件随时更换,那么吸湿性能最佳的棉质运动服装反而变得不利于运动。这种情况下,我们建议运动时穿着具有排汗功能的快干服装,它的排汗面料能够成倍增加汗水蒸发面积,从而达到快干效果。夏季阳光强烈,容易晒伤。如何防止晒伤,后面我们会专门提到,这里不做进一步说明。

(3) 秋季

秋高气爽,降温少雨,正是合适户外运动的好时节,但也有一些防护措施需要做到,避免出现意外情况影响健康和心情。

秋天正午阳光热烈,仍需要注意中暑的可能性;但早晚已经显著变冷,所以晨起和晚上运动要注意保暖。虽然说"春捂秋冻",但秋冻也要有个限度,不能让身体从夏天的酷热里一下子降低到瑟瑟发抖的程度。秋天运动,随身备一件保暖外衣是明智的。早晚运动时穿上外衣,运动进行 15min 左右,机体开始发热了,再脱掉。锻炼以后,即使身上还有汗,也应立即穿上外衣,不可贪凉穿着湿衣服在冷风中逗留,以免着凉。秋天的早晨气温较低,人的肌肉和韧带在气温较低的状况下会反射性地引起血管收缩,黏滞性增加,舒展度下降,关节的活动幅度减小,神经系统对肌肉的指挥能力下降,协调性也就相应降低。所以,秋天晨起运动前应做好准备活动,减少关节韧带拉伤、肌肉拉伤等情况的发生。秋天是锻炼的好时节,但此时机体正处于收敛阶段,为即将到来的严冬而做准备。此时的过度运动会消耗过多阳气,导致冬天的体弱多病。中国人"抓秋膘"的传统,还是有一定客观依据的。秋天气候干燥,是肝火偏旺、肝气偏衰的时节,易引起咽喉干燥、口舌少津、嘴唇干裂、鼻出血、便秘等上火表现。所以,秋天运动后应多吃些滋阴、润肺、补液生津的食物,如梨、芝麻、蜂蜜、银耳等。秋天的运动补水和夏天补水原则一样,不可忽视。

(4) 冬季

冬天气温低,再加上运动后身体发热,很多人喜欢在运动中一层层脱掉衣服,冬季的运动者比一般的人冻伤几率更大。所以,冬季运动防护措施主要是保暖。运动中身体发热,主要是中心部位也就是躯干和肢体近端温度升高,肢体末端比如手脚、耳郭等部位的温度升高有限,所以保暖措施主要是针对这些部位进行。运动中要选择厚袜(必要时可穿两双),考虑戴手套运动;如果嫌围巾或者帽子太热影响头部出汗,也可以选择耳包这类专门为耳朵保暖的产品。冬季户外运动的服装最好分三层:内衣排汗、中间层保暖、外层防雨。一般性的室内外运动锻炼,外层可省略;运动进入持续阶段,机体开始大量发热,中层可以适当减薄。冬季气候干燥、风沙大,室内外活动时护肤措施都必不可少。冬季天冷、气候干燥,运动时的出汗大多数是隐性出汗,也就是出汗的速度低于汗液蒸发的速度,身体一直保持干燥爽利,这种情况下容易忽视补水的问题。冬季运动的补水虽然不像其他季节那么大量,但随时补充水分还是有必要的。这里要特别提醒,运动前不宜喝热咖啡,因为其中含有咖啡因,反而容易造成人体失水,是锻炼前最忌讳的饮料。冬季关节僵硬,运动前准备活动尤其需要引起重视。冬季运动的准备活动不仅仅是为了舒活关节,更重要的是让身体有个预热的过程,为增减衣服提供客观依据。

2. 特殊气候条件下的运动防护

1) 雾霾

近年来全国大部分城市,尤其是在春冬季节,出现大面积的雾霾天气。虽然有关部门在积极采取措施应对,但是作为运动健身的参与者,我们应该对雾霾有充分的认识,做好自我防护。首先,雾霾天气尽量在室内运动。如果一定要进行户外运动,则需要戴专业口罩,比如比较流行的"N95""KN90"型口罩。由于雾霾对身体裸露部位的皮肤也有危害,所以夏季运动后要洗澡,以免有害物质停留在体表,造成危害。如果是春冬季节,可以适当采取保护措施,穿长袖衣物,勤洗手洗脸。雾霾天的饮食宜选择清淡易消化且富含维生素的食物,多饮水,多吃新鲜蔬菜和水果,这样不仅可补充各种维生素和无机盐,还能起到润肺除燥、祛痰止咳、健脾补肾的作用。雾霾天对呼吸道的刺激作用较大,所以更该少吃刺激性食物,多吃些梨、枇杷、橙子、橘子等清肺化痰食品。在咽喉不适时，可以含一些具有生津润喉作用的含片，保护咽喉。

2）阳光

阳光是造成肌肤老化与形成皮肤表面斑点的主要因素。哪怕是春天，如果任由阳光曝晒 10min，皮肤就会早衰十天。只有做好防晒，有效预防黑色素的产生，晒不黑、晒不伤，才能时刻保持青春润泽。夏季阳光强烈，户外运动应该注意防晒，不过防晒并不仅限于夏天。秋天的阳光一样强烈，这在我们的常识里是有概念的；但冬天也需要防晒，知道的人恐怕就少得多。造成晒伤的是阳光中的重要内容——紫外线。紫外线能够破坏生物体的 DNA，也有一定的穿透能力，所以可以用来杀菌，当然同样也能对人体皮肤和组织产生损害。日照强烈的地区罹患皮肤癌比例高于沿海平原地区，这就与紫外线强度有密切关系。很多人认为阳光不热就不会晒伤，这是极其错误的。阳光中产生热的部分是红外线，冬季阳光少，红外线也少，所以不会觉得热；但冬季空气干燥，紫外线能直达地球表面，总体强度并不比夏季少很多。再加上前面提到过的错误认识，导致冬季紫外线的伤害事件层出不穷。有些地区冬季下雪，由于雪的反光，更增加了紫外线的伤害作用。真正要做到防晒、防晒伤，最实际的做法是外出运动时尽可能戴帽、戴墨镜、穿长衣长裤。维生素 A、C、E 有非常好的抗氧化功效，建议阳光曝晒下的户外运动，尤其是游泳活动前后，不妨多补充点维生素 A、C、E，对防止黑斑的形成有很好的功效。

防晒可以选择防晒护肤品。防晒品主要分清爽、抗水、抗汗等类型，日常使用可选清爽型，户外运动建议选抗汗型，水上运动（或剧烈运动）则最好选防水型。油性肌肤应选择渗透力较强的水性防晒用品；干性肌肤应选择霜状的防晒用品；中性皮肤一般无严格规定，乳液状的防晒霜则适合各种皮肤使用。防晒用品都会标注 SPF 值。一般来说，SPF 指数越高，所给予的保护越大。室内阳光非直射区域，以 SPF 8~12 为宜；室外阴凉处，建议选用 SPF 20~30 的防晒用品；阳光直射、室外游泳就需要 SPF 40~50 的防晒用品。作为化妆品的一种，防晒用品也存在过敏的可能性，最好的办法是在购买之前，先在自己的手腕内侧试用一下。10min 内如果出现皮肤红、肿、痛、痒现象，则说明自己对这种产品有过敏反应，可以试用比此防晒指数低一个倍数的产品或换一个品牌。选择防晒品只是防晒工作的第一步，如何使用以及注意事项才是重点：

(1) 防晒品的正确使用方法是在出门前半小时至 1 小时先行涂抹。

(2) 涂防晒品时,千万不要忽略了脖子、下巴、耳朵这些地方,以免造成肤色不均,变成大花脸。

(3) 防晒化妆品的功效一定不如防晒服装,所以长袖衣服、太阳眼镜、帽子是主要措施,防晒化妆品作为辅助,不可主次不分。

(4) 即使做好了防晒措施,但如果阳光很厉害,夜里最好还应使用晒后护理品。

(5) 汗水或洗浴会把防晒品冲掉,即使是防水型也不会完全防水,只是相对抗水,所以应该每隔几个小时再涂一遍防晒化妆品。

3) 高原

随着人们生活水平的提高和对生活质量的追求,去高原地区旅行的人越来越多,在高原地区长短期出差的人也越来越多。无论是旅行还是出差,对坚持运动的人来说完全停止运动健身是一件令人沮丧的事情。目前,对于高原地区运动的系统研究资料很少,我们只能从零星的资料和在高原生活过的人的经验介绍,来简要提醒一下有计划去高原地区的人们高原运动的注意事项。

(1) 初上高原不可立即运动。刚刚从低海拔地区到达高海拔地区的人们,身体各部分机能还来不及适应高原的低气压、低含氧量的空气变化,盲目运动极易导致高原反应的发生。尤其是平时身体素质较好的人,更应该予以重视。高原反应的一个特点就是,平时身体素质越好的人,高原反应越易发,症状也越重。对于高原适应力强的人,一般高原反应症状在 1～2 天内可以消除,适应力弱的需 3～4 天。

(2) 严格注意保暖,严防感冒。高原缺氧地区的感冒不同于平原低海拔地区,高原地区的感冒很容易发展为肺水肿,导致严重后果。

(3) 可服用一些缓解高原反应的药品,如高原红景天(至少提前 10 天服用)、西洋参含片、诺迪康胶囊(对缓解极度疲劳很有用)、百服宁(控制高原反应引起的头痛)等,但作用不会特别明显,保持良好的心态有时效果更好。静息状态下,最好不要常规吸氧。高原上吸氧很容易形成依赖性,最好能够自己慢慢适应这种低氧、低压的环境。

(4) 初步适应了高原以后(一般 1 周左右),可以恢复以前已经习惯的运动,但必须循序渐进，而且要从轻微的运动量开始。比如强度降低为原来的 20%～30%，持续时间从 10min 开始。如果没有任何不适的感觉（包括劳累），每周增加上一周运动量的 20%～30%。出现任何不适，立即停止。运动时身边必须有便利的吸氧条件，最好周边有具备高压氧舱设备的医院。从身体上基本适应高原气候条件一般需要半年到一年的时间，包括血液中运输氧气的血红蛋白含量增加、机体利用氧气的能力增强。经过了这段时间以后，一般都恢复未到高原以前的运动量的 60% 了，我们认为维持这个运动强度即可，不建议完全恢复到上高原以前的运动量。高原缺氧环境对身体本身就是一个锻炼，运动量少些也可以起到健身作用。

（5）运动后，无论食欲如何，不可暴饮暴食，以免加重消化器官负担。可以少量饮酒，有促进血液循环的作用。但绝对不能吸烟，吸烟会增加对肺脏和气管的刺激。饮食应多食蔬菜和水果等富有维生素的食品，适量饮水；少洗澡以避免受凉感冒和耗体力。

（6）高原地区大气层薄、污染少、紫外线格外强烈，户外运动更需做好防晒防护。

复合运动健身效果更佳

复合运动是相对于单一运动来说的。复合运动就是把有氧运动、力量练习、伸展运动（柔性体操）和休闲娱乐相融合的健身运动，是近年来提出的最健康、最有效的健身模式。由于国家对公共卫生学的投入加大，对运动健身重要性的宣传也逐渐地深入人心，健身运动在人群中越来越普及。但众多新加入到运动健身队伍中的人，往往选择的运动方式单一。在这里我们要提醒大家，采取复合运动方式来达到健身目的，健身效果会更好。

在运动科学领域，有氧运动是对全身各器官系统的促进作用最大的，也是健康减肥的根本途径，它是健身运动锻炼的主要手段和全面健身效果的最根本出发点。力量练习一般是无氧运动，专门针对某一块或某一群肌肉的力量、体积、速度进行锻炼，以提高肌肉活动的能力，它是有氧运动的一个基本前提。没有力量的肌肉是无法完成有效果的有氧运动的。伸展运动主要是对身体关节进行锻炼，既锻炼关节的柔韧性，也加强关节的牢固性。而关节的牢固性和灵活性是保证运动安全、减少运动损伤、完成运动动作的首要条件。休闲娱乐是运动的乐趣所在，没有乐趣的运动必定是枯燥无味的苦工。应该说，国内的运动训练和国际最先进的运动训练还有很大差距,这其中对激发人运动乐趣的重视程度占有很大比重。运动的娱乐性在很大程度上决定了运动能否得到坚持下去的结果。任何一种运动都要持之以恒、坚持不懈才能达到目的,让每天锻炼的一小时变成快乐的一小时,那么你每年就多了 365 个小时的快乐,反之则是 365 个小时的痛苦和无聊。

复合运动说起来似乎很复杂,但执行起来其实相当简单。就拿最常见的足球运动来说,只要稍加注意,就完全可以达到复合运动的目的。上场踢球之前先做好热身运动,压压腿、扭扭腰、活动活动脖颈,就是伸展运动的好方式;踢一会前锋快速冲刺突破,就是无氧运动,锻炼肌肉的爆发力;踢一会中场,来回站位,前突后撤,慢跑为主,就是良好的有氧运动,全身各器官系统都得到激发和锻炼。最后也是最关键的一条,对于喜欢足球的人来说,足球有着特殊的吸引力和感召力,甚至达到忘我的境地,这样的运动,根本不需要担心坚持运动的问题,甚至有时候需要克制住运动的冲动,以免影响正常的工作休息。再比如瑜伽,本身是良好的伸展运动,但如果配合音乐、适当穿插一定量的健美操,在练习前后加练若干仰卧起坐和俯卧撑的活动,同样可以达到复合运动的要求。

上述这两个例子只是简单的建议,也并非所有的人都适合足球或者瑜伽,但遵循复合运动的原则,基本上所有的运动形式都能找到相应的复合运动实施方法。

当然,复合运动也要符合运动处方,需要因人而异、个性化实施。老年人应以伸展运动为主,有氧运动次之,肌肉锻炼可以少些,但不能完全没有,同时兼顾乐趣;青少年活泼好动,正在生长发育中,所以首先要注意肌肉锻炼,然后才是有氧运动,伸展运动可以简化,但不可忽略不做;工作的上班一族,尤其是肥胖人士,理所当然要首推有氧运动,既消耗多余脂肪,又有效锻炼全身各器官系统,可有效防止亚健康问题,其他方面的运动,适当、适量即可。

交替运动效果好

和复合运动一样,交替运动也是运动中应当予以重视的基本原则之一。交替运动是全面发展、全面锻炼的基础,是丰富运动内容、加强运动效果的必要手段。交替运动的含义相当广泛,它基本包括了体脑交替、正反交替、冷热交替、上下交替、左右交替、走跑交替、胸腹呼吸交替等几个方面。

(1)体脑交替:即体力运动与脑力运动交替。确切说是在一个时间段进行跑步、打球、跳绳等体力运动,然后在下一个时间段进行读书、写作、下棋等脑力运动。这样做的好处是使身体和大脑轮流兴奋与休息,达到事半功倍的运动效果。据研究表明,成年人的脑力工作效率在工作开始 30min 左右达到高潮,此后随着时间的延长而逐渐降低。所以,在脑力工作 1～1.5h 的时候来点体力运动,不仅可以缓解大脑疲劳,提高工作效率,还能达到强身健体的效果,一举多得。

(2) 正反交替:在身体条件允许的情况下,运动者可以做一些"倒立运动",如倒立读书、倒立行走之类的"反运动",这样可弥补"正运动"的不足,改善脑供血。大家知道,人体血压是在神经系统调节下维持稳定的,但这个过程需要一定的时间。长时间卧床或蹲着的人突然起身可能会引起头部供血不全而晕倒,就是这个原因。偶尔的倒立,在短时间内使更多血液流向大脑,有助于改善脑的血流循环,疏通脑血管,增强记忆力,改善情绪。当然,这个动作对于高血压和脑血管病患者来说是不适合的。另外,正反交替还包括退步走、写反字等锻炼,这些都是一些有益的活动,可锻炼人的反应能力、协调能力,经常施行常常起到出乎意料的良好效果。

(3) 冷热交替:冬泳和夏泳、冷水澡和越野跑都是"冷热交替"的典型运动。人体在寒冷环境时皮肤血管收缩,骨骼肌和肝脏产热增加,脂肪合成作用大大超过脂肪分解作用;而在炎热环境下,皮肤血管扩张,汗腺大量分泌汗液,食欲减退,脂肪分解作用大大超过脂肪合成作用。冷热交替是人类祖先自然的生活环境,人类文明的进步增强了人类抵御恶劣环境气候的手段,但不可否认,同时降低了人类适应恶劣天气的能力。"冷热交替"运动可使机体的反应能力增强,帮助人适应季节和气温的剧烈变化,减少气候性疾病(如感冒)的发病率。同时,也会对人体的免疫系统和新陈代谢有显著的改善作用。

(4) 上下交替:慢跑让腿部肌肉得到了锻炼,但上肢却没有充分活动,因此,习惯于慢跑的人最好再参加一些频繁使用上肢的运动,如投掷、打球、玩哑铃、拉扩胸器等;划船运动主要是上肢运动的训练,但下肢的锻炼量和强度却不够,因此喜欢划船的人还应该做些跑、跳的运动。上下交替,使上下肢得到均衡的锻炼,有利于体型的健美和上下肢的协调。

(5) 左右交替:平时习惯用左手、左腿者,不妨多活动右手、右腿。相反,平时惯用右手、右腿者,不妨多活动左手、左腿。"左右交替"的好处不仅使左右肢体得以"全面发展",而且还使大脑左右两半球也得到良好的运用,开发并不常用的非优势半球的潜力。学过解剖学的人都知道,一个大拇指的触觉所占据的大脑皮层面积与整个一条腿在大脑皮层所占据的面积相当,这就说明人脑对于手的重视和"偏心"。所以,经常交替运动双手,就可以给脑细胞以很强烈的直接刺激,从而防止和延缓脑细胞的退化过程,使大脑功能经久不衰。

(6)走跑交替:走路和慢跑是有氧运动,快速冲刺是无氧运动,有氧、无氧运动的交替进行好处前文已经说得很多了,不必赘述。走路和跑步所锻炼的肌肉不同,前文也有提及。跑步有腾空的过程,对弹跳力有很好的锻炼;走路有脚趾抓地的动作,对平时少用的屈趾肌有不可替代的锻炼效果。走跑交替是人体移动方式的科学结合,也是简便易行的交替运动,若能经常进行,可增强体质,增加腰背及腿部的力量,对防止中老年"寒腿"、腰肌劳损、脊椎间盘突出症有良好的预防保健作用。

(7)胸、腹呼吸交替:一般人平时多采用轻松省力的胸式呼吸,腹式呼吸仅在剧烈运动和其他应激情况下采用。运动专家们一致认为,经常用胸、腹交替呼吸,有利于肺泡气体的交换,可以明显减少呼吸道疾病的发生,对老年慢性支气管炎、肺气肿病人尤为有益。

婴幼儿的科学运动

可爱的婴幼儿是父母的希望,所有父母都希望宝贝健康成长。在基本上除了吃就是睡的婴幼儿阶段,其实也需要运动。那么,运动对婴幼儿究竟有哪些影响呢?

(1)运动促进发育与健康

在第一周里我们了解到,运动系统由骨骼、关节、肌肉组成,而运动系统又是在神经系统的控制下进行活动。每一种身体动作都是在神经系统的支配下,多块肌肉、若干关节协同活动的结果。运动能力发展正常,从侧面表明大脑的发育是健康的,运动状况本就是神经系统发育是否正常的重要外部标志。而婴幼儿的运动本身,也会反馈性地影响神经系统的发育,增加大脑皮层细胞之间的突触联系,强化脊髓及脑干的低级反射中枢。生长发育的过程,就是一个破旧立新、身体不断重组的过程。运动对呼吸系统、循环系统、消化系统等重要人体系统的高要求,因运动而加速的新陈代谢,就成为婴幼儿成长发育中促进这些系统器官功能进步的重要因素。同时,运动使孩子获得活动身体的满足,使孩子精力充沛,情绪愉快,有效维护了心理健康,而良好的心理健康又反过来有助于身体健康。

还有重要的一点需要强调:孩子经常运动,大脑运动中枢对身体运动信息的加工迅速,反应敏捷、协调,具有躲闪的能力与速度,这类孩子往往比笨手笨脚的孩子更能预测、避免、躲闪危险情境,更有助于保护自身的健康和安全。

(2) 运动有助于开发智慧潜能

人类学家有一个普遍共识:智慧起源于运动。手不仅是运动的器官,也是认识的器官,"心灵"和"手巧"其实是互为因果、互相促进的。在得到手的帮助下,婴幼儿智慧潜能的开发会更加充分。孩子在活动中学习手眼协调和手的精细运动,常常会促进孩子的观察和发现,产生联想和想象,获得理解和记忆,尝试问题的解决,这就促进了智力,尤其是感觉—运动思维能力的发展。人与人之间,动手能力的差异性很大,说明精细运动的潜力大,可塑性也大,是否能充分开发,与教育环境的关系也很大。这些逐渐获得的动作智慧,其基础都在3岁前对运动潜能的开发,一个小时候很少动手的孩子,长大后很难有高超的动作智慧。动手能力也是实践能力的基础,从小培养动手的兴趣和能力,与我国的素质教育要求完全一致。

(3) 运动有助于感觉统合功能的发展

"感觉统合"是由美国学者艾瑞丝(J. Ayrs)于1972年提出来的,意指人脑有把多种感觉信息统合起来,对刺激作出协调反应的能力。只有经过感觉统合,各感觉系统才能自如、默契地互相配合,身心才能平衡发展。脑科学研究表明,激活脑细胞活动的最初刺激是感觉信息,因为初生婴儿的感觉已经开始工作,只是脑对各种感觉信息的统合和协调的能力尚需经过无数次丰富的"感觉学习"和知觉经验的积累,才能得到发展。在大脑发育的关键期内,婴儿的运动不足所导致的感觉信息贫乏会影响大脑的发育,严重时还会带来一系列的行为改变,导致"感觉统合"的失调。本体感又被称为"身体的智慧",是一种学习的能力。婴幼儿的科学运动可以明显促进本体感的发育,而本体感的充分发展使神经系统的应变能力高度复杂化,使大脑具有控制躯体运动的能力。如果因为开发智力潜能而忽视感觉运动学习,成人和孩子都将为此付出代价。3岁前的孩子不能进行"秀才"式的培养,要把科学的运动放在首位,至于其他事,留待未来培养也不迟。

(4) 运动有助于良好个性品质的形成

运动可以锻炼身体的协调性、速度、肌肉的耐力、处理事情的独立意识和技能,运动使孩子的行为变得主动、勤快、灵活、细心、果断、敢于探索,运动使孩子的体能得到释放而使情绪舒畅。儿童的许多运动是与小伙伴或亲人、师生共同进行的,有玩伴的运动可以使孩子变得随和与合群。上述身体素质与行为,都与个性、品质培养的目标高度一致。"个性"中的气质特点的可塑性是最小的,但在2岁以前通过运动改变或部分改变原本的气质特点是完全可能的。例如一个生性胆怯的孩子,经常有机会让他在安全、适量的运动中获得愉快的体验,可以使他变得活泼开朗一些,但如果剥夺孩子的运动,如过多地把孩子放在坐车里或抱在手上,那么胆怯的孩子可能会变得更加退缩、忧郁。

(5) 满足孩子独立生存能力的需要

孩子自出生之时开始,就在环境的学习中,逐渐摆脱成人的控制,不断增强着独立生存的能力。如15个月的幼儿,天天要到院子里玩,站靠在栏杆边拾树枝,拾了丢下,丢了又拾起来,有时把树枝合起来,一边看,一边摇,口中发出兴奋的噢噢声,脸上显出愉快的神情,有时也能在草地里拾到一点别的东西,举得高高的,十分高兴。类似的自我取乐常常达半个多小时。这时,作为父母应理解孩子的需要,不干扰孩子的"自作主张的运动",只要注意保护和配合就可以了。但事实上,更多的家长根本不让孩子做这类又"脏"、又不安全的动作,剥夺了孩子更多的运动需要、触觉经验和独立活动的训练,实际上影响了孩子的各方面发育。

运动对于婴幼儿的重要意义我们已经清楚了,但是,怎样让婴幼儿进行运动?适合婴幼儿的科学运动方法有哪些呢?下面,我们就来详细回答这些疑问。

1. 通过日常生活发展运动能力

1岁前喂奶、换衣、换尿布、睡眠、起床等,都需要相应身体姿势的变化,都在促进各部分肌肉的发展。1岁以后,孩子开始自己学习吃饭、洗手洗脸、脱穿衣服、解扣纽扣、脱穿鞋子、解系鞋带、帮助成人做事等,都需要一系列协调性动作才能完成。凡孩子想做也能做的事情,成人都应该尽量支持、帮助、鼓励孩子自己去做。生活中充满动作,如果成人包办生活,孩子不仅会失去很多练习机会,也会失去很多自己做事的乐趣。只要成人鼓励支持,3岁孩子也能学会像使用筷子这样难度较大的技能。

2. 在各种操作活动中发展动作技能

在摆弄玩具、绘画、看书、捏面团、团纸团、折叠、搭建、拼拆、剪纸、粘贴等方面,成人应放手让孩子去探索尝试,也可以和孩子一起玩,作些必要的示范和帮助,提高其技能和兴趣。

3. 利用各种设备和机会发展运动能力

（1）通过操作各种有安全保证的运动器具,发展孩子的运动能力。

（2）外出散步、旅行,充分接触和利用自然条件,发展运动能力。外出散步时,成人可根据孩子年龄带上一些玩具或用品,如可为 1 岁以内的孩子带上垫子和小球,可爬着、滚着玩。可为 1 岁以上的孩子带上球、绳子等,让孩子玩球,绳子可吊在两棵树上,或由两位成人各拿绳的一头练习钻爬,也可放在地上练习跨跳。对于 2 岁以上的孩子,外出散步时的活动内容是很多的,如围抱树干、在草地上打滚、冲上小土丘、和父母或老师追逐躲闪、拾树叶和落花等。孩子外出都喜欢走高低不平的路,遇到小水坑也喜欢自己跨过去,只要是安全卫生的,成人应该支持和配合。

旅行途中,应让孩子学会配合。如旅游车子到点要开走了,成人发急,孩子还在磨蹭,有的家长只好一把抱起匆匆赶路,有的大人却能跟孩子讲清原因,挽着孩子快速走。如一个 23 个月的小男孩,被爸爸挽着越走越快,脚几乎要离地,孩子边走还边说:"坐巴士,坐巴士。"后来,爸爸又叫他在前面跑,大约快速走了 200 多米,终于赶到巴士上,孩子高兴地笑了。说明有正当理由,孩子是能配合与顺从大人的要求的。

4. 做婴幼儿体操

体操把需要锻炼的大肌肉运动都融进操节之中,比任何其他活动的运动锻炼更为全面。做操时,躯干及四肢的大肌肉有节奏地收缩和放松,不会遗漏,也不会持续紧张。如果能经常在音乐声的伴奏中做操,可以使孩子的动作协调和具有节奏感。

婴幼儿的体操有 5 种。

1）按摩操：按摩操适合出生 1 周～2 个月的婴儿。

（1）第一节：孩子仰卧,双臂放于体侧。母亲用双手指面从肩到手按摩孩子胳膊 4～6 次。

（2）第二节：孩子、母亲姿势同上。母亲用双手掌面按顺时针方向按摩孩子腹部 6～8 次,然后再用双手掌面从孩子腹部中心向两肋腰间方向抚摸 6～8 次。

第六周 动起来吧

这种按摩操可以疏通孩子上肢和腹部血脉，同时又可以使孩子在母亲的轻轻抚摸下产生舒适、愉快的情绪反应。注意在孩子不饿不饱、精神愉快的时候进行。母亲的动作一定要轻柔，可以隔着一两层棉布按摩，以防擦伤孩子娇嫩的皮肤。另外，在孩子出生半个月后，应该让孩子双手露出"蜡烛包"；1个月以后，就应让孩子穿上小衣小裤，任其手脚自由活动，促进其全身运动，从而促进脑的发育。

2）被动操：被动操是全身运动，包括骨骼和肌肉，适合于2～6个月的婴儿。

（1）第一节，上肢运动：把孩子平放在床上，妈妈的两只手握着宝宝的两只小手，伸展他的上肢，上、下、左、右运动。

（2）第二节，下肢运动：妈妈的两只手握着宝宝的两只小腿，往上弯，使他的膝关节弯曲，然后拉着他的小脚往上提一提，伸直。

（3）第三节，胸部运动：妈妈把右手放在宝宝的腰下边，把他的腰部托起来，手向上轻轻抬一下，宝宝的胸部就会跟着动一下。

（4）第四节，腰部运动：把宝宝的左腿抬起来，放在右腿上，让宝宝扭一扭，腰部就会跟着运动；然后再把右腿放在左腿上，做同样的运动。

（5）第五节，颈部运动：让宝宝正趴下，孩子就会抬起头来，这样颈部就可以得到锻炼。

（6）第六节，让宝宝趴下，妈妈用手抬孩子的小脚丫，小屁股就会随着一动一动的。

3）主动操：主动操适合于7～12个月的婴儿。每天可做1～2次，做时少穿些衣服，注意不要操之过急，要循序渐进。可以在户外锻炼。预备姿势与被动操相同。

（1）第一节，扶双臂坐起运动：将婴儿双臂拉向胸前，双手距离与肩同宽，轻轻牵拉婴儿使其背部离开床面，拉时不要过猛，让婴儿坐起来。

（2）第二节，扶单臂坐起运动：将婴儿单臂向对侧侧前方轻轻牵拉，引导婴儿自己用力，使婴儿的背部离开床面，由卧姿变成坐姿。

（3）第三节，托腰运动：①婴儿仰卧，成人右手托住其腰部，左手按住其踝部；②托起婴儿腰部，使其腹部挺起呈桥形。

（4）第四节，握腕跪起直立运动：俯卧，双手握双腕，前提双臂，拉扶跪直，拉为站直。再扶为跪直，俯卧。

(5) 第五节,提腿运动:①婴儿俯卧,成人双手握住其双腿;②将婴儿两腿向上抬起呈推车状,随月龄增大,可让婴儿双手支持起头部。

(6) 第六节,起立运动:让婴儿俯卧,成人双手握住其肘部。①让婴儿先跪坐着;②扶婴儿站起,再让婴儿由跪坐至俯卧。

(7) 第七节,弯腰运动:婴儿背朝成人直立,成人左手扶住其两膝,右手扶住其腹部。在婴儿前方放一个玩具。①让婴儿弯腰前倾;②拣起玩具;③恢复原样呈直立状态;④2个八拍。

(8) 第八节,双手扶腰跳跃运动:婴儿与成人面对面,成人用双手扶住其腋下。①把婴儿托起离开床面轻轻跳跃;②重复2个八拍。

(9) 第九节,扶走运动:婴儿站立,成人站在其背后,扶住婴儿腋下、前臂或手腕。①扶婴儿学走;②重复2个八拍。

(10) 第十节,游泳运动:让婴儿俯卧,成人双手托住其胸腹部。①悬空向前后摆动,活动婴儿四肢,做游泳动作;②重复2个八拍。

4) 竹竿操:竹竿操适合1岁到1岁半的儿童,宜在集体教养单位进行。用两根适合孩子抓握的2米左右长的光滑竹竿,由两位成人分坐在两端的小椅子上,各用两手握住竹竿的一端,使两根竹竿平行。孩子站在竹竿中间,两手分别握住竹竿,以便借助竹竿的支持力做操。如果有其他的孩子一起运动则效果更好,但应注意最多4~5个孩子,且孩子之间应有一段距离。竹竿可用彩色的塑料带缠起来,以免划伤幼儿,也可引起幼儿运动兴趣。竹竿操宜在音乐伴奏中进行。

5) 模仿操:模仿操适合于1岁半到3岁儿童。模仿操是把贴近孩子生活的形象化动作编排成操,既形象,又有趣味,再配上与动作性质一致的音乐,令孩子在愉悦的情绪中进行大肌肉的锻炼。通常可模仿一些常见动物的动作,如鸟飞、兔跳;也可模仿儿童日常生活的动作,如睡觉、起床、刷牙、洗手、洗脸、走步等;还可以模仿交通工具的运动状态,如开火车、开汽车、开飞机、划船等。

5. 做体育游戏

无论是家庭还是集体教养场所,为了培养儿童对运动的兴趣,一般都把基本动作的练习编入既形象又有趣味性的活动性游戏之中。如游戏"拾树叶"适合1岁以上各年龄段孩子玩耍,给孩子一个小篮子,到室外有树叶的地方去,教孩子把树叶拾起来放到篮子里,可以练习走步、下蹲、伸臂、准确拾起,还可以练习全身动作的灵活协调性。

婴幼儿练习运动能力时应注意以下问题。

1) 全面性

（1）动作技能练习应全面。大肌肉运动和小肌肉运动、躯干运动和四肢运动都应得到平衡、协调的发展。

（2）技能练习与"感觉学习"应兼顾。应把运动与视、听、看、触摸等感觉活动加以协调。

（3）动作技能与身体素质培养并重，在完成技能要求的同时，发展身体的耐力、平衡能力和协调能力，全面的、持续性的技能练习有助于身体素质的提高。

2) 重复性

运动能力的发展有赖于不断地重复。例如走步，在独立开步之前，许多孩子都经过相当长时间的扶走练习，使肌肉产生了足够支撑身体直立的力量。

3) 提供机会，支持发展，但不包办代替

成人在提供练习的材料时，不要马上包教包会，而要看一下孩子的反应，他会用材料干什么，让他把他想做的事做完后，再切入成人的计划。强行让孩子照成人要求去做，常常会引起孩子的反抗。在练习技能时，采用示范比手把手地教要好。成人示范时，孩子可以观察、吸收、加工、模仿、调整，智力活动要求比较高。此外，示范教学也便于成人了解孩子学习过程的特点，以便及时调整自己的方法。

4) 重视安全和安全教育

孩子容易兴奋，十分好动，但自控能力差，自我保护意识缺乏，需要大人做好细致的保护工作。在精细运动中，应注意孩子手、脸部皮肤的安全，防止孩子将小东西塞进耳、鼻、口中。

2岁左右孩子的控制能力有了发展，成人可以对他们进行安全教育，使他们知道什么动作能做，什么地方能去。成人坚持要求，他们的自我保护意识和自我保护技能就能得到发展。

5) 培养良好的运动习惯

动静交替，定时定点，劳逸结合，有序锻炼，防止过分疲劳，防止"乐极生悲"，积累运动中的愉快体验，培养良好习惯。成人的上述做法，将使孩子在运动中打下全面发展的基础。

肥胖者的运动健身和能量平衡

20世纪60年代以来,肥胖症席卷欧美;改革开放后,尤其是20世纪90年代以后,过度肥胖开始越来越多地影响着国人的健康。肥胖症,已成为现代社会重要的"文明病"。肥胖者日益增多,与肥胖有关的疾病发病率也快速上升。高血压患者中,肥胖者是正常人的3倍;而在糖尿病和动脉硬化的病人中,平均每4个人中就有3个肥胖者。控制肥胖、健康减肥已经成为众多肥胖者的迫切需求。

肥胖是脂肪的堆积,而脂肪其实是人和动物储存能量的最佳方式,每克脂肪所储存的能量是蛋白质或糖的2倍。脂肪还是良好的隔热保温材料,皮下脂肪的厚度有时直接决定了动物抗寒的能力。脂肪的堆积是动物为抵御恶劣气候而进行的能力储备,但当这种能力储备超出了需要的程度时,就形成了肥胖。根据肥胖形成的原因和能量平衡原则,防治肥胖的基本原则是使人体长期、持续地处于能量摄取与消耗的负平衡状态之中。就是说,通过限制饮食以减少能量摄入,通过运动锻炼增加能量的消耗,使机体所需能量维持在负平衡状态,并长期维持,以使体内过剩的脂肪组织转换为能量并释放,从而逐步达到减少脂肪、减轻体重的目的;当体重减轻到理想体重后,保持能量摄入与消耗平衡,防止肥胖复发。因此,理想而有效的减体重方法是适量的运动加上适当的控制饮食,再加上生活方式的改变。而运动疗法是防治肥胖症的最佳、最简便易行和最经济可靠的方法。

我们日常生活中的运动可以分为5大类:生活体能活动、伸展运动、有氧运动和休闲运动、肌肉训练运动和静态活动。就这5类活动,我们给出针对肥胖者相应的建议如下。

(1) 生活体能活动

在我们的日常生活中,工作、生活中进行的体能活动占用了大量的时间,包含走路、爬楼梯、做家务事、上下班、上街、办事、购物骑单车、园艺活动等。普通白领上下班每天都会花费1~2个小时,所以如果不特意做有氧运动和休闲运动,那么上下班、走路就是仅有的宝贵锻炼机会了。我们建议这些生活形态的体能活动尽量每天多做几次,强度适度就好,每天花费在这些活动上的时间累积30min以上就能起到健身作用。比如下班可以乘地铁也可以走路,那么选择快走回家,就可以增加锻炼的时间;时间允许,爬楼梯而不是乘电梯;回到家后做做家务、收纳衣物和家居用品,既能运动,又能使环境更加舒适,让你保持好心情!

(2) 伸展运动

近些年,原产印度的瑜伽运动大有风靡全国的趋势,越来越受到国人的喜爱。瑜伽、拉筋动作、柔软体操等都属于伸展运动,通过一些特定的拉伸动作和呼吸节奏,达到锻炼肌肉、关节的目的。大多数女性减肥者都比较偏爱伸展运动,特别是减肥瑜伽。我们建议练习伸展运动时,尽量做到每天都有锻炼,强度以伸展到肌肉有紧拉感为宜,每次练习 6~10 项伸展动作,每个动作坚持 30s,停留 3~5 个呼吸。由于伸展运动强度和力度均不大,所以想要达到减肥效果就更需要足够的运动时间和注意饮食控制了。

(3) 有氧运动和休闲运动

有氧运动的减肥效果非常显著,形式也多种多样,包含快走、慢跑、有氧健身操、游泳、骑脚踏车、水中有氧、登山机、滑步机、打太极拳等。在有氧运动时,人体消耗的氧是安静状态下的 8 倍。关于有氧运动对身体的影响我们已经说过很多了,这里不再做进一步讲解。有氧运动是能量消耗的最佳运动方式,也应该是减肥运动的主要选择,所以我们来着重关注。休闲运动主要是体育运动项目,大多数是球类运动,如桌球、网球、篮球、足球、垒球、高尔夫球、排球、壁球等,有竞技性质。休闲活动的运动主要内容也是有氧运动,所以并入有氧运动的内容来阐述。

肥胖症的运动治疗主要是以中等强度、较长时间的有氧运动为主,可根据肥胖者的体质和个人爱好选择运动项目。目前普遍认为,长距离步行、慢跑、游泳等活动是适合的选择。非竞赛性球类运动作为一种锻炼方式,既能锻炼肌肉、增强体质,又能持续运动、消耗能量,起到减肥效果。肥胖患者的球类运动可酌情选择羽毛球、乒乓球、网球、排球、篮球等项目。每次运动 30~60min 为宜,中间可有休息时间,运动时应避免激烈紧张的争夺。

运动强度是运动处方安全而有效的关键所在,中、高强度运动中,脂肪是供能量的重要来源。根据这个原理,时间长、中等强度的运动和时间短、高强度的运动对减肥效果最好。但根据美国疾病预防与控制中心(Centers for Disease Control,CDC)和美国运动医学会(American College of Sports Medicine,ACSM)联合提出的运动减肥新建议,中等强度的有氧运动、每次持续 30min 以上、每日一次的方案更容易被肥胖者施行;而传统方案的高强度、短时间、大运动负荷的建议,不太适用于肥胖者坚持采用。减肥运动应循序渐进,尤其是对于平时没有形成运动习惯的肥胖者,更应逐步增加运动时间与运动强度,以便机体有一个适应的过程。

(4) 肌肉训练运动

对于运动条件有限或天气恶劣的时候,很多肥胖者会通过仰卧起坐、俯卧撑、臂力器、拉力带、杠铃、哑铃等方式运动,这些运动就属于肌肉训练运动或力量性运动。与消耗脂肪相比,它更显著的作用是让肌肉变得发达。现代减肥理论认为,减肥的关键其实并不在于体重减轻多少,而是减脂。很多朋友刚开始减肥的时候,体重下降明显,就以为自己减掉了很多脂肪,其实减掉的很多是水分。有过运动减肥经验的朋友就知道,有时候体重不降反升,但是腰部线条和手臂线条确实变得更好了,曲线明显,这是因为运动减掉脂肪的同时,也增加了肌肉量,而肌肉比脂肪重,因此会出现感觉身材变好、但是体重没降的情况。我们建议肌肉训练运动每周2~3天即可,强度要略超过肌肉的负荷,每次锻炼1~3组动作,每组8~12次。当然,最好可以在专业健身教练的指导下进行训练。

(5) 静态活动

大多数脑力劳动和娱乐,比如坐在书桌前处理文案、上网打游戏,或是坐在沙发上看电视,都是静态活动。静态活动有时很疲劳,但这只是精神疲劳,对脂肪的消耗基本没有什么作用,反而增加了罹患颈肩腰腿痛的几率,更容易造成脂肪堆积。我们建议肥胖者应尽量缩短静态活动的时间,不要连续60min都坐着不动。上网、伏案工作、看电视的时候最好每30min就站起来走动一下,做做我们前面介绍过的适合的运动,也可以在窗前远眺,让眼睛休息一会儿。

肥胖者运动健身应该注意的事项包括:

(1) 肥胖者基础疾病罹患率高,所以锻炼前首先做医学检查,判定身体状况是否适合运动,同时进行心血管功能负荷试验,以确定最大心率或最大耗氧量,然后确定运动的强度,从而保证运动锻炼的安全而有效。

(2) 运动减肥必须持之以恒。体重降低后,如果停止运动,体重又会重新增加。

(3) 运动结合饮食控制和生活方式的改变是减体重的最佳方法。一般限制饮食,适当减少糖类及脂肪摄入,仅对轻度肥胖者有效。对较重肥胖者严格限制饮食减肥效果不能持久,单纯限制饮食能控制体重者一般不到20%,大约50%的人在

2～3年内恢复以前的体重。如果只限制饮食不进行有氧代谢运动锻炼,就会导致肌肉减少、体力降低和基础代谢降低,引起乏力、嗜睡,使日常活动减少,身体能耗也下降,这实际上保存了能量,使减肥效果减弱。因此,肥胖者在日常生活中应注意控制饮食,纠正不良的饮食习惯,增加体力活动,有助于维持能量平衡。

(4) 重视水中运动。水中运动除游泳外,已发展到水中行走、跑步、跳跃、踢水等多种形式。水中运动更符合减肥运动中持续中低强度运动的要求,具有良好减肥作用的同时,对全身各系统的有益影响也最显著。所以我们建议,如果可能,尽量增加水中运动的比例。

月经期间女性运动

对于女性月经期是否可以参加运动的问题很多人都不是很清楚。在身边的朋友中进行调查,基本上绝大多数女性在这期间是不参加任何运动的,因为大多数人认为月经期需要休息而不能进行健身锻炼。其实,是否进行运动要视自身情况而定。一般来说,大多数的女性在月经期自我感觉良好,运动能力不变。对于身体健康、月经期身体无不适反应、平时经常参加体育锻炼的女性来说,在月经期继续参加适当的体育活动仍然是有益健康的。只要不是严重的痛经、血量过多和功能性子宫出血,就可以适当从事一些体育运动。运动能有效改善和提高人体的机能状态,促进血液循环,特别是能够改善盆腔内生殖器官的血液循环,减少充血。同时,运动还能使腹肌和盆底肌肉得到收缩和舒张活动,有利于经血排出,可缓解经期不适。

女性在月经期,如果运动方式不当就会引起很多麻烦。剧烈运动会抑制下丘脑功能,造成内分泌系统功能异常,从而干扰了正常月经的形成和周期,有的人甚至会因此而使子宫位置发生改变。此外,经期剧烈运动还可能引起子宫下垂,特别是从事负重力量练习。有研究表明,该时期或者前后从事仰卧起坐、哑铃、游泳、打篮球、打排球等活动,月经异常的人占了相当大的比例。我们建议月经期间可以选择运动量小的球类运动,如乒乓球、柔力球等,这些运动场地都不大,动作幅度也小。此外,月经期还可以选择慢跑,但步幅要放慢,比走路略快。

月经期间的运动具体来说要注意以下几点:

(1) 月经期一开始两天应减少运动量及强度,运动时间不宜太长。

（2）月经期不宜做剧烈练习，尤其是震动强烈、增加腹压的动作，如快跑、跳跃（剧烈的健身操）、腹肌训练、负荷过大的力量训练等，以免造成经血量过多或影响子宫的正常位置。运动强度以睡一觉后疲累感可以自行消失、出血量未增大、没有出现或加剧腹部疼痛为标准。

（3）月经期一般不建议游泳，以免在生殖器官自洁作用降低时病菌侵入，造成感染。

（4）血量过多或有失调者，月经期建议减少运动量、强度和练习时间，甚至停止运动。

（5）心情烦躁和痛经的女性建议参与一些瑜伽教程，加入快走等轻量运动，可帮助缓解痛经及心情恢复。

（6）月经期间如果参与运动要做好卫生措施和穿较透气的服装等。

对于有痛经的女性，也可以试试治疗痛经的两个动作：

（1）俯卧，两腿自然向后伸直，双手放于胸前，垂直于地板。慢慢伸直两臂，支撑起身体，使脊柱向后，颈部向后放松。

（2）仰卧，屈双腿，脚跟尽量靠近大腿根部。双手放于耳边。吸气，手臂和两腿共同向下用力，使背部离开地面，身体呈反拱状。保持自然呼吸。

上述动作可促进血液循环，增强脊柱弹性，改善经期身体和精神上的疲乏和不适。

适合孕妇的运动项目

对每个母亲来说，怀孕都是一个幸福的过程。但在怀孕期间，女性的生理、心理都会发生极大的变化，内分泌系统、心血管系统、呼吸系统、生殖系统都有一定程度甚至是巨大的改变。这时候，运动和保健的作用尤其重要。有些人认为孕期运动会增加流产风险，从而小心翼翼地避免任何运动。但从现代产科学的角度来说，只要选择了正确的运动方式，严格遵守孕期运动的注意事项，孕期的适当运动对于产妇的顺利分娩、胎儿的正常发育和产后恢复都有积极作用。医学研究发现，孕妇在怀孕期间运动对胎儿和大人都有多方面的好处。对胎儿而言，运动为准妈妈大脑提供充足的氧气和营养，促使大脑释放脑啡肽等有益物质，通过胎盘进入胎儿体内，可加快新陈代谢，从而促进生长发育；运动可以摇动羊水，能刺激胎儿全身皮肤,就好比给胎儿做按摩,十分利于胎儿的大脑发育,出生后会更聪明。对孕妇而言,运动能促进血液循环和新陈代谢,增强心肺功能,有助睡眠,减轻腰腿酸痛,预防或减轻下肢水肿。此外,运动还能增加体力,使肌肉有弹性,这对顺利分娩非常有意义。对于患有糖尿病的孕妇,运动可以辅助治疗疾病。孕期运动可降低孩子患肥胖症风险。在奥克兰大学和北亚利桑那州大学联合招募的孕妇中,有一半被要求每周骑脚踏车健身器 5 次,每次 40min。她们从怀孕开始一直到第 36 周孕期都坚持这项运动。平均来讲,运动组的妇女分娩出的孩子在个头儿与体质上和对照组不运动的妇女相差无几,但体重略轻,平均要少 143g。母体的适量有氧运动可让胎儿避免营养过剩,从而避免胎儿出生时超重,以及长大后过度肥胖。

下面介绍几种对孕妇来说相对比较安全的运动方式。当然,有些运动可能不适合怀孕最后一两个月的孕妇。在运动前,应先向产科医生详细咨询,确定自己的孕期身体状况正常,再开始运动。

(1) 散步:对孕妇来说,散步是最好的增强心血管功能的运动。散步可以帮助消化、促进血液循环、增加耐力。要知道,耐力对分娩是很有帮助的。在孕晚期,散步还可以帮助胎儿下降入盆,松弛骨盆韧带,为分娩做好准备。同时,与其他运动相比,散步不会扭伤膝盖和脚踝。散步也简便易行,除了一双合脚的鞋外,不需要借助任何器械,也几乎可以在任何地方进行。在整个怀孕期间,散步都是很安全的运动。散步要注意速度,最好控制在 4km/h,每天一次,每次不超过 30min。散步要先选择好环境,比如在花园或树林,散步时最好有家人陪伴,恶劣天气避免外出。

(2) 游泳:产科医护人员和健身专家一致认为,游泳是孕期最好、最安全的锻炼方式。在国外,游泳是孕妇普遍参加的一项运动,可持续到孕晚期。孕期游泳能增强心肺功能,而且水里浮力大,可以减轻关节的负荷,消除浮肿,缓解静脉曲张,不易扭伤肌肉和关节。游泳可以很好地锻炼、协调全身大部分肌肉,增强耐力,对心血管也很有好处,而且可以让身形日益笨拙的女性在水中感到自己的身体不那么吃力。游泳场地要选择卫生条件好、人少的地方。下水前先做一下热身,下水时戴上泳镜,还要防止别人踢到腹中的宝宝。游泳场地最好有专职医务人员在场。最佳的游泳时间是在怀孕 5~7 个月,孕晚期为避免羊水早破和感染,应停止游泳运动。游泳最好在温水中进行,水太冷容易使肌肉发生痉挛。一旦感觉稍有劳累,就说明运动量足够了,需及时停止游泳上岸。

（3）低强度的有氧操：参加有氧操课程的一个好处是你可以在固定的时间保证有规律的锻炼。如果参加专门为准妈妈开设的孕妇有氧操课程则安全更有保证，还可以充分享受与其他准妈妈一起交流情感和运动经验的美好时光，让自己保持愉悦的精神状态。

（4）跳舞：跳舞能促进身体的血液循环，孕妇可以在家里舒适的客厅中跟着自己最喜欢的轻音乐起舞，也可以参加舞蹈班。孕期跳舞要避免跳跃、旋转、劈叉等动作以避免受伤或牵拉子宫。另外还要避免节奏感太强的音乐，因为这些音乐会增加精神紧张，影响胎儿的氧气养分供应，还能造成子宫收缩而容易导致早产或流产。

（5）瑜伽：瑜伽可以保持你的肌肉张力，使身体更加灵活，而且你的关节承受的压力也很小。瑜伽还能舒缓心情，有助于胎儿的正常生长发育。但是你需要在练瑜伽的同时，每周再安排几次散步或游泳，加强对心脏的锻炼。并且在瑜伽时，可能增加腹压的动作应当避免。

（6）伸展运动：伸展运动可以使运动者的身体保持灵活放松，预防肌肉拉伤。孕妇可以把伸展运动和增强心血管功能的运动结合起来，使自己的身体得到全面的锻炼。

（7）力量训练：如果孕妇的日常运动一直都有重量训练的内容，那么怀孕后没必要完全停止，在征得你的产科医生同意后、并在专业教练的指导下，可以继续进行运动，但需要逐渐减轻训练的负重量。只要采取了必要的保护措施和合理的技巧（慢速、有控制的动作），力量训练是加强、锻炼肌肉的好方法，也有助于将来的分娩。

孕期运动无论对孕妇还是胎儿都有帮助，但正如人们所担心的，孕期运动也的确存在一定的风险，所以孕期运动应该注意以下几点：

（1）务必做好热身运动

怀孕期间由于激素的变化会使得肌肉、关节较为松弛，若没有做好暖身运动，很容易在运动过程中造成肌肉、关节的拉伤。此外，运动前一定要做好热身运动，还能避免运动中或运动后肢体抽筋。

（2）穿着肥大的运动专用服装

运动专用的服装往往具有吸汗、散热的功能，可避免不吸汗材质为皮肤带来的不适。肥大而富有弹性的运动服装也才有利于身体的活动及伸展,避免关节活动受限和血运不畅。

(3)运动强度要适当

运动时心跳速率最好限制在每分钟140以内,若是超过此范围,孕妇的全身循环血量较高,血管、心脏可能负荷不了。

(4)每次不应超过 15min

一般人运动需维持 30min 以上(目标心率持续 15min 以上)才会燃烧脂肪,但孕期女性需在运动 15min 后就稍作休息,即使体力可以负荷也必须在稍微休息过后再开始运动。这是因为孕期必须避免过度劳累与心跳过快,并且孕期运动的目的并不是燃烧脂肪,而是训练全身的肌力,维持机体健康水平,矫正胎位,有助顺产。因此孕期女性每运动 15min 左右就要停下来稍作休息。

(5)运动前、中、后三个阶段都要随时补充充足的水分

运动前、中、后期补充水分,除了能避免脱水之外,更重要的是控制孕妇体温上升的速度。因为一旦孕妇体温快速上升,胎儿心跳也会跟着加速。一般来讲,孕妇体温每上升 0.5℃,胎儿的心跳会增加 10~20 下,会相对增加胎儿状况的不稳定性。因此,孕妇运动前、中、后阶段一定要记得补充充足水分。

(6)避免跳跃、俯卧和震荡性的运动

震荡或跳跃性的运动不论孕期的哪个阶段都应该严格禁止。因为这些动作都容易使准妈妈重心不稳,若是滑倒或碰撞到物体,都容易使胎儿产生撞击造成宫缩或破水,甚至发生早产。俯卧运动会压迫到胎儿,影响胎儿发育。

(7)避免在天气炎热和闷热时做运动

在过分炎热的天气下做运动,可能使准妈妈中暑,最适宜运动的温度为 26~27℃。

产后恢复运动法

女性生产后,由于胎儿的娩出,母体的内分泌系统、生殖系统、心血管系统都会发生巨大变化以适应这种产后状态。为了胎儿的生长发育,妊娠期间母体的血量、血红蛋白含量显著增加;为了顺利娩出胎儿,母体的全身关节囊变得柔软松弛;为了维持妊娠状态,孕激素维持了 9 个多月的高水平。这一切,随着妊娠的结束而不

再有生理意义,母体进入了产后的恢复过程。所以,产后的一段时间之内(一般是一个月),母体是脆弱和敏感的,容易受到伤害和影响。以前的观念认为,生产后一个月内应尽可能休息,甚至不要下床,这在保护母体方面有一定道理。但较新的观念则认为,产后越早运动,则身体的复原越快,也能够越快使母体恢复到孕前状态。产后健身运动有利于产后身材的恢复,帮助放松并恢复正常的血液循环,借以使肌肉和骨骼恢复到最佳状态,还可以预防子宫、膀胱、阴道下垂以及痛经等疾病的发生。产后恢复的运动主要有以下几种。

(1) 胸部运动

时间:产后第2天开始。

动作:仰卧于床上,全身放平,手脚伸直。慢慢吸气扩大胸部,收下腹肌,背部紧贴床面,保持一会儿,然后放松。如此重复5~10次为一组,每天可以做3~5组。

作用:可使腹肌弹性增加、胸部呼吸肌力量增加。

(2) 乳部运动

时间:产后第3天开始。

动作:仰卧床上,两臂左右平伸,然后缓慢上举至两掌相遇。保持手臂平直不可弯曲,缓慢放回原处。如此重复10~15次为一组,每天可以做3~5组。

作用:增加肺活量,并促使乳房恢复较好的弹性,预防松垂。

(3) 颈部运动

时间:产后第4天开始。

动作:仰卧床上,全身放平,手脚伸直。将头部抬起,尽量向前屈,使下颚贴近胸部,再慢慢回原位。重复5~10次一组,每天3~5组。

作用:舒展颈部和背部肌肉。

(4) 腿部运动

时间:产后第5天开始。

动作:仰卧床上,双手放平。将左腿尽量抬高至垂直角度,脚尖伸直,膝部不可弯曲,然后慢慢放下,再换右腿做同样动作。最后双腿并拢一起抬高,再慢慢放下。重复5~10次为一组,每日2~3组。

作用:促进子宫及腹部肌肉收缩,恢复腿部的优美曲线。

(5) 臀部运动

时间：产后第 8 天开始。

动作：仰卧床上，将左大腿举起，弯曲膝关节，足部贴近臀部，然后伸直全腿放下。然后右腿重复同样动作。双腿重复 10～15 次为一组，每日 2 组。

作用：促进臀部和大腿肌肉恢复较好的弹性与曲线。

(6) 收缩阴部运动

时间：产后第 10 天开始。

动作：仰卧床上，双手放平，腿弯曲呈直角。身体挺起用肩部支持，两膝并拢，两脚分开，同时收缩臀部肌肉。重复 10 次为一组，每日 2 组。

作用：使阴道肌肉收缩，预防子宫、膀胱下垂及阴道松弛。

(7) 子宫收缩运动

时间：产后第 15 天开始。

动作：俯卧，双膝分开约 30cm 宽。将身体臀部、腰部向上弓起，使胸部及肩部尽量接近床板，腰部挺直。保持 1min。

作用：协助子宫恢复至正常位置。

(8) 腹部运动

时间：产后第 15 天开始。

动作：仰卧，双手交叠放在脑后，用腰腹力量使身体坐起。连续 10～20 次，每日 1 组。

作用：促进子宫及腹部肌肉收缩（剖腹产者 6 周内不可做此运动）。

更年期女性运动

妇女进入 45～55 岁年龄段，卵巢中的卵泡基本消耗殆尽，卵巢功能逐渐衰退，脑垂体和卵巢内分泌平衡失调，体内雌激素水平下降，表现为排卵和月经停止，生殖器官逐渐萎缩，生殖能力丧失。在这种机体的变化过程中，还会伴随着自主神经功能紊乱，继而出现一系列不同程度的临床症状，如面部潮红发热、出汗、头晕、头痛、心慌、肢体麻木、情绪急躁、不稳定、好发怒或多疑、抑郁等，这种现象叫做更年期综合征。更年期是妇女一生中一个重要阶段，安排好这个阶段的生活是关系到女性迈向老年的重要问题。运动是改善女性更年期不适、减轻上述症状的有效手段。更年期进行活动,可以调节神经系统的兴奋和抑制过程,提高大脑皮层对自主神经的调节作用,改善各种因自主神经功能紊乱而出现的症状。妇女更年期如何进行运动,要根据自身身体条件、运动习惯、兴趣爱好来决定。

1. 更年期运动保健的原则

更年期女性的体力状况较青壮年女性有所下降,因此,应根据自身生理和心理健康状况,结合个人兴趣爱好,确定适合、恰当的运动方式、强度、时间及频率,进行有计划的周期性运动,以达到防病治病、康复身心的目的。

1) 运动时间

更年期女性进行运动要循序渐进。初次运动应该从小强度开始,运动的时间不宜太长,并在约 6 周之内维持此运动强度和时间,以确保运动安全和有效。此后可随着身体的适应性,逐渐增加运动强度和时间。当达到一定强度时,运动效果在 30min 内会随时间的延长而增加,但超过 45min,运动效果反而不随运动时间的延长而有明显增加。所以,每次运动 20~30min,每周 3~4 次是比较合适的。当然,每个人具体的运动时间还要根据自身的身体素质来确定。

2) 运动频率

运动频率是指每周运动的次数。曾有研究资料指出,每周 2 次的运动仅能保持机体的现有功能储备,而每周 3~4 次的运动,才能提高机体的功能储备。因此,以健身为目的时,运动频率一般可以是每周 3~4 次。最佳运动频率最好是每天 1 次,可以由少到多,逐渐增加,贵在坚持,这样才能达到良好的效果。

3) 运动强度

运动强度常用心率指标和最大吸氧量来衡量。调查显示,40~55 岁的中年女性参与运动时,当心率达到 125~140 次/分,她们的主观感觉是汗流浃背;心率为 110~130 次/分时,主观感觉是出汗,感觉良好;而心率为 95~100 次/分,主观感觉是心情愉快,认为活动比安静状态好。由此可见,大多数女性采取小负荷、中低强度运动方式,使运动时的心率达到 110~130 次/分或 95~100 次/分较为理想。对个体而言,运动时最大心率 = 170 - 实际年龄。所以,更年期女性应从小强度开始运动,参考上述指标,结合自身体质,找到最适宜的运动强度。

4) 运动项目

有研究指出,更年期女性更适宜于耐力性活动,如简单易行的散步、跑步、游泳、登山、中老年迪斯科、交谊舞、扭秧歌,深受现代女性喜爱的瑜伽、有氧健身操,中国传统保健项目,如气功、太极拳、太极剑、五禽戏、八段锦、易筋经、木兰拳等,有条件的女性还可选择打网球、门球、高尔夫球,可根据个人特点选择适宜的运动项目。例如,对于工作压力大的女性,可首选步行、慢跑、有氧健身操、瑜伽等以健身、娱乐、休闲为主的运动方式;而身体肥胖的女性,若伴有高血压、高血糖、糖尿病、冠心病等疾病,可选择强度小并能陶冶情操的运动方式,如轻松的漫步、简易广播体操、简易的园艺活动等,以伸展筋骨。

5)运动注意事项

(1)运动贵在坚持,所以,应当选择1~2项保健运动项目作为一种生活行为或习惯保持下去。只有长期坚持运动才可达到良好的健身效果。

(2)进行运动时必须结合自身体质,量力而行,循序渐进,切忌盲目追求大汗淋漓的效果,适得其反,损伤身体。患有呼吸系统疾病的更年期女性,运动时应避免静止类肌肉运动,如提拉重物、拔河这样较大强度的运动项目;患有消化系统疾病的女性,应避免震动强度过大的项目,如仰卧起坐、赛跑、跳绳等。

(3)运动后禁忌做四件事:

① 不要马上休息,应继续进行一段时间的轻量运动以加速代谢产物的清除,加快体力恢复及防止运动后晕厥。

② 不要马上洗澡。

③ 不要喝冷水。运动产生热量,此时如马上喝冷水,会使器官遇冷而急剧收缩,而且喝水速度过快,会使血容量增多过快,加重心脏负担。正确的方法是将少量水含在口中一会儿,湿润口腔和咽喉,之后再慢慢饮水。

④ 不要吃酸性食品。运动后人体会产生酸性物质,正是这些酸性物质使人感到肌肉、关节酸软和精神疲乏,此时,如再进食富含酸性物质的肉、蛋、鱼等,会使体液更加酸化,不利于疲劳的解除。所以运动过后宜吃蔬菜、甘薯、苹果等碱性食品。

(4)运动必须与饮食营养、调畅情志等养生保健理念相结合,各方面协调一致,才能取得最佳的健身效果。

2. 适宜更年期女性的几种运动项目

(1)跑步

跑步是一项简单易行的运动项目,它能增强血液循环,改善肺功能;改善脑的血供应和脑细胞的氧供应,减轻脑动脉硬化,使大脑正常地工作。跑步的过程实际上是在进行"空气浴",使人体呼吸更多的新鲜空气,缓解疲劳,提高工作效率。跑步能有效地刺激代谢,增加能量消耗,有助于减肥健美。科学家还发现,坚持慢跑者患癌症的几率较低。

跑步的速度依自身体质而定,可计算自己运动时的最大心率(运动时的最大心率＝170－年龄),一般以心率120～130次/分、运动者主观上不觉难受、不喘粗气、不面红耳赤、能边跑边说话为宜。跑步前应先走一段路,做做深呼吸,活动一下脚腕等关节;跑步时步伐要轻快,双臂自然摆动,呼吸要深长而有节奏,不要憋气。一般每天的跑步时间宜在20～30min。

（2）步行

步行是一种需要承受体重的运动,有助于延缓和防止骨质疏松症,延缓骨关节的退行性变化,预防和消除关节炎。中医学认为,散步可除郁积,舒筋骨,和心脉,缓急躁。步行前应选择透气性好、轻便的平底鞋,垫用软鞋垫,以缓冲震动。走路时应保持肩放平,背放松,收小腹,头直立,手摆动;步行速度最好稍快,注意呼吸均匀;步行运动的时间也应根据身体状况决定,一般来说,要达到步行健身的目的,采取90～120m/min的速度,每日或每次运动40～50min,每周3～4次。

（3）登山

登山也是一项深受大众喜爱的运动,它能使人们在欣赏自然美景的同时,提高通气量和肺活量,增强血液循环,增加脑血流量,提高心、脑、肺等重要器官的功能。登山前应先进行热身运动,登山时以全脚掌着地最为省力,不要追求一气呵成的登顶,应时行时停,尽情感受自然清新的空气,多做些深呼吸。下山前应先休息一段时间,让小腿肌肉得以放松,如坡度较大,可沿"Z"字路线下山。此外,要避开气温较低的早晨和傍晚登山,上下山时根据气温变化增减衣服。

登山运动以每周1次或隔周1次为宜,高血压、冠心病等患者需量力而行,勿使身体过度疲劳,以防不测。

（4）游泳

游泳可提高更年期女性的心肺功能,并能使全身骨骼处于积极的活动状态,促进血液中的钙进入骨骼,从而预防骨质疏松。游泳时应循序渐进,刚开始游20min左右,逐渐增加至1h,并增加游泳的次数。游泳前先进行30℃左右的温水浴再入水,这样能够带走身上的部分热量,使体温接近水温。

(5) 太极拳

太极拳是一项深受广大人民喜爱的传统保健项目。太极拳蕴含着丰富的中国传统文化和传统哲学思想,它吸取了前人各种养生术、导引、气功的精华,结合阴阳变化之理,将运动溶于清静之中,把清静化于运动之内,从而使人在精神上得到锻炼,内外兼修,身体强健。目前已有多项研究证明,太极拳运动对人体神经、呼吸、消化、心血管、免疫系统都有十分积极的影响,它对人体的主要作用有安神定志、提高肺功能、促进消化吸收功能、改善心脑血管功能、防止动脉粥样硬化、提高机体免疫功能、改善绝经期骨质疏松症状等。

有研究显示,太极推手运动和钙剂补充均能帮助绝经女性防止骨量丢失,增加骨密度。太极推手运动加补钙的作用优于单纯太极推手运动,同时太极推手锻炼在停训后一段时间内有维持骨量的效应。

除上述常见的运动保健项目之外,更年期女性还可以进行很多合适的活动,如瑜伽、五禽戏、木兰拳、易筋经、八段锦、中老年迪斯科、交谊舞、网球、高尔夫球等。个人可以根据自身健康状况,结合兴趣爱好,选择适宜自己的运动保健项目。只要坚持长期锻炼,更年期女性的身心不适偶会变得轻微而不明显。更年期对女性来说是一个人生的转折、过渡时期,应积极加入运动健身队伍中去。

"三高"人群运动法

通常大家所说的"三高",是指高血压、高血脂、高血糖,它目前已经成为全球范围内威胁人类健康的重要杀手。"三高"人群日益庞大,原因有以下一些:饮食结构的变化,表现为脂肪,尤其是饱和脂肪酸摄入量明显增加;不良的饮食习惯,比如高盐饮食、高糖饮食;不良的生活习惯,如酗酒、吸烟、熬夜;缺乏体力活动,不能进行有规律的锻炼;人口老龄化等。由于"三高"起病症状不明显,很多人起初并没有感到什么不适,不容易察觉,因此往往掉以轻心;等到出现明显不适症状时,往往病情已经到了比较严重的程度。更加严重的是,我国的"三高"人群以前多为老年人,但现在患病人群正逐渐趋于年轻化。在"三高"治疗中,运动疗法有举足轻重的作用。运动可以使肌肉组织更多地利用脂肪酸,同时降低血中甘油三酯、低密度脂蛋白胆固醇水平,增加脂蛋白酶活性,改善脂质代谢。长期运动,可以提升肌肉被激活的胰岛素受体数量,改善肌肉细胞对胰岛素的敏感性,促进细胞对葡萄糖的转运和利用,降低血糖。此外,运动还可以调整自主神经功能,有利于降低血压。因此,合理的运动是治疗"三高"的重要方法之一。

1. 选择中低强度的有氧运动

"三高"人士如何进行运动是个专业性的问题,其中涉及生理学和运动学的很多知识。一般来说,运动前最好能去医院进行全面的体格检查,以确定心血管系统、呼吸系统功能状况,以及是否存在不宜进行运动的情况。根据各种检查结果综合分析身体素质和条件,由康复医生开出运动处方。当身体处于三高的严重并发症状态,如心力衰竭、肾衰竭、急性感染、不能控制的严重高血压、严重肢体坏死、眼底出血、血糖过高等情况时,只能暂时放弃运动,积极处理病情。待病情相对稳定后再逐步进行合适强度的运动。

一般来说,运动方式可以选择低至中等强度的有氧运动。包括的常见运动有健行、慢跑、游泳、划船、骑自行车、球类活动、太极拳,以及一些徒手或器械体操等。

运动能够改善心脏功能,但方法不当却可能损伤心脏。无氧运动很容易造成运动疲劳,这样的运动最伤心脏。如何判断运动是有氧还是无氧呢?最简单的方法就是通过监测心率来控制运动量,以便达到靶心率。关于靶心率的计算方法,我们在前面的章节中已经详细说明,这里不再赘述。只有达到这样的心率,才能充分体现运动对身体的益处。比监测心率更简便的是自我感受判断法,即"四不"原则:运动时,心跳加快但不胸闷;跑步中还能吹口哨,不喘;跑完后半小时微微出汗,不累;运动后次日不感到疲劳。如果运动中出现气短、呼吸困难、胸痛、胸闷等症状,很可能是心脏供血不足或者肺功能差、肺活量不够的表现。建议"三高"人士、有潜在冠心病的人在开始规律锻炼前,最好通过计算心率或做运动心电图等方法评估运动强度和安全性,因为这些高危人群的运动往往诱发心肌缺血。跑步跑到气喘吁吁,已经不能吹口哨了,这就是强度过大的迹象;跑步结束后很快心跳就恢复平静,这样的锻炼比较适中;如果运动后半小时或者夜间心跳过快,那就要注意自己的运动强度和运动量了;如果运动影响第二天的生活和工作,而且有疲劳感,这也要降低运动量和运动强度。

一般的健康处方建议,每次运动时间需逐渐延长至 30～40min,其中包括准备活动和整理活动的时间,达到靶心率的运动时间要逐渐增加到 15～20min,一般每周运动 3～5 次。每个人都有其特殊情况，在实际制定运动处方时，必须量身定制，并遵守循序渐进、持之以恒的原则。运动处方的制定要兼顾训练的兴趣性和全面性，以利于坚持运动和均衡发展。

此外，"三高"人群的运动也各有侧重：想通过锻炼减肥、降血脂的人，一天内要保证足够的运动量，计算摄入的热量和运动消耗掉的热量，保证消耗大于摄入；高血压的锻炼方式切忌"紧张"式的运动，避免对抗性，不拼胜负不计比分，悠闲散步即可；心脏病后的康复锻炼更要注意强度，循序渐进增加运动量，以散步为主。

2. "三高"人群运动疗法之外的自我保健

（1）提倡科学膳食，均衡膳食。减少食物中钠盐的含量，每日摄入食盐应限制在 10g 以下。提倡食用绿叶和块根类蔬菜、豆类、粗谷物和含糖分低的水果等。

（2）纠正不良生活习惯，戒烟限酒，每天摄入酒精不超过 25g（大约为白酒一两，或者黄酒、葡萄酒一杯 200mL，或啤酒一瓶）。

（3）避免精神紧张，善于控制情绪，避免情绪大起大落，作息要有规律。

（4）定期体检，这对于早发现并及时治疗"三高"非常重要，坚持运动中及时明确身体状况，随时调整运动处方。

适合亚健康人群的保健运动

1948 年世界卫生组织提出"健康不仅仅是不生病，而是身体上、心理上和社会适应上的完美状态"，而"亚健康"状态一般是指人体上各部分的轻中度不适，如头晕、头疼、关节酸痛、颈肩腰背痛、易疲劳、烦躁、情绪低落、入睡困难、多梦、精神不振、消化不良、感官迟钝、头脑反应不灵敏等症状，却没有具体身心疾病也无需具体治疗的状态。现代社会，工作生活节奏加快，工作中精神压力大，整天面对电脑但运动却越来越少，每天在繁忙的工作中透支着人们的健康。亚健康状态不是疾病状态，但却是各种疾病的前兆。亚健康状态的原因与运动过少有直接关系，基本上所有的亚健康状态的人都是平时运动过少甚至根本没有有意识的健身运动。而健身运动对亚健康状态的人来说也是最好的疗法。

正如我们在前面运动处方一节中提到过的，对不同运动目的、不同健康状况的人，运动处方也不同。针对亚健康状态的健身运动与其他目的和身体条件的运动都有不同，应该是温和运动，这是一种低强度、低能量消耗的运动模式，也就是适度锻炼,最适合的强度是周消耗 2000kcal 热量;温和运动更注重肌肉的牵拉,缓解肌肉痉挛;更注重反应能力,调节精神压力和精神状态;更注重全面的身体动员,而不强求能量和脂肪的消耗。在这样一个前提下,有几种适合的运动给大家进行简单介绍。

1) 羽毛球

羽毛球极适合东方人锻炼,是一种全身运动项目,在中国有着非常广泛的群众基础。相较于性质相近的网球运动,羽毛球运动对参与者的体格要求并不很高,却比较讲究耐力,极适合东方人发展。

羽毛球需要在场地上不停地进行脚步移动、跳跃、转体、挥拍,合理地运用各种击球技术和步法,将球在场上往返对击,从而增大了上肢、下肢和腰部肌肉的力量,加快了锻炼者全身血液循环,增强了心血管系统和呼吸系统的功能,是老少咸宜的运动。羽毛球对心脏、肩颈肌肉很有好处,大强度羽毛球运动者的心率可达到每分钟 160~180 次,中强度心率可达到每分钟 140~150 次,低强度运动心率也可达到每分钟 100~130 次。长期进行羽毛球锻炼,可使心跳强而有力,肺活量加大,耐久力提高。

此外,羽毛球运动要求练习者在短时间对瞬息万变的球路作出判断,果断地进行反击,因此,它能提高人体神经系统的灵敏性和协调性。

对于亚健康人群最主要的成分——办公室族来说,长期的低头伏案工作难免会造成颈椎的问题,比如,椎间盘突出、生理曲度变直、小关节紊乱等,适当地打羽毛球可以充分地伸展颈部肌肉,增强颈部肌力,有效预防颈椎病的发生;长期的电脑操作也将是肩肘腕关节的一大威胁,打羽毛球可以有效地锻炼肩关节的活动度,减少肩背筋膜炎的发生,同时对于长期使用鼠标引发的鼠标手也是一种很好的预防。羽毛球运动量可根据个人年龄、体质、运动水平和场地环境的特点而定,可调整性极强。

针对亚健康状态,羽毛球运动以中低强度的长时间运动效果最好,只要持之以恒,就能够很快摆脱亚健康状态,短时间内达到康复效果。

2) 游泳

游泳是一项很好的运动,尤其是对于有关节疾病的人和长期缺乏运动的人。在水中运动,一方面可以借助水的浮力来减少身体的重力,进而减少关节处所承受的压力。另一方面,身体还要随时克服水的阻力,对肌力提出了低强度而持续不停运动的要求。既锻炼了肌肉又减轻了关节负担,这样的要求下,没有什么运动比游泳更合适了。

　　游泳可以有效增强心肌功能。人在水中运动时,各器官都参与其中,耗能多,血液循环也随之加快,以供给运动器官更多的营养物质。血液速度的加快会增加心脏的负荷,使其跳动频率加快,收缩强而有力。长期游泳会有明显的心脏运动性增大、收缩有力,血管壁厚度增加、弹性加大、每搏量增加。所以,游泳可以锻炼出一颗强而有力的心脏。心血管系统的健康是摆脱亚健康状态的基础,它的功能强弱直接反映了健康状态的好坏。

　　游泳能够很好地增强身体抵抗力。游泳池的水温常为 26~28℃,在水中浸泡散热快,耗能大。为尽快补充身体散发的热量以供冷热平衡的需要,神经系统便快速做出反应,使人体新陈代谢加快,增强人体对外界的适应能力,抵御寒冷。经常参加冬泳的人,由于体温调节功能改善,就不容易伤风感冒。此外,游泳还能提高人体内分泌功能,使脑垂体功能增加,从而提高对疾病的抵抗力和免疫力。有了对疾病的抵抗力和免疫力,就阻止了机体由亚健康状态向疾病状态转化,保护了身体健康。

　　游泳时身体直接浸泡在水中,水不仅阻力大,而且导热性能也非常好,散热速度快,因而消耗热量多。实验证明,人在标准游泳池中跑步 20min 所消耗的热量相当于同样速度在陆地上的 1h,在 14℃ 的水中停留 1min 所消耗的热量高达 100kcal,相当于在同温度空气中 1h 所散发的热量。由此可见,游泳也是防止肥胖最有效的运动之一,而肥胖是亚健康状态的一个直接原因。

　　人在游泳时,通常会利用水的浮力俯卧或仰卧于水中,全身松弛而舒展,使身体得到全面、匀称、协调的发展,使肌肉线条流畅。在水中运动由于减少了地面运动时地对骨骼的冲击性,降低了骨骼的劳损几率,使骨关节不易变形。水的阻力可增加人的运动强度,但这种强度又有别于陆地上的器械训练,是很柔和的,训练的强度又很容易控制在有氧域之内,不会长出很生硬的肌肉块,可以使全身的线条流畅、优美。在 WTO 的详细健康定义中,就包含了体形健美、身材匀称的要求。

　　3）韵律操

　　韵律操包括各种形式的配乐健身操、套路武术和风靡全国的广场舞等。相比

其他运动,韵律操有以下几个综合性的优点:

韵律操是全身性的运动,身体各部分都能够得到全面锻炼,有助于长期伏案工作导致的局部肌肉痉挛的恢复,有助于调动全身各器官系统的功能发挥。

韵律操强度适中,属于典型的中低强度有氧运动,完全不会因为运动强度过大而对心脏造成损伤。

韵律操需要学习和记忆动作姿势、动作要领,对记忆力、理解力也是一个很好的锻炼,有助于神经系统的发育和疲劳恢复。

韵律操是在音乐的陪伴下进行的运动,听着自己喜欢的音乐运动可以保持心情愉快;韵律操可以单人进行,但更多的是集体运动,尤其是广场舞,气势宏大,场面恢宏,很容易调动运动积极性,也就容易坚持运动。韵律操的音乐一般都有固定的时间,有助于运动的保持和量化。广场舞作为韵律操的一种,在很短的时间内风靡全国,就是因为它的各种优势。

都市人群缓解疲劳运动法

都市人群的特点就是快节奏的生活,工作紧张、生存压力大、收入有限、工作强度高、老板的期待大、同事的竞争激烈、未来前景不确定、情感宣泄阻塞、家庭责任重,这些都造成了都市人群普遍的身心问题。据大规模网络调查,41.7%的都市人认为自己的生活工作状态并不令人满意,37%以上的人觉得自己常常疲惫不堪,20%左右的人甚至患有慢性疲劳综合征。

"慢性疲劳综合征"(简称"慢疲症")由美国疾病控制中心在1987年正式命名,它是一种身心的双重疲劳,若不及时调节,会造成体内激素代谢失调、神经系统调节功能紊乱、免疫力下降甚至过劳死。一般来讲,正常的人经过一轮疲劳后,休息一晚就可恢复充沛精力,而"慢疲症"患者隔天起床时还是觉得十分疲倦。这种强烈的疲劳感如果持续半年或更长时间,便会出现轻微发烧、咽喉痛、淋巴结肿大、注意力下降、全身无力等症状,很容易被误认为是感冒来治疗。其实,这是因为身体长期处于疲劳状态,造成了体内激素代谢失调、神经系统调节功能异常,从而导致免疫力减低,感染疾病的概率提高。

对抗身心疲劳、治疗慢性疲劳综合症,运动是最好的方法。一方面,人在运动时会产生一种类似于吗啡但对人体绝无伤害的物质"内啡肽",可以让人产生愉悦的感觉,缓解心理疲劳。另一方面,全身性的运动能够缓解因为重复性的劳动和固定的姿势引起的个别肌群的疲劳和痉挛。缓解疲劳的运动,可以是固定时间、固定形式的全身运动,用来缓解一整天工作的疲惫;也可以在办公室进行一些小动作、临时性缓解某个器官的疲劳。下面,我们就分别介绍:

1. 全身性运动

能够缓解一整天疲劳的全身性运动以低强度、短时间的运动为主,例如散步、慢跑、骑车、游泳等运动。

散步和慢跑是最简单的缓解疲劳的运动,不受场地、器材限制,上下班路上就能进行。在天气晴好的日子,我们不妨把车停在家里,步行或跑步上下班。为了达到缓解疲劳的目的,我们应该注意以下几点:

(1) 时间不宜过长,一般以半小时左右为好。时间太短锻炼效果不明显,时间太长会造成新的运动性疲劳,反而削弱了缓解疲劳的功能。

(2) 最好走跑结合。走和跑看似一样。实际差别很大,锻炼的肌肉、关节不一样,走路时下肢前部肌群用力最多,锻炼效果以大腿为主;跑步时下肢后部肌群用力多,锻炼效果以小腿为主。跑步运动强度相对较大,而走路运动强度相对较小。走跑交替的运动使运动更全面均衡,强度适中,缓解疲劳的作用也就事半功倍。

(3) 不宜空腹运动。有些人认为,空腹的时候头脑比饱食后更清醒,所以缓解疲劳的运动也应该空腹进行。这个想法,前半部分是对的,后半部分是错的。饱食后大量血液供应消化系统,头脑运转不如空腹,这是符合科学道理的;但缓解疲劳的运动是让人精神松弛下来,无须你清楚的头脑来思考问题。同时尽管缓解疲劳的运动是低强度运动,但也要消耗能量,所需能量是静止状态的3~5倍,且大多是以消耗血液中的葡萄糖为主。空腹运动可能诱发低血糖,导致危险发生。所以运动前要适当吃点小零食来补充能量,当然,更不能饱食后运动。

骑车也是缓解疲劳的合适运动。由于骑车身体前倾的姿势,决定了骑车不仅仅能让下肢得到锻炼,还能让上肢和背部肌肉得到比走路和跑步更多的运动。骑车对膝关节和踝关节的压力小于走和跑,所以更适合下肢大关节疾病的人群。骑车活动范围较大,线路选择余地较多,风景指数较高,更容易坚持。但骑车也有一些固有的缺点,需要在运动中注意:

(1) 骑车一般骑行在非机动车道上,车流量大的时候需要更多注意力去关注交通情况,影响缓解疲劳效果。

(2) 非机动车道往往紧邻机动车道,空气污浊,污染指数高,有害健康。

(3) 骑车受天气影响较大,风雨雷电都会对骑车造成影响,又无法像走路一样可以方便地改乘其他交通工具。

(4) 骑车速度和运动强度受交通情况影响明显,上下班高峰很难达到合适的强度。

游泳缓解疲劳的作用也相当明显。游泳对健康的作用前面已经多次提及,这里不再赘述。如果想要达到最好的缓解疲劳效果,可以从以下几个方面加以注意:

(1) 水温宜高。过低的水温对机体能量消耗有很大的要求,人体正常的保护性反应必然是产热增多和散热减少,随着能量的大量消耗,人体反而更容易进入疲劳状态。皮肤血管和毛孔的收缩,也给人不舒服的具体体验。选择水温比普通泳池高 2~3℃ 的场所,有助于增加皮肤、肌肉的血液循环,使机体更容易获得充足的氧气和能量物质,有助于疲劳的恢复。

(2) 强度宜低。竞技性的游泳不是缓解疲劳的首选方式,在水里随意漂浮、缓慢游泳,甚至走走停停,都会起到更好的作用。

(3) 距离宜近。游泳之后最好能够尽快回到安静舒适的家,而不是需要长途跋涉才能休息。游泳之后全身放松地入睡,起到了缓解疲劳、治疗失眠的作用几乎是所有运动形式里效果最好的。

2. 局部性运动

如果没有条件和充足的时间进行上述运动,那么用一些办公室里的小动作也能暂时缓解一下局部的疲劳,工作间隙不妨一试。

眼睛酸痛:打个哈欠。用眼时间过长,眼睛就会干涩、疼痛,而打哈欠可以刺激泪腺分泌泪液,湿润眼睛,缓解因干涩而引发的各种不适。打完哈欠后,还可以闭上双眼,用食指、中指和无名指轻揉按压眼球 20s,促进眼部血液循环、刺激分泌物排出眼睛,视疲劳症状就会得到快速缓解。

腰酸背痛:伸个懒腰。伸懒腰可使全身大部分肌肉收缩,淤积的血液被"赶"回心脏,从而改善血液循环,带走肌肉中的代谢产物,消除腰背甚至是全身的疲劳感。具体做法是两腿开立,与肩同宽,双手叉腰,向前挺腰和向后弓背各 5~10 次。

肩颈紧张:绕手臂。久坐或保持同一姿势时间过长,就会觉得肩膀和脖子僵硬、酸痛,这时可以将双腿分开与肩平行站立,然后将双臂以肩为轴向前绕 10 圈,再向后绕 10 圈,连续做 3～5 组。动作幅度要大,可由慢至快,每次转换方向时要间隔几秒钟,以减少对肩部的冲击。

胸闷:做扩胸运动。伏案久了就会感觉胸闷气短,工作也提不起劲,这时应该起身做扩胸运动,不仅可以提高心肺供血氧能力,减轻肺部压抑感,还能防止胸椎侧弯。

大脑疲劳:深呼吸。大脑疲劳主要是由于用脑过多,供能不足。主动地深呼吸能把更多的血液输送给大脑,增加脑部营养物质的供给。具体办法是用鼻孔深吸气,令小腹、上腹、胸部依次胀起,不要闭气;再以同样的速度吐尽气体,反复做 30 次。深呼吸时动作要缓慢连贯,气一定要"吸满吐尽"。

下肢水肿:屈膝前倾。浅坐在椅子上,右腿伸直,脚板勾起,左腿屈膝,平放地面,双手放在膝盖上。呼气时,向下伸展脊柱,尽量向下压;吸气,慢慢地回到原位。这个动作能拉长你的腿部肌肉,防止因久坐而产生的下肢水肿现象。

残疾人安全简易运动法

残疾人是社会特殊群体,需要全社会的特别关爱。他们的身体或智力是残缺的,而社会的责任就是让他们有一个不残缺的生活和尊严。

残疾分很多种,大体分智力残疾和身体残疾两大类。前者包括弱智、痴呆等,后者又分肢体残疾和感官残疾。耳聋、失明、失语、失嗅都属于感官残疾,而四肢的缺失则称为肢体残疾。严格意义上讲,体内器官缺失也是残疾的一种,比如大段的肠切除术后、先天性肾脏缺失、恶性肿瘤根治术后等。感官残疾和智力残疾的运动在经过训练后,基本不受残疾本身的影响;体内器官的残疾根据不同的疾病有不同的运动方式。所以,在这里我们主要讲解一下肢体残疾的简易运动。

肢体残疾的人由于特殊情况,基本无法从事普通人惯常从事的全身性运动(特殊的轻微残疾除外),所以残疾人的运动基本上都是由局部运动代替全身运动。残疾人能从事的局部运动有哪些呢?

1. 腹部训练

腹部是人体脂肪最容易堆积的部位,如果锻炼方法不对,则只会练脂肪下面的肌肉,脂肪却得不到充分燃烧。有人每天做成百上千个仰卧起坐,效果却不明显,就是这个原因。锻炼腹肌的正确方法是经常性训练,每星期至少要练4次,每次约15min。练腹肌使用的负重越大,动作不正规的可能性就越大。那种认为增加负重能取得更好运动效果的观点是错误的。我们建议用紧张和控制来代替负重,用意念去绷紧和刺激腹肌。练腹肌时,应在整个一组中保持腹肌持续紧张,不论在动作的开头还是结尾,都不要让它松弛,总是达到彻底力竭。每一组都应达到彻底力竭,不要计算次数。要持续不断地做,直到再也不能收缩为止。不拱背,而是胸部稍内含,以便张力集中于腹部。上体伸得越直,臀部用力就越多,腹肌的受力就会减少。

通过大量的临床实践,我们总结的经验是:只需用以下3个运动练习,只做3组,每组均做到力竭;每组间隔时间要短,不能超过1min。

(1) 普通仰卧起坐:平躺地上,膝关节屈曲,以腹肌的力量使上体起坐。做动作时头不要伸得太靠前,以至触腿,这样背会离开地面,臀部便分担本应由腹肌进行的工作。还原时肩膀慢慢回落地面,腹肌始终绷紧。做这个练习时许多人喜欢把手放在头后,但起坐时手起的作用只是把头向前拉,对练腹肌并无助益,正确的做法是把拳头放在胸前。

(2) 跷腿仰卧起坐:这是一个高级动作,能同时练上腹和下腹。仰卧地上,右腿屈膝抬起,小腿与地面平行。然后左脚搭在右膝盖上,两手轻轻托头,收缩腹肌抬起上体。同时臀部上举,做起坐动作。还原时肩部不可触地,臀部缓慢下放,使腹肌始终保持紧张收缩状态。完成后换左腿做相同动作。

(3) 斜卧起坐:练腹外斜肌。仰卧,两腿屈膝并拢侧放一边。放腿一侧的胳膊平伸,手指张开撑地;另一只胳膊屈肘,手轻托头部。起坐时躯干不得旋转,直接上抬,双腿不得移动,腹外斜肌完全收紧。还原时肩部不要触及地面。然后换另一侧做相同动作。

这样的腹肌锻炼适合于几乎所有肢体残疾(下肢髋关节离断类高位截肢除外),重点是锻炼腹肌,但在一定程度上可以起到全身运动的作用。

2. 胸部运动

胸部的肌肉主要是胸大肌,胸大肌的运动方法主要是杠铃卧推举,其他练法是辅助性的。没有杠铃也可以用大重量哑铃代替,但由于哑铃的重量限制,效果比杠铃稍差。杠铃、哑铃重量起落的位置应当放在被练的胸肌部位,下至横膈,上至锁骨。上推时吸气,下放时呼气,以呼吸配合推举动作。一般在 2～3s 时间内完成推举,再以相同时间完成下放。下放速度不应当太快,一方面锻炼效果不好,另一方面容易受伤。举速过快或太慢,都说明所举重量不恰当。

胸部运动主要适合下肢残疾的人进行。没有杠铃、哑铃时,俯卧撑也可以起到类似作用,但下肢残疾的人未必都有条件完成标准俯卧撑动作。

3. 截瘫或下肢高位离断残疾的家庭锻炼

(1) 支撑训练:床上坐稳,双腿伸直。使用双臂用力将身体撑起,使臀部缓慢离开床面,再缓慢放下,10 次为一组,每天 3～5 组。

(2) 减压训练:轮椅上坐稳,固定轮椅不能前后移动。患者双手支撑轮椅扶手,使用双臂用力将身体撑起,使臀部离开轮椅座位,稍加支撑之后下放坐好。根据体力确定每组的次数,但每天训练不少于 5～6 组。

(3) 移动训练:床上坐稳,双手放在身前后支撑床面,使臀部离开床面向前后移动。前后左右各移动 3 次为一组,每天训练不少于 10 组。

(4) 康复训练:截瘫患者每日应进行瘫痪平面以下肌肉的被动活动,包括通过揉、搓等按摩手法,促进肢体血液循环,保持肌肉丰满。同时进行瘫痪平面以下的各关节被动、全幅度运动,保持关节灵活,以防关节僵化而影响进一步的功能训练。

家庭主妇健身操

家庭主妇的工作看似清闲,但实际上并不轻松。每天买菜做饭、洗晒衣服、打扫房间、接送孩子,还有零零星星的家务,无论从工作强度还是工作时间上都不比朝九晚五的外出工作更容易,以至于很多家庭主妇根本没有时间进行健身运动。很多人,包括家庭主妇本人,有这样一种看法:做家务的过程就是运动锻炼的过程,一天的家务做下来腰酸背痛,甚至比运动健身的运动量还要更大,还有必要进行专门的健身运动吗?其实,这是一种错误的认识。诚然,一天各种各样的家务做下来,的确能够代替一部分运动,但绝不是全部。健身运动需要全面的活动、适中的强度、足够的时间和针对性的侧重点,这些要求是做家务没法达到的。所以,在家务之余,我们建议家庭主妇仍然进行一些辅助运动,达到健身的效果,缓解重复性家务动作造成的肌肉过度疲劳和痉挛。瑜伽和韵律操当然是家庭主妇运动的好选择,但并非每个主妇都有大块的时间进行这些运动。下面,我们介绍一套家庭主妇健身操,在家务之余可以随时进行。当然,如果你所做的家务已经包括类似动作,则可以省略相应的一节。

1. 第一节,下蹲起立

(1) 站立,双脚按臀部宽度分开。

(2) 两臂交叉,双手放胸前。

(3) 慢慢曲膝下蹲,背部保持挺直,目视前方。注意保持全身平衡,防止摔倒。

(4) 臀部和腹部肌肉收紧,慢慢站起,回到开始姿势。

这个动作做 15 次为一节,身体逐渐适应后可负重进行,具体负重可灵活掌握,以安全、不摔倒为前提。

2. 第二节,曲腿下压

(1) 站立,双手叉腰。

(2) 一脚向前跨一大步,同时弯曲两膝,上身挺直,臀部下压。前膝不超过脚尖,前大腿与地面平行。

(3) 换另一脚,重复同一动作。

这个动作双腿交替进行 20 次为一节,身体适应后也可负重进行,原则同第一节。

3. 第三节,前曲体

(1) 站立,双脚分开约 20cm,脚尖朝正前方,双膝微曲,双手放胸前,上身挺直。

(2) 上身前倾,与大腿呈 90°角,臀部可略微向后倾,以保持平衡,持续几秒钟,恢复开始时姿势。

这个动作做 15 次为一节,身体强壮或长时间锻炼适应后可肩部负重,但负重宜轻,为上两节负重量的 1/2 或 2/3。

4. 第四节,抬臀顶髋

(1) 仰卧,双膝屈曲,双脚着地,双臂伸直平放身体两侧。

(2) 臀部从地上抬起,使背与大腿部呈一直线,臀部肌肉收紧。注意背部不要弯曲。

(3) 坚持几秒钟,慢慢放下臀部。

这个动作重复 20 次为一节,体力强健者可以坚持的时间长些,动作越慢对腰背肌的锻炼效果越好,腰酸背痛的几率就越小。

5．第五节,后抬腿反曲

(1) 俯卧,双腿伸直,双臂向前弯曲,前额放在双臂上。

(2) 一腿向上扬,头向后仰,使臀部、背部有绷紧感,持续 4～5s 后放下。

(3) 换另一腿,按同样要求做。

这个动作双腿交替重复 20 次为一节,孕妇应慎用。

6．第六节,振翅踢腿

(1) 双手、双膝着地,均匀地分担体重。

(2) 一腿伸展,后伸上扬,脚后跟尽可能朝上踢,持续几秒钟,恢复起始姿势。

(3) 换另一腿,按同样要求做。

这个动作重复 20 次为一节,踢腿时忌用暴力,防止肌肉拉伤。

这套家庭主妇健身操可以六节连贯做下来,也可以利用家务间隙分节进行,全天进行 3～4 遍即可达到全面健身的目的。

卧床患者康复运动

一些年老体衰者或伤残病人、中风后遗症病人等必须在床上度日,有的是短期的,有的则是常年的。这种被动体位使人不能活动和运动,时间一长,会给机体健康带来无法逆转的损害,如皮肤松弛起皱、肌肉萎缩、听力视力减退、呼吸功能减弱、胃肠功能下降以及四肢疲软无力等,同时会使机体免疫功能降低,易发生上感、肺炎等疾病,还会形成难以治愈的褥疮。为此,无论是长期还是短期卧床,都必须利用自身的条件,在床上坚持锻炼,以免上述病症的发生,而且还能达到健身益寿的目的。适宜于床上锻炼的方法有以下十几种,卧床者可以选择其中若干种力所能及的运动进行锻炼。

(1) 运动手指:双手互擦,手指用力伸开,快速握拳,一展一松,直至手心发热,刺激末梢神经,使之精神振奋,为下一步练功作准备。

(2) 四肢大关节的伸屈活动:将四肢诸关节做有规律的伸、屈等活动,达到舒筋活血、防止关节强直的目的。

(3) 揉按内关穴：用拇指肚旋压内关穴（位于腕横纹上 3 寸，掌长肌腱与桡侧腕屈肌腱之间）2 分钟，力度以有酸胀感为佳。内关为人体八脉交汇之一，能调理气机，安神宁心，和胃降逆，减轻胃病，对防治心悸、心肌梗死、高血压、胸闷不适等有良好效果。

(4) 干洗脸：双手自下而上、自内而外反复干洗脸 36 圈，可防止呼吸道感染，防止牙龈萎缩和减少面部皱纹，使面色红润有光泽。

(5) 揉眼眶：双手食、中指在两侧眼眶四周按揉 2 分钟，再用拇指背横擦上眼皮 36 次。眼眶四周穴位很多，经常按摩可疏通眼部经络，延缓老视，防止眼袋出现，防治白内障等眼疾，利于提高视力，保护眼睛。

(6) 搓耳廓：用食、拇指相夹内耳廓，捏揉半分钟；再沿耳廓上下来回摩擦 1 分钟；最后将手掌压放在耳廓上，向前、向后扫耳 1 分钟，使耳廓充血发热。由于耳朵上的穴位经络贯通全身各系统，通过擦耳可刺激末梢神经，促进血液循环和组织代谢，调理人体脏腑机能，健脑补肾，明目聪耳，对防病健身大有裨益。

(7) 梳理头皮：用梳子或手指自前额向后主枕部或后颈部给予一定的压力，梳理头皮，以促进头部的血液循环，达到醒脑明目之目的。若患肢运动受阻者，可请他人代梳。

(8) 推胸壁：右手掌放在右乳上方，手指斜向下，适度用力推擦至左下腹，推 36 次。再换左手同法推擦 36 次。此法是调节胸腺素的重要方法，能使"休眠"的胸腺细胞处于活跃状态，增加胸腺素分泌，提高机体免疫功能，强身健体，抗癌防衰老。若兼拍背则功效尤佳。

(9) 深呼吸运动及咳嗽：长期卧床患者，肺活量降低，肺泡及支气管内的分泌物容易沉积，易于并发肺部感染。作深呼吸运动及咳嗽的目的旨在增加肺活量，增进肺组织的血液循环，利于排痰，防止肺部感染。其方法是尽量深吸气，使胸廓充分扩张，然后再将气呼尽，使胸廓容积变小。如此重复 1~2min，而后轻轻咳嗽 2~3 声。

(10) 揉腹：两手按在肚脐部，以肚脐为中心，顺时针方向按摩 36 圈，再换手反方向按摩 36 圈。肚脐周围有许多强身要穴，揉腹可强健腹肌，提高消化吸收功能，防治肠胃诸病，对高血压、冠心病、肾炎、肝炎等有助疗效。

(11) 挺腹与收腹运动：将腹部尽量隆起，使腹腔容积尽力扩大，然后再缓慢收腹,使腹腔容积变小,从而达到增进腹腔血液循环,促进肠蠕动及腹腔脏器的功能,以达到增进食欲、促进排泄之目的。

(12)擦腰肾:两手掌用力按压腰部的肾俞穴,并上下来回擦腰50次。有补肾壮腰、固元气的作用,可防治腰痛等肾虚体衰等症。

(13)四肢、躯干、头颈肌肉的收缩与松弛运动:其目的是使这些部位的肌肉得到收缩与松弛,使血管受到机械挤压。方法是用双手经常在患处按摩,达到舒筋活血、促进代谢、防止肌肉萎缩、防止血栓形成的目的。

(14)按揉足三里:两手中指肚同时按揉位于膝下3寸、胫骨外侧约一横指处的两腿足三里穴2~3分钟。该穴是强身要穴,有利脾胃、调气血、通经络、补虚弱、扶正培本、增强免疫的功能。

(15)擦足底:足心的涌泉穴被称为"第二心脏"。用双手拇指肚压足心,其余四指按足背,来回按摩3分钟。具有促进血液循环及滋阴降火、安神明目、调补肝肾气血等功能,可防治心脑血管病、肠胃病、头痛、感冒等诸多疾病,并有抗衰老作用。

以上各种锻炼方法适合不同的卧床患者,选定适合自己的几种锻炼方法,每天早晚各锻炼一次,必要时根据自身的情况适当增减次数。锻炼需要长期坚持,不可急于求成。每天做好这些运动,无论对长期还是短期卧床的人群都有明显的康复作用。

轻松简便"等候操"

在现代都市的日常生活中,快节奏已经引领了主旋律,但随之而来的,却是无处不在的等候:挤公交要等,乘地铁要等,去医院要等,甚至有时去公厕都要等……无聊的等候让人心烦气躁,浪费了大量宝贵时间。在这里,我们给大家介绍一种"等候操",以后我们在排队等候的时候,就可以随时做做,既能消除心中的急躁情绪,又能利用等待的时间锻炼锻炼身体。

(1)颈肩运动:抬头尽力后仰,双臂夹紧,双肩用力向后扩胸;然后,头尽量向前探出,下颌尽量前倾,双肩向前运动挤压胸部;最后将头分别向左、右尽量倾斜。这个运动可以锻炼颈肩部韧带和肌肉,使之放松。

(2)手部运动:用力握拳,再慢慢张开,使整个手臂有紧张感;左右转动手腕、上下屈伸手腕、轻松地抖动双手。这套动作一分钟内重复做30次效果最佳,除了锻炼手臂、防止鸡爪手和鼠标手之外,对缓解精神紧张效果最好。

(3)上肢运动:将随身携带的双肩包、文件包、电脑包拿在手里,当做现成的"健身器材"。两手拿包,抬头挺胸。体力差些或背包较重,可以弯曲肘关节缓慢提起至上臂与前臂呈90°,稍作停留后缓慢放下;体力较好、背包较轻的,可以伸直肘关节,用整个上肢将背包向前缓慢提起,至上肢与地面平行,稍作停留后缓慢放下。这个动作随时可做,多少随意,主要是对上肢肌肉进行锻炼,对长期伏案工作的人群最好。

(4)收腹运动:将自己的全部注意力集中在腹部,身体不动、腹肌用力,缓慢吸气后再缓慢呼气,这套动作可有效锻炼腹部肌肉,最适合中年发福的人群。

(5)跳跃运动:想象手中有一根跳绳,做一做跳绳的动作。幅度不必太大,甚至可以不完全离开地面,仅靠脚尖跳动。这个动作有助大脑清醒,促进全身血液循环,增强心肺功能,是年轻人的理想等候运动。

(6)原地踏步:一个下肢单足站立,另一个下肢屈膝抬高,让膝关节尽量贴近胸壁。运作频率不必太快,但每一次都要做到极限。这个动作可以锻炼关节活动度,防止关节韧带僵硬,还能使腿部和腹部肌肉有张有弛,得到充分锻炼,每天长时间坐办公室的人群应该常做。

(7)坐式运动:有时候我们的等候是坐着进行的,比如等飞机、火车、长途汽车,或者在办公室、咖啡厅等人,在银行等办理业务。此时,可以自然地坐在椅子上,腰背贴着椅子背,两手颈后抱拢,抬右膝,以左肘触碰;抬左膝,以右肘触碰。然后双臂伸直,十指交叉,在头顶尽量向后摆动。这是坐着等候的全面运动,可以每隔半小时做5~10组。既可以促进腹部平坦、腹肌有力,又可以舒展胸部,灵活肩关节。

增强记忆运动操

运动可以增强心血管功能,增加大脑的血液循环;运动还能锻炼神经系统的反应性、协调性,起到健脑作用。然而,不同运动对大脑的保健作用也不同,一般来讲,轻快的肢体运动健脑作用最好,对抗性球类运动次之,单纯力量性运动健脑作用就很有限了。对学业繁重的大中学生和脑力劳动者来说,增强记忆力是健脑作用的首要任务。人的大脑分为左、右两半,交叉支配身体,即右半脑支配左半身,而左半脑支配右半身。从功能上看,左半脑掌管语言等高级中枢,被称为优势半球;右半脑则起着协助作用,称为非优势半球,这就是右利手多于左利手(左撇子)的原因。通常人们使用左半脑的时间很多,容易造成左半脑疲劳,出现无精打采、记忆力衰退和神经衰弱。因而生理学家倡导开展左半侧体操运动,发挥右半脑的作用,同时使左半脑得到休息,这样可使记忆显著地得到加强。据国外公开发表的研究资料表明,单侧体操对增强记忆的效果,在短期内就可以显示出来。接下来我们就为大家提供一套"增强记忆运动操",帮助大家进行健脑运动。

1. 站姿运动

(1) 双脚分立,与肩同宽。

(2) 左肩上耸下落10次,然后左臂在体侧从前向后与从后向前各旋转10次。

(3) 左臂弯曲,左手轻轻地抖动后向前向后甩动100次。

(4) 左手握拳,在胸前向前屈伸10次。

(5) 右手握住左腕,左手拇指及手腕正转及反转各10次。

2. 坐姿运动

(1) 用左手拇指点按左手食指指尖2次、中指1次、无名指3次、小指4次,然后反过来,点按无名指3次、中指1次、食指2次。反复16遍。

(2) 坐在椅子上。左脚弯曲并提起,双手抱住左脚,尽量靠近胸部,然后放下。反复10次。

(3) 用双手掌心从上向下,轻轻地拍打左脚内侧及外侧各10次。

(4) 左脚搁在右腿上,左脚踝部正转、反转各10次。

3. 卧姿运动

(1) 仰卧于床上,不用枕头。左臂在体侧从前向后与从后向前各旋转10次。

(2) 左脚向左侧及右侧斜上方各高举10次。

(3) 左脚弯曲后伸直,反复10次。

(4) 双手抱住左脚膝盖,尽量靠近胸前,然后上半身向上抬起,变为坐式。反复10次。

三种姿势的增强记忆运动操,既可以在家里整套施行,也可以在办公室里因地制宜随时施行站姿和坐姿。当然,对于左利手来说,也可以进行类似锻炼,只不过动作要左、右轮换,不必拘泥于左侧肢体运动。

解决运动中的困难

运动的健身作用,我们已经说的很多了。但在运动的同时,却无法完全避免运动的风险。在运动过程中,我们会遇到各种各样的困难,如何解决这些困难,就成为我们从事健身运动的重要问题。在本节中,我们和大家探讨一下运动中常见的一些困难以及解决办法。

1. 肌肉酸痛

刚刚开始锻炼或者经常不活动的部位进行运动后,往往会出现肌肉酸痛的感觉,严重的会引起行动不便。这种现象是由于运动时呼吸系统、循环系统的活动与肌肉活动的需求不相适应引起的。运动开始不久,运动系统的肌肉等可以很快进入快速、剧烈的运动,而心脏跳动、呼吸的频率不能一下子就达到很快、很高的水平,肌肉的氧气供应相对不足,肌肉在收缩过程中产生的大量乳酸不能及时氧化或排除,堆积在肌肉中引起了酸痛。这种现象本质上来说是一种生理现象,一般在坚持锻炼两三天后,就会因机体机能逐步适应锻炼而自然消失。

如果肌肉酸痛得厉害,可以适当休息一天。如果休息一天之后仍持续酸痛,并且有疲劳、精神不振、不想吃饭、睡眠不好等其他不适症状,就很可能是运动负荷太大、局部有肌肉轻度拉伤现象。这种情况下就应当充分休息几天,症状完全消失后再继续锻炼,并适当降低运动强度。

防止肌肉酸痛的最好办法是坚持每天锻炼身体,严格按照运动处方逐渐增加运动量。运动前要做好充分的准备活动,运动结束后做好整理活动,以便加快肌肉中乳酸的氧化过程。

有些人的肌肉酸痛不是当时出现的,而是锻炼后第二天或第三天出现,持续2～3天后才逐渐缓解。这种在锻炼后24h后出现的肌肉酸痛在运动医学上称为"延迟性肌肉酸痛症"。一般锻炼后24～72h酸痛达到顶点,5～7天后疼痛基本消失。除酸痛外,还有肌肉僵硬,轻者仅有压疼,重者肌肉肿胀,妨碍活动。在炎热夏天进行极量运动后,除肌肉疼痛外,还可出现脱水、低钙、低蛋白等症状。

这种肌肉酸痛的确切原因还未完全清楚,大多数学者认为与肌肉的过度使用有关,包括肌肉结构成分的物理性损伤和代谢废物的化学刺激,甚至有肌肉神经调节改变等可能因素。

延迟性肌肉酸痛症的预防要做到以下几点：

(1) 锻炼安排要合理、持续、不间断。经过一段时间锻炼后，原先出现的肌肉酸痛症的运动量引起的酸痛会逐渐减轻，直至消失。这种适应具有明显的特异性，即锻炼过的动作不再酸痛，但其他未经系统锻炼的动作依然可能出现酸痛。

(2) 局部热敷或按摩可减轻酸痛。锻炼前用温热水浸泡、局部热敷或者充分按摩都可以减轻或避免酸痛的出现。锻炼后用温热水泡洗也可减轻肌肉酸痛。

(3) 充分的准备活动，尤其是牵伸肌肉的运动，可减轻酸疼。

(4) 做好锻炼后的整理活动，科学恢复，可有效避免延迟性肌肉酸痛的发生。

2. 肌肉痉挛

肌肉痉挛俗称抽筋，是肌肉不自主强直收缩的表现。肌肉痉挛时，痉挛肢体突发运动障碍，肌肉疼痛，关节强直，肌肉强烈收缩变粗变硬。如果不积极处理，很难在短时间内自行缓解。

引起和诱发肌肉痉挛的常见原因一般包括：

(1) 寒冷刺激。肌肉在寒冷环境下兴奋性会增高，而更易发生肌肉痉挛。

(2) 电解质丢失过多。运动中大量出汗会伴随有大量电解质（主要是钠、钾、钙）的丢失。这些电解质在人体内的浓度水平与神经肌肉兴奋性有关，当丢失过多时肌肉兴奋性增高，肌肉易发生痉挛。这种情况多见于天气炎热或进行长时间剧烈运动时，也可见于有体重级别项目赛前急性减体重时。

(3) 过度疲劳。疲劳的肌肉比正常肌肉硬，即张力大。训练或比赛中用力越多、越疲劳的肌肉越容易发生痉挛。

(4) 肌肉连续收缩过快。这会引起肌肉的收缩与放松不能协调地进行，特别是不能良好放松，从而引起肌肉痉挛。这种现象多见于平时没有运动习惯的人群。

肌肉痉挛的发生一般最多见的部位是小腿和脚趾，其他（如网球训练时的前臂）也有发生。

解除肌肉痉挛的方法，主要是牵引痉挛的肌肉，使它伸长和松弛。以小腿屈肌肌群（俗称小腿肚）痉挛为例，表现为脚掌和脚趾强烈跖屈，治疗就可以将痉挛腿的膝关节伸直，用力将脚掌和脚趾背伸（抬脚尖），这个手法绝大多数情况下短时间即可使痉挛缓解。个别效果不好的，可以刺激承山穴、涌泉穴，辅以对小腿后面做自下而上的快速重推摩,用全手揉捏和轻拍肌肉,很快就能缓解。肌肉痉挛缓解后应轻手法继续按摩一会儿,注意保暖。如果抽筋发生在游泳时,切不可慌乱,应改为仰泳,保持呼吸顺畅,用两手和没有痉挛的脚划水上岸或大声呼救。

为了预防肌肉痉挛,在天气寒冷时运动必须注意做好准备活动,开始运动时服装不能穿得太少,随着体温的升高逐渐减少衣服,运动结束后要尽快穿上衣服。夏季锻炼应适当饮用淡盐水。在水中尤其是野外水温较低的水域运动时间不宜过长,当有寒战或疲劳感觉时应及时出水,也可随身装备救生浮球(俗称跟屁虫),以防万一。

3. 运动性腹痛

有些人在运动时会发生腹痛,严重者甚至疼痛得不能直腰,不得不停止锻炼,充分休息后可以缓解,这种现象称为"运动性腹痛"。

运动性腹痛的发生可能是由下面一种或几种原因引起的:

(1) 剧烈运动前准备活动不充分,内脏器官的功能还没有相应调动起来,心脏射血能力相对落后,大静脉的血液回流发生障碍,导致肝脾等腹腔脏器暂时性淤血胀大,引起上腹部疼痛。

(2) 没有运动习惯的人员,呼吸节律掌握不好,呼吸表浅紊乱,肺的气体交换不好,氧气的利用率较低,腹腔脏器血液淤积缺氧,引起腹痛。

(3) 饱食后立即运动,消化道充满食物,剧烈运动时受到震动,改变了正常的蠕动规律,甚至发生逆蠕动,胃肠系膜受到过分的牵拉,引起恶心、呕吐、腹痛。

(4) 原有胃肠疾病、寄生虫病、痢疾、慢性阑尾炎的病人,本来就有腹疼的症状,运动时胃肠受到震动,疼痛就会更明显。严格来讲,这种情况不属于运动性腹痛,但在这里一并阐述。

预防运动性腹痛主要是针对腹痛的原因进行调整。运动前充分做好准备活动,提高内脏器官的功能,使血液循环加快,不至于在肝脾内淤积;运动时强度要逐渐增加,并学习呼吸的节奏和深度,防止发生呼吸紊乱,避免内脏器官的血液缺氧;养成运动习惯,增强心肺的功能,提高心脏的排血量和肺脏的气体交换率,使氧气更好地与血液结合;讲究运动卫生,不在饱食、暴饮后剧烈运动,防止胃肠发生逆蠕动和胃肠系膜受到过分牵拉引起腹痛。

4. 运动性晕厥

在运动中由于脑部突然供血不全导致的一过性意识丧失叫做"运动型晕厥",它是由于运动使大量血液集中于下肢,回心血量减少所致,也与运动后的低血糖有关。症状有全身无力、眼前发黑、头晕耳鸣、面色苍白、手脚冰凉、脉搏细弱、血压降低、站立不稳、突然晕倒。遇到这种情况,应立即将人体放平,头部略低于下肢,用双手由下肢远端(小腿)向近心端(大腿)推挤、按摩、拍打,促使血流向头部供应。

预防方法为:坚持锻炼,持之以恒;循序渐进,不急于求成;久蹲起立动作缓慢,长跑之后慢走放松,不在饥饿或疾病时进行运动。

5. 长跑时胸痛

初练长跑的健康人,有时会感到在胸部两侧或左右肋下有些轻中度疼痛,这种情况大都是由于呼吸不得法引起的。

一种是呼吸过快。长跑时,身体的新陈代谢加强,需氧量增加,为了吸进更多的氧气,在呼吸上就不但需要加快,而且需要加深。有些人跑时不注意加深呼吸,而只是加快呼吸频率,这就使呼吸的收缩过于频繁,过度紧张,以致引起呼吸肌的痉挛而产生疼痛;人体最主要的呼吸肌是肋间肌和膈肌。当肋间肌痉挛时,胸部两侧会发痛;当膈肌痉挛时,疼痛就发生在两肋下。

另一种是冷天长跑时张大口呼吸,吸进的空气太冷。冷的空气吸到肺里,刺激肺部血管使其收缩,血液循环因此受到阻碍,也会引起胸痛、胸闷。

长跑中发生的这种胸痛是正常的生理反应,可以通过一些方法来预防和减轻,具体做法是:

(1)注意加深呼吸,做到呼吸慢而深;在出现胸痛时,要及时调整呼吸,用力向外呼气,这样既可以吸进大量的空气,满足长跑时的需要,又可以使呼吸肌得到放松而消除疼痛。

(2)注意呼吸节奏,把呼吸节奏和跑的动作节奏配合起来,做到两步一呼、两步一吸(或三步一呼、三步一吸),这样也容易做到呼吸深而慢。

(3)天冷时长跑,不要张大口呼吸,而要用鼻子呼吸,或口鼻并用(口微开,轻咬牙)。这样,空气从鼻子和齿缝里进去,就可以使冷空气加温变暖。

建立运动健身记录档案

看过了前面的内容,您是不是已经迫不及待地想要开始运动了?又或许,您已经有过了好多次运动经历,却每次都是虎头蛇尾?如果您希望自己能够有一个良好的运动计划和运动效果,那么建立自己的运动健身记录档案是一个好主意。

1. 建立运动健身记录档案的作用

建立运动健身记录档案,对健身运动的作用相当大,主要包括以下几个方面:

(1)建立运动档案,有助于坚持运动。运动档案包括了自己的运动处方和运动计划,也记录了每日自己的运动完成情况和与运动计划的差距,形成了对自己运动行为的监督机制,压缩了偷懒空间,让自己更容易坚持每日的运动。

(2)建立运动档案,有助于规范运动。运动档案中运动计划的制定为每日运动提供了简洁、直接的指导意见,无需反复思考计算,有较强的可执行性和依从性。只要严格按照计划不折不扣执行,就能够保证适度的运动强度、适当的运动时间。

(3)建立运动档案,有助于评价运动效果。运动档案的内容需要对每阶段的运动效果进行详细记录,每种记录都要有具体数据支持,便于在运动中量化运动效果,增强运动信心,增加运动乐趣。

(4)建立运动档案,有助于回顾运动历史、个性化运动方案。根据运动档案所记录运动效果的科学分析,可以为下一步运动处方和运动计划提供修正依据,最终找到最适合自己的运动处方。

2. 运动健身记录档案的内容

运动健身记录档案是分阶段记录的,一阶段的具体时间根据自身条件和运动目标决定,一般为4~8周。

(1)每一阶段记录的第一部分内容,就是这一阶段开始时的个人身体状况,包括体重、身高(少年儿童)、身体围度(胸围、腰围、腹围、臀围、大腿围、小腿围、上臂围、前臂围)、静息心率、静息血压、静息呼吸、血糖和血脂数值、重要脏器的客观检查结果(肝肾超声、心肺透视、肺活量、肝肾功能等)。这些原始数据可多可少,但建议尽量详细。原始数据是开具运动处方、制订运动计划、检验运动效果的客观依据和前提条件。

（2）每阶段的第二部分内容，包括根据第一部分内容所计算或实测出的靶心率，以及根据个人身体条件开具的运动处方和运动计划。

（3）每阶段第三部分内容，就是每日实际进行运动的实时记录，以及进行这些运动时身体的反应，比如是否有不适感觉、是否发生运动损伤、是否保质保量完成了运动计划。这部分内容和第二部分内容可以建立在同一张曲线图上，以便直观体现出运动处方和运动计划的执行情况。

（4）每阶段第四部分内容，是对运动结果的记录和分析，是完成了这一运动阶段之后，身体各项数值的变化和记录，内容参照第一部分所列项目。这部分内容也可以和第一部分内容形成直观的对照表，以便对比本阶段运动前后的数据变化。更重要的是，这部分内容还要包括对本阶段运动的总结，包括本阶段运动计划的执行情况、是否完成计划（完成计划的总结心得、未完成计划的分析原因）、运动效果分析（实际效果和预期效果的差距及原因分析）、下阶段调整内容和调整思路。

一个运动阶段结束后，开始下一阶段的记录。下一阶段记录的第一、二部分内容，其实与上一阶段最后一部分内容大多重叠，所以可以简略记录。

一年的运动记录，包括了6～12个运动阶段。经过了一年的调整，相信你已经找到了最适合自己的运动方式和方法。这时，可以进行一次年度总结了。

年度总结可以类似阶段总结，只是时间跨度更长，但最好是以更详细的多曲线图表形式表达。体重变化表、围度变化表、血压变化表、运动量调整表、运动计划完成率变化表等，都可以作为一项内容列入年度总结。看着表格上的红蓝曲线变化，是不是对下一年度的运动健身更有信心了呢？有了运动健身记录档案，你已经是一个健身运动达人了。

循序渐进，坚持运动

生命在于运动，生命不息，运动不止。运动是身体健康的基础，运动是开启快乐的钥匙，运动是适应自然的法宝，运动是适应社会的途径。从白发苍苍的老者到呱呱坠地的婴儿、从大腹便便的孕妇到长期卧床的病人、从都市白领到家庭妇女、从背包探险到乡村休闲，每个人群都有适合自己的运动方式，每种运动都有自己的适合人群，没有任何情况可以成为拒绝运动的理由。把握好科学运动的客观规律，探索最适合自己的运动方式，因地制宜，循序渐进，就能养成运动习惯，达到运动健身的最终目的。

　　运动必须是一个长期的过程，是坚持不懈的努力，是持之以恒的恒心。在生命的每个阶段，运动的方式、习惯和具体细节都可以不同，唯独坚持运动的原则不能变。应该把运动当做生命的一部分，当成像空气和水一样不可或缺的生活内容，当成和家庭、事业一样的立身之本和快乐之源。坚持运动，就是坚持健康的身体、快乐的情绪。无论何时，请记住，你的健康和快乐是亲人最大的期盼，坚持运动是对亲人爱的最好表达！

参 考 文 献

[1] 王松.运动解剖学[M].武汉：华中科技大学出版社,2014.
[2] 邓树勋,王健,乔德才.运动生理学[M].北京：高等教育出版社,2009.
[3] 布拉德·沃克.运动损伤解剖学[M].罗冬梅，刘晔,译.北京：北京体育大学出版社,2013.
[4] 何清湖.亚健康临床指南[M].北京：中国中医药出版社,2009.
[5] 张普陶.走出亚健康[M].太原：山西经济出版社,2010.
[6] 朱大年,王庭槐.生理学[M].8版.北京：人民卫生出版社,2013.
[7] 李玉林.病理学[M].8版.北京：人民卫生出版社,2013.
[8] 赵之心.向锻炼要健康[M].北京：机械工业出版社,2010.
[9] 世界品牌研究课题组.户外运动装备品牌推荐及选购指南[M].北京：北京工业大学出版社,2014.
[10] 王予彬,王惠芳.运动损伤康复治疗学[M].北京：人民军医出版社,2009.
[11] 伍英.运动安全知识[M].昆明：云南美术出版社,2013.
[12] 李舒平,邹凯.户外运动的风险管理[M].广州：广东科技出版社,2009.
[13] 郑正.学校户外运动安全指导[M].成都：四川大学出版社,2008.
[14] 陆小香.老年运动与健康促进指导手册[M].南京：南京大学出版社,2014.
[15] 欧阳柳青.老年运动健身方法[M].北京：金盾出版社,2003.
[16] 梅琳达·玛诺.运动营养与健康和运动能力[M].曹建民,译.北京：北京体育大学出版社,2011.
[17] 国家体育总局.运动健身指南[M].北京：人民体育出版社,2011.
[18] 国家体育总局.运动健身的能量消耗[M].北京：人民体育出版社,2013.
[19] 董晓虹.运动健身学[M].杭州：浙江大学出版社,2006.